Gestion des risques et institutions financières

John Hull
université de Toronto, Canada

Édition française réalisée et adaptée par

Christophe Godlewski
et Maxime Merli
université Louis Pasteur Strasbourg I

Le présent ouvrage a été traduit, adapté et actualisé à partir de *Risk management and financial institutions*, publié par Prentice Hall Inc., a Pearson Education Company, Upper Saddle River, NJ, ÉTATS-UNIS.

Du même auteur (pour l'édition française) :

***Options, futures et autres actifs dérivés*, édition française dirigée par Patrick Roger, avec Christophe Hénot et Laurent Deville, 6ᵉ éd ., Editions Pearson Education, 2007.**

Publié par Pearson Education
47 bis, rue des Vinaigriers
75010 Paris
Tél. : 01 72 74 90 00

Mise en page : edito.biz

ISBN : 978-2-7440-7218-5

À Michelle, Peter et David

John C. Hull

À la beauté de Séville et de Zagreb

Christophe Godlewski et Maxime Merli

Table des matières

Chapitre 1

Introduction

Imaginez que vous soyez responsable de la gestion des risques d'une grande entreprise et que votre PDG ait besoin de votre avis concernant une nouvelle acquisition d'entreprise. Vous avez été submergé par de nombreux rapports montrant que cette opération est très rentable et devrait créer de la valeur pour vos actionnaires. Quelles sont les analyses que votre PDG attend de vous ?

En tant que responsable de la gestion des risques, votre rôle consiste à analyser comment cette nouvelle entreprise s'intègre dans le portefeuille d'activités actuelles et de voir quelle est la corrélation entre la performance de l'entreprise cible et celle de votre entreprise. Lorsque votre entreprise aura des difficultés, est-ce que la nouvelle entité aura également de faibles résultats ?

Les entreprises sont dans l'obligation de tenir compte des risques si elles veulent survivre et pérenniser leur activité. Dans ce cadre, l'activité principale du *risk manager* est d'avoir une connaissance sans faille du portefeuille actuel de risques détenu par son entreprise et de planifier son évolution future. Il est à même d'évaluer si l'ensemble des risques pris sont acceptables ou si, au contraire, ceux-ci sont trop importants. Dans ce dernier cas, il décidera des actions à mettre en œuvre afin de modifier ce portefeuille.

Une part importante de cet ouvrage est dédiée à la façon dont les risques sont gérés dans les banques et les institutions financières. Cependant, de nombreux points abordés concernent également les autres types d'entreprises. La gestion des risques est aujourd'hui reconnue comme une activité essentielle des entreprises. Des pertes importantes comme celles du comté d'Orange en 1994, ou celles de la banque Barings en 1995 auraient pu être évitées si des procédures de gestion des risques efficaces avaient été mises en place.

Ce chapitre introductif plante le décor. Il aborde tout d'abord les arguments classiques concernant le couple rentabilité/risque auquel sont confrontés les investisseurs en obligations ou en actions. Il montre ensuite comment les arguments avancés peuvent être utiles aux entreprises dans le but d'opérer des choix d'investissement et de gérer leur risque. La suite du chapitre se concentre sur les banques. Un bilan bancaire classique et l'importance des fonds propres dans la couverture des risques sont analysés. Ce chapitre permet de décrire les principales approches utilisées par les banques pour gérer leur risque et d'expliquer comment une banque peut éviter les variations trop importantes de sa marge nette d'intérêts.

1.1 La rentabilité et le risque

Comme tous les gestionnaires de portefeuilles le savent, il existe un arbitrage entre la rentabilité et le risque d'un investissement ; plus le risque est élevé et plus la rentabilité effective peut être élevée. Plus précisément, le choix s'opère entre risque et rentabilité espérée (ou espérance de rentabilité) et non entre risque et rentabilité observée. Les statisticiens définissent la valeur espérée d'une variable comme sa valeur moyenne. La rentabilité espérée est alors une moyenne pondérée de l'ensemble des rentabilités possibles de l'actif, et les pondérations correspondent aux probabilités de réalisation des différentes rentabilités. Supposons, par exemple, que vous investissiez une somme de 100 000 euros pour une période d'un an. Une première solution consiste à investir cette somme en bons du Trésor dont le rendement est de 5 % par an. Dans ce cas, vous ne courez aucun risque, et la rentabilité espérée de votre investissement est de 5 %. Une autre solution est d'investir cette somme sur le marché actions. Pour simplifier les choses, nous supposons que les rentabilités possibles de cet investissement et les probabilités qui leur sont associées sont données dans le tableau 1.1. Il existe une probabilité de 0,05 que le rendement s'élève à + 50 %, une probabilité de 0,25 que le rendement s'élève à + 30 %, et ainsi de suite.

Tableau 1.1 : Rentabilité annuelle d'un investissement de 100 000 euros en actions.

Probabilité	Rentabilité
0,05	+ 50 %
0,25	+ 30 %
0,4	+ 10 %
0,25	–10 %
0,05	–30 %

L'espérance de rentabilité de cet investissement s'écrit alors :

$$0{,}05\times0{,}50+0{,}25\times0{,}30+0{,}40\times0{,}10+0{,}25\times(-0{,}10)+0{,}05\times(-0{,}30)=0{,}10$$

Ceci montre que si vous acceptez d'augmenter le risque de votre investissement, son espérance de rentabilité va également augmenter (5 % pour les bons du Trésor et 10 % pour l'investissement en actions). En outre, si les événements sont favorables, l'investissement en actions peut atteindre 50 %. Cependant, dans le cas le plus défavorable, la rentabilité de votre investissement sera de –30 %, et votre portefeuille subira une perte de 30 000 euros. Markowitz (1952) a proposé l'une des premières analyses sérieuses du couple rentabilité/risque. Un peu plus tard, ces travaux ont été complétés par d'autres travaux, ceux de Sharpe (1964) en particulier, pour donner naissance au fameux Modèle d'équilibre des actifs financiers ou MEDAF (il est également nommé CAPM pour *Capital Asset Pricing Model*). Ce modèle détermine la relation entre l'espérance de rentabilité et ce qui est nommé le risque systématique. En 1976, une approche multifactorielle qui étend le modèle d'équilibre des actifs financiers à la présence de plusieurs sources de risque systématique est proposée par Ross (modèle couramment nommé APT pour *Arbitrage Pricing Theory*). Ces modèles ont eu une très grande influence sur la façon dont les gestionnaires de portefeuilles analysent et gèrent le couple rentabilité/risque de leur investissement. Ce point est abordé dans ce qui suit.

Mesurer le risque

Comment mesurer le risque associé à un investissement ? Une mesure commode et souvent utilisée est l'écart-type de rentabilité annuel, il s'écrit :

$$\sqrt{E(R^2)-[E(R)]^2}$$

où R est la rentabilité annuelle. Le symbole E désigne l'opérateur d'espérance et de ce fait E(R) est l'espérance de rentabilité annuelle. Pour les données du tableau 1.1, E(R) = 0,1. Pour calculer $E(R^2)$, il faut pondérer le carré des rentabilités par la probabilité qui leur est associée :

$$E(R^2)=0,05\times0,50^2+0,25\times0,30^2+0,40\times0,10^2+0,25\times(-0,10)^2+0,05\times(-0,30)^2=0,046$$

L'écart-type de rentabilité vaut finalement $\sqrt{0,046-0,1^2}=0,1897$ ou 18,97 %

Opportunités d'investissement

Supposons que nous puissions caractériser l'ensemble des opportunités d'investissement par l'espérance de rentabilité et l'écart-type de rentabilité. Cet ensemble peut être représenté par le graphique 1.1 ; l'axe horizontal et l'axe vertical sont consacrés respectivement à l'écart-type de rentabilité et l'espérance de rentabilité.

Graphique 1.1

Ensemble des investissements risqués.

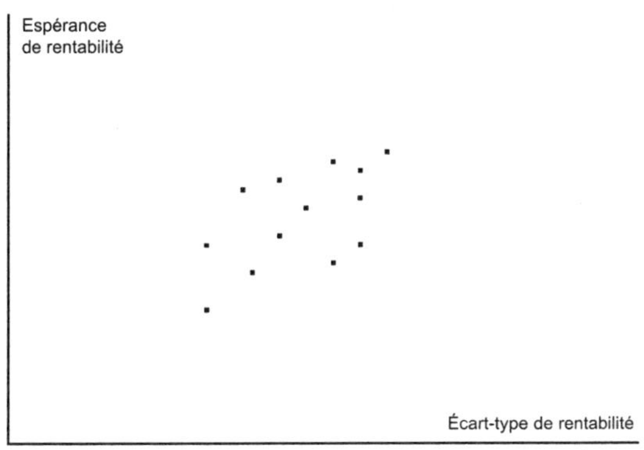

Maintenant que l'ensemble des investissements possibles est décrit, il est naturel de tenter de caractériser les portefeuilles de titres qui peuvent être choisis par les investisseurs. Considérons deux titres de rentabilités R_1 et R_2. Si l'on consacre une part de richesse w_1 au premier actif et une part de richesse w_2 au second avec $w_1 + w_2 = 1$, la rentabilité du portefeuille construit s'écrit :

$$w_1 R_1 + w_2 R_2$$

Si l'on note μ_1 (respectivement μ_2) l'espérance de rentabilité du titre 1 (respectivement du titre 2), l'espérance de rentabilité du portefeuille est de la forme :

$$\textbf{(1.1)} \quad w_1 \mu_1 + w_2 \mu_2$$

L'écart-type de la rentabilité de ce portefeuille s'écrit alors :

$$\textbf{(1.2)} \quad \sigma_P = \sqrt{w_1^2 \sigma^2_1 + w_2^2 \sigma^2_2 + 2\rho w_1 w_2 \sigma_1 \sigma_2}$$

où σ_1 et σ_2 sont les écarts-types de R_1 et R_2 et ρ est le coefficient de corrélation entre R_1 et R_2.

Posons les valeurs suivantes (exprimées en base annuelle) : μ_1 = 10 %, σ_1 = 16 %, μ_2 = 15 % et σ_2 =24 %. Si le coefficient de corrélation entre la rentabilité des deux titres s'élève à 0,2, le tableau 1.2 donne les valeurs obtenues pour μ_P et σ_P pour différentes proportions de richesses investies dans les deux titres.

Tableau 1.2 : Espérances et écarts-types de rentabilité du portefeuille constitué de deux titres. Les espérances de rentabilités des deux titres sont 10 % et 15 %, les écarts-types valent 16 % et 24 % et le coefficient de corrélation est fixé à 0,2

w_1	w_2	μ_P	σ_P
0,0	1,0	15 %	24,00 %
0,2	0,8	14 %	20,09 %
0,4	0,6	13 %	16,89 %
0,6	0,4	12 %	14,87 %
0,8	0,2	11 %	14,54 %
1,0	0,00	10 %	16,00 %

Les calculs montrent que la combinaison de deux actifs dans un portefeuille permet d'obtenir une grande variété de couple rentabilité/risque; ceci est illustré par le graphique 1.2.

Graphique 1.2

Couple risque/rentabilité de la combinaison de deux actifs (calculé au tableau 1.2).

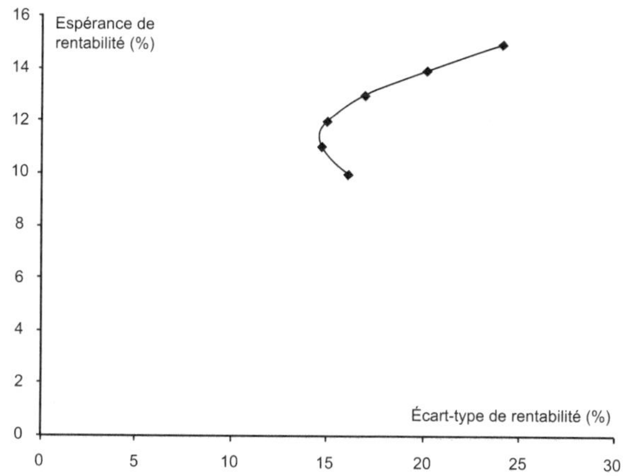

Les investisseurs présentent généralement de l'aversion pour le risque et tentent alors d'augmenter l'espérance de rentabilité de leur portefeuille tout en réduisant son écart-type. Graphiquement, cela signifie qu'ils souhaitent se déplacer le plus possible vers le nord-ouest des graphiques 1.1 et 1.2. Comme on peut le voir sur le graphique 1.2, construire un portefeuille de deux titres permet ce déplacement. Par exemple, pour une part de richesse de 60 % investie dans le titre 1 et de 40 % dans le titre 2, le portefeuille obtenu a une espérance de rentabilité de 12 % et un écart-type de rentabilité de 14,87 %. Si l'on compare ces valeurs avec celles qui sont obtenues lors d'un investissement dans le titre 1, elles traduisent une nette amélioration du couple rentabilité/risque (l'espérance de rentabilité est de 2 % supérieure, et l'écart-type est de 1,13 % plus faible.)

La frontière efficiente

Supposons maintenant que nous introduisions un troisième actif dans le portefeuille. Ce dernier peut alors être associé à toutes les combinaisons de deux titres décrites précédemment pour créer de nouveaux couples rentabilité/risque. Cela permet de se déplacer davantage vers le nord-ouest. L'ajout d'un quatrième titre va, dans le même ordre d'idées, permettre de générer encore de nouvelles opportunités d'investissement. Lorsqu'on continue de la sorte et que l'ensemble des portefeuilles qui peuvent être construits à partir des titres du graphique 1.1 est pris en compte, on obtient la frontière efficiente. Cette dernière représente la limite « nord-ouest » des opportunités d'investissement et est illustrée sur le graphique 1.3.

Graphique 1.3

La frontière efficiente des investissements risqués.

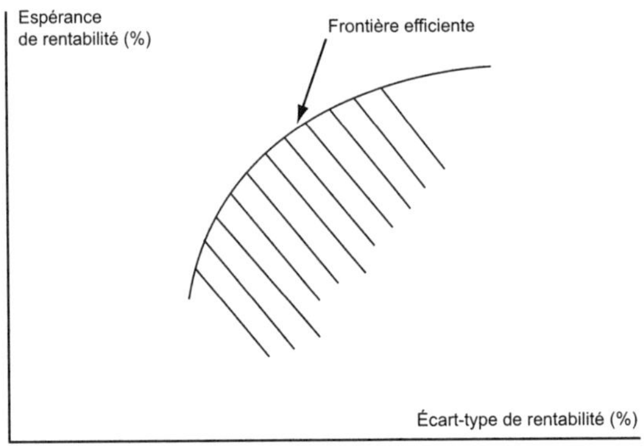

Il n'existe aucun investissement qui domine ceux qui sont situés sur cette frontière. En effet, les investissements ont, pour un niveau d'espérance de rentabilité donné, le risque le plus faible possible. La partie hachurée du graphique 1.3 représente l'ensemble des investissements qui peuvent être choisis. On peut remarquer que, pour chacun d'entre eux, il existe un point sur la frontière efficiente qui a un meilleur (ou au moins aussi bon) couple rentabilité/risque. Pour la construction du graphique 1.3, seules les opportunités d'investissement risquées sont prises en compte. Quelle est la forme de la frontière efficiente lorsque l'ensemble des investissements possibles est retenu? Pour répondre à cette question, précisons tout d'abord que l'un des investissements qui peut être choisi est sans risque et notons R_F la rentabilité de cet actif. Sur le graphique 1.4, cet actif est décrit par le point *F*, et une tangente à la frontière efficiente passant par le point *F* est tracée. Si l'on note *M*, le point de tangence, la nouvelle frontière efficiente est la droite *FM*. Que se passe-t-il lorsqu'un investissement *I* est constitué d'une part de richesse β_I $(0<\beta_I<1)$ investie dans le portefeuille *M* et d'une part de richesse $1-\beta_I$ investie dans l'actif sans risque.

D'après l'équation (1.1), l'espérance de rentabilité de *I* s'écrit :

$$E(R_I)=(1-\beta_I)R_F+\beta_I E(R_M)$$

Si l'on se réfère à l'équation (1.2), l'écart-type de rentabilité du portefeuille *I* est $\beta_I\sigma_M$, où σ_M est l'écart-type de rentabilité du portefeuille *M*. Ce couple rentabilité/risque est caractérisé par le point I sur le graphique 1.4.

Graphique 1.4

Frontière efficiente pour l'ensemble des investissements possibles.

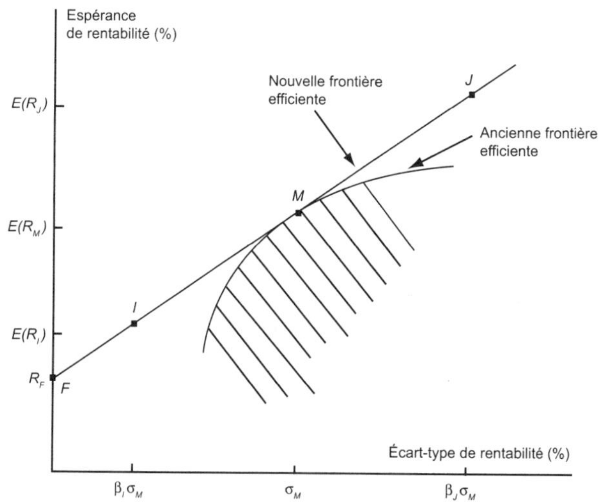

I est obtenu en investissant une part de richesse β_I dans le portefeuille *M* et $(1-\beta_I)$ dans l'actif sans risque. *J* est obtenu en empruntant une part de richesse $(\beta_J - 1)$ au taux sans risque et en investissant l'ensemble de la richesse dans *M*.

Tous les points de la droite *FM* peuvent être obtenus sur la base d'investissements composés d'actif sans risque et de portefeuille *M*. On peut remarquer que l'ensemble de ces points domine ceux qui sont situés sur l'ancienne frontière efficiente en offrant un meilleur couple rentabilité/risque; la droite FM est, de ce fait, la nouvelle frontière efficiente. Si l'on suppose, par mesure de simplification, que les investisseurs peuvent placer et emprunter au taux sans risque, ils peuvent alors construire des portefeuilles situés à droite de *M* sur la droite FM. Le point J du graphique 1.4 représente un tel portefeuille. Sur ce graphique, la distance entre les portefeuilles *J* et *F* est la distance entre les portefeuilles *M* et *F* multipliée par β_J avec ($\beta_J > 1$). Pour construire *J*, il suffit dès lors, d'emprunter une part de richesse $(\beta_J - 1)$ au taux sans risque en investissant l'ensemble de la richesse (richesse initiale et emprunt) dans le portefeuille *M*. En tenant compte des intérêts de l'emprunt, l'espérance de J s'écrit :

$$E(R_J) = \beta_J E(R_M) - (\beta_J - 1)R_F$$

L'écart-type de cet investissement vaut $\beta_J\sigma_M$. Cela montre à nouveau que le portefeuille construit correspond au point *J*. Les arguments développés soulignent que lorsque l'on tient compte de l'actif sans risque, la frontière efficiente est une droite. En d'autres termes, il existe une relation linéaire entre l'espérance de rentabilité des portefeuilles et leur écart-type comme le montre le graphique 1.4. Tous les investisseurs doivent, de ce fait, choisir le même portefeuille d'actifs risqués qui est représenté par le point M. Leur « appétit » ou leur « crainte » du risque doit alors les conduire soit à emprunter, soit à placer au taux sans risque. Il n'y a qu'une étape à franchir pour dire que le portefeuille représenté par M doit être composé de l'ensemble des actifs risqués présents sur le marché. Comment est-il possible que tous les investisseurs détiennent ce portefeuille ? Le montant associé à un titre particulier dans le portefeuille M doit être proportionnel au montant qui lui est alloué dans l'économie. L'investissement M est couramment nommé *portefeuille de marché.*

Risque systématique et non systématique

Comment les investisseurs déterminent-ils l'espérance de rentabilité requise pour les titres individuels ? Sur la base de l'analyse qui vient d'être menée, le portefeuille de marché M doit avoir un rôle important. L'espérance de rentabilité requise sur un titre doit alors refléter la contribution de cet investissement au risque du portefeuille de marché. Une procédure classique consiste à analyser le lien entre la rentabilité de l'investissement et la rentabilité du portefeuille de marché à partir de données historiques. Cette relation est :

$$R = \alpha + \beta R_M + \varepsilon \tag{1.3}$$

Où R est la rentabilité de l'investissement et R_M la rentabilité du portefeuille de marché. α et β sont des constantes, et ε est une variable aléatoire qui mesure l'erreur de régression.

L'équation (1.3) montre que le risque global de l'investissement a deux composantes :

1. Une composante βR_M qui est un multiple de la rentabilité du portefeuille de marché.
2. Une composante ε qui est indépendante de la rentabilité du portefeuille M.

La première composante a trait au *risque systématique* et la seconde correspond à un *risque non systématique* (appelé également *risque spécifique* ou *idiosyncratique*).

Si l'on considère que les « ε » des différents investissements sont indépendants les uns des autres, ce risque peut être éliminé par la détention de portefeuilles contenant un grand nombre de titres. De ce fait, un investisseur n'exigera aucune rentabilité supplémentaire (par rapport au taux sans risque) pour ce risque. À l'opposé, l'investisseur tient compte du risque systématique. En effet, ce dernier ne peut être éliminé même en détenant en portefeuille un très grand nombre de titres. En d'autres termes, quel que soit le portefeuille détenu par l'investisseur, le risque systématique représenté par βR_M ne peut être supprimé. Une espérance de rentabilité est alors exigée en compensation de ce risque.

Comme nous l'avons vu, le graphique 1.4 illustre comment les investisseurs choisissent leur investissement dans un univers espérance de rentabilité/risque systématique. Lorsque $\beta = 0$, l'investissement ne présente aucun risque systématique et l'espérance de rentabilité vaut alors R_F. Dans le cas où $\beta = 1$, le risque systématique de l'investissement est équivalent à celui du portefeuille *M*, et l'espérance de rentabilité exigée est $E(R_M)$. On peut alors écrire :

$$\textbf{(1.4)}\quad E(R) = R_F + \beta[E(R_M) - R_F]$$

Cette équation est la relation fondamentale du MEDAF. L'excès d'espérance de rentabilité par rapport au taux sans risque de tout investissement est mesuré par β fois l'excès d'espérance de rentabilité du portefeuille de marché. Cette relation est illustrée par le graphique 1.5.

Graphique 1.5

Le MEDAF.

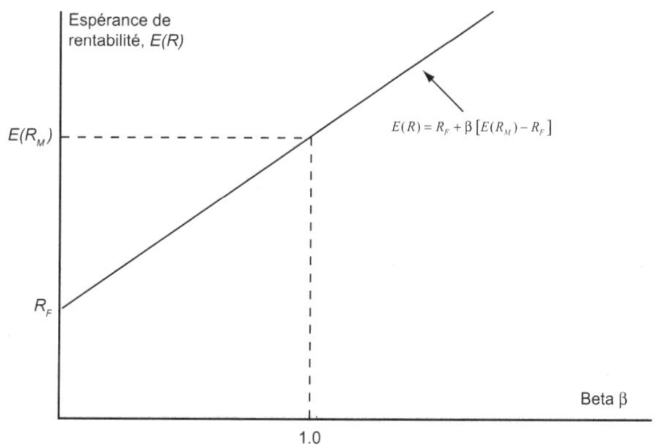

Supposons un taux sans risque de 5 % et une espérance de rentabilité du portefeuille de marché de 10 %. Un investissement tel que $\beta = 0$ a une espérance de rentabilité de 5 % ; un investissement tel que $\beta = 0,5$ a une espérance de rentabilité de 7,5 % ; un investissement tel que $\beta = 1$ a une espérance de rentabilité de 10 % et ainsi de suite. Le bêta de l'investissement (β) est égal à $\rho\sigma / \sigma_M$ où ρ est le coefficient de corrélation entre la rentabilité de l'investissement et celle du portefeuille de marché, σ est l'écart-type de rentabilité de l'investissement et σ_M celui de la rentabilité du portefeuille de marché.

Le bêta de l'investissement mesure finalement la sensibilité de la rentabilité de l'investissement à celle du portefeuille de marché. L'équation (1.3) permet le calcul du bêta de tous les portefeuilles. En outre, l'estimation de l'espérance de rentabilité s'opère par l'équation du MEDAF (équation 1.4.) où *R* désigne la rentabilité du portefeuille construit. Sur le graphique 1.4, *M* représente le portefeuille de marché qui a un bêta égal à l'unité et *F* représente l'actif sans risque dont le bêta est nul. Les portefeuilles *I* et *J* ont des bêta égaux respectivement à β_i et β_j .

Hypothèses

L'analyse qui vient d'être menée s'appuie sur un certain nombre de simplifications. En particulier, elle postule que :

1. Les investisseurs ont pour seuls critères d'évaluation des investissements, l'espérance de rentabilité et l'écart-type de rentabilité.
2. Les « ε » pour différents investissements sont indépendants (équation 1.3.).
3. Les investisseurs concentrent leur analyse sur une période et cette période est identique pour tous.
4. Les investisseurs peuvent emprunter et placer à un taux sans risque unique.
5. La fiscalité est inexistante.
6. Tous les investisseurs ont les mêmes estimations des espérances de rentabilité, des écarts-types de rentabilité et des corrélations entre les rentabilités des différents titres.

Ces hypothèses sont évidemment réductrices. Les investisseurs ont des préférences complexes et ne se contentent pas des deux premiers moments de la distribution des rentabilités. En outre, le modèle à un facteur de l'équation (1.3) implique que les corrélations entre deux titres sont dues à la corrélation de chacun des titres avec le portefeuille de marché. Cela n'est évidemment pas vrai pour deux titres évoluant dans le même secteur de l'économie. De plus, les investisseurs ont des horizons d'investissement différents et ne peuvent emprunter et investir au même taux d'intérêt. Par ailleurs, la fiscalité influence les choix d'investissement, et les anticipations des investisseurs ne sont pas homogènes. Enfin, on peut souligner que si les hypothèses du MEDAF étaient exactes, il y aurait peu d'échanges sur les marchés financiers.

Malgré tout cela, le modèle d'équilibre des actifs financiers est d'une très grande utilité dans l'activité de gestion de portefeuille. L'estimation des bêta est une information facilement interprétable et l'espérance de rentabilité des portefeuilles estimée par le MEDAF sert généralement de référence aux mesures de performance des gestionnaires de portefeuilles.

L'approche multifactorielle (Arbitrage Pricing Theory ou APT)

Une analyse plus générale, qui répond aux deux premières limites citées précédemment, s'appuie sur une vision multifactorielle de la formation des rentabilités des titres et des portefeuilles. Cette approche est généralement nommée APT (pour *Arbitrage Pricing Theory*) et postule que la rentabilité espérée des titres sur un marché financier dépend de plusieurs facteurs. En analysant la façon dont les investisseurs peuvent construire des portefeuilles qui éliminent leur exposition à ces différents facteurs, l'APT montre qu'il existe une relation linéaire entre l'espérance de rentabilité et le niveau des facteurs. L'hypothèse d'indépendance des « ε » de l'équation (1.3) assure que dans le MEDAF il n'existe qu'un seul facteur (de risque systématique) qui explique le niveau des rentabilités espérées des actifs financiers. Ce facteur est la rentabilité du portefeuille de marché. Dans l'APT, plusieurs facteurs expliquent la rentabilité des titres, et chaque facteur est une source de risque systématique. Le risque non systématique est ici le risque indépendant de l'ensemble des facteurs et peut être diversifié.

1.2 Risque et rentabilité des entreprises

Nous abordons dans cette section le couple rentabilité/risque dans le cadre de la gestion des entreprises. Comment une entreprise peut-elle décider que l'espérance de rentabilité d'un nouvel investissement est suffisante au regard du risque pris ?

Rappelons que les actionnaires sont les propriétaires de l'entreprise et, de ce fait, cette dernière doit être gérée dans leur intérêt. Lorsqu'une entreprise doit choisir un nouvel investissement, il est alors naturel de l'appréhender comme un nouvel actif introduit dans le portefeuille de ses actionnaires. L'entreprise doit alors calculer le bêta de cet investissement et son espérance de rentabilité afin de prendre une décision. Si l'espérance de rentabilité de ce nouveau projet dépasse celle qui a été prédite par le MEDAF, l'investissement peut être réalisé et devrait créer de la valeur pour les actionnaires. Dans le cas contraire, l'investissement doit être abandonné.

En pratique, les entreprises tiennent compte des risques systématiques et non systématiques. Par exemple, de nombreuses entreprises assurent leurs locaux contre le risque d'incendie, même si ce risque est non systématique et que les actionnaires pourraient l'éliminer en diversifiant leur portefeuille. Elles évitent, en outre, de prendre des risques trop importants et se couvrent généralement contre le risque de taux d'intérêt, le risque de change etla variation du prix des matières premières. Dans un objectif de pérennité de leur activité, les entreprises analysent l'espérance de rentabilité des nouvelles acquisitions potentielles en s'assurant de la cohérence de cette opération avec le profil rentabilité/risque du portefeuille de leurs actionnaires. De plus le risque de ces projets ne doit pas être trop important et doit être généralement inférieur à une certaine limite.

De nombreux investisseurs sont sensibles au risque global de l'entreprise dans laquelle ils investissent. Ils n'aiment pas les surprises et préfèrent généralement les entreprises à la croissance solide et qui atteignent leurs objectifs de bénéfices.

En outre, ils investissent plus facilement dans les entreprises qui gèrent leurs risques de façon rigoureuse et qui limitent leur exposition globale au risque (systématique et non systématique). Les arguments théoriques développés dans la section 1.1 décrivent un comportement différent de celui qui vient d'être indiqué. En effet, les investisseurs devraient encourager les sociétés à accepter des investissements très risqués si le couple rentabilité/risque est favorable. Certaines entreprises du portefeuille feront faillite mais d'autres auront d'excellents résultats, ce qui devrait permettre aux actionnaires de dégager une rentabilité satisfaisante.

Les investisseurs se comportent-ils de façon sous-optimale ? Les intérêts des actionnaires sont-ils mieux servis si les entreprises augmentent leur risque systématique, puisque ce dernier peut être éliminé par la diversification de portefeuille? Il existe un argument fort, la présence de coûts de faillite, qui conduit à répondre plutôt par la négative à cette question. Cet argument est généralement utilisé pour expliquer en quoi l'endettement d'une entreprise doit être limité, mais il peut également être appliqué à l'ensemble des risques.

Les coûts de faillite

Dans un monde sans friction, la défaillance d'une entreprise ne devrait pas poser trop de difficultés. En effet, les actifs tangibles et intangibles de l'entreprise seraient vendus à leur valeur de marché et cette valeur serait alors redistribuée, aux détenteurs d'obligations, aux actionnaires et aux autres parties prenantes selon des règles clairement définies. Dans un tel contexte, le processus de défaillance ne devrait pas détruire de la valeur pour les actionnaires de l'entreprise. Il est évident que le monde économique est bien plus complexe et que le processus de défaillance engendre des coûts, qualifiés généralement de coûts de faillite.

Quelle est la nature de ces coûts? Lorsque la faillite d'une entreprise est annoncée, les différents partenaires sont moins enclins à négocier. Les actifs doivent parfois être vendus très vite et donc à un prix plus faible; certains actifs immatériels comme la marque ou la réputation n'ont plus de valeur. L'entreprise n'est plus gérée dans l'intérêt des actionnaires, les frais administratifs liés à la faillite sont souvent élevés et ainsi de suite. L'encadré 1.1 présente une histoire fictive mais très représentative de ce qui se passe en pratique. Il décrit comment une prise de risque élevée peut entraîner des coûts de faillite prohibitifs.

Comme nous l'avons souligné précédemment, la pérennité de l'entreprise est l'un des objectifs majeurs des dirigeants, et les actionnaires préfèrent les entreprises qui évitent de prendre des risques excessifs. La législation encadrant les faillites est très différente d'un pays à l'autre, mais ces procédures ont en commun de détruire de la valeur pour l'ensemble des parties prenantes. Il a fallu généralement de longues années à l'entreprise pour créer cette valeur et il est naturel qu'une entreprise gérant son activité dans l'intérêt de ses actionnaires limite la probabilité de voir cette valeur réduite à néant. Dans ce but, l'entreprise doit limiter le risque total (systématique et non systématique) associé à son activité. Lorsqu'un nouveau projet d'investissement est envisagé, il est important de mesurer comment ce dernier s'intègre à l'ensemble des risques existants. Des investissements, même de petite taille, peuvent parfois réduire le risque global de l'entreprise. De ce point de vue, de nombreuses faillites spectaculaires (comme celle qui est décrite dans l'encadré 1.1) peuvent être imputées à de nouvelles acquisitions hasardeuses.

Encadré 1.1 : Les coûts de faillite cachés

Il y a quelques années, une entreprise avait une capitalisation boursière de 2 milliards de dollars et un endettement de 500 millions de dollars. Le PDG décida d'acquérir une entreprise dans un secteur proche pour un milliard de dollars. Le milliard de dollars avait été levé pour partie en dette bancaire et pour partie en émissions obligataires. La valeur d'acquisition était proche de la valeur de marché et devait, de ce fait, refléter l'estimation par les intervenants de marché du couple rentabilité espérée/risque systématique de cette entreprise. Malheureusement, de nombreuses synergies qui étaient à l'origine de l'acquisition ne furent pas réalisées. En outre, l'entreprise acquise n'eut pas les profits escomptés. Le PDG fut révoqué, et la nouvelle direction décida de revendre l'entreprise acquise pour 100 millions de dollars (10 % du prix d'achat) avec pour principal argument le recentrage de l'activité sur son métier d'origine. Malgré cela, le levier d'endettement et les charges d'intérêt demeuraient très importants, et une courte récession économique eut pour conséquence la mise en cessation de paiement de cette entreprise.

L'entreprise fut dès lors en prise avec des comptables et des juristes représentant l'ensemble des parties prenantes (banques, différentes catégories de créanciers, actionnaires, etc.), et le coût associé à ces interventions fut de l'ordre de 10 millions de dollars par mois. Un grand nombre de ventes prévues par l'entreprise ne se concrétisèrent pas, car personne ne désirait avoir des relations commerciales avec une entreprise en difficulté. Enfin, les actions de l'entreprise virent leur valeur baisser très fortement. Après deux ans et trois tentatives de réorganisation, une nouvelle entreprise d'une capitalisation boursière de 700 000 dollars vit le jour, exploitant une partie des activités rentables de l'ancienne entité. Les actions étaient alors détenues exclusivement par les banques et les détenteurs d'obligations, et rien ne fut attribué aux actionnaires.

1.3 Les fonds propres bancaires

Les banques sont confrontées à des coûts de faillite similaires à ceux des autres entreprises et sont incitées à gérer prudemment leurs risques (systématique et non systématique). Une gestion prudente consiste, par exemple, à minimiser la probabilité de défaillance. En effet, comme nous le verrons au chapitre 7, l'activité bancaire est régulée par les autorités publiques afin d'atteindre cet objectif. Dans cette section, nous donnons un premier aperçu de la nature des risques auxquels est confronté un établissement de crédit et nous discutons du niveau de capital requis.

Considérons une banque hypothétique BDP (Banque de Dépôts et de Prêts) ayant une activité traditionnelle d'octroi de prêts et de collecte de dépôts. Un bilan simplifié de fin d'année 2006 ainsi qu'un compte de résultat simplifié pour cette même année sont présentés aux tableaux 1.3 et 1.4. Le tableau 1.3 montre que la banque a un actif total de 100 milliards d'euros dont plus de 80 % sont composés de prêts aux particuliers ou aux entreprises. Les liquidités et les actifs cotés représentent 15 % de l'actif. Enfin, les immobilisations représentent les 5 % restants. Au passif, les dépôts des particuliers (ou d'autres contreparties) représentent 90 % du total. La dette long terme subordonnée (obligations émises par la banque dont le rang de priorité est juste en dessous des déposants) pèse 5 %, et les 5 % restants sont financés par les actionnaires de la banque et représentent les capitaux propres. Ces derniers sont constitués de l'investissement initial des actionnaires et de l'ensemble des revenus non distribués par la banque.

Dans le tableau 1.4, la première ligne est consacrée à la marge nette d'intérêts (ou revenu net d'intérêts). Celle-ci correspond à l'excès d'intérêts reçus sur les intérêts payés et correspond à 3 % de l'actif. Il est important pour une banque de conserver un niveau quasi constant pour cette valeur quels que soient les niveaux des taux d'intérêt. Ce point sera détaillé en section 1.5. La seconde ligne est dédiée aux pertes sur prêts qui s'élèvent à 0,8 % de l'actif pour l'année 2006. Même si la banque à une politique rigoureuse d'octroi de prêts, cette perte peut fluctuer d'une année sur l'autre. Certaines années, les taux de défaillance dans l'économie sont élevés alors que pendant d'autres années, ils sont beaucoup plus faibles[1]. La gestion et la mesure du risque de crédit sont une activité fondamentale de la gestion bancaire et ces points seront détaillés aux chapitres 11, 12 et 13. La troisième ligne du tableau 1.4 concerne les autres produits, qui correspondent à l'ensemble des autres revenus dégagés par la banque en dehors de son activité de prêt. Ceux-ci ont trait, par exemple, aux activités de *trading* ou encore aux différents frais facturés par la banque pour les services proposés aux particuliers ou aux entreprises. Dans le cas de BDP, ces revenus représentent 0,9 % de l'actif et doivent donc être gérés avec prudence. En particulier, le risque de marché associé aux activités de *trading* (ou de marché) doit être évalué et contrôlé. Les méthodes et procédures essentielles à cette évaluation et à ce contrôle font l'objet des chapitres 3, 8, 9 et 10.

Sur l'avant-dernière ligne, les « autres charges » (tableau 1.4.) représentent 2,5 % de l'actif dans le cas de BDP. Ces charges regroupent toutes les dépenses autres que les intérêts payés et incluent, par exemple, les salaires et les coûts technologiques. Comme dans le cas des grandes entreprises, ce poste a tendance à croître même lorsqu'il est correctement géré. Les banques doivent tenter d'éviter les pertes importantes associées aux litiges, aux ruptures de relation commerciale, aux fraudes des employés, etc. Le risque associé à ces pertes est nommé risque opérationnel et sera développé au chapitre 14.

Le capital requis

Le niveau de capitaux propres représentant 5 % de l'actif de la banque BDP est-il adéquat ? Une façon de répondre à cette question est d'envisager un scénario extrême et de voir si, dans ce cas, la banque ne fait pas faillite. Supposons une récession économique importante ayant pour conséquence une augmentation à 4 % des pertes sur prêts l'année suivante. Si les autres valeurs demeurent identiques, cela conduit à un résultat négatif avant impôt de 2,6 % de la valeur de l'actif et si l'on considère une fiscalité à 30 %, le résultat négatif après impôt s'établit à 1,8 % de l'actif. Si l'on observe le tableau 1.3, cette perte peut être absorbée par les capitaux propres dont la valeur est de 5 % de l'actif. Ces derniers ne représentent plus que 3,2 % de l'actif mais peuvent encore absorber une perte de la même ampleur l'année suivante.

1. Les statistiques publiées par Moody's sur les taux de défaut des obligations entre 1970 et 2003 sont une bonne illustration de ce point. Le taux de défaut le plus faible vaut 0,09 % (en 1979) et le plus élevé vaut 3,81 % (en 1981).

Tableau 1.3 : Bilan résumé fin 2006 pour BDP (en milliards d'euros)

Actif		Passif	
Liquidités	5	Dépôts	90
Actifs cotés	10	Dette long terme subordonnée	5
Prêts	80	Capitaux propres	5
Immobilisations	5		
Total	100	Total	100

Tableau 1.4 : Compte de résultat simplifié 2006 pour BDP (en milliards d'euros)

Marge nette d'intérêts	3
Pertes sur prêts	(0,80)
Autres produits	0,9
Autres charges	(2,50)
Résultat avant impôt	0,6

Tableau 1.5 : Bilan synthétique fin 2006 pour BDP (capitaux propres à 1 %, valeurs en milliards d'euros)

Actif		Passif	
Liquidités	5	Dépôts	94
Actifs cotés	10	Dette long terme subordonnée	5
Prêts	80	Capitaux propres	1
Immobilisations	5		
Total	100	Total	100

Supposons maintenant que la banque ait la structure de fonds propres plus agressive décrite dans le tableau 1.5. Les données sont identiques à celles du tableau 1.3 hormis pour les capitaux propres (1 % de l'actif) et pour la valeur des dépôts (94 % de l'actif). Dans ce cas, une augmentation des pertes sur prêts de 4 % peut avoir des conséquences dramatiques pour cette banque. En effet, les capitaux propres ne sont plus suffisants pour couvrir les pertes. Dans ce contexte, la banque devra, même si cela peut s'avérer très délicat, trouver des capitaux propres supplémentaires. Il est fort probable que cette dernière soit confrontée à une course aux retraits et contrainte à la liquidation. Dans ce cas, si les actifs de la banque sont vendus à leur valeur comptable (ce qui est une hypothèse forte), les détenteurs de la dette long terme subordonnée recevront 4,2 milliards d'euros sur les 5 milliards qui leur sont dus et les déposants seront entièrement remboursés.

On peut souligner que les capitaux propres et la dette subordonnée de long terme sont tous deux sources de fonds propres pour la banque BDP. Comme nous l'avons déjà souligné, les capitaux propres représentent la meilleure protection contre les événements défavorables. La dette long terme subordonnée est remboursée après les déposants lors de la liquidation, mais malgré cela elle n'offre pas une aussi bonne couverture que les capitaux propres. En particulier, comme nous l'avons vu, cette dette n'empêche pas la liquidation de la banque. Comme nous le verrons au chapitre 7, l'un des rôles du régulateur est de s'assurer que les banques disposent d'un niveau de fonds propres suffisant au regard du risque encouru. Dans cet objectif, le risque de marché associé aux activités de *trading*, le risque de crédit lié à l'activité de prêts ainsi que le risque opérationnel sont pris en compte. Le régulateur définit différents types de fonds propres et exige généralement un niveau minimum pour chacun d'entre eux. Par exemple pour BDP, les capitaux propres sont classés en fonds propres de base (*Tier 1*) et la dette subordonnée de long terme l'est en fonds propres complémentaires (*Tier 2*).

1.4 Les différentes approches de la gestion des risques

Le niveau de capitaux propres des banques est généralement faible si on le compare à la valeur de l'actif. De ce fait, les banques sont contraintes à la prudence afin d'éviter de trop grandes fluctuations de leur résultat. Il existe deux grandes classes de stratégies dans la gestion des risques bancaires. La première consiste à traiter les risques individuellement, et cette approche s'apparente à une décomposition du risque global; la seconde consiste à réduire le risque global par diversification, et on parle alors d'agrégation des risques. Comme nous allons le voir, dans la pratique les banques utilisent les deux approches, en particulier pour le traitement des risques de marché et de crédit.

Risque de marché

L'exposition des banques au risque de marché est due essentiellement aux activités d'échanges de titres (ou de *trading*). La banque est alors exposée aux variations des taux d'intérêt et de change, à la variation du prix des actifs cotés, à la variation du prix des matières premières et à la variation de maintes autres variables de marché. Ces risques sont avant tout gérés par les traders. Par exemple, un trader (ou un groupe de traders) peut être responsable de l'exposition d'une banque européenne aux fluctuations du taux de change euro-dollars. À la fin de chaque journée, il s'assure que les limites de risque qui lui sont imposées par la banque ne sont pas dépassées. Dans le cas contraire, il prendra des positions de couverture supplémentaires afin de ramener sa position dans les limites imposées. Le gestionnaire des risques a alors pour rôle d'agréger l'ensemble des risques individuels afin de mesurer l'exposition globale du portefeuille détenu aux variations des conditions de marché. Fort heureusement, les banques détiennent des portefeuilles diversifiés et l'exposition globale demeure assez faible. Si tel n'est pas le cas, des mesures correctives doivent être mises en place.

Risque de crédit

Les risques de crédit sont généralement gérés en assurant une diversification adéquate aux portefeuilles de crédit (agrégation des risques). Si ce portefeuille n'est pas diversifié et ne comprend qu'une seule contrepartie, ce qui signifie que l'ensemble des fonds est prêté à un seul emprunteur, le risque associé est très important. En effet, si la contrepartie fait défaut et n'est plus en mesure de rembourser le nominal et les intérêts du prêt, la solvabilité de la banque est compromise. Une position plus confortable pour la banque consiste, par exemple, à prêter 0,01 % de ses fonds à 10 000 clients différents. En effet, supposons que la probabilité de défaillance annuelle d'un préteur soit de 1 %. Dans ce cas, on peut estimer que pour l'ensemble du portefeuille de pr 100 clients feront défaut durant l'année. Malgré cela, la banque peut espérer que les profits dégagés sur les 9 900 autres seront largement suffisants pour couvrir ses pertes. Comme nous l'avons signalé, la diversification diminue le risque spécifique mais laisse le risque systématique inchangé. La banque continue à être exposée à un retournement économique ayant pour conséquence une augmentation des probabilités de défaillance. De ce fait, le bénéfice de la diversification est maximal lorsque les emprunteurs sont dans des régions géographiques différentes et des secteurs différents. Une banque internationale sera, dans ce contexte, mieux diversifiée qu'une banque alsacienne n'ayant pour clients que des producteurs de vin blanc (aussi excellent soit-il !). Notons que la banque internationale demeure exposée à une récession économique mondiale qui ne peut être diversifiée.

Depuis les années 1990, le marché des dérivés de crédit a connu une croissance exponentielle. Ces produits permettent aux banques, en particulier, de gérer le risque individuel de chaque contrepartie (décomposition du risque) en proposant l'achat de protection contre la survenance des défaillances. Ces produits financiers permettent également de gérer le risque associé au niveau global des défauts dans l'économie et font l'objet du chapitre 13.

Tableau 1.6 : Exemple de taux offerts par une banque

Maturité (années)	Taux de dépôts	Taux de prêts
1	3 %	6 %
5	3 %	6 %

Tableau 1.7 : Modification des taux 5 ans (gestion actif/passif)

Maturité (années)	Taux de dépôts	Taux de prêts
1	3 %	6 %
5	4 %	7 %

1.5 La marge nette d'intérêts

Comme nous l'avons déjà mentionné, la marge nette d'intérêts est liée à la différence entre les intérêts créditeurs et débiteurs d'une institution financière. La gestion actif/passif a pour rôle d'éviter des fluctuations trop importantes de ce revenu. Pour illustrer ces propos, imaginons une banque qui offre à ses clients deux taux de dépôts et deux taux de prêts. Les maturités et les valeurs de ces taux sont données dans le tableau 1.6.

Nous supposons, en outre, que les individus anticipent des taux futurs de maturité un an identiques au taux observé aujourd'hui sur le marché. Dit rapidement, les participants attribuent une probabilité identique au fait que le taux d'intérêt augmente ou baisse. Les taux du tableau 1.6 sont finalement à leur « juste » valeur et traduisent l'anticipation du marché. Sur ce marché, un investissement sur une période de cinq ans offre un rendement total identique à celui qui est obtenu pour cinq investissements successifs d'une durée d'un an. De manière similaire, le coût d'un emprunt à cinq ans est identique au coût associé à cinq emprunts successifs d'une durée d'un an.

Si vous avez des liquidités à déposer et si vous pensez que les taux d'intérêt ont une chance identique d'augmenter ou de baisser, choisissez-vous de placer votre argent pour une période d'un an à 3 % ou sur une période de cinq ans au taux annuel de 3 % ? Il y a fort à parier que votre choix se porte sur le placement à un an puisqu'il offre une plus grande souplesse et bloque vos fonds pendant une durée plus courte. Si vous avez maintenant un emprunt à négocier, préférez-vous un emprunt d'une période d'un an à 6 % pouvant être renouvelé tous les ans pendant cinq ans, ou un emprunt sur une période de cinq ans au taux de 6 % annuel ? Il est fort probable que votre choix porte sur l'emprunt de cinq ans, puisqu'il fixe le niveau du taux pendant l'ensemble de la période et vous évite le risque de refinancement. La banque est tout à fait consciente de ce phénomène lorsqu'elle propose des taux tels que ceux du tableau 1.6. Il est évident que cet état de fait crée un décalage actif/passif (*mismatching*) et expose sa marge nette d'intérêts à un risque. La baisse des taux n'a pas de conséquences défavorables puisque la banque continue à se financer à 6 % (emprunt à cinq ans) alors que son coût lié au dépôt est inférieur à 3 % ; sa marge nette d'intérêts s'accroît. L'augmentation des taux peut être dramatique puisque si, par exemple, les taux augmentent de 3 %, le coût des dépôts égalise le taux réalisé sur les prêts et sa marge d'intérêts s'annule. Le rôle de la gestion actif/passif consiste alors à faire coïncider (*matching*) les maturités des actifs pour lesquels des intérêts sont payés ou reçus. L'une des façons d'atteindre cet objectif peut être d'augmenter les taux de dépôts et de prêts de maturité cinq ans, et le tableau 1.7 en offre une illustration. Dans ce cas, les prêts à un an et les dépôts à cinq ans deviennent tous deux plus attractifs. Certains clients de la banque pourront alors opter pour des dépôts à cinq ans mieux rémunérés plutôt qu'à un an et d'autres choisir des emprunts à un an plutôt qu'à cinq ans dont le coût est plus faible. Ceci peut conduire à une meilleure adéquation des maturités des produits proposés. Si tel n'est pas le cas, la banque peut encore augmenter les taux de dépôts et d'emprunts à cinq ans. L'une des conséquences est que les taux à long terme ont tendance à être plus élevés que les taux à court terme futurs anticipés. Ce raisonnement est connu sous le nom de théorie de la préférence pour la liquidité et conduit à des taux à long terme plus élevés que les taux à court terme. Même dans le cas où l'on anticipe une faible baisse des taux courts, la préférence pour la liquidité conduit à des taux à long terme plus élevés que les taux à court terme. Les banques disposent de moyens de plus en plus sophistiqués dans le cadre de la gestion actif/passif qui permettent des réajustements rapides des taux proposés. En outre, des produits dérivés tels que les swaps de taux d'intérêt sont également utilisés dans ce cadre. Par ces moyens les banques gèrent de plus en plus finement la marge d'intérêt en le rendant très stable au cours du temps. Malheureusement ce n'est pas toujours le cas, et l'encadré 1.2 en offre une illustration.

Encadré 1.2 : Echecs coûteux d'institutions financières aux États-Unis

Durant les années 1960, 1970 et 1980, les caisses d'épargne (Saving and Loans) aux États-Unis ont très mal géré le risque de taux d'intérêt. Ces caisses proposaient des dépôts à court terme et des emprunts à taux fixe à long terme. L'augmentation des taux d'intérêt en 1966, 1969-1970, 1974 et 1972-1982 les ont violemment heurtées. Les caisses d'épargne étaient protégées par des garanties d'Etat et 1 700 d'entre elles ont fait faillite dans les années 1980. Le coût total pour les contribuables a été, selon les estimations, de l'ordre de 100 à 500 milliards de dollars.

La plus grande faillite bancaire aux États-Unis a été celle de Continental Illinois Corporation, et la raison essentielle était, comme précédemment, une très mauvaise gestion du risque de taux d'intérêt. Dans la période 1980-1983, ses actifs (prêts) de maturité un an étaient de l'ordre de 7 à 8 milliards de dollars alors que son passif (dépôts) avait une valeur comprise entre 1,4 et 2,5 milliards de dollars. Cette banque fit défaut en 1984 et coûta très cher au gouvernement américain.

Résumé

Un principe important en finance est qu'il existe un choix à opérer entre risque et rentabilité. Une espérance de rentabilité supérieure peut généralement être obtenue en acceptant une augmentation du risque. En théorie, les investisseurs sont indifférents au risque qui peut être diversifié. L'espérance de rentabilité exigée doit être liée au risque non diversifiable (ou risque systématique) auquel ils sont confrontés.

Pour les entreprises, les décisions d'investissement sont plus complexes. Ces dernières sont généralement moins bien diversifiées, et la pérennité de leur activité est un objectif important et légitime. Les décisions d'investissement et de financement doivent être prises dans le but de ne pas augmenter la probabilité de défaillance. L'une des raisons est que la défaillance engendre des coûts que l'on qualifie généralement de coûts de faillite : ceux-ci sont en effet liés aux procédures de faillite et ont souvent pour conséquences de détruire de la valeur actionnariale au-delà de ce qui est attendu dans un monde parfait.

Les banques sont dans l'obligation de gérer leur risque de façon minutieuse. Les capitaux propres ne représentent généralement que 5 % des actifs, et les bénéfices après impôt seulement 1 %. Des pertes importantes sur les activités de marché, une récession économique accompagnée d'une hausse des faillites ou d'autres événements imprévus, peuvent avoir des conséquences désastreuses pour ces institutions financières. Dans ce contexte, le régulateur est de plus en plus attentif à l'adéquation entre les fonds propres d'une banque et les risques auxquels elle fait face.

Deux approches sont généralement mises en place par les banques pour gérer leurs risques. La décomposition des risques consiste à gérer un risque indépendamment des autres, et l'agrégation se fonde sur la notion de diversification afin de les réduire. Le risque de crédit a longtemps été géré sur le principe de l'agrégation. Cependant, grâce aux dérivés de crédit, ce risque peut aussi être géré sur la base de la décomposition.

Pour une banque, la marge d'intérêts mesure l'excès des intérêts reçus par rapport aux intérêts payés. Des procédures connues et majoritairement acceptées sont mises en place dans le cadre de la gestion actif/passif afin d'éviter toutes variations de cette marge. Ces procédures tentent de faire coïncider (*matching*) les maturités des actifs et des passifs.

Références complémentaires

BESSIS, J., *Gestion des risques et gestion actif/passif dans les banques*. Dalloz, 2007.

HAMON, J., *Bourse et gestion de portefeuille*. Economica, 2e éd., 2005.

GITMAN, L. et JOEHNK, M., *Investissement et marchés financiers*. Pearson Education, 9e éd., 2005.

MARKOWITZ, H., « Portfolio Selection », in *Journal of Finance*. 7, 1, mars 1952, p. 77-91.

ROSS, S., « The Arbitrage Theory of Capital Asset Pricing », in *Journal of Economic Theory*. 13, décembre 1976, p. 343-362.

SHARPE, W., « Capital Asset Prices : A Theory of Market Equilibrium », in *Journal of Finance*. Septembre 1964, p. 425-442.

SMITH, C. W. et STULZ, R. M., « The Determinants of a Firm's Hedging Policy », in *Journal of Financial and Quantitative Analysis*. 1985, p. 20, 391-406.

STULZ, R. M., *Risk Management and Derivatives*. Southwestern, 2003.

Problèmes et exercices (corrigés en fin d'ouvrage)

1.1. Un investissement a une probabilité de 0,1 ; 0,2 ; 0,35 ; 0,25 et 0,1 d'avoir une rentabilité de 40 % ; 30 % ; 15 % ; –5 % et –15 %. Quels sont l'espérance de rentabilité et l'écart-type de rentabilité de cet investissement ?

1.2. Considérons deux investissements de même distribution de probabilité que dans le problème 1.1. La corrélation entre les rentabilités vaut 0,15. Quels sont l'espérance de rentabilité et l'écart-type de rentabilité d'un portefeuille composé à 50 % du premier et 50 % du deuxième ?

1.3. Pour les deux investissements de la figure 1.2 et du tableau 1.2, quels sont les couples rentabilité/risque obtenus pour une corrélation de (a) 0,13, (b) 1,0 et (c) –1,0 ?

1.4. Quelle est la différence entre risque systématique et risque non systématique ? Lequel est important pour les investisseurs ? Lequel peut conduire à la faillite d'une entreprise ?

1.5. Énoncez les arguments qui conduisent à la conclusion que tous les investisseurs doivent détenir le même portefeuille d'actifs risqués ? Quelles sont les hypothèses clés ?

1.6. L'espérance de rentabilité du portefeuille de marché est de 12 % et le taux sans risque vaut 6 %. Quelle est l'espérance de rentabilité d'un portefeuille de bêta égal à (a) 0,2, (b) 0,5 et (c) 1,4 ?

1.7. « L'APT est une extension du MEDAF. » Expliquez cette phrase.

1.8. « La structure financière idéale est un compromis entre les coûts de faillite et la défiscalisation des intérêts de la dette. » Expliquez cette phrase.

1.9. Le risque opérationnel d'une banque est le risque de perte importante associé à une catastrophe naturelle, à la fraude des employés, aux litiges, etc. Il sera discuté au chapitre 14. Afin de gérer ce risque doit-on l'agréger ou le décomposer ?

1.10. Le bénéfice d'une banque en fin d'année suit une loi normale de moyenne 0,6 % et d'écart-type 1,5 % de la valeur des actifs. Les capitaux propres représentent 4 % de la valeur des actifs. Quelle est la probabilité que les capitaux propres aient une valeur positive en fin d'année ? Vous pouvez ignorer la fiscalité.

1.11. Que pensez-vous du fait que l'activité bancaire soit régulée dans l'objectif de contrôler les risques pris alors que les autres entreprises ne le sont pas ?

1.12. Expliquez précisément le risque auquel était confronté Continental Illinois entre 1980 et 1983 sur la base des données de l'encadré 1.2.

1.13. Expliquez comment le risque de taux d'intérêt a conduit à la faillite des caisses d'épargne aux États-Unis.

1.14. Considérons une banque dont les prêts de maturités 1 an et 5 ans s'élèvent respectivement à 5 milliards d'euros et 20 milliards d'euros. Cette banque est financée par des dépôts à 1 an et 5 ans de valeurs respectives 15 milliards d'euros et 10 milliards d'euros. Quel est l'impact d'une hausse de taux de 1 % pendant trois années consécutives ?

1.15. Donnez la liste des coûts de faillite pour l'entreprise décrite dans l'encadré 1.1.

Questions complémentaires

1.16. Considérons un investissement ayant une espérance de rentabilité de 8 % et un écart-type de rentabilité 14 %. Un autre investissement a une espérance de rentabilité de 12 % et un écart-type de rentabilité 20 %. La corrélation entre les rentabilités de ces investissements vaut 20 %. Construisez une figure sur le modèle de la figure 1.2 pour l'ensemble des combinaisons possibles entre ces deux investissements.

1.17. Pour le compte de résultat simplifié 2006 de BDP, quelles sont les lignes plutôt sensibles (a) au risque de crédit, (b) au risque de marché et (c) au risque opérationnel ?

1.18. Le bénéfice d'une banque en fin d'année suit une loi normale de moyenne 0,8 % et d'écart-type 2 % de la valeur des actifs. Quel montant de capitaux propres, en pourcentage de ses actifs, doit-elle détenir pour être « sûre » à 99 % (a) et à 99,9 % (b) ?.Vous pouvez ignorer la fiscalité.

1.19. Considérons une banque dont les prêts de maturités 1 an et 5 ans s'élèvent respectivement à 10 milliards d'euros et 30 milliards d'euros. Cette banque est financée par des dépôts à 1 an et 5 ans de valeurs respectives 35 milliards d'euros et 5 milliards d'euros. La banque a un montant de capitaux propres de 3 milliards d'euros et l'espérance de rentabilité de ces derniers vaut 12 %. Quel est le changement de taux d'intérêt qui conduit à une valeur nulle des capitaux propres de cette banque en fin d'année ? Vous supposerez une fiscalité à 30 %.

1.20. Expliquez pourquoi le plus souvent les taux à long terme sont supérieurs au taux à court terme ? En quelles circonstances pensez-vous que cela puisse être l'inverse ?

Chapitre 2

Produits financiers et couverture

Les entreprises ont accès à de nombreux produits financiers pour gérer leurs risques. Il s'agit de produits standardisés ou *plain vanilla*. La plupart des contrats forward et futures, les swaps et les options appartiennent à cette catégorie. D'autres produits sont également disponibles pour répondre aux besoins spécifiques du trésorier d'entreprise, à savoir les produits « exotiques » ou structurés. Ce chapitre présente ces deux types de produits, en insistant sur la manière dont ils sont échangés sur les marchés. On y aborde également les circonstances dans lesquelles une entreprise peut choisir de couvrir ses risques, le niveau de couverture à retenir et le type de produits qu'elle devrait utiliser.

2.1 Les marchés

Il existe deux types de marchés pour l'échange des instruments financiers : les marchés organisés et les marchés de gré à gré.

Les marchés organisés

Les marchés sont le lieu où s'opèrent les transactions financières depuis de nombreuses années. Certains marchés tels que le New York Stock Exchange (NYSE), le London Stock Exchange (LSE) ou Euronext sont les places privilégiées pour l'échange d'actions. D'autres, comme le Chicago Board of Trade (CBOT), le Chicago Board Options Exchange (CBOE) ou Euronext-Liffe servent à l'échange de produits dérivés tels que les futures ou les options.

Les rôles du marché consistent à déterminer le type de contrats à échanger et à organiser ces échanges, tout en assurant la bonne fin des opérations. Traditionnellement, les individus souhaitant effectuer un échange se rencontraient sur un marché et s'accordaient sur un prix en utilisant un système de signaux gestuels. Actuellement, les marchés évoluent vers des transactions électroniques. Dans ce mode d'échange, les traders entrent les ordres dans un ordinateur qui effectue la mise en relation entre les acheteurs et les vendeurs. Le passage aux transactions électroniques n'est pourtant pas souhaité par tous les intervenants. En effet, les traders ne peuvent plus tenter de prévoir l'évolution à court terme du marché à partir du comportement gestuel des autres traders, même si ce type de transaction nécessite moins d'effort physique par rapport au marché à la criée.

Parfois l'échange est facilité par la présence de teneurs de marché. Leur rôle consiste à être toujours prêts à offrir une fourchette de prix à l'achat et à la vente (*bid/ask spread*). Généralement, le marché spécifie une limite à cette fourchette de prix.

Les marchés de gré à gré

Les marchés de gré à gré sont une alternative importante aux marchés organisés. Il s'agit d'un ensemble de traders, reliés par téléphone et par ordinateur, qui travaillent pour des institutions financières, des grandes entreprises et des gérants de fonds. Ici, les institutions financières agissent souvent en qualité de teneurs de marché.

Généralement, les conversations téléphoniques sur le marché de gré à gré sont enregistrées. En cas de désaccord sur une transaction, les enregistrements sont utilisés pour résoudre le conflit. Les transactions sur le marché de gré à gré sont généralement plus importantes que sur le marché organisé. L'un des avantages clé de ce type d'échange est que les termes peuvent être différents de ceux du marché organisé. En effet, les participants sont libres de négocier n'importe quel contrat. L'existence d'un risque de contrepartie est le principal désavantage de ce type de marché, c'est l'une des raisons de l'émergence des marchés organisés.

2.2 Quand faut-il couvrir les risques ?

La plupart des entreprises non financières n'ont aucune compétence particulière pour prévoir avec certitude la valeur des variables économiques telles que les taux d'intérêt, les taux de change ou les prix des matières premières. Il paraît donc judicieux de couvrir les risques liés à ces variables. Par le biais de la couverture, les entreprises évitent des surprises désagréables telles qu'une perte de change ou une hausse du prix d'une matière première et peuvent alors se concentrer sur leurs activités principales.

On pourrait argumenter que les entreprises n'ont pas besoin de couverture car les actionnaires peuvent couvrir les risques par le biais de leurs choix de portefeuille. Cependant, cet argument suppose de façon non réaliste que les actionnaires sont aussi bien informés sur les risques de l'entreprise que ses dirigeants et ignore également les coûts de faillite (voir section 1.2).

Couverture et concurrence

Il n'est pas toujours judicieux pour une entreprise de se couvrir. Si, dans un certain secteur, la couverture n'est pas la norme, il peut se révéler dangereux de se distinguer de ses concurrents. La pression concurrentielle dans le secteur peut en effet conduire les prix de vente à s'ajuster aux variations des coûts supportés par les entreprises, comme, par exemple, les prix des matières premières, les niveaux des taux d'intérêt, etc. Une entreprise qui ne se couvre pas peut alors conserver un taux de marge relativement constant, et à l'opposé, une entreprise qui se couvre peut avoir un taux de marge beaucoup plus volatil !

Pour illustrer cet argument, considérons deux entreprises fabriquant des bijoux en or : l'entreprise Certaine SA et l'entreprise Risquée SA. Nous supposons que les entreprises de ce secteur ne se couvrent généralement pas contre les variations du prix de leur matière première principale et Risquée SA ne fait pas exception. Certaine SA, en revanche, a décidé d'agir différemment en couvrant ses achats des 18 prochains mois par une position longue sur contrats futures.

Si le prix de l'or augmente, le prix des bijoux suivra, et le taux de marge de Risquée SA ne sera pas modifié, alors que celui de Certaine SA augmentera. Si, par contre, le prix de l'or baisse, le prix des bijoux diminuera et le taux de marge de Certaine SA fera de même, alors que celui de Risquée SA restera constant. On peut même imaginer que le taux de marge de Certaine SA devienne négatif, conséquence de la décision de couverture. Ces différentes situations sont résumées dans le tableau 2.1.

Tableau 2.1 : Les dangers de couvrir un risque lorsque les concurrents ne le font pas.

Variation du prix de l'or	Effet sur le prix des bijoux	Effet sur le profit de Risquée SA	Effet sur le profit de Certaine SA
Hausse	Hausse	Aucun	Hausse
Baisse	Baisse	Aucun	Baisse

Cet exemple illustre l'importance d'une approche globale de la couverture. Tous les effets des variations du prix des matières premières, des taux d'intérêts et des taux de change sur la rentabilité de l'entreprise doivent être pris en compte dans l'élaboration d'une stratégie de couverture.

2.3 Les produits *plain vanilla*

Dans cette section, nous présentons les instruments les plus couramment échangés sur des marchés financiers. Nous nous intéressons en particulier aux instruments liés aux actions, aux devises, aux matières premières et aux taux d'intérêt. Les produits moins traditionnels comme les dérivés de crédit, les dérivés climatiques, énergétiques et d'assurance sont présentés dans les chapitres suivants.

Les positions longues et courtes sur actifs

La transaction la plus simple consiste à acheter ou vendre un actif, comme par exemple :

1. Achat de 100 actions Alcatel-Lucent.
2. Vente de 1 million de livres britanniques.
3. Achat de 1 000 onces d'or.
4. Vente de 1 million d'euros d'obligations Renault.

La première transaction s'effectue sur un marché organisé alors que les trois suivantes s'opèrent sur un marché de gré à gré[1]. Les transactions sont parfois désignées comme des contrats au comptant (ou spots) car ils impliquent une livraison immédiate de l'actif.

Les ventes à découvert

Sur certains marchés, il est possible de vendre un actif que l'on ne détient pas, avec promesse de rachat ultérieur. Ce type de transaction est appelé vente à découvert. Nous allons illustrer son fonctionnement sur la base d'un exemple.

Supposons qu'un investisseur passe un ordre de vente à découvert de 500 actions Alcatel-Lucent à son broker. Celui-ci exécutera l'ordre en empruntant les titres auprès d'un autre client et en les vendant sur le marché. L'investisseur peut garder sa position aussi longtemps qu'il le souhaite, du moment que le broker peut emprunter suffisamment de titres. À un instant donné, l'investisseur va dénouer sa position en achetant 500 titres Alcatel-Lucent. Ces titres sont alors inscrits au compte de l'investisseur en soldant les titres empruntés auparavant. Ce compte enregistre un gain si le prix de l'action a baissé et une perte s'il a augmenté. Durant la vente à découvert, si le broker ne peut plus emprunter suffisamment de titres, l'investisseur est contraint de dénouer sa position immédiatement (*short squeeze*).

Un investisseur en position de vente à découvert doit payer au broker tout revenu (dividendes ou intérêts) qui serait normalement perçu sur le titre vendu. Le broker transfère ces paiements sur le compte du client auquel il a emprunté les titres. Prenons l'exemple d'une position d'un investisseur qui vend à découvert 500 titres en avril à un prix de 120 euros puis solde sa position en les rachetant en juillet au prix de 100 euros. Supposons qu'un dividende de 1 euro par action est versé en mai. L'investisseur reçoit 500 × 120 € = 60 000 € en avril. Les dividendes impliquent un paiement de 500 × 1 € = 500 € en mai. L'investisseur paie également 500 × 100 € = 50 000 € pour le rachat des titres en juillet. Le gain net de la transaction est donc :

$$60\,000\text{ €} - 500\text{ €} - 50\,000\text{ €} = 9\,500\text{ €}$$

Le tableau 2.2 illustre cet exemple et montre que les gains d'une vente à découvert sont symétriques aux gains d'un achat des actions en avril et de leur vente en juillet.

Un investisseur qui vend à découvert doit détenir un compte de marge auprès du broker. Ce compte (de garantie) est crédité en liquide ou en titres afin que l'investisseur ne s'échappe pas lorsque le prix a augmenté. Un dépôt initial est demandé au moment de la vente, et si le prix évolue de manière défavorable (hausse), l'investisseur doit répondre à l'appel de marge. Ce compte ne représente pas un coût pour l'investisseur car généralement il donne droit à un intérêt. Des titres tels que des bons du Trésor peuvent être utilisés pour alimenter le compte. Les montants issus de la vente à découvert financent en partie le dépôt initial.

---

1. Concernant les obligations, le marché français de gré à gré est très actif (de l'ordre de 95 % des transactions en volume).

Tableau 2.2 : Gains d'une vente à découvert et d'un achat d'actions

Achat d'actions	
Avril : Achat de 500 actions à 120 €	–60 000 €
Mai : Versement des dividendes	+500 €
Juillet : Vente de 500 actions à 100 €	+50 000 €
Gain net = –9 500 €	
Vente à découvert d'actions	
Avril : Emprunt de 500 actions et vente à 120 €	+60 000 €
Mai : Paiement des dividendes	–500 €
Juillet : Rachat de 500 actions à 100 €	–50 000 €
Remplacement des actions empruntées pour solder la position de vente à découvert	
Gain net = +9 500 €	

Les contrats forward

Un contrat forward est un engagement d'échange d'un actif à une date future et à un prix fixés. Ce type de contrat s'échange sur les marchés de gré à gré. Une des parties du contrat forward prend une position longue et s'engage à acheter l'actif sous-jacent à une date future et à un prix spécifiés. L'autre partie prend une position courte et s'engage à vendre l'actif à la même date et au même prix.

Les contrats forward sur devises sont très courants. Le tableau 2.3 présente les taux de change de la livre britannique (GBP) contre le dollar américain (USD) au 5 août 2005 offert par une grande banque internationale.

Les cotations correspondent au taux USD/GBP. La première ligne indique que la banque achète de la livre sterling sur le marché spot (*i.e.* avec livraison immédiate) au taux de 1,7749 $ pour 1 GBP et vend de la livre sur ce marché à 1,7798 $ pour 1 GBP. La deuxième ligne indique que cette banque est prête à acheter de la livre à 1,7780 $ pour 1 GBP dans un mois et à en vendre au taux de 1,7785 $ pour 1 GBP dans un mois, et ainsi de suite.

Tableau 2.3 : Cotations spots et forward sur le taux de change USD/GBP au 5 août 2005 (GBP = livre britannique ; USD = dollar américain ; la cotation correspond au taux USD/GBP)

	Achat	Vente
Spot	1,7794	1,7798
Forward 1 mois	1,7780	1,7785
Forward 3 mois	1,7761	1,7766
Forward 6 mois	1,7749	1,7755

Les contrats forward peuvent être utilisés pour couvrir le risque de change. Supposons que le 5 août 2005 le trésorier d'une entreprise américaine sache qu'il va devoir régler 1 million de livres dans six mois (au 5 février 2006) et souhaite se couvrir. Il peut entrer dans un contrat forward avec une banque et s'engager à acheter 1 million de livres dans six mois à un taux de 1,7755 (voir tableau 2.3). L'entreprise a alors une position longue sur le contrat forward (livre britannique) et s'engage à acheter à la banque 1 million de livres pour 1,7755 million de dollars au 5 février 2006. Symétriquement, la banque a une position courte sur le forward (livre britannique) et s'engage à vendre 1 million de livres pour 1,7755 million de dollars au 5 février 2006. Les deux parties sont liées par le contrat forward.

Quels sont les gains possibles de ce contrat? Le forward oblige l'entreprise à acheter 1 million de livres pour 1,7755 million de dollars et la banque à vendre 1 million de livres pour 1,7755 million de dollars. Si le taux de change spot augmente au bout de six mois à 1,8000 par exemple, le gain pour l'entreprise sera de +24 500 $ (= 1 800 000 $ – 1 775 500 $) qui correspond à une perte de –24 500 $ pour la banque. Celle-ci doit en effet livrer 1 million de livres à 1,7755 $ au lieu de 1,8000 $. Symétriquement, si le taux de change spot baisse à 1,6000 dans six mois, l'entreprise enregistre une perte de –175 500 $ et la banque obtient un gain de +175 500 $. La perte correspond au surcoût de la livre par rapport au taux du marché.

De manière générale, le flux d'une position longue sur un contrat forward pour une unité d'actif est :

$$S_T - K$$

avec K le prix de livraison et S_T le prix spot de l'actif à l'échéance du contrat. L'acheteur du contrat est obligé d'acheter un actif de valeur S_T au prix K. Symétriquement, le flux d'une position courte sur un contrat forward pour une unité d'actif est :

$$K - S_T$$

Ces flux peuvent être positifs ou négatifs (voir graphique 2.1).

Comme le coût d'entrée dans un contrat forward est nul, le flux correspond au gain ou à la perte total du trader.

Les contrats futures

Les contrats futures comme les contrats forward correspondent à des accords d'achat ou de vente d'un actif à une date future. Contrairement aux contrats forward, ils se négocient sur un marché organisé et sont donc standardisés. Le marché spécifie le montant d'actif sous-jacent, la date de livraison, l'objet de la livraison, etc. Les contrats sont également caractérisés par leur mois de livraison. Par exemple, un contrat futures septembre 2007 sur l'or correspond à une livraison du sous-jacent en septembre 2007.

Graphique 2.1

Flux des contrats forward : (a) position longue et (b) position courte. Prix de livraison = K *;*
prix de l'actif à l'échéance du contrat = S_T *.*

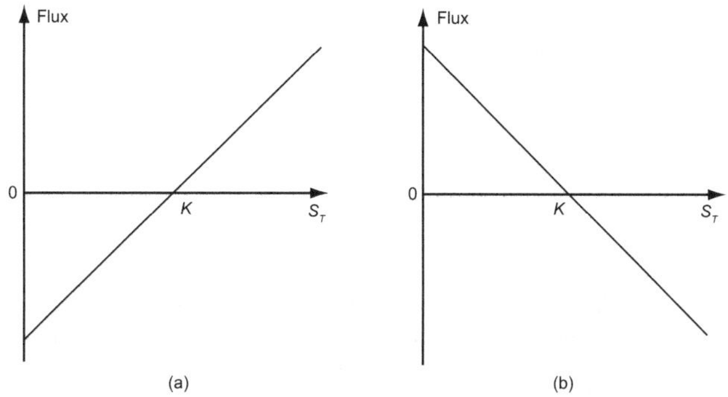

La facilité de dénouement d'une position confère aux contrats futures leur principale attractivité. Si vous achetez en mars (vous prenez une position longue) un futures septembre sur l'or, vous pouvez dénouer votre position en juin en vendant le contrat (vous prenez une position courte). Avec un contrat forward, la livraison finale a généralement lieu à la date de maturité, contrairement aux futures qui sont souvent dénoués avant l'échéance. L'encadré 2.1 présente un fait divers qui illustre l'existence de problèmes dans le dénouement des contrats.

La cotation des contrats futures est journalière, contrairement aux forward. Si le prix des futures évolue en faveur (respectivement en défaveur) de son détenteur, celui-ci enregistre un gain (respectivement une perte) instantané. Considérons un exemple d'achat d'un contrat futures septembre sur l'or au Chicago Board of Trade au prix de 580 $ l'once. Le contrat porte sur 100 onces d'or. Le détenteur du futures doit approvisionner un compte de marge auprès de son broker, en liquidités ou en titres, afin d'honorer son engagement sur le contrat. Le marché détermine les règles concernant le montant initial du dépôt de garantie et son ajustement. Supposons que ce dépôt initial soit de 2 000 $. À la clôture des cotations, si le prix du contrat a baissé de 580 $ à 578 $, son détenteur enregistre une perte de 2×100, soit 200 $, puisque celui-ci s'est engagé à acheter de l'or en septembre à 580 $ (le prix est désormais de 578 $). Le solde du compte de marge passe de 2 000 $ à 1 800 $. À la clôture des cotations du lendemain, si le prix du futures vaut 577 $, la perte enregistrée sur le compte de marge vaut 100 $. Si la baisse des prix continue, le détenteur devra répondre à un appel de marge. En cas d'incapacité, le broker clôture la position du détenteur.

Dans ce dernier exemple, l'évolution du prix était en défaveur du détenteur du futures. Dans le cas contraire, le solde du compte de marge augmente. La chambre de compen-

Encadré 2.1 : La livraison surprise d'un contrat futures

Ce fait divers a été rapporté à l'auteur de ce livre par un cadre supérieur d'une institution financière. Elle concerne un nouvel employé qui n'a jamais travaillé dans le secteur financier auparavant. Un des clients de la banque prenait régulièrement des positions longues sur des contrats futures sur le bétail pour se couvrir et envoyait des instructions pour dénouer la position le dernier jour ouvré (les futures sur le bétail s'échangent sur le Chicago Mercantile Exchange, chacun portant sur 40 000 livres de viande bovine). Le nouvel employé devait gérer le compte de ce client.

À l'échéance du futures, l'employé remarqua que le client avait une position longue et ordonna à un trader d'acquérir une position longue (et non courte) sur un contrat. En conséquence, la banque se retrouva avec deux positions longues sur le bétail. Lorsque l'erreur fut découverte, le contrat n'était plus coté.

La banque (et non le client) était responsable de l'erreur. Les supérieurs hiérarchiques se sont donc renseignés sur les conditions de livraison des contrats futures sur bétail, ce qui n'avait jamais été fait jusque-là. Selon ces conditions, le bétail devait être livré par la contrepartie (avec une position courte) dans un ensemble de lieux aux États-Unis durant le mois de livraison. Compte tenu des délais, il ne restait plus qu'à attendre qu'une contrepartie avec une position courte émette un *avertissement d'intention de livraison* au marché et que celui-ci soit transmis à l'institution financière.

À la réception de ce document, la banque a découvert que la livraison du bétail se ferait à 2 000 miles du siège le mardi suivant. Le nouvel employé fut envoyé pour réceptionner le bétail. Il s'est avéré qu'à l'endroit de livraison une vente aux enchères de bétail avait lieu tous les mardis. La contrepartie acheta le bétail aux enchères et le livra immédiatement. Malheureusement, ce bétail ne pouvait être revendu avant les prochaines enchères. L'employé dut organiser en conséquence l'hébergement et la nourriture du bétail pour une semaine, et ce fut pour lui un début de carrière remarquable dans le secteur financier !

sation est tenue de gérer les flux de fonds provenant des investisseurs en position courte vers les investisseurs en position longue lorsque les prix des futures augmentent. Symétriquement, les flux s'inversent lorsque les prix diminuent.

La relation entre les prix des futures et forward et les prix spots est présentée en annexe A en fin d'ouvrage.

Les swaps

Les premiers contrats swap ont été négociés au début des années 1980. Depuis, le marché des swaps a connu un développement spectaculaire, et ces produits sont désormais de première importance sur le marché des dérivés de gré à gré.

Un swap est un accord entre deux entreprises portant sur l'échange de flux de revenus futurs. L'accord définit les dates de paiement des flux et la manière dont ils sont calculés. Généralement, le calcul fait intervenir les valeurs futures des taux d'intérêt, de change ou d'autres variables du marché.

Un contrat forward peut être considéré comme un exemple simplifié d'un swap. Supposons que l'on soit le 1er mars 2007 et qu'une entreprise entre dans un contrat forward afin d'acheter 100 onces d'or à 600 $ l'once dans un an. L'entreprise pourra immédiatement revendre cet or à l'échéance du contrat. Ce forward est donc équivalent à un swap qui stipulerait le paiement de 60 000 $ le 1er mars 2008 contre 100 *S*, où *S* est le prix de marché d'une once d'or à cette date.

Contrairement aux forward qui sont équivalents à des échanges de flux de revenus à une date future donnée, les swaps impliquent des flux de revenus à plusieurs dates. Le swap le plus courant est le swap plain vanilla de taux d'intérêt qui consiste à échanger un taux fixe contre un taux variable Libor[1]. Les deux types de taux portent sur le même notionnel. La graphique 2.2 illustre un swap où l'entreprise A paie un taux d'intérêt fixe de 5 % et reçoit le Libor.

Graphique 2.2

Un swap de taux d'intérêt plain vanilla.

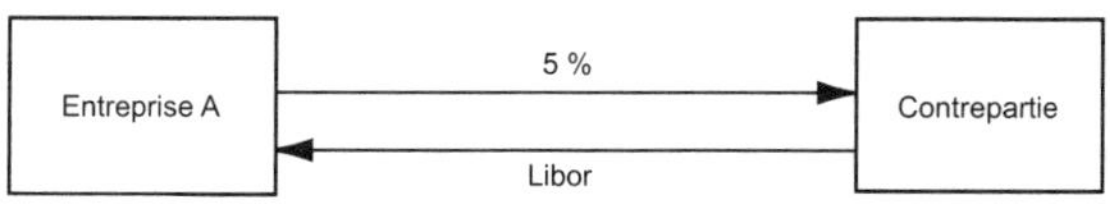

Supposons que dans le cadre de ce contrat les taux soient réinitialisés tous les six mois, que le notionnel vale 100 millions d'euros et que l'échéance soit dans trois ans. Le tableau 2.4 présente les flux de revenus de l'entreprise A lorsque les taux Libor 6 mois s'établissent à des valeurs données dans la deuxième colonne du tableau 2.4.

Tableau 2.4 : Flux de revenus (en millions d'euros) de l'entreprise A (voir graphique 2.2). Le *swap* a une maturité de trois ans, pour un notionnel de 100 millions d'euros.

Date	Taux Libor 6 mois (%)	Flux de revenus variables	Flux de dépenses fixes	Flux de revenus nets
5 mars 2007	4,20			
5 septembre 2007	4,80	+2,10	−2,50	−0,40
5 mars 2008	5,30	+2,40	−2,50	−0,10
5 septembre 2008	5,50	+2,65	−2,50	+0,15
5 mars 2009	5,60	+2,75	−2,50	+0,30
5 septembre 2009	5,90	+2,80	−2,50	+0,30
5 mars 2010	6,40	+2,95	−2,50	+0,45

1. Libor : *London Interbank Offered Rate*. Il s'agit du taux d'intérêt auquel les banques s'échangent des fonds (voir chapitre 4).

L'entreprise entre dans le swap au 5 mars 2007. À cette date, le taux d'intérêt 6 mois vaut 4,2 % par an ou 2,1 % sur six mois. Le flux de revenus variables perçu 6 mois plus tard, soit le 5 septembre 2007, est $0{,}021 \times 100$, soit 2,1 millions d'euros. De la même manière, le taux 6 mois au 5 septembre 2007 vaut 4,8 % par an (soit 2,4 % sur six mois), ce qui confère à l'entreprise un flux de revenus variables de 2,4 millions d'euros perçu six mois plus tard, au 5 mars 2008, et ainsi de suite. Le flux de revenus fixes versé vaut toujours 2,5 millions d'euros (5 % de 100 millions d'euros sur une période de six mois)[1]. Notons que les versements et les paiements des flux de revenus sont calqués sur le fonctionnement des taux d'intérêt à court terme, tel le Libor. Celui-ci est observé en début de période à laquelle il s'applique et est payé en fin de période.

La multiplicité de leur usage rend les swaps *plain vanilla* très populaires. Par exemple, le swap illustré dans le graphique 2.2 pourrait être utilisé par l'entreprise A pour transformer un emprunt à taux variable Libor +1 % en un emprunt à taux fixe de 6 % (soit payer le Libor +1 %, recevoir le Libor et payer 5 %). Ce type de swap peut également être utilisé pour transformer des revenus fixes de 4,5 % en revenus variables à Libor – 0,5 % (soit recevoir 4,5 %, payer 5 % et recevoir le Libor).

Exemple 2.1

Supposons qu'une banque a des dépôts à taux variable et des prêts de maturité 5 ans à taux fixe. Cette structure du bilan expose la banque à des risques importants (voir section 1.5). Si les taux augmentent, le coût des dépôts va s'accroître entraînant une baisse du produit net bancaire. La banque peut couvrir ce risque en entrant dans un swap (voir graphique 2.2) en prenant le rôle de l'entreprise A. Dans ce contexte, le swap permet de transformer le taux variable des dépôts en taux fixe (ou symétriquement le taux fixe des prêts en taux variable).

De nombreuses banques sont teneurs de marchés sur le marché des swaps. Le tableau 2.5 présente des cotations de swaps sur le dollar américain qu'une banque peut offrir[2].

D'après la première ligne du tableau 2.5, la banque est prête à entrer dans un swap à deux ans en versant un taux fixe de 6,03 % contre le Libor. Elle est également prête à recevoir 6,06 % et verser le Libor. Le spread est compris entre trois et quatre points de base. La moyenne des taux fixes à l'achat et à la vente correspond au taux du swap (voir tableau 2.5, dernière colonne).

1. Nous n'avons pas tenu compte des jours ouvrés, ni des vacances, etc., dans le tableau 2.4.

2. Un swap standard aux États-Unis par exemple, est caractérisé par des paiements fixes semi-annuels contre des paiements variables sur Libor semestriel. Dans le tableau 2.4 nous avons supposé que les paiements fixes et variables étaient semi-annuels.

Tableau 2.5 : Cotations de swap par un teneur de marché (pourcentage annuel)

Maturité (en années)	Achat	Vente	Taux du swap
2	6,03	6,06	6,045
3	6,21	6,24	6,225
4	6,35	6,39	6,370
5	6,47	6,51	6,490
7	6,65	6,68	6,665
10	6,83	6,87	6,850

L'échange des swaps est facilité par l'ISDA (International Swaps and Derivatives Association) qui a instauré des contrats standardisés utilisés par les intervenants sur le marché. Les swaps peuvent être structurés pour que leurs flux périodiques puissent dépendre de la valeur future de n'importe quelle variable prédéfinie, comme les taux d'intérêts, les taux de change, les prix des matières premières et les indices boursiers. Parfois, les swaps incluent des options. Par exemple, une des contreparties peut détenir une option lui donnant le droit de clôturer le swap avant l'échéance ou bien de choisir la façon de calculer les flux. Il arrive que ceux-ci soient calculés de manière étrange, comme en témoigne l'exemple du swap entre Procter et Gamble et Bankers Trust en 1993 (voir encadré 2.2). Les détails concernant cette transaction sont bien connus, car elle a fait par la suite l'objet de litiges[1]. L'évaluation des swaps est présentée en annexe B en fin d'ouvrage.

Les options

Les options sont échangées sur des marchés organisés et des marchés de gré à gré. Il existe deux types d'options de base. Une option d'achat (call) donne le droit à son détenteur d'acheter l'actif sous-jacent à une date et à un prix fixés. Une option de vente (put) donne le droit au détenteur de vendre l'actif sous-jacent à une date et à un prix fixés. Le prix fixe d'achat ou de vente de l'actif sous-jacent est le prix d'exercice. La date retenue correspond à l'échéance (ou la date de maturité) de l'option. Les options américaines peuvent être exercées à n'importe quelle date jusqu'à l'échéance alors que les options européennes ne sont exerçables qu'à l'échéance[2]. La majorité des options échangées sur les marchés sont américaines. Sur un marché organisé d'options sur actions, le contrat porte généralement sur l'achat ou la vente de 100 actions. Les options européennes sont plus simples à analyser que les options américaines, et les propriétés de ces dernières sont parfois déduites des caractéristiques des options européennes.

1. Voir SMITH D. J., « Aggressive Corporate Finance : A Close Look at Procter and Gamble-Bankers Trust Leveraged Swap », in *Journal of Derivatives*. 4, n° 4, été 1997, p. 67-79.

2. Les termes américaines et européennes ne correspondent pas aux lieux géographiques de leur échange. Des options européennes sont échangées sur des marchés nord-américains, par exemple.

Encadré 2.2 : Le deal étrange de Procter & Gamble

Un swap particulièrement étrange est le swap « 5/30 » entre Bankers Trust (BT) et Procter & Gamble (PG), initié le 2 novembre 1993. Sa maturité était de cinq ans, avec des flux semi-annuels. Le notionnel valait 200 millions de dollars. BT versait à PG 5,30 % par an et PG versait à BT le taux moyen sur les billets de trésorerie, ici des titres de créances négociables à 30 jours, moins 75 points de base plus un spread. Le taux moyen sur les billets de trésorerie était calculé sur la base des taux journaliers de la période précédant le paiement.

Le spread était nul pour le premier paiement (2 mai 1994), puis

$$\max\left[0, \frac{98{,}5\left(\dfrac{\text{RBT (\%) à 5 ans}}{5{,}78\%}\right) - (\text{prix OE à 30 ans})}{100}\right]$$

pour les neuf paiements restants.

RBT est le rendement des bons du Trésor à maturité constante (*i.e.* le rendement sur les bons du Trésor à cinq ans). Le prix OE à trente ans correspond à la médiane de la fourchette des prix des obligations pour l'obligation d'État à 6,25 % d'échéance août 2023. Le spread calculé de cette manière est un taux décimal et non en points de base. Si la formule donne 0,1 et que le taux sur les billets de trésorerie est 6 %, alors le taux versé par PG est 15,25 %.

PG espérait que le spread resterait nul afin d'échanger un financement à taux fixe à 5,30 % contre un financement de 75 points de base inférieur au taux sur les billets de trésorerie. Malheureusement, les taux d'intérêt ont fortement augmenté au début de l'année 1994, les prix des obligations ont chuté, et le swap s'est révélé extrêmement cher (voir problème 2.30).

Une option est près de la monnaie (*at-the-money*) lorsque son prix d'exercice est proche du prix du sous-jacent. Une option d'achat (respectivement de vente) est en dehors de la monnaie (*out-of-the-money*) lorsque le prix d'exercice est supérieur (respectivement inférieur) au prix du sous-jacent. Une option d'achat (respectivement de vente) est dans la monnaie (*in-the-money*) lorsque le prix d'exercice est inférieur (respectivement supérieur) au prix du sous-jacent.

Il est important de noter que l'option confère à son détenteur un droit et non une obligation d'achat ou de vente, contrairement à un contrat futures ou forward qui oblige le détenteur à acheter ou vendre l'actif sous-jacent. Notons également que le coût d'entrée est nul pour un futures ou un forward, alors qu'il est coûteux d'acquérir une option.

Le plus grand marché mondial d'options sur actions est le Chicago Board Option Exchange (CBOE ; www.cboe.com). Le tableau 2.6 offre les prix d'options américaines sur l'action Intel au 29 mai 2003.

Les prix d'exercice sont de 20 $ et de 22,50 $. Les maturités des options sont juin, juillet et octobre 2003, avec les échéances suivantes : 21 juin, 19 juillet et 18 octobre. Le prix de l'action Intel est de 20,83 $ au 29 mai 2003.

Tableau 2.6 : Prix d'options sur Intel au 29 mai 2003 ; prix de l'action = 20,83 $

Prix d'exercice ($)	Calls			Puts		
	Juin	Juillet	Octobre	Juin	Juillet	Octobre
20,00	1,25	1,60	2,40	0,45	0,85	1,50
22,50	0,20	0,45	1,15	1,85	2,20	2,85

Considérons un investisseur qui donne à son broker un ordre d'achat d'un call d'échéance octobre de prix d'exercice 22,50 $. Le broker transmet cet ordre à un trader du CBOE, qui se charge de trouver un autre trader qui souhaite vendre ce type de call afin de déterminer un prix. On suppose que celui-ci vaut 1,15 $ (voir tableau 2.6). C'est le prix d'une option donnant le droit d'acheter une action. Aux États-Unis par exemple, une option donne droit à l'achat ou à la vente de 100 actions. L'investisseur doit donc verser 115 $ au broker afin de finaliser la transaction.

Dans cet exemple, l'investisseur a obtenu au prix de 115 $ le droit d'acheter 100 actions Intel à 22,50 $ chacune. La contrepartie a perçu 115 $ contre l'obligation de vendre 100 actions Intel au prix d'exercice spécifié si l'investisseur exerce l'option. Si le cours d'Intel ne dépasse pas 22,50 $ avant le 18 octobre 2003, l'option ne sera pas exercée et l'investisseur perd 115 $. Au contraire, si le cours s'apprécie à 30 $ par exemple, l'investisseur exerce l'option et a le droit d'acheter 100 actions à 22,50 $ alors qu'elles valent 30 $ chacune. Il enregistre un gain de 750 $ ou un gain net de 635 $ si on tient compte du coût des options.

Une alternative pour l'investisseur serait d'acheter une option de vente d'échéance juillet avec un prix d'exercice de 20 $. Cette transaction coûte $100 \times 0{,}85$, soit 85 $ (voir tableau 2.6) et donne le droit de vendre 100 actions Intel à 20 $ avant le 19 juillet 2003. Si le cours d'Intel reste au-dessus de 20 $, l'option n'est pas exercée, et l'investisseur perd 85 $. Par contre, si le cours baisse à 15 $, l'investisseur enregistre un gain de 500 $ en achetant 100 actions Intel à 15 $ et en les vendant à 20 $. Le gain net vaut 415 $.

Les options échangées sur le CBOE sont américaines. Si on considère pour simplifier qu'il s'agit d'options européennes et qu'elles peuvent donc être exercées uniquement à l'échéance, le gain de l'investisseur est une fonction du prix de l'action à l'échéance (voir graphique 2.3).

Il existe quatre types de transaction sur options :

1. achat d'un call ;
2. vente d'un call ;
3. achat d'un put ;
4. vente d'un put.

Graphique 2.3

Gain net pour (a) l'achat de 100 calls d'échéance octobre sur Intel de prix d'exercice 22,50 $ et (b) l'achat de 100 puts d'échéance juillet sur Intel de prix d'exercice 20,00 $.

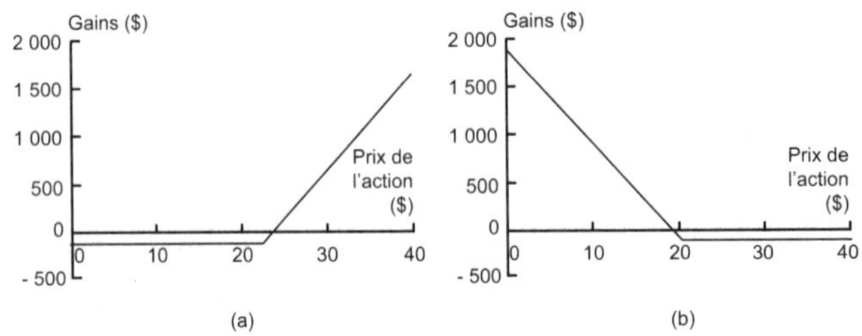

Les acheteurs détiennent des positions longues alors que les vendeurs détiennent des positions courtes. Les options s'échangent sur des marchés organisés et des marchés de gré à gré. Actuellement, ces derniers sont plus importants que les premiers. Les options américaines sont essentiellement échangées sur des marchés organisés tandis que les options européennes s'échangent principalement sur des marchés de gré à gré. L'avantage de ces marchés réside dans la possibilité d'ajuster sur mesure l'échéance, le prix d'exercice et la taille des contrats. Ces caractéristiques ne correspondent pas obligatoirement à celles d'options cotées sur les marchés organisés.

Les formules d'évaluation et les procédures de calcul numérique pour les options sur actions, indices, devises et futures sont fournies en annexes C et D en fin d'ouvrage.

2.4 Couverture et produits financiers

Les contrats futures et forward permettent de couvrir une position particulière à une date donnée. Par exemple, le trésorier d'une entreprise américaine peut acheter des forward sur la livre britannique lorsqu'il est certain que l'entreprise devra payer une facture en livre britannique à une date future (voir tableau 2.3). Symétriquement, le trésorier peut vendre des forward sur la livre lorsqu'il est certain que l'entreprise devra percevoir un paiement dans cette devise dans le futur. Les contrats futures peuvent être utilisés de manière équivalente. Lorsque ce type de produits est utilisé pour la couverture, l'idée consiste à dénouer la position avant l'échéance du contrat. En conséquence, la couverture est moins efficace car la différence entre le prix du contrat futures et le prix spot à la date de dénouement est incertaine. Cette incertitude est qualifiée de *risque de base*.

Dans le cadre d'une couverture par des contrats forward ou futures, l'objectif consiste à fixer le prix d'achat ou de vente d'un actif à une date future. Le   correspond au rapport entre la taille de la position en forward ou futures et la taille de l'exposition à couvrir. Jusqu'à présent, nous avons supposé un ratio de couverture égale à 1,0 (par exemple, une couverture de 1 million d'euros en forward ou futures est nécessaire pour une exposition de 1 million d'euros au risque de change EUR/GBP). Cependant, une entreprise peut choisir un ratio de couverture inférieur à 1,0.

Un ratio de couverture égal à 1,0 n'est pas nécessairement un choix optimal pour une entreprise qui souhaite minimiser ses risques. Supposons que les écarts-types de la variation du prix forward ou futures et de la variation de l'actif à couvrir valent respectivement σ_F et σ_S. Le coefficient de corrélation entre les écarts-types est noté ρ. On peut alors démontrer que le ratio de couverture optimal est

$$\textbf{(2.1)}\quad h = \rho \frac{\sigma_S}{\sigma_F}$$

Exemple 2.2

Une compagnie aérienne prévoit d'acheter 2,4 millions de gallons de kérosène dans un mois. En l'absence de contrat futures sur le kérosène, la compagnie décide d'utiliser le contrat futures sur le fioul du New York Mercantile Exchange. La corrélation entre les variations mensuelles du prix du kérosène et du prix futures du fioul est égale à 0,8. Les écarts-types des variations du prix du fioul et du prix du kérosène sont respectivement 0,024 et 0,021. Le ratio de couverture optimal est :

$$0{,}8 \times \frac{0{,}021}{0{,}024} = 0{,}7$$

Chaque contrat futures porte sur 42 000 gallons de fioul. Le nombre de contrats à acheter est :

$$0{,}7 \times \frac{2\,400\,000}{42\,000} = 40$$

Exemple 2.3

Un gérant de fond souhaite couvrir un portefeuille diversifié de 2,5 millions de dollars jusqu'à la période *T* en utilisant des contrats forward sur le S&P 500. L'indice vaut actuellement 1 250 et le portefeuille vaut 2 000 fois la valeur de l'indice. *F* est la valeur de l'indice forward pour un contrat d'échéance *T*. Si le portefeuille a un bêta de 1,0 (voir section 1.1), le ratio de couverture optimal vaut 1,0. Le contrat forward devrait être structuré de telle manière à ce que le flux final en date *T* soit :

$$2\,000\,(F - S_T)$$

Avec S_T la valeur de l'indice en date *T*. Lorsque $\beta = 2$, la couverture doit doubler, et le flux devient :

$$4\,000\,(F - S_T)$$

En règle générale, le ratio de couverture doit être égal au bêta du portefeuille diversifié, et le flux du contrat forward doit être égal à $2\,000\ \beta\ (F - S_T)$. Cette condition est cohérente avec l'équation (2.1) puisque $\sigma_S = \beta\sigma_F$ et $\rho = 1$.

Un swap peut être considéré comme un panier de contrats forward et peut servir de couverture à des flux versés à des périodes régulières.

Les options sont des instruments de couverture différents des forward, futures et swaps. Contrairement à ces derniers qui fixent les prix pour des achats ou ventes futures, une option procure une assurance. Par exemple, le call présenté dans le graphique 2.3a peut être utilisé pour garantir l'achat des actions Intel à un prix inférieur ou égal à 22,50 $ en octobre. De la même façon, le put du graphique 2.3b peut servir de garantie pour la vente de ces actions à un prix au moins égal à 20 $ en juillet.

Considérations pratiques

Il est important de garder à l'esprit qu'une stratégie de couverture peut améliorer ou diminuer les profits d'une entreprise par rapport à une situation sans couverture. Considérons une compagnie pétrolière qui souhaite couvrir une position future de vente de 1 million de barils de pétrole par la vente de contrats futures. Si le prix du pétrole baisse, la compagnie perd de l'argent sur ses ventes, et la position sur les contrats futures compense cette perte. Le trésorier est félicité par ses supérieurs hiérarchiques pour avoir mis en place la couverture. La situation est donc meilleure avec la couverture.

Si le prix du pétrole augmente, la compagnie enregistre un profit supplémentaire sur ses ventes qui est éliminé par le coût de la position sur les futures. La situation est pire qu'en absence de couverture. Bien que la décision de couverture paraisse logique, le trésorier aura du mal à la justifier. Supposons que le prix du pétrole augmente de trois dollars et que la compagnie perd trois dollars par baril sur les futures. On peut ainsi imaginer la conversation suivante entre le trésorier et le PDG :

LE PDG : C'est terrible. Nous avons perdu 3 millions de dollars sur le marché à terme en trois mois. Comment cela a-t-il pu arriver ? J'exige une explication.

LE TRÉSORIER : L'objet des contrats futures n'était pas de faire des profits mais de nous couvrir contre les variations de prix. N'oubliez pas que nous avons augmenté notre résultat de 3 millions sur les ventes de pétrole grâce à l'évolution favorable du prix.

LE PDG : Quel rapport ! C'est comme si vous disiez qu'il ne faut pas s'inquiéter de la baisse des ventes en Californie sous prétexte que celles de New York sont en hausse !

LE TRÉSORIER : Si le prix du baril avait baissé…

LE PDG : Peu m'importe de savoir ce qui se serait passé si le prix avait baissé. Le fait est qu'il a monté. Je ne vois vraiment pas ce qui vous a pris de jouer sur ces marchés. Nos actionnaires vont attendre d'excellents résultats ce trimestre. Je vais devoir leur expliquer que vos initiatives ont réduit nos profits de 3 millions. J'ai bien peur que votre prime soit compromise cette année.

LE TRÉSORIER : Ce n'est pas juste. Je ne faisais que…

LE PDG : Pas juste ! Vous avez de la chance de ne pas être licencié. Vous avez perdu 3 millions.

LE TRÉSORIER : Tout dépend de la façon dont on voit le problème...

Cet exemple montre que l'utilisation de la couverture peut mettre le trésorier dans une position délicate même si elle réduit le risque de l'entreprise. La seule solution possible est que l'ensemble des dirigeants comprenne parfaitement la nature de la couverture avant que celle-ci ne soit mise en place. Une des raisons pour laquelle les trésoriers préfèrent utiliser des options plutôt que des forward, des futures ou des swaps est que ce type de couverture n'implique pas les problèmes illustrés dans l'exemple précédent. Au contraire, les options permettent à l'entreprise de profiter des événements favorables, tout en étant couverte contre les conséquences des événements défavorables (cela implique bien sûr un coût, qui correspond à la prime de l'option).

2.5 Les options exotiques et les produits structurés

Nous avons déjà discuté d'une option exotique dans l'encadré 2.2. De nombreux types d'options exotiques ainsi que d'autres produits structurés sont échangés sur les marchés de gré à gré. Ce type de produit représente une part résiduelle des transactions d'une institution financière, mais génère des marges plus importantes que les options classiques ou les swaps. Des exemples d'options exotiques sont fournis ci-dessous :

Options asiatiques : Contrairement aux options classiques dont le paiement final dépend du prix du sous-jacent au moment de l'exercice, le paiement d'une option asiatique dépend du prix du sous-jacent moyen sur une période déterminée. Un exemple est un call à prix moyen (*average price* call), dont le flux dans un an vaut $\max(\overline{S} - K, 0)$ avec $\overline{S}$ le prix moyen du sous-jacent durant l'année et K le prix d'exercice.

Options barrières : Ce type d'option existe ou disparaît lorsque le prix du sous-jacent atteint une certaine barrière. Par exemple, une option d'achat *knock-out* avec un prix d'exercice de 30 euros et une barrière de 20 euros disparaît lorsque le prix de l'actif passe en dessous de 20 euros.

Options sur paniers : Il s'agit d'options sur des portefeuilles d'actifs.

Options binaires (ou digitales) : Ces options génèrent des flux fixes lorsque certains critères sont remplis. Par exemple, une option entraîne un paiement de 1 000 euros dans un an si le prix de l'action est supérieur à 20 euros.

Options composées : Il s'agit d'options sur options. Il en existe quatre sortes : call sur call, call sur put, put sur call et put sur put. Par exemple, une option composée est une option d'achat d'une option sur une action qui cote actuellement 15 euros. La première option a un prix d'exercice de 1 euro et expire dans un an, tandis que la seconde a un prix d'exercice de 20 euros et expire dans trois ans.

Options lookback : Les flux de ces options dépendent du prix maximum ou minimum de l'actif sous-jacent sur une période donnée. Il s'agit par exemple d'une option dont le flux terminal dans un an est égal à $S_T - S_{\min}$ avec S_T le prix du sous-jacent dans un an et $S_{\min}$ le prix minimum du sous-jacent durant cette période.

Encadré 2.3 : La couverture de Microsoft

Microsoft gère activement son risque de change. L'entreprise facture en monnaie locale dans certains pays (Europe, Japon et Australie) puis convertit chaque mois son bénéfice net en dollars américains. De ce fait, la société Microsoft est exposée au risque de change. Dans d'autres pays (Amérique latine, Europe de l'Est, Asie du Sud-Est) Microsoft facture en dollars. Ces facturations semblent sans risque de change, mais en réalité, elles sont porteuses de risque.

Supposons que le dollar américain s'apprécie par rapport à la devise du pays de facturation en USD. Cette appréciation renchérit le prix des produits Microsoft en monnaie locale pour les consommateurs de ce pays. En conséquence, Microsoft sera contraint de diminuer le prix (en USD) de ses produits ou de subir une baisse des ventes. L'entreprise est donc exposée à un risque de change dans les pays où elle facture en USD et en monnaie locale. Cet exemple illustre la nécessité d'une approche globale dans la gestion du risque (voir section 2.2).

Microsoft utilise des options pour couvrir son risque de change. Considérons un horizon temporel d'un an. L'entreprise admet que son exposition au yen japonais correspond au taux de change moyen puisque approximativement le même montant de yens est converti chaque mois en dollars. L'utilisation d'options asiatiques est donc la plus appropriée. De plus, Microsoft est exposée à une moyenne pondérée des taux de change des pays dans lesquels l'entreprise vend ses produits. C'est pourquoi, elle utilise des options sur paniers (*i.e.* des options sur une moyenne pondérée des taux de change), plus précisément des puts asiatiques sur paniers. Le coût de ce type d'options est bien inférieur à celui d'un portefeuille de puts classiques, un par mois et par taux de change (voir problème 2.24), et fournit une protection adéquate pour Microsoft.

L'entreprise fait face à d'autres risques financiers. Par exemple, elle est exposée au risque de taux d'intérêt sur son portefeuille d'obligations (en effet, lorsque le taux d'intérêt augmente, la valeur du portefeuille diminue). Elle est également exposée à deux types de risque sur les actions : celles des entreprises dans lesquelles Microsoft investit et ses propres titres, qu'elle rachète régulièrement dans le cadre de programmes de rachat d'actions. Ces risques sont également couverts par des stratégies sophistiquées d'options.

Pourquoi les entreprises préfèrent-elles utiliser des options exotiques et des produits structurés plutôt que des produits *plain vanilla* (voir section 2.3) ? Parfois, ces produits sont complètement inadaptés en tant qu'outils de gestion du risque (voir le cas de Procter & Gamble, encadré 2.2). Mais les produits exotiques sont également utilisés par les trésoriers d'entreprises à bon escient. Par exemple, Microsoft utilise des options asiatiques sur paniers, car c'est ce type de produit qui est le plus adapté pour gérer ses risques (voir encadré 2.3).

2.6 Les dangers potentiels

Les produits dérivés sont des instruments très versatiles. Ils peuvent servir pour la couverture, la spéculation et l'arbitrage (la couverture réduit les risques, la spéculation les augmente, et l'arbitrage consiste à fixer un profit par le biais de transactions simultanées sur deux marchés ou plus). C'est cette versatilité qui est à l'origine de dangers potentiels. Parfois, des traders qui devraient couvrir le risque ou suivre une stratégie d'arbitrage deviennent des spéculateurs (consciemment ou inconsciemment). Les résultats peuvent être désastreux comme en témoignent les activités de Nick Leeson à la Barings Bank (voir encadré 2.4)[1].

Encadré 2.4 : Le désastre de la banque Barings

Une entreprise qui est engagée dans des transactions de produits dérivés est exposée au risque « trader ». En effet, le trader mandaté pour couvrir ces risques ou pour exploiter ces opportunités d'arbitrage peut se révéler spéculateur.

Nick Leeson, employé par la banque Barings à Singapour en 1995, était mandaté pour exploiter des opportunités d'arbitrage sur les prix futures des bourses de Singapour et d'Osaka. Progressivement, Leeson est passé d'un profil d'arbitragiste à un profil de spéculateur, sans que la direction de la Barings à Londres ait complètement compris ce changement dans l'utilisation des produits dérivés. Leeson a commencé à enregistrer des pertes qu'il a pu camoufler. Il a par la suite pris des positions de plus en plus importantes dans l'espoir de combler ses pertes mais n'a finalement réussi qu'à les aggraver.

La perte finale de Leeson était proche de 1 milliard de dollars. En conséquence, la Barings, une banque vieille de deux cents ans, a fait faillite. Une des leçons du désastre de la Barings est qu'il est crucial de définir de manière claire et précise les limites des risques pour les traders, puis de les surveiller activement afin de vérifier leur respect.

Pour éviter ce type de problème, il est crucial à la fois pour les entreprises financières et non financières d'implanter des outils de contrôle pour s'assurer que les produits dérivés sont bien utilisés pour les motifs prédéterminés. Des limites sur les risques doivent être mises en place, et les activités des traders doivent être surveillées chaque jour afin de s'assurer que les limites sont respectées.

Résumé

Les instruments financiers sont échangés sur deux types de marchés : les marchés organisés et les marchés de gré à gré. Nous avons présenté dans ce chapitre les transactions au comptant, les contrats forward et futures, les swaps et les options. Un contrat forward ou futures est une obligation d'acheter ou de vendre un actif à une date et à un prix fixés. Un swap est un accord d'échange de flux futurs, les montants étant fonction des valeurs d'une ou plusieurs variables de marché. Une option d'achat (respectivement

1. Le film *Rogue Trader* fournit une bonne mise en scène de la faillite de la banque Barings.

de vente) donne à son détenteur le droit d'acheter (respectivement de vendre) un actif à une date et un prix déterminés. Les forward, futures, swaps et options portent sur une grande variété d'actifs sous-jacents.

Les forward, futures et swaps permettent de fixer les prix des transactions futures. Par contre, les options fournissent une assurance contre un niveau de prix défavorable pour les transactions futures. Les options exotiques et les produits structurés sont construits sur mesure par rapport aux besoins spécifiques des trésoriers d'entreprises. Par exemple, les options asiatiques sur paniers permettent à une entreprise comme Microsoft de gérer plusieurs risques à la fois (voir encadré 2.3).

Il est important d'avoir une vision holiste de la couverture des risques. Par exemple, une entreprise peut augmenter plutôt que réduire ses risques en utilisant des produits de couverture quand aucun de ses concurrents ne le fait. Le ratio de couverture correspond au rapport de la taille de l'exposition au risque à couvrir et de la taille de l'exposition totale au risque. Il n'est pas toujours optimal de couvrir tous les risques, *i.e.* d'avoir un ratio de couverture égal à 1,0. Le ratio optimal dépend de la volatilité des prix futures, des prix des actifs sous-jacents à couvrir et de leur corrélation.

Références complémentaires

BAZ, J. et PASCUTTI, M., « Alternative Swap Contracts Analysis and Pricing », in *Journal of Derivatives.* Hiver 1996, p. 7-21.

BOYLE, P. et BOYLE, F., *Derivatives : The Tools that changed Finance.* Risk Books, Londres, 2001.

BROWN, K. C. et SMITH, D. J., *Interest Rate and Currency Swaps : a Tutorial.* Association for Investment Management and Research, 1996.

BROWN, G. W., « Managing Foreign Exchange Risk with Derivatives », in *Journal of Financial Economics.* 60, 2001, p. 401-448.

FLAVELL, R., Swaps *and Other Instruments.* Wiley, Chichester, 2002.

GECZY, C., MINTON, B. A. et SCHRAND, C., « Why Firms use Currency Derivatives », in *Journal of Finance.* 52, n° 4, 1997, p. 1323-1354.

GITMAN, L. et JOEHNK, M., *Investissement et marchés financiers.* 9e éd. Pearson Education, 2005.

LITZENBERGER, R. H., « Swaps : Plain and Fanciful », in *Journal of Finance.* 47, n° 3, 1992, p. 831-850

MILLER, M. H., « Financial Innovation : Achievements and Prospects », in *Journal of Applied Corporate Finance.* 4, hiver 1992, p. 4-11.

WARWICK B., JONES, F. J. et TWELVES, R. J., *The Futures Game.* McGraw-Hill, New York, 1998, 3e éd.

Problèmes et exercices (corrigés en fin d'ouvrage)

2.1. Quelle est la différence entre une position courte et longue sur un forward ?

2.2. Expliquez la différence entre la couverture, la spéculation et l'arbitrage.

2.3. Quelle est la différence entre une position longue sur un forward lorsque le prix forward vaut 50 € et une position longue sur un call avec un prix d'exercice à 50 € ?

2.4. Expliquez en détail les différences entre la vente d'un call et l'achat d'un put.

2.5. Un investisseur prend une position courte sur un forward pour vendre 100 000 livres britanniques contre des dollars américains au taux de change 1,5000 USD par GBP. Quel est le gain ou la perte de l'investisseur si à l'échéance du contrat le taux de change vaut (a) 1,4900 et (b) 1,5200 ?

2.6. Un trader prend une position courte sur des futures sur coton lorsque leur prix est de 50 cents par livre de coton. Le contrat porte sur une livraison de 50 000 livres. Quel est le gain ou la perte du trader si à l'échéance le prix du coton vaut (a) 48,20 cents par livre et (b) 51,3 cents par livre ?

2.7. Supposons que vous émettez un put avec un prix d'exercice à 40 € et une maturité de trois mois. Le prix actuel de l'action est de 41 € et le contrat porte sur 100 titres. En quoi consiste votre engagement ? Combien pouvez vous gagner ou perdre ?

2.8. Quelle est la différence entre un marché organisé et un marché de gré à gré ? Sur lequel de ces deux types de marché sont échangés : (a) les forward, (b) les futures, (c) les options, (d) les swaps et (e) les options exotiques ?

2.9. Vous souhaitez spéculer sur la hausse du prix d'une action. Son prix actuel est de 29 €. Le prix d'un call de maturité trois mois et de prix d'exercice 30 € cote 2,90 €. Vous disposez de 5 800 €. Identifiez deux stratégies alternatives, consistant d'une part à investir dans l'action et d'autre part dans l'option. Quels sont les gains et pertes potentiels de ces deux stratégies ?

2.10. Supposons que vous détenez 5 000 actions de valeur unitaire 25 €. Comment pouvez-vous utiliser des puts pour vous protéger contre une baisse des titres dans les quatre prochains mois ?

2.11. Une émission d'actions procure des fonds à une entreprise. En est-il de même pour des options sur actions ? Discutez.

2.12. Supposons que le call d'échéance mars et de prix d'exercice 50 € cote 2,50 €. Vous le détenez jusqu'à l'échéance. Dans quelles circonstances allez-vous faire un gain sur cette position ? Dans quelles circonstances allez-vous exercer l'option ?

2.13. Supposons que le put d'échéance juin de prix d'exercice 60 € cote 4 € et est détenu jusqu'à l'échéance. Sous quelles conditions le vendeur de cette option (*i.e.* la contrepartie qui a une position courte) enregistre-t-il un profit ? Dans quelles circonstances cette option sera-t-elle exercée ?

2.14. Une entreprise va recevoir un paiement en monnaie étrangère dans quatre mois. Quel type d'option est le plus approprié pour couvrir le risque de change ?

2.15. Une entreprise américaine devra payer 1 million de dollars canadiens dans six mois. Expliquer comment le risque de change peut être couvert avec (a) un contrat forward et (b) une option.

2.16. Dans les années 1980, Bankers Trust a mis en place des *index currency option notes* (ICON). Il s'agissait d'obligations dont la valeur de remboursement dépendait d'un taux de change. Un exemple concerne le Long Term Credit Bank du Japon. L'ICON stipulait que si le taux de change yen/dollar S_T était supérieur à 169 yens par dollar à l'échéance (1995), alors le détenteur de l'obligation recevait 1 000 $. Dans le cas contraire, le détenteur recevait

$$1\,000-\max\left[0,1000\left(\frac{169}{S_T}-1\right)\right]$$

Lorsque le taux de change est inférieur à 84,5, le détenteur ne reçoit rien. Montrez que l'ICON est une combinaison d'une obligation classique et de deux options.

2.17. Supposons que les taux de change USD/GBP spot et forward sont les suivants :

Spot	1,6080
Forward 90 jours	1,6056
Forward 180 jours	1,6018

Quelles sont les opportunités d'arbitrage lorsque : (a) le call européen à 180 jours permettant d'acheter 1 £ à 1,57 $ cote 2 cents et (b) le put européen à 90 jours permettant de vendre 1 £ à 1,64 $ cote 2 cents ?

2.18. Une entreprise a un investissement de rendement 5 % par an sur cinq ans. Elle souhaite utiliser les données du tableau 2.5 pour convertir son investissement à taux fixe en taux variable. Expliquez comment elle peut procéder.

2.19. Une entreprise a emprunté de l'argent sur cinq ans au taux annuel de 7 %. Expliquez comment elle peut utiliser les données du tableau 2.5 pour convertir cet emprunt à taux fixe en emprunt à taux variable.

2.20. Une entreprise a une dette à taux variable qui lui coûte le Libor +1 %. Expliquez comment elle peut utiliser les données du tableau 2.5 pour échanger cette dette contre une dette à taux fixe sur trois ans.

2.21. Un exploitant de maïs affirme : « Je n'utilise pas de futures pour couvrir mes risques. Mon véritable risque ne provient pas du prix du maïs mais du climat. »

Discutez son point de vue. Est-ce que l'exploitant devrait estimer sa production espérée et utiliser une couverture pour fixer le prix du maïs pour ce niveau de production ?

2.22. Le PDG d'une compagnie aérienne constate : « Il n'y a pas de raison pour couvrir le prix du kérosène. Il y a exactement autant de chance de perdre de l'argent que d'en gagner en couvrant ce risque. » Discutez le point de vue du PDG.

2.23. L'écart-type de la volatilité mensuelle du prix au comptant du bétail (en cents par livre) vaut 1,2. L'écart-type de la volatilité mensuelle du prix futures vaut 1,4. La corrélation entre les prix au comptant et futures est 0,7. Nous sommes le 15 octobre. Un producteur de viande s'est engagé à acheter 200 000 livres de bétail au 15 novembre. Ce producteur souhaite utiliser des contrats futures sur le bétail d'échéance décembre pour couvrir son risque. Chaque contrat porte sur la livraison de 40 000 livres de bétail. Quelle stratégie devrait adopter le producteur ?

2.24. Pourquoi le coût d'un put asiatique sur panier est nettement moins important que celui d'un portefeuille de puts, un pour chaque devise et pour chaque maturité (voir l'encadré 2.3) ?

Questions complémentaires

2.25. Le prix actuel d'une action est de 94 €. Le prix d'un call européen d'échéance trois mois et de prix d'exercice 95 € cote 4,70 €. Un investisseur qui anticipe une hausse du prix de l'action doit décider s'il faut acheter 100 titres ou 2 000 options (soit 20 contrats). Chaque stratégie coûte 9 400 €. Que conseilleriez-vous à cet investisseur ? Quel prix doit atteindre l'action pour que la stratégie d'option soit la plus rentable ?

2.26. Les caractéristiques d'un emprunt obligataire émis par Standard Oil sont les suivantes. L'obligataire ne reçoit aucun coupon. À l'échéance, l'entreprise verse 1 000 $ plus un montant fonction du prix du pétrole à cette date. Ce montant est égal au produit de 170 et du niveau excédentaire du prix du baril à l'échéance par rapport à 25 $. Le montant maximum est égal à 2 550 $ (ce qui correspond à 40 $ le baril). Montrez que cette obligation est une combinaison d'une obligation classique, d'une position longue sur un call avec un prix d'exercice de 25 $ et d'une position courte sur un call avec un prix d'exercice de 40 $.

2.27. Le prix de l'or vaut actuellement 500 $ l'once. Le prix forward pour une livraison dans un an vaut 700 $. Un arbitragiste peut emprunter de l'argent à 10 % par an. Que devrait-il faire ? Par hypothèse, le coût de stockage et le rendement de l'or sont nuls.

2.28. Une entreprise perçoit le Libor - 0,5 %. Expliquez comment elle peut utiliser les données du tableau 2.5 pour convertir cet investissement en des investissements à taux fixe sur (a) trois ans, (b) cinq ans et (c) dix ans ?

2.29. Quelle position est équivalente à une position longue sur un forward permettant d'acheter un actif au prix K et une position longue sur un put européen donnant droit à vendre ce même actif au même prix.

2.30. Calculez le taux d'intérêt payé par P&G sur le swap 5/30 (voir encadré 2.2) si (a) le taux des billets de trésorerie vaut 6,5 % et le rendement des bons du Trésor est de 6 % et (b) le taux des billets de trésorerie est de 7,5 % et le rendement des bons du Trésor vaut 7 %, avec des taux composés semestriels.

2.31. Nous sommes le 16 juillet. Une entreprise possède un portefeuille d'actions de 100 millions de dollars. Le bêta du portefeuille est de 1,2. L'entreprise souhaite utiliser le contrat futures CME d'échéance décembre sur le S&P 500 pour diminuer le bêta à 0,5 pour la période allant du 16 juillet au 16 novembre. Actuellement, l'indice vaut 1 000 et chaque contrat porte sur un point d'indice fois 250 dollars. (a) Quel type de position devrait prendre l'entreprise ? (b) Supposons que l'entreprise change d'avis et décide d'augmenter le bêta du portefeuille à 1,5. Quelle position sur futures devrait-elle prendre ?

Chapitre 3

Comment les traders gèrent-ils le risque ?

Dans une institution financière, l'activité de *trading* (ou d'échanges d'actifs financiers) est généralement opérée par le *front office*, l'activité de contrôle des risques et de calcul du capital requis est réalisée au *middle office* et enfin, l'enregistrement des différentes opérations a lieu au *back office*. Comme nous l'avons souligné au chapitre 1, l'activité de *trading* et le risque qui lui est associé sont contrôlés à deux niveaux. En premier lieu, le *front office* couvre ses positions afin que l'exposition à certaines variables de marché ne dépasse pas une certaine limite. En second lieu, le *middle office* agrège l'ensemble des risques associés aux positions des traders et juge si le niveau global de risque est acceptable. Ce chapitre aborde exclusivement la manière dont les positions sont couvertes par le *front office*. Les chapitres suivants aborderont les méthodes utilisées par le *middle office* afin d'agréger ces risques. Ce chapitre explique ce que l'on entend par « lettres grecques » ou plus couramment par les « grecques ». Chacune de ces mesures fait référence à un aspect particulier de la position prise sur le marché par les traders. Ces derniers calculent leurs « grecques » à chaque fin de journée et sont dans l'obligation d'ajuster leur portefeuille si les limites imposées par l'institution sont dépassées. Dans le cas contraire, le trader s'expose à un licenciement.

3.1 Le delta

Supposons que vous soyez trader dans une banque américaine et responsable des échanges sur l'or. Le cours actuel d'une once d'or est de 500 dollars. Le tableau 3.1 offre un résumé de votre position (qu'on appelle le *book*). Comment pouvez-vous gérer votre risque ?

La valeur actuelle de votre portefeuille est de 117 000 $. Afin d'évaluer l'exposition de votre portefeuille au risque, une solution consiste à mesurer l'impact d'une variation du cours de l'once de 500 $ à 500,10 $. Si votre portefeuille vaut dans ce cas 116 900 $, une hausse de 0,10 $ du cours de l'once d'or entraîne une baisse de 100 $ de votre portefeuille. La sensibilité de votre portefeuille au cours de l'or est ici :

$$-1\,000 = \frac{-100}{0{,}1}$$

Tableau 3.1 : Résumé du portefeuille sur l'or

Position	Valeur ($)
Spot	180 000
Contrats forward	–60 000
Contrats futures	2 000
Swaps	80 000
Options	–110 000
Options exotiques	25 000
Total	117 000

Cette mesure est le delta de votre portefeuille et traduit le fait que ce dernier perd 1 000 $ lorsque le cours de l'or augmente de 1 $. En général le delta du portefeuille mesuré par rapport à une variable de marché s'écrit :

$$\frac{\Delta\Pi}{\Delta S}$$

où ΔS est une faible variation de la valeur de la variable de marché, et $\partial\Pi$ est la variation de la valeur du portefeuille. En utilisant un terme technique, le delta est la dérivée partielle de la valeur du portefeuille par rapport à la valeur de la variable de marché et s'écrit :

$$\text{delta} = \frac{\partial\Pi}{\partial S}$$

Dans notre exemple, le trader peut éliminer son exposition au risque de variation du cours de l'or en achetant 1 000 onces d'or. S'il réalise cet achat, le nouveau portefeuille aura un delta nul et l'on parle alors de portefeuille delta-neutre.

Les produits linéaires

Les produits financiers dont la valeur augmente linéairement avec la valeur du sous-jacent sont qualifiés de produits linéaires (voir graphique 3.1) Les contrats forwards, les contrats futures et les swaps entrent dans cette catégorie. Ce type de produits peut être couvert relativement facilement. Supposons, par exemple, qu'une banque américaine entre dans un contrat forward avec une entreprise cliente. Ce contrat engage la banque à vendre à son client 1 million d'euros à un taux de change fixé dans un an. Si le taux d'intérêt sur le marché de l'euro vaut 4 % (en composition continue), cela signifie que la valeur présente du million d'euros livrable dans un an est 961 538 euros. La banque peut couvrir sa position en empruntant une somme en dollars équivalente à 961 538 euros aujourd'hui et investir la somme en euros à 4 %. La banque est assurée de la détention du million d'euros dans un an et connaît, dès aujourd'hui, le coût de cette opération.

Graphique 3.1

Produit linéaire.

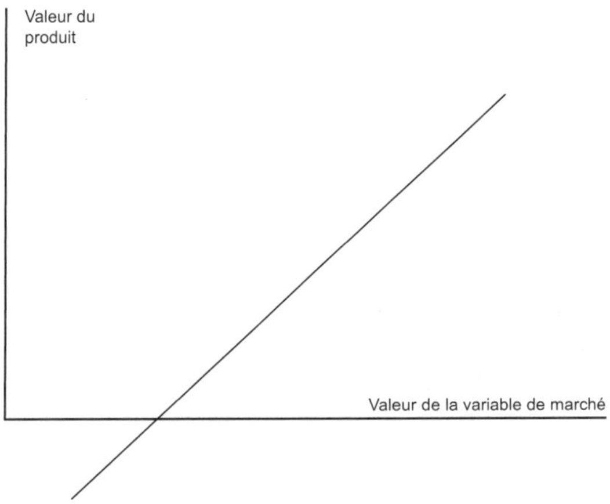

Si la banque prend une position symétrique et s'engage à acheter un million d'euros dans un an, elle doit couvrir sa position en vendant 961,53 euros. Pour ce faire, la banque emprunte dès aujourd'hui cette somme à 4 % et les convertit immédiatement en dollars. Le million d'euros qu'elle recevra dans un an sera utilisé pour le remboursement de l'emprunt.

Vendre des actifs pour couvrir des contrats forward n'est pas toujours chose facile. Par exemple, pour couvrir un achat de contrat forward portant sur une quantité d'or en vendant le support, la banque est contrainte à l'emprunt d'une quantité d'or suffisante. Comme le souligne l'encadré 3.1, les banques centrales peuvent servir d'intermédiaires dans ce type de transactions.

Les produits non linéaires

Les options et de nombreux produits structurés sont des produits non linéaires. Autrement dit, la relation entre la valeur de ces produits et la valeur du sous-jacent n'est pas linéaire. Ce type de produits est généralement plus délicat à couvrir.

Considérons, par exemple, un trader qui a vendu 100 000 options d'achat (call) portant sur une action ne payant pas de dividendes lorsque :

1. Le cours de l'action est de 49 € ;
2. Le prix d'exercice est de 50 € ;
3. Le taux sans risque vaut 5 % ;
4. La volatilité du cours de l'actif est de 20 % par an ;
5. La maturité de l'option est de 20 semaines.

Encadré 3.1 : La couverture des entreprises d'extraction d'or

Il est naturel pour les compagnies minières du secteur de l'or de se couvrir contre les variations du cours de l'or sur le marché. L'exploitation et l'extraction de l'or peuvent prendre des années. Même si au moment de la décision d'exploitation d'une nouvelle concession la rentabilité semble élevée, une baisse importante du cours de l'or peut se révéler catastrophique. Dans le but de rassurer leurs actionnaires, les compagnies minières prennent soin d'expliquer les stratégies de couverture retenues. Cependant, certaines compagnies choisissent de ne pas couvrir leur risque et tentent d'attirer des actionnaires qui veulent s'enrichir lorsque le cours de l'or augmente tout en les préparant à une éventuelle perte dans le cas contraire. D'autres compagnies choisissent de couvrir ce risque. Elles estiment généralement le nombre d'onces d'or qui sera produit tous les mois pendant les années à venir et vendent des contrats forward ou futures afin de fixer le prix de vente de l'or sur le marché. Imaginons que vous représentiez Goldman Sachs et que vous soyez la contrepartie d'une entreprise minière. Vous avez donc accepté d'acheter à un prix fixé une quantité d'or à une date convenue. Comment pouvez-vous couvrir votre risque? La réponse consiste à emprunter l'or auprès d'une banque centrale et à le vendre immédiatement sur le marché (les banques centrales de nombreux pays ont des réserves d'or conséquentes). La banque centrale facture bien sûr le service rendu (peut-être 1,5 % par an). A la date de livraison du contrat forward, vous achetez l'or à la compagnie minière et remboursez votre dû à la banque centrale.

Graphique 3.2

Valeur d'une option par rapport au cours de l'action.

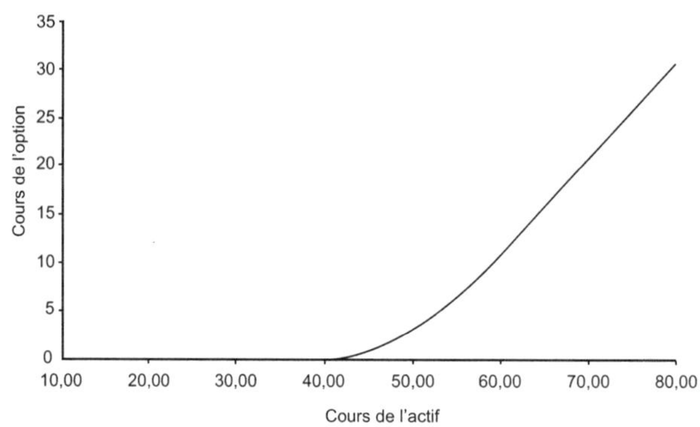

On suppose que le montant reçu par le trader est de 300 000 euros et qu'il n'a aucune autre position sur le marché financier.

La fonction liant la valeur de l'option au cours du sous-jacent est illustrée sur le graphique 3.2. La variation du delta par rapport aux niveaux du cours de l'action est donnée par le graphique 3.3[1]. À la date de transaction, la valeur théorique de l'option

1. Les graphiques 3.2 et 3.3 sont obtenus à l'aide du logiciel DerivaGem, qui peut être téléchargé sur le site de l'auteur. Le modèle de Black et Scholes est ici utilisé.

est de 2,40 euros et le delta vaut 0,522. Le trader vend 100 000 options, la valeur de son portefeuille est donc de –240 000 euros et le delta du portefeuille vaut –52 200. Le trader peut être ravi puisque les options ont été vendues 60 000 euros au-dessus de leur valeur théorique mais il reste face à la difficulté de couvrir sa position. Il peut rendre son portefeuille delta-neutre juste après la vente des options en achetant 52 000 actions sous-jacentes. Lors d'une faible baisse (hausse) du cours du support, le gain (la perte) sur la position en options peut être compensé par une perte (un gain) sur l'actif sous-jacent. Par exemple, si le cours de l'action augmente, passant de 49 € à 49,10 €, alors la valeur de la position en options décroît de $52\ 200 \times 0{,}1 = 5\ 220$ € tandis que le portefeuille d'actions se valorise du même montant.

Dans le cas des produits linéaires, la couverture ne nécessite aucun ajustement lorsque le temps passe. Ce n'est pas le cas des produits non linéaires, et une couverture delta-neutre doit être ajustée à des intervalles de temps réguliers. On parle généralement d'ajustements de portefeuilles ou de rééquilibrage de portefeuilles (*rebalancing*) dans le cadre d'une couverture dynamique. Les tableaux 3.2 et 3.3 illustrent ce phénomène sur la base de l'exemple précédent. Les ajustements de portefeuilles sont supposés être opérés toutes les semaines. Comme nous l'avons déjà signalé, le delta d'une action vaut 0,522 et le delta du portefeuille s'élève à –52 500. Cela signifie que dès la vente des options, 2 557 800 euros doivent être empruntés afin d'acheter 52 500 actions au cours de 49 €. Le taux est de 5 % et le coût de la couverture en fin de première semaine vaut approximativement 2 500 euros. Dans le tableau 3.2, le cours de l'action baisse à 48,12 € en fin de première semaine et le delta baisse également à 0,458. Une position longue sur 45 800 actions est alors nécessaire afin de couvrir le portefeuille d'options. Le trader peut vendre alors 6 400 actions (52 200 – 45 800) pour maintenir sa couverture. Cette vente procure des liquidités pour une valeur de 308 000 euros, et l'emprunt global ne s'élève plus qu'à 2 252 300 euros en fin de première semaine. Pendant la deuxième semaine, le cours de l'action baisse à 47,37 € et le delta diminue également. Cela conduit à une vente de 5 800 actions en fin de deuxième semaine. En fin de troisième semaine, le cours du titre s'établit à 50 € (hausse), le delta augmente, et 19 600 actions doivent être achetées afin d'ajuster la couverture. Lorsque l'on se rapproche de la maturité de l'option, il paraît évident que cette dernière sera exercée et le delta s'approche de 1,0. En semaine 20, le trader détient 100 000 actions et reçoit 5 millions d'euros pour ces titres ; le coût total de la position et de sa couverture est finalement de 2 633 000 euros. Le tableau 3.3 offre une seconde illustration dans laquelle l'option est en dehors de la monnaie à sa maturité. Dès qu'il paraît clair que l'option ne sera pas exercée, le delta s'approche de zéro. En semaine 20, le trader ne détient aucune position sur le support, et les coûts totaux s'élèvent à 256 600 €

Dans les tableaux 3.2 et 3.3, les coûts de couverture de l'option actualisés en début de période sont assez proches de ceux qui sont obtenus par l'évaluation de Black et Scholes (240 000 euros). Si le procédé de couverture fonctionnait parfaitement, le coût de cette protection serait, après actualisation, exactement égal à celui de Black et Scholes, quelle que soit la simulation des trajectoires du cours de l'action. L'écart est dû au fait que la protection n'est réajustée qu'une fois par semaine. Lorsque l'ajustement est plus

Graphique 3.3

Delta d'une option en fonction du cours du support.

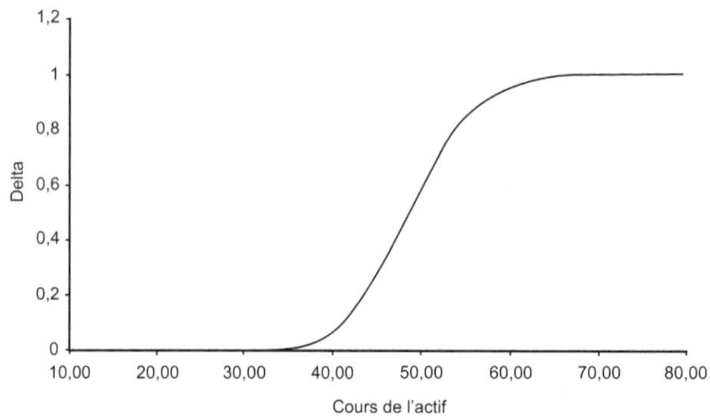

fréquent, cet écart se réduit. Bien sûr, les exemples des tableaux 3.2 et 3.3 sont idéalisés dans la mesure où on suppose que les hypothèses du modèle de Black et Scholes sont vérifiées et qu'il n'y a pas de coûts de transaction.

Le but de la couverture en delta est de maintenir la position de l'institution financière proche de la valeur initiale. Au départ, la valeur des options vendues est de 240 000 euros. Dans la situation décrite par le tableau 3.2, la valeur des options peut être estimée à 414 500 € à la semaine 9 et l'institution financière a donc perdu 174 500 € sur cette position. Sa position monétaire, mesurée par le coût cumulé des actions et des intérêts en semaine 9, est supérieure de 1 442 900 euros à celle de la semaine 0. La valeur des actions en portefeuille a augmenté de 2 557 800 € à 4 171 100 euros (= 78 700 × 53 €) soit un gain de 1 613 300 euros. Le résultat net global pour la position de l'institution financière, déduite de l'ensemble des effets qui viennent d'être décrits, traduit une variation de seulement 4 100 euros durant la période de neuf semaines.

D'où viennent les coûts ?

La technique de couverture en delta des tableaux 3.2 et 3.3 crée en fait une position longue synthétique en options afin de neutraliser la position courte résultant de l'option vendue. Comme les tableaux l'illustrent, ce procédé suppose généralement de vendre les actions juste après une baisse de leur cours et de les acheter juste après une hausse. On pourrait résumer cela par une affirmation du type « acheter haut, vendez bas ! ». Le coût de 240 000 euros provient de la moyenne des différences entre le prix payé pour les actions et le montant obtenu lors de leur vente.

Tableau 3.2 : Simulation de couverture par le delta
(l'option termine dans la monnaie ; le coût de la couverture s'élève à 263 300 €)

Semaine	Cours de l'action	Delta	Actions achetées	Coûts des actions achetées (en K€)	Coûts cumulés avec intérêts (en K€)	Coûts d'intérêts (K€)
0	49,00	0,522	52 200	2 557,8	2 557,8	2,5
1	48,12	0,458	−6 400	−308,0	2 252,3	2,2
2	47,37	0,400	−5 800	−274,7	1 979,8	1,9
3	50,25	0,596	19 600	984,9	2 966,6	2,9
4	51,75	0,693	9 700	502,0	3 471,5	3,3
5	53,12	0,774	8 100	430,3	3 905,1	3,8
6	53,00	0,771	−300	−15,9	3 893,0	3,7
7	51,87	0,706	−6 500	−337,2	3 559,5	3,4
8	51,38	0,674	−3 200	−164,4	3 398,5	3,3
9	53,00	0,787	11 300	598,9	4 000,7	3,8
10	49,88	0,550	−23 700	−1 182,2	2 822,3	2,7
11	48,50	0,413	−13 700	−664,4	2 160,6	2,1
12	49,88	0,542	12 900	643,5	2 806,2	2,7
13	50,37	0,591	4 900	246,8	3 055,7	2,9
14	52,13	0,768	17 700	922,7	3 981,3	3,8
15	51,88	0,759	−900	−46,7	3 938,4	3,8
16	52,87	0,865	10 600	560,4	4 502,6	4,3
17	54,87	0,978	11 300	620,0	5 126,9	4,9
18	54,62	0,990	1 200	65,5	5 197,3	5,0
19	55,87	1,000	1 000	55,9	5 258,2	5,1
20	57,25	1,000	0	0,0	5 263,3	

Σ= 100.000 | 5.195.200 | 5.263.300 | 68.100

Tableau 3.3 : Simulation de couverture par le delta (l'option termine en dehors de la monnaie; le coût de la couverture s'élève à 256 600 €)

Semaine	Cours de l'action	Delta	Actions achetées	Coûts des actions achetées (en K€)	Coûts cumulés avec intérêts (en K€)	Coûts d'intérêts (K€)
0	49,00	0,522	52 200	2 557,8	2 557,8	2,5
1	49,75	0,568	4 600	228,9	2 789,2	2,7
2	52,00	0,705	13 700	712,4	3 504,3	3,4
3	50,00	0,579	−12 600	−630,0	2 877,7	2,8
4	48,38	0,459	−12 000	−580,6	2 299,9	2,2
5	48,25	0,443	−1 600	−77,2	2 224,9	2,1
6	48,75	0,475	3 200	156,0	2 383,0	2,3
7	49,63	0,540	6 500	322,6	2 707,9	2,6
8	48,25	0,420	−12 000	−579,0	2 131,5	2,1
9	48,25	0,410	−1 000	−48,2	2 085,4	2,0
10	51,12	0,658	24 800	1 267,8	3 355,2	3,2
11	51,50	0,692	3 400	175,1	3 533,5	3,4
12	49,88	0,542	−15 000	−748,2	2 788,7	2,7
13	49,88	0,538	−400	−20,0	2 771,4	2,7
14	48,75	0,400	−13 800	−672,7	2 101,4	2,0
15	47,50	0,236	−16 400	−779,0	1 324,4	1,3
16	48,00	0,261	2 500	120,0	1 445,7	1,4
17	46,25	0,062	−19 900	−920,4	526,7	0,5
18	48,13	0,183	12 100	582,4	1 109,6	1,1
19	46,63	0,007	−17 600	−820,7	290,0	0,3
20	48,12	0,000	−700	−33,7	256,6	

Les coûts de transaction

Maintenir une position delta-neutre sur la base d'une option et d'un actif sous-jacent peut se révéler très coûteux du point de vue des coûts de transaction. Une gestion delta-neutre est mieux adaptée à un large portefeuille d'actifs dérivés dépendant d'un seul actif. En effet, une seule transaction sur l'actif sous-jacent est nécessaire afin d'annuler le delta du portefeuille global, et les coûts de transaction sont dès lors absorbés par les résultats obtenus sur les différents échanges.

3.2 Le gamma

Le gamma d'un portefeuille d'options, noté Γ, est le taux de variation du delta du portefeuille en fonction de la valeur de l'actif sous-jacent. Il est mesuré par la dérivée seconde de la valeur du portefeuille par rapport au cours de l'actif :

$$\Gamma = \frac{\partial^2 \Pi}{\partial S^2}$$

Si le gamma est faible, le delta varie lentement, et des ajustements peu fréquents sont nécessaires afin de maintenir un portefeuille en position delta-neutre. Par contre, si le gamma est important en valeur absolue, le delta est très sensible aux variations du cours de l'actif sous-jacent. Il peut alors être très risqué de laisser un portefeuille delta-neutre inchangé pendant de longues périodes. Le graphique 3.4 illustre ce point. Lorsque le cours de l'action varie de S à S', la couverture par le delta suppose que la valeur de l'option varie de C à C' alors que sur le marché cette valeur passe de C à C''. La différence entre C' et C'' constitue l'erreur de couverture. Cette erreur dépend de la forme de la relation liant la valeur de l'option au cours de l'action. Le gamma mesure la courbure[1] de cette relation. Le gamma est positif pour une position longue en options. Le graphique 3.5 donne une illustration de la forme de la relation liant le cours du support et la valeur du gamma. On peut noter que le gamma d'une option est plus élevé lorsque le cours du support est proche du prix d'exercice.

Créer un portefeuille gamma-neutre

Les produits linéaires ont un gamma nul et ne peuvent pas être utilisés pour modifier le gamma d'un portefeuille. Il est alors nécessaire de prendre une position dans un instrument tel qu'une option dont la valeur n'évolue pas linéairement avec le prix du sous-jacent.

Supposons qu'un portefeuille delta-neutre ait un gamma égal à Γ et qu'une option négociable ait un gamma égal à Γ_T. Si le nombre d'options ajoutées au portefeuille est ω_T, le gamma du portefeuille est alors égal à :

$$\omega_T \Gamma_T + \Gamma$$

1. En effet, le gamma d'une option est parfois appelé « courbure » par les opérateurs de marché.

Graphique 3.4

Erreur de couverture due au gamma.

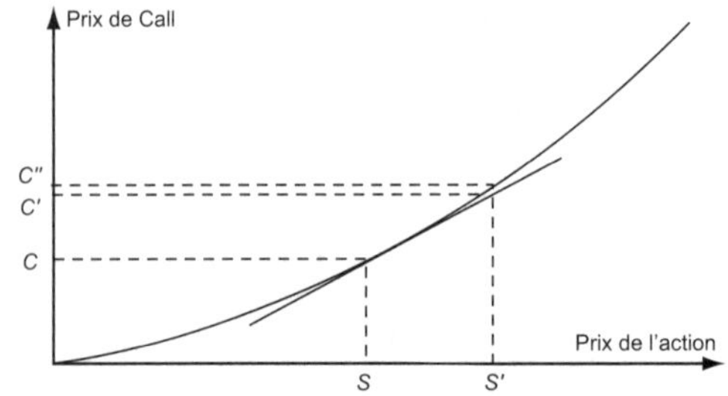

Graphique 3.5

Relation entre le gamma d'une option et le prix du support. K *est le prix d'exercice de l'option.*

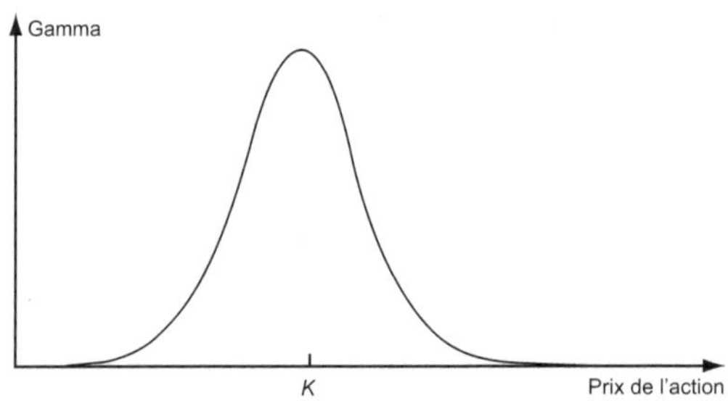

De ce fait, la position en options, nécessaire pour établir un portefeuille gamma-neutre, est $-\Gamma/\Gamma_T$. Ajouter une option négociable risque également de modifier le delta du portefeuille, et des changements de la position dans l'actif sous-jacent sont dès lors nécessaires pour maintenir la neutralité du delta. Notons que le portefeuille est gamma-neutre seulement sur une courte période de temps. Lorsque le temps passe, la neutralité du gamma ne peut être maintenue que si la position dans l'option négociable est ajustée de manière à être toujours égale à $-\Gamma/\Gamma_T$.

Rendre gamma-neutre un portefeuille delta-neutre peut être vu comme une première correction, car la position dans l'actif sous-jacent ne peut pas être modifiée continuellement. La neutralité en delta protège le portefeuille contre une faible variation du cours de l'actif entre deux ajustements. La neutralité en gamma permet une protection contre des variations plus importantes du cours de l'actif entre deux dates d'ajustement de la couverture. Considérons un portefeuille delta-neutre de gamma – 3 000. Le delta et le gamma d'une option d'achat donnée sont respectivement de 0,62 et 1,50. Le portefeuille peut être rendu gamma-neutre en y ajoutant une position longue en options de $\frac{3\ 000}{1,5} = 2\ 000$.

Cependant, le delta du portefeuille est modifié de zéro à $2\ 000 \times 0,62 = 1\ 240$. Une quantité de l'actif sous-jacent (1 240) doit alors être vendue pour conserver au portefeuille son caractère delta-neutre.

3.3 Le vega

Une source importante de risque dans la gestion des positions en actifs dérivés est la volatilité. La volatilité mesure l'incertitude sur la valeur future d'une variable de marché, et ce point sera discuté en détail au chapitre 5. Dans les modèles classiques d'évaluation d'options, la volatilité est généralement supposée constante. En pratique, les volatilités varient au fil du temps. Les positions sur des produits forward ou des swaps ne dépendent pas de la volatilité de l'actif sous-jacent ce qui n'est pas le cas de positions en options ou en produits exotiques. Dans ce cas, la valeur d'un produit dérivé est susceptible de changer simplement à cause des variations de la volatilité, au même titre que lorsque le cours de l'actif varie ou que le temps s'écoule.

Le vega d'un portefeuille de produits dérivés, ν, représente le taux de variation de la valeur du portefeuille en fonction de la volatilité de l'actif sous-jacent[1] :

$$\nu = \frac{\partial \Pi}{\partial \sigma}$$

Si la valeur absolue du vega est importante, la valeur du portefeuille est très sensible au moindre changement de volatilité. Si le vega est faible, en valeur absolue, un changement de la volatilité a peu d'impact sur la valeur du portefeuille.

Le vega d'un portefeuille peut être modifié en ajoutant une position en options. Si ν est le vega du portefeuille et ν_T est le vega d'une option donnée, une position de $-\frac{\nu}{\nu_T}$ sur cette option rend le portefeuille vega-neutre. Malheureusement, un portefeuille gamma-neutre ne sera généralement pas vega-neutre, et *vice versa*. Si un trader veut un portefeuille qui soit à la fois gamma-neutre et vega-neutre, au moins deux produits dérivés sur le même sous-jacent sont nécessaires.

Le vega d'une position longue en options est positif. La variation du vega lorsque le cours de l'actif sous-jacent varie est similaire à celle du gamma comme le montre le graphique 3.6.

1. Vega est le nom donné à l'une des « lettres grecques », mais ce n'est pas une lettre de l'alphabet grec.

Exemple 3.1

Soit un portefeuille delta-neutre, de gamma –5 000 et de vega –8 000. Une option négociable (I) a un gamma de 0,5, un vega de 2,0 et un delta de 0,6. On peut rendre le portefeuille vega-neutre en y incluant une position longue dans 4 000 options. Cela augmente le delta de 2 400 et nécessite la vente de 2 400 unités d'actif sous-jacent pour maintenir la neutralité du delta. Le gamma du portefeuille passe alors de –5 000 à –3 000.

Pour rendre le portefeuille gamma-neutre et vega-neutre, supposons qu'une seconde option (II) de gamma 0,8, de vega de 1,2 et de delta 0,5 soit négociable. Si ω_1 et ω_2 sont les quantités respectives des deux options négociables incluses dans le portefeuille, il est nécessaire que :

$$-5\,000 + 0{,}5\omega_1 + 0{,}8\omega_2 = 0$$

$$-8\,000 + 2{,}0\omega_1 + 1{,}2\omega_2 = 0$$

La solution de ces équations est $\omega_1 = 400$ et $\omega_2 = 6\,000$. Le portefeuille est rendu gamma-neutre et vega-neutre en ajoutant 400 options (I) et 6 000 options (II). Le delta du portefeuille est alors $400 \times 0{,}6 + 6\,000 \times 0{,}5 = 3\,240$, et 3 240 unités d'actif sous-jacent devront être vendues pour maintenir la neutralité du delta.

Graphique 3.6

Relation entre le vega d'une option et le prix du support. K *est le prix d'exercice de l'option.*

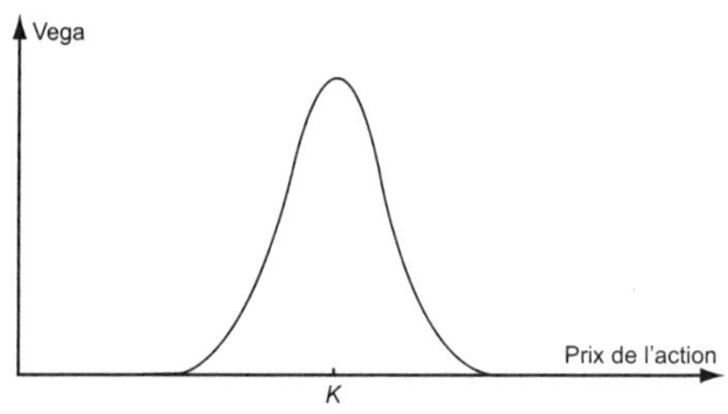

Un portefeuille gamma-neutre est protégé contre de fortes variations du cours du support entre deux dates d'ajustement alors qu'un portefeuille vega-neutre est protégé contre les variations de la volatilité du support. Les volatilités implicites des options courtes ont tendance à réagir plus que celles des options longues. De ce fait, le vega d'un portefeuille est généralement calculé en modifiant dans une moindre mesure les volatilités des options longues. Ceci est discuté à la section 5.10.

3.4 Le thêta

Le thêta d'un portefeuille d'options noté Θ est défini comme le taux de variation de la valeur du portefeuille par rapport à la durée de vie de l'option, toutes choses égales par ailleurs. Le thêta d'une option est généralement négatif[1] car la valeur de l'option diminue lorsqu'on se rapproche de l'échéance. La variation du thêta en fonction du cours de l'action, pour un call, est illustrée dans le graphique 3.7. Lorsque le cours de l'action est très bas, le thêta est presque nul. Pour une option à la monnaie, le thêta est important et négatif. Le graphique 3.8 décrit les variations de Θ en fonction du temps restant jusqu'à la maturité de l'option pour des calls dans la monnaie, à la monnaie ou en dehors de la monnaie.

Graphique 3.7

Variation du thêta d'un call européen en fonction du cours de l'action.

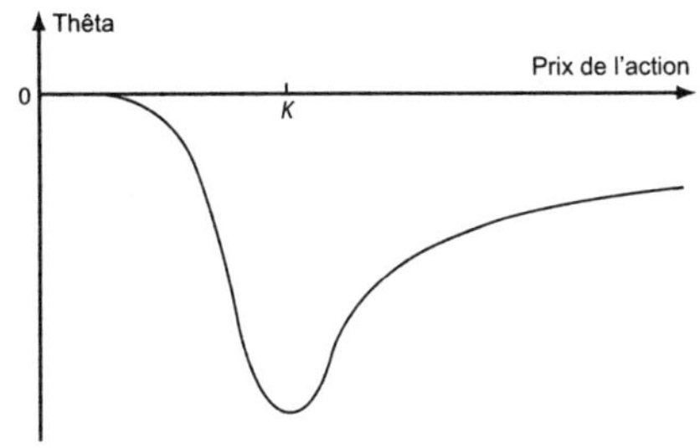

Graphique 3.8

Variations « classiques » du thêta d'un call européen en fonction du temps restant jusqu'à l'échéance.

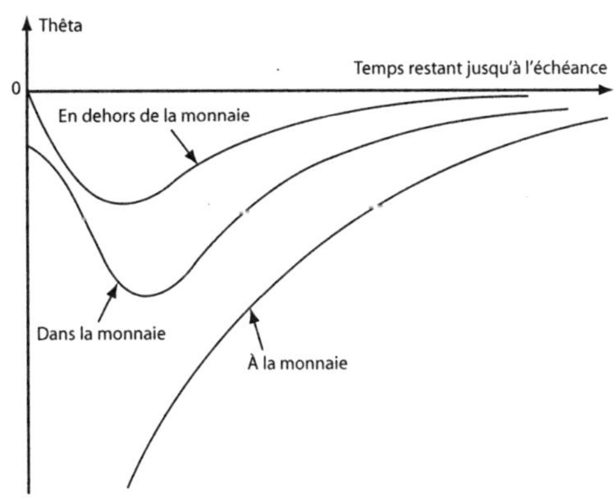

1. Il peut y avoir une exception pour un put européen dans la monnaie sur une action ne versant pas de dividendes ou pour un call européen dans la monnaie et portant sur une devise au taux d'intérêt très élevé.

Le thêta, en tant que « grecque » n'est pas de même nature que le delta. Il existe une incertitude quant à la valeur future de l'action, mais aucune incertitude n'existe sur le fait que le temps passe. Il fait sens de vouloir couvrir un portefeuille d'options contre les variations imprévues du cours de l'actif sous-jacent, mais cela n'a aucun sens de vouloir se couvrir contre l'effet du temps qui passe. Malgré cela, de nombreux traders voient le thêta comme une statistique descriptive très pratique pour un portefeuille. Cela s'explique par le fait que, comme nous le verrons ultérieurement, dans un portefeuille en delta-neutre, le thêta peut remplacer le gamma.

3.5 Le rhô

Le rhô d'un portefeuille d'options est la dernière « lettre grecque » que nous abordons. Il mesure le taux de variation de la valeur du portefeuille en fonction du taux d'intérêt. Les options de change ont deux rhô, le premier a trait au taux d'intérêt de la devise domestique alors que le second concerne la devise étrangère. Lorsqu'une part du portefeuille est investie en obligations et en actifs dérivés de taux d'intérêt, les traders sont généralement très attentifs aux déformations possibles de l'ensemble de la structure par termes des taux d'intérêt. Ce point sera développé au chapitre suivant.

3.6 Le calcul des « grecques »

L'évaluation des « lettres grecques » associées aux options est abordée en détail dans les annexes C et D. Le logiciel DerivaGem, téléchargeable sur le site de l'auteur, peut être utilisé à cette fin. Considérons à nouveau, l'option d'achat de la section 3.1. Le cours de l'action est de 49 €, le prix d'exercice est de 50 €, le taux sans risque vaut 5 %, la volatilité du cours de l'actif est de 20 % par an et la maturité de l'option est de 20 semaines (soit 20/52 années). Après calcul, le prix de l'option est de 2,40 €, le delta vaut 0,522 (par euro), le gamma a une valeur de 0,066, le vega est de 0,121 (par %), le thêta vaut –0,012 (par jour) et le rhô s'élève à 0,089 (par %). Ces valeurs impliquent que :

1. Lorsque le cours de l'action augmente de 0,10 €, toutes choses égales par ailleurs, le prix de l'option augmente d'environ $0{,}522 \times 0{,}1$, soit de 0,0522 €.
2. Lorsque le cours de l'action augmente de 0,10 €, toutes choses égales par ailleurs, le delta de l'option augmente d'environ $0{,}066 \times 0{,}1$, soit de 0,0066.
3. Lorsque la volatilité augmente de 0,5 %, toutes choses égales par ailleurs, le prix de l'option augmente d'environ $0{,}121 \times 0{,}5$, soit de 0,0605.
4. Lorsque pendant une journée, la volatilité et le prix de l'action demeurent inchangés, le prix de l'option baisse d'environ $0{,}012$.
5. Lorsque les taux d'intérêt augmentent de 1 % (100 points de base), toutes choses égales par ailleurs, le prix de l'option augmente de 0,089.

3.7 Le développement en série de Taylor

Un développement en série de Taylor de la variation de la valeur d'un portefeuille permet de mettre en lumière le rôle joué par chacune des « lettres grecques » dans cette variation. Considérons un portefeuille dont la valeur dépend d'une seule variable de marché, notée *S*. Si la volatilité de l'actif sous-jacent et le taux d'intérêt sont constants, la valeur du portefeuille Π dépend de *S* et de *t*. Le développement en série de Taylor s'écrit :

(3.1) $$\Delta\Pi = \frac{\partial\Pi}{\partial S}\Delta S + \frac{\partial\Pi}{\partial t}\Delta t + \frac{1}{2}\frac{\partial^2\Pi}{\partial S^2}\Delta S^2 + \frac{1}{2}\frac{\partial^2\Pi}{\partial t^2}\Delta t^2 + \frac{\partial^2\Pi}{\partial t\partial S}\Delta S\Delta t + \ldots$$

où $\Delta\Pi$ et ΔS sont les variations de Π et de S pendant un petit intervalle de temps Δt. La couverture en delta élimine le premier membre de droite de l'équation. Le second terme qui est thêta multiplié par Δt, n'est pas stochastique. Le troisième terme est annulé pour un portefeuille à la fois gamma-neutre et delta-neutre. Sur la base d'arguments de calculs stochastique, ΔS est de l'ordre de $\sqrt{\Delta t}$, ce qui signifie que le troisième terme du membre de droite de l'équation est l'ordre de Δt. Les autres termes du développement en série de Taylor sont d'ordre supérieur à Δt. Pour un portefeuille delta-neutre, le premier terme de droite de l'équation (3.1) est nul, et on peut écrire :

(3.2) $$\Delta\Pi = \Theta\Delta t + \frac{1}{2}\Gamma\Delta S^2$$

Si l'on néglige les termes d'ordre supérieur à 1 en Δt. Dès lors, il existe une relation quadratique entre la variation de la valeur du portefeuille et la variation du cours du sous-jacent. Le graphique 3.9 illustre ce point. Lorsque le gamma est positif, le détenteur du portefeuille est gagnant pour de fortes variations de la variable de marché et perdant dans le cas contraire. L'inverse est vrai pour des gamma négatifs, et d'importantes variations positives ou négatives de la variable de marché entraînent des pertes importantes sur le portefeuille.

Lorsque la volatilité n'est pas constante, Π est fonction de *S*, σ et de *t*. L'équation (3.1) s'écrit alors :

$$\Delta\Pi = \frac{\partial\Pi}{\partial S}\Delta S + \frac{\partial\Pi}{\partial \sigma}\Delta \sigma + \frac{\partial\Pi}{\partial t}\Delta t + \frac{1}{2}\frac{\partial^2\Pi}{\partial S^2}\Delta S^2 + \frac{1}{2}\frac{\partial^2\Pi}{\partial \sigma^2}\Delta \sigma^2 + \ldots..$$

où $\Delta\sigma$ est la variation de σ pendant la période Δt. Dans ce cas, la couverture en delta élimine le premier membre de droite de l'équation. Le second terme est éliminé par une couverture vega-neutre. Le troisième terme n'est pas stochastique et le quatrième est éliminé pour un portefeuille gamma-neutre.

Graphique 3.9

Relations entre $\Delta\Pi$ et ΔS pour un portefeuille delta-neutre avec : (a) un gamma faiblement positif, (b) un gamma fortement positif, (c) un gamma faiblement négatif et (d) un gamma fortement négatif.

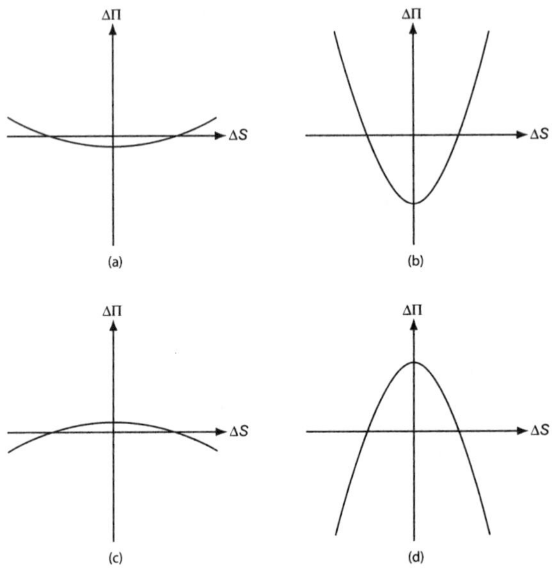

Les traders calculent parfois d'autres « lettres grecques » (ordres supérieurs du développement en série de Taylor). Par exemple, $\frac{\partial^2\Pi}{\partial\sigma^2}$ est généralement nommé le « gamma du vega ».

3.8 La réalité de la couverture

Dans un monde idéal, les traders employés par les institutions financières sont capables de réajuster leurs portefeuilles très fréquemment afin de maintenir un delta-neutre, un gamma-neutre, un vega-neutre, et ainsi de suite. En pratique, cela n'est pas réalisable. Lorsque le portefeuille géré est important et dépend d'un seul actif sous-jacent, les traders maintiennent le delta-neutre au moins une fois par jour en échangeant l'actif sous-jacent. Malheureusement, un gamma-neutre et un vega-neutre sont moins faciles à maintenir en raison de la difficulté à trouver des options ou autres produits dérivés non linéaires, dans les volumes requis et à des prix compétitifs (voir l'encadré 3.2 pour une discussion sur la couverture dynamique).

Encadré 3.2 : La couverture dynamique en pratique

L'organisation interne d'une institution financière suppose généralement de donner à un trader ou à un groupe de traders la responsabilité du portefeuille d'actifs dérivés portant sur un sous-jacent donné. Par exemple, un trader de Goldman Sachs peut avoir sous sa responsabilité l'ensemble des actifs dérivés dont le support est le dollar australien. Un système informatique calcule la valeur du portefeuille et les « lettres grecques » qui lui sont associées. Les limites sont définies pour chaque coefficient et un trader doit obtenir une autorisation pour les dépasser. La limite en delta est souvent définie comme la valeur maximum équivalente exprimée en unités de sous-jacent. Par exemple, la limite en delta chez Goldman Sachs sur les dérivés de Microsoft est de 10 millions de dollars. Si Microsoft cote 50 $, la valeur absolue de delta ne peut excéder 200 000. La limite en vega est souvent définie comment le montant maximum en dollars exposé à une variation de 1 % de la volatilité.

Les positions des traders sont souvent delta-neutre, ou ont un delta proche de 0, à la fin de chaque journée. Les gamma et vega sont aussi gérés, mais pas sur une base journalière. Avec leurs clients, les institutions financières réalisent de nombreuses transactions en vendant des calls ou des puts et accumulent alors des gamma et des vega négatifs. Pour acquérir un gamma et un vega positif, les traders sont donc souvent à la recherche de moyens pour acheter des options à des prix compétitifs. Ce problème est toutefois atténué par le fait que les options vendues initialement sur le marché sont souvent proches de la monnaie et ont donc des gamma et des vega relativement élevés. Lorsque le temps passe, elles peuvent devenir en dehors de la monnaie ou dans la monnaie et leurs gamma et leurs vega deviennent petits et portent peu à conséquence. Un scénario « cauchemar » pour un trader est une option vendue proche de la monnaie lorsque la maturité approche.

Il y a d'importantes économies d'échelle à réaliser en étant trader sur options. Comme nous l'avons souligné précédemment, maintenir quotidiennement une position delta-neutre pour une option sur un actif engendre un coût prohibitif. Mais il est réaliste de le faire pour un portefeuille de plusieurs centaines d'options sur cet actif. Dans ce cas, les coûts de transaction sont absorbés par les résultats obtenus sur les nombreux autres échanges.

3.9 Couvrir les produits exotiques

Les options exotiques peuvent souvent être couvertes par les méthodes que nous venons de décrire. Comme le souligne l'encadré 3.3, la couverture en delta est parfois plus simple et parfois plus complexe. Lorsque pour un portefeuille d'options exotiques la couverture en delta est impossible, une approche alternative consiste à utiliser ce que l'on nomme la *réplication statique des options*. Ce point est illustré par le graphique 3.10. Supposons que S désigne le prix de l'actif, t le temps et S_0 la valeur courante de l'actif. La réplication statique des options conduit à choisir une barrière dans l'espace (S, t) pouvant être atteinte et à construire ensuite un portefeuille Π d'options standard ayant la même valeur que le portefeuille d'options exotiques sur la barrière. Le principe fondamental qui sous-tend la réplication statique d'options est que si deux portefeuilles ont la même valeur sur une certaine frontière, ils doivent aussi avoir la même valeur en tout point intérieur à la frontière. En pratique, on tente d'égaliser la valeur des deux portefeuilles pour un

Encadré 3.3 : La couverture en delta est-elle plus simple ou plus complexe pour les options exotiques ?

La couverture des options exotiques peut-être envisagée par la création d'une position delta-neutre, réajustée à intervalles réguliers. Lorsqu'on opère de la sorte, certaines options exotiques sont plus simples à couvrir et d'autres plus complexes. Un exemple d'option exotique relativement simple à couvrir est l'option d'achat sur prix moyen (voir options asiatiques à la section 2.5). Les prix, servant au calcul du prix moyen, sont connus au fur et à mesure que le temps passe. Ceci signifie que l'incertitude quant au paiement final de l'option diminue avec le temps et que cette option est de plus en plus facile à couvrir. Dans les derniers jours, le delta de ces options est proche de zéro puisque les derniers prix ont peu d'impact sur le paiement final.

À l'opposé, les options barrières (voir section 2.5) sont plutôt délicates à couvrir. Considérons une option d'achat *knock-out* sur devise lorsque le taux de change à une valeur de 0,0005 au-dessus de la barrière. Si la barrière est atteinte, l'option n'a plus de valeur et si elle n'est pas atteinte l'option aura une valeur positive. Cette discontinuité du delta rend les techniques traditionnelles de couverture difficiles à utiliser.

nombre limité de points de la frontière. L'idée sous-jacente est que si les deux portefeuilles ont la même valeur en un certain nombre de points, leur valeur sera assez proche sur l'ensemble de la frontière.

3.10 L'analyse de scénarios

Outre le fait que les traders d'options surveillent des risques tels que les delta, gamma et vega, ils procèdent souvent à une analyse de scénarios. Cette dernière permet de calculer le gain ou la perte des portefeuilles sur une période spécifiée avec une variété de scénarios. La période d'étude choisie dépend en général de la liquidité des instruments. Les scénarios peuvent être sélectionnés par la direction de la société ou engendrés par un modèle.

Considérons un trader détenant un portefeuille d'options sur une devise étrangère. Deux variables influencent essentiellement la valeur du portefeuille, le taux de change et la volatilité de celui-ci. Supposons que le taux de change soit actuellement de 1,0000 et que sa volatilité soit de 10 % par an. La banque peut construire un tableau sur le modèle du tableau 3.4 qui permet de mesurer les gains et les pertes potentiels durant une période de deux semaines sous différents scénarios. Ce tableau analyse sept taux de change différents et trois niveaux de volatilité. Puisque la variation d'un écart-type du taux de change durant la période de deux semaines est de 0,02, les variations du taux de change considérées ici sont d'environ un, deux et trois écarts-types.

La perte la plus importante se situe dans le coin en bas à droite du tableau 3.4 et correspond à une hausse de la volatilité à 12 % mais aussi du taux de change jusqu'à 1,06. Dans un tableau de ce type, les plus grandes pertes se situent souvent dans les coins, mais ce n'est pas toujours le cas. Par exemple, comme nous l'avons vu sur le graphique 3.9, lorsque le gamma est positif, la perte la plus importante sera subie si le taux de change reste constant.

Graphique 3.10

Réplication statique d'options. Un portefeuille « répliquant » Π a la même valeur que le portefeuille d'options exotiques à chacun des points.

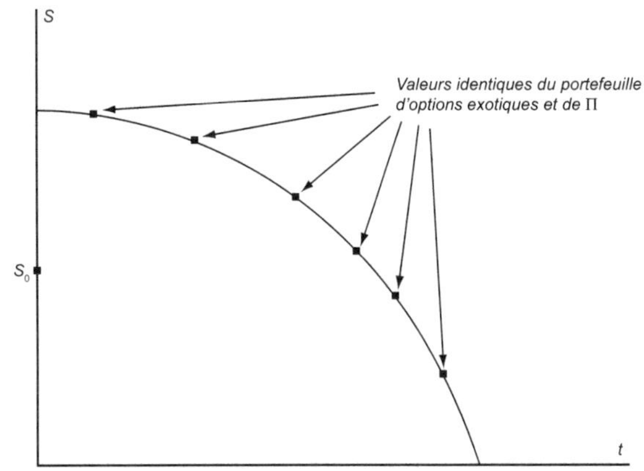

Tableau 3.4 : Gains ou pertes réalisés en deux semaines dans différents scénarios (en millions d'euros)

Volatilité	Taux de change						
	0,94	0,96	0,98	1,00	1,02	1,04	1,06
8 %	+102	+55	+25	+6	−10	−34	−80
10 %	+80	+40	+17	+2	−14	−38	−85
12 %	+60	+25	+9	−2	−18	−42	−90

Résumé

Les individus responsables des échanges de titres mesurent généralement leur exposition au risque à partir des « lettres grecques » et s'assurent que leurs valeurs sont dans les limites autorisées par leurs employeurs.

Le delta d'un portefeuille, noté Δ, est le taux de variation de sa valeur en fonction du cours de l'actif sous-jacent. La couverture consiste à créer une position delta-neutre (avec un delta égal à zéro). Puisque le delta de l'actif sous-jacent est égal à 1,0, une des façons de se couvrir consiste à prendre une position dans –Δ unités de l'actif sous-jacent. Pour des portefeuilles composés d'options et/ou d'actifs dérivés plus complexes, la position dans l'actif sous-jacent doit être ajustée de façon périodique (ajustements de portefeuilles).

Quand un portefeuille est rendu delta neutre, l'étape suivante consiste à définir son gamma. Le gamma d'un portefeuille représente le taux de variation du delta en fonction du cours de l'actif sous-jacent. C'est une mesure de la courbure de la fonction liant la valeur du portefeuille et le cours du sous-jacent. Une autre mesure importante du risque associé à un portefeuille est son vega. Le vega d'un portefeuille mesure le taux de variation de sa valeur en fonction de la volatilité de l'actif sous-jacent.

En pratique, les traders d'actifs dérivés ajustent leurs portefeuilles au moins une fois par jour pour maintenir un delta-neutre. Il est généralement impossible de maintenir un gamma et un vega-neutre sur une base régulière. La plupart du temps, lorsque les traders constatent que les valeurs de ces paramètres deviennent trop importantes, ils ajustent leur position ou réduisent le volume de celle-ci.

Références complémentaires

DERMAN, E., ERGENER, D. et KANI, I., « Static Options Replication », in *Journal of Derivatives*. 2, n° 4, été 1995, p. 78-95.

FRANÇOIS, P., *Les Produits financiers dérivés : Méthodes d'évaluation*. Dunod, 2005.

TALEB, N., *Dynamic Hedging : Managing Vanilla and Exotic Options*. New York, Wiley, 1996.

HULL, J., ROGER, P., HÉNOT et C., DEVILLE, *Options, futures et autres actifs dérivés*, 6e éd., Pearson Education, 2007.

Problèmes et exercices (corrigés en fin d'ouvrage)

3.1. Le delta d'un portefeuille d'actifs dérivés sur l'indice S&P500 vaut –2 100. L'indice cote 1 000. Comment évolue la valeur du portefeuille si l'indice S&P500 passe à 1 005 ?

3.2. Le vega d'un portefeuille d'actifs dérivés sur le taux de change EUR/USD est 200 (euros par %). Comment évolue la valeur du portefeuille si la volatilité du taux de change passe de 12 à 14 % ?

3.3. Le gamma d'un portefeuille delta-neutre vaut 30 (par euro). Comment évolue la valeur du portefeuille si (a) le prix du sous-jacent augmente de 2 €, (b) baisse de 2 € ?

3.4. Que signifie l'affirmation selon laquelle le delta d'un call est égal à 0,7 ? Comment une position courte sur 1 000 options peut-elle être établie en delta-neutre si le delta de chaque option est de 0,7 ?

3.5. Que signifie l'affirmation selon laquelle le thêta d'une position en options est de –100 par jour ? Si un trader pense que ni le cours de l'action ni sa volatilité ne changeront, quel type de position en options est approprié ?

3.6. Qu'entend-on par gamma d'une position d'options ? Quel est le risque encouru lorsque le gamma d'une position est élevé et négatif et le delta nul ?

3.7. « La création d'une option synthétique nécessite la procédure inverse de celle employée pour la couverture d'une position en options ». Expliquez cette phrase.

3.8. Une entreprise utilise une couverture delta-neutre pour assurer un portefeuille constitué de positions longues en options de vente et d'achat sur une devise. Laquelle des propositions suivantes permettra d'obtenir le résultat le plus favorable? (a) Un taux spot virtuellement constant, (b) Des variations violentes du taux spot. Justifiez votre réponse.

3.9. La position d'une banque sur options de change dollar-euro a un delta de 30 000 et un gamma de – 80 000. Comment interprétez-vous ces nombres? Le taux de change (dollars par euro) est de 0,90. Quelle position pouvez-vous adopter pour établir une position delta-neutre? Après une courte période, le taux de change devient 0,93. Estimez le nouveau delta. Quel ordre d'achat ou de vente devez-vous passer pour revenir à une position delta-neutre? Supposons que la banque soit en position delta-neutre à l'origine; a-t-elle gagné ou perdu de l'argent après cette variation du taux de change?

3.10. « La réplication statique des options suppose que la volatilité de l'actif sous-jacent sera constante ». Commentez cette phrase.

3.11. Un trader utilise la technique de réplication statique des options pour évaluer un portefeuille d'options exotiques. Il désire faire coïncider la valeur de ce portefeuille et celui d'un portefeuille d'options classiques en 10 points. Combien d'options classiques nécessitent cette construction?

3.12. Pourquoi les options asiatiques sont plus simples à couvrir que les options classiques?

3.13. Pourquoi existe-t-il des économies d'échelles dans la couverture des options?

3.14. Considérons une option de vente américaine sur devise. Le taux de change vaut 0,74 (devise domestique par devise étrangère), le taux sans risque domestique est de 5 %, le taux d'intérêt étranger vaut 3 % et la volatilité du taux de change est de 14 % en base annuelle. Utilisez le logiciel DerivaGem (arbre binomial à 100 périodes) pour calculer le prix, le delta, le gamma, le vega, le thêta et le rhô de cette option. Vérifiez que le delta est correct en changeant le taux de change à 0,751 et en recalculant le prix de l'option.

Questions complémentaires

3.15. Le gamma et le vega d'un portefeuille delta-neutre sont respectivement 50 et 25. Quel est l'impact sur la valeur du portefeuille d'un choc entraînant la baisse de 3 euros du cours du support et une hausse de la volatilité de 4 %.

3.16. Soit un call européen à 1 an portant sur une action cotée actuellement 30 €, le prix d'exercice est 30 €, le taux sans risque 5 % et la volatilité 25 % par an. Utilisez le logiciel DerivaGem pour calculer la valeur de l'option, ainsi que son delta, son gamma, son vega, son thêta et son rhô. Vérifiez que son delta est exact en recalculant la valeur de l'option lorsque le cours de l'action vaut 30,10 €. Vérifiez également que le gamma est exact en recalculant le delta alors que le cours de l'action est de 30,10 €. Procédez de même et vérifiez que le vega, le thêta et le rhô sont exacts.

3.17. Une institution financière dispose du portefeuille suivant, composé d'options OTC sur la livre sterling :

Type	Position	Delta de l'option	Gamma de l'option	Vega de l'option
Call	−1 000	0,50	2,2	1,8
Call	−500	0,80	0,6	0,2
Put	−2000	−0,40	1,3	0,7
Call	−500	0,70	1,8	1,4

Une option est disponible avec un delta de 0,6, un gamma de 1,5 et un vega de 0,8. (a) Quelle position sur l'option et sur la livre sterling permet d'obtenir un portefeuille delta et gamma-neutre ? (b) Quelle position sur l'option et sur la livre sterling permet d'obtenir un portefeuille delta et vega-neutre ?

3.18. Reprenons la situation de l'exercice 3.17 et supposons qu'une seconde option présentant un delta de 0,1, un gamma de 0,5 et un vega de 0,6 soit échangée. Comment peut-on rendre le portefeuille à la fois delta, gamma et vega-neutre ?

3.19. Reproduisez le tableau 3.2. (Dans le tableau 3.2, la position en actions est arrondie à la centaine d'actions la plus proche). Calculez le gamma et le thêta de la position chaque semaine. Calculez la variation de la valeur du portefeuille chaque semaine, et vérifiez si l'équation (3.2) est approximativement satisfaite. (Note : DerivaGem produit une valeur de thêta par « jour calendaire ». Le thêta dans la formule de l'annexe C est « par an ».)

Chapitre 4

Le risque de taux d'intérêt

Le risque de taux d'intérêt est plus délicat à gérer que le risque lié à d'autres variables de marché comme le prix des actions, les taux de change ou le prix des matières premières. Une des difficultés est due à l'existence de nombreux taux différents dans chacune des devises (taux associés aux bons du Trésor, taux des prêts et emprunts interbancaires, taux associés aux emprunts immobiliers, taux de dépôt, par exemple). Même si ces taux varient conjointement, leur corrélation n'est pas parfaite. Une autre difficulté est que la description d'un taux d'intérêt ne peut être réduite à un nombre. Il est nécessaire de décrire la fonction liant le niveau de taux d'intérêt et la durée de l'emprunt (ou maturité). Cette fonction est nommée structure par termes des taux d'intérêt ou gamme des taux d'intérêt.

Considérons, par exemple, le cas d'un trader sur obligations du Trésor. Le portefeuille détenu par ce dernier est constitué d'un grand nombre d'obligations dont les maturités sont différentes. La position de ce trader est alors sensible aux variations du taux d'intérêt à un an, du taux d'intérêt à deux ans, du taux d'intérêt à trois ans, et ainsi de suite. Le delta associé à sa position est plus complexe que celui du trader sur le marché de l'or du tableau 3.1 et il doit envisager toutes les déformations possibles au cours du temps de la structure par termes des taux d'intérêt.

La première partie de ce chapitre est consacrée aux concepts fondamentaux que sont les types de taux d'intérêt et la manière dont ils sont mesurés. La gestion de l'exposition au risque de taux d'intérêt est ensuite discutée. Tout d'abord, nous décrivons les mesures de duration et de convexité. Pour des mouvements parallèles de la gamme des taux, ces mesures sont analogues aux delta et gamma abordés dans les chapitres précédents. Un certain nombre de techniques permettant de gérer les mouvements plus complexes de la courbe des taux (non parallèles) sont ensuite présentées. Citons, par exemple, l'utilisation de la duration partielle, le calcul de delta multiples ou encore l'utilisation de l'analyse en composantes principales.

4.1 La mesure des taux d'intérêt

Quand une banque propose un taux annuel 10 %, cela paraît sans ambiguïté. En fait, la signification de cette valeur dépend de la façon dont les taux sont mesurés.

Si le taux est composé annuellement, un placement de 100 € dans cette banque rapportera en fin d'année :

$$100\text{ €} \times 1{,}1 = 110\text{ €}.$$

Si la composition des intérêts est semestrielle, cela signifie que le placement rapporte 5 % pour six mois ; dans ce cas, le placement rapportera en fin d'année :

$$100\text{ €} \times 1{,}05 \times 1{,}05 = 110{,}25\text{ €}$$

Si la composition des intérêts est trimestrielle, cela signifie que le placement rapporte 2,5 % pour trois mois ; le placement rapportera alors :

$$100 \times 1{,}025^4 = 110{,}38\text{ €}$$

Le tableau 4.1 montre l'effet de la variation de la périodicité de composition des intérêts sur la valeur finale du placement. La fréquence de composition des intérêts définit l'unité de mesure du taux d'intérêt. De ce fait, un taux composé de façon unique peut-être converti en un taux équivalent de composition différente. Comme on le voit dans le tableau 4.1, un taux de 10,25 % en composition annuelle correspond à 10 % en composition semestrielle. La différence de composition peut-être vue comme la différence entre miles et kilomètres ; ce sont deux unités de mesure différentes.

Tableau 4.1 : Effet de la fréquence de composition des intérêts sur la valeur de 100 € à la fin d'une année avec un taux de 10 %

Fréquence de composition	Valeur de 100 € à la fin de l'année
Annuelle (m = 1)	110,00
Semestrielle (m = 2)	110,25
Trimestrielle (m = 4)	110,38
Mensuelle (m = 12)	110,47
Hebdomadaire (m = 52)	110,51
Journalière (m = 365)	110,52

Pour généraliser ces résultats, considérons un montant A investi pendant n années au taux annuel R. Si la composition est annuelle, la valeur finale de l'investissement est :

$$A\,(1+R)^n$$

Si la composition des intérêts a lieu m fois par an, le résultat final est :

$$\textbf{(4.1)}\quad A\left(1+\frac{R}{m}\right)^{mn}$$

Lorsque $m = 1$, on parle généralement de taux annuel équivalent.

La composition continue des intérêts

La limite du résultat précédent, quand m tend vers l'infini, s'appelle composition en continu des intérêts. Avec cette composition, un montant A investi pendant n années au taux annuel R donne :

$$\textbf{(4.2)}\quad Ae^{Rn}$$

où e est la base du logarithme népérien ($e \approx 2{,}71828$). La plupart des calculatrices fournissent directement la fonction e^x et l'obtention de (4.2) ne pose aucune difficulté. Avec les données du tableau 4.1, $A = 100$, $n = 1$, $R = 0{,}1$, on aboutit à :

$$100 \times e^{0{,}1} = 110{,}52\ €$$

Ce résultat est identique à celui qui est obtenu par composition journalière des intérêts (à deux décimales près). Pour les problèmes pratiques, une composition continue est vue comme une composition journalière.

Composer (ou capitaliser) en continu un montant pendant n années au taux R consiste à multiplier cette somme par e^{Rn}. Actualiser sur n années au même taux R en continu revient à multiplier par e^{-Rn}.

Notons R_c un taux continu et R_m le taux équivalent pour une composition m fois par an. Par les équations (4.1) et (4.2), on a :

$$Ae^{nR_c} = A\left(1+\frac{R_m}{m}\right)^{mn}$$

ou encore :

$$\textbf{(4.3)}\quad R_c = m \times \ln\left(1+\frac{R_m}{m}\right)$$

et finalement :

$$\textbf{(4.4)}\quad R_m = m\left(e^{\frac{R_c}{m}} - 1\right)$$

On utilise ces relations pour convertir un taux composé m fois par an en un taux continu et *vice versa*. La fonction ln (.) est le logarithme népérien, disponible dans la plupart des calculatrices (fonction inverse de l'exponentielle).

Exemple 4.1

Soit un taux de 10 % composé semestriellement. D'après l'équation (4.3) avec $m = 2$ et $R_m = 10\ \%$, le taux continu équivalent est égal à :

$$2\ln\left(1+\frac{0{,}1}{2}\right)=9{,}758\ \%$$

Exemple 4.2

Une banque propose un prêt à 8 % en taux continu avec des intérêts dus trimestriellement. De l'équation (4.4) avec $m = 4$ et $R_m = 0{,}08$, on déduit :

$$4\left(e^{\frac{0{,}08}{4}}-1\right)=0{,}0808=8{,}08\ \%$$

Par conséquent, pour un emprunt de 1 000 € les intérêts dus chaque trimestre s'élèvent à 20,20 €.

4.2 Les taux zéro-coupon et les taux forward

Le taux zéro-coupon (taux ZC ou taux spot) à n années est le taux d'intérêt obtenu par un investissement démarrant aujourd'hui et s'achevant dans n années. Les remboursements des intérêts et du principal ont lieu au terme des n années, et cet investissement n'engendre aucun flux intermédiaire. La fonction liant le taux zéro-coupon et la durée de l'investissement est généralement nommée structure par termes des taux zéro-coupon. Si l'on suppose que le taux zéro-coupon d'État à 5 ans, en composition continue, est de 5 %, cela signifie qu'un investissement de 100 € dans cet actif rapporte au terme des cinq ans :

$$100\times e^{0{,}05\times 5}=128{,}40\ €$$

Les taux forward (ou taux à terme) sont des taux d'emprunt ou de placement, pour des périodes futures, contenus dans la structure par termes des taux zéro-coupon de date initiale. Supposons que les taux zéro-coupon soient ceux du tableau 4.2. Le taux forward pour la période [six mois, un an] est de 6,6 %. En effet, un investissement à 5 % pour les six premiers mois couplé à un investissement à 6,6 % pour les six mois suivants offre en moyenne un rendement annuel de 5,8 %. De la même façon, le taux forward pour la période [douze mois, dix-huit mois] est de 7,6 %. En général, le taux forward F pour la période [T_1 , T_2] est tel que :

$$\textbf{(4.5)}\quad F=\frac{R_2T_2-R_1T_1}{T_2-T_1}$$

Où R_1 est le taux zéro-coupon pour une maturité de T_1 et R_2 est le taux zéro-coupon pour une maturité

Tableau 4.2 : Taux d'État zéro-coupon

Maturité	Taux ZC (en %)
0,5	5,0
1,0	5,8
1,5	6,4
2,0	6,8

Cette formule est parfaitement correcte lorsque les taux sont mesurés en composition continue mais plus approximative pour des compositions différentes. Le tableau 4.3 offre les résultats de l'utilisation de cette formule pour les données du tableau 4.2. Par exemple, pour le calcul du taux forward de la période [1,5 – 2], $T_1 = 1{,}5$, $T_2 = 2{,}0$, $R_1 = 0{,}064$ et $R_2 = 0{,}068$. La valeur du taux forward est alors $F = 0{,}08$. Si un investisseur anticipe un taux futur éloigné de la valeur du taux forward, ce dernier peut prendre une position sur le marché en accord avec ses anticipations (voir Encadré 4.1)

Tableau 4.3 : Taux forward (données du tableau 4.2)

Période	Taux forward (en %)
[0,5 - 1]	6,6
[1 - 1,5]	7,6
[1,5 - 2]	8,0

Le prix des obligations

La plupart des obligations paient des coupons périodiques, et le détenteur de ce titre se voit aussi rembourser le principal à l'échéance de l'obligation. Le principal est généralement nommé pair ou valeur faciale. Le prix théorique d'une obligation peut alors être calculé en actualisant les flux qu'elle engendre aux taux ZC correspondants. Pour illustrer ce propos, supposons que les taux zéro-coupon soient ceux du tableau 4.2.

L'obligation à évaluer a une valeur faciale de 100 € et paie un coupon semestriel de 6 %. Pour calculer la valeur présente du premier coupon de 3 €, le taux applicable est de 5 % pour six mois. Le second est de la même façon actualisé au taux de 5,8 % sur un an et ainsi de suite. Le prix théorique de cette obligation est alors

$$3 \times e^{-0{,}05 \times 0{,}5} + 3 \times e^{-0{,}058 \times 1} + 3 \times e^{-0{,}064 \times 1{,}5} + 103 \times e^{-0{,}068 \times 2} = 98{,}39\,€$$

Le taux actuariel d'une obligation

Le taux actuariel d'une obligation est le taux d'actualisation qui, appliqué à tous les flux, donne le prix de marché de l'obligation. Supposons que l'obligation précédente soit effectivement cotée 98,39 €. Si l'on note y le taux actuariel (continu) de cette obligation, y est solution de l'équation :

$$3 \times e^{-y \times 0,5} + 3 \times e^{-y \times 1} + 3 \times e^{-y \times 1,5} + 103 \times e^{-y \times 2} = 98,39$$

Ce genre d'équation peut être résolue en utilisant, par exemple, le Solveur d'Excel. La valeur du taux actuariel est $y = 6,76$ %.

Encadré 4.1 : Le Comté d'Orange suit la courbe

Considérons un investisseur qui peut emprunter et prêter aux taux du tableau 4.2. Supposons que cet investisseur pense que le taux à six mois ne devrait pas beaucoup varier dans les trois prochaines années. Cet investisseur peut emprunter des fonds à six mois et les placer pour deux ans. L'emprunt à six mois peut être renouvelé à la fin du 6e, du 12e et du 18e mois. Si les taux d'intérêt sur le marché restent identiques, cette stratégie dégage un profit de 1,8 % par an puisque son emprunt est réalisé à 5 %, et son placement lui rapporte 6,8 %. Ce type de stratégie consiste à suivre la courbe et l'investisseur anticipe ici des taux spots futurs différents des taux forward calculés au tableau 4.3.

Robert Citron, trésorier du Comté d'Orange, a utilisé avec succès la stratégie qui vient d'être décrite pendant les années 1992-1993. Le profit dégagé par son activité était conséquent, et il fut réélu. En 1994, M. Citron intensifia encore son investissement en prenant massivement position sur des obligations à taux variable inversé (*inverse floaters*) et en finançant cette position par des emprunts à court terme. Puisque ces obligations paient un coupon fixe diminué d'un taux variable cette stratégie s'avère gagnante lorsque les taux d'intérêt diminuent ou restent constants. Malheureusement, les taux d'intérêt ont fortement augmenté durant l'année 1994, et le 1er décembre 1994 le Comté d'Orange annonça une perte de 1,5 milliard de dollars. Quelques jours plus tard, la procédure de faillite était lancée.

4.3 Les taux d'État

Les taux d'État sont les taux associés à des investissements en bons ou obligations du Trésor. Ce sont des actifs financiers émis par le gouvernement d'un pays afin de se financer dans sa propre devise. Par exemple, les taux d'intérêt associés aux Obligations Assimilables du Trésor (OAT) ou aux Bons du Trésor Annualisés (BTAN) sont les taux auxquels se finance l'État français en euros (*Treasury bills* et *Treasury bonds*, pour le marché américain). Il est généralement admis que l'État ne peut faire faillite sur des émissions dans sa propre devise[1]. De ce fait, ces taux sont les références sans risque sur le marché puisque l'investisseur ne supporte aucun risque de défaillance.

1. La raison essentielle est que l'État peut toujours avoir recours à la création monétaire.

La détermination des taux zéro-coupon sans risque

Une manière de déterminer les taux zéro-coupon sans risque (comme ceux du tableau 4.2) consiste à se référer aux taux des obligations démembrées (nommés également taux *strips*). Ces derniers sont des obligations zéro-coupon qui sont créées artificiellement par les intervenants de marché (spécialistes en valeur du Trésor, pour le marché français) au travers de la vente des coupons indépendamment du principal.

Une autre approche est l'utilisation directe des cotations des obligations et bons du Trésor. L'approche la plus populaire est l'utilisation de la méthode de *Bootstrap* (ou de proche en proche) . Elle consiste à calculer les taux d'intérêt de manière successive sur la base des prix des obligations de maturités de plus en plus longues. Supposons que le tableau 4.2 fournisse les taux associés aux obligations du Trésor et qu'une obligation de maturité 2,5 ans, de taux de coupon 8 % (versement semestriel) et de principal 100 € cote sur le marché 102 €. On peut alors déterminer le taux zéro-coupon R qui permet de retrouver le prix de cette obligation à l'aide de l'ensemble des taux du tableau 4.2. En résolvant l'équation :

$$4 \times e^{-0,05 \times 0,5} + 4 \times e^{-0,058 \times 1} + 4 \times e^{-0,064 \times 1,5} + 4 \times e^{-0,068 \times 2} + 104 \times e^{-R \times 2,5} = 102$$

on obtient $R = 7,05$ %. Le tableau 4.4 présente la structure par termes des taux zéro-coupon.

Tableau 4.4 : Taux du tableau 4.2 après calcul du taux zéro-coupon de maturité 2,5 par la méthode du *bootstrap*

Maturité	Taux ZC (en %)
0,5	5,0
1,0	5,8
1,5	6,4
2,0	6,8
2,5	7,05

Cette structure est généralement considérée comme linéaire entre deux points obtenus à partir de la méthode décrite. (Dans notre exemple, le taux zéro-coupon pour une maturité de 2,25 ans vaut 6,925 %.) La courbe obtenue est représentée sur le graphique 4.1.

Graphique 4.1

Structure par termes zéro-coupon (données du tableau 4.4).

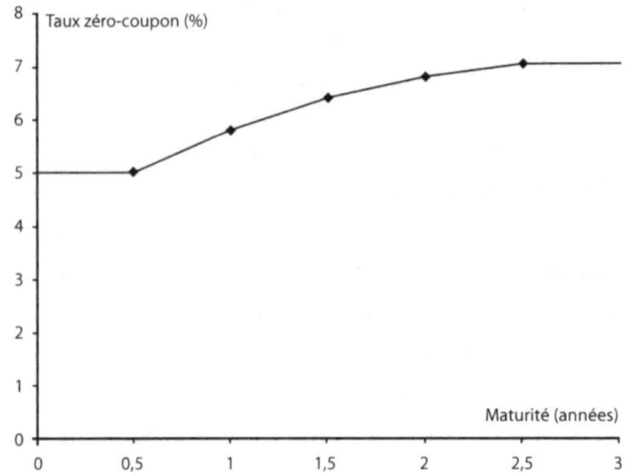

4.4 LIBOR et taux de swap

LIBOR signifie *London Interbank Offered Rate*. Un taux LIBOR coté par une banque est le taux contre lequel cette banque consent à prêter des liquidités à une autre banque[1]. Les grandes banques internationales et les institutions financières cotent quotidiennement des LIBOR 1 mois, 2 mois, 6 mois et 1 an dans les principales devises internationales. Le taux LIBOR 3 mois correspond alors au taux pour un prêt de liquidités d'une durée de trois mois. On peut souligner que le taux EURIBOR (*Euro Interbank Offered Rate*), qui a remplacé le PIBOR (*Paris Interbank Offered Rate*) en janvier 1999, est en fait l'équivalent du LIBOR en euros.

Un dépôt de liquidités dans une banque peut être vu comme un prêt, et de ce fait, les banques doivent avoir un bon niveau de qualité de crédit pour pouvoir négocier un taux LIBOR. Généralement, leur notation doit être AA[2]. Les taux LIBOR sont finalement des taux d'emprunts de banques (et d'autres entreprises) de notations AA pour des durées variant d'un mois à un an. Comment peut-on étendre la gamme des taux LIBOR à des durées supérieures à un an ? Deux méthodes peuvent êtres envisagées :

1. Construire une gamme de taux représentant les taux d'emprunt de maturité supérieure à un an d'entreprises notées AA.

1. Les banques cotent également des taux LIBID (*London Interbank Bid Rate*). Ce taux correspond au taux auquel une banque est prête à rémunérer des liquidités déposées par une autre banque. Le taux LIBOR est légèrement plus élevé que le taux LIBID.

2. La meilleure note de qualité de crédit qui peut être obtenue par une entreprise est AAA pour l'agence de notation Standard and Poor's. La seconde est AA. Ceci correspond chez Moody's à des notes respectivement de Aaa et Aa. Ces notations sont abordées en détail au chapitre 11.

2. Construire une gamme de taux représentant les taux à court terme futurs pour des entreprises notées AA.

Il est important de comprendre la différence entre ces deux approches. Supposons que le niveau des taux d'intérêt soit de 4 % quelle que soit la maturité retenue. Si la gamme des taux est construite de la première façon, ceci signifie qu'une entreprise notée AA peut emprunter sur ce marché à 4 %, quelle que soit la maturité choisie. Dans la deuxième approche, cette gamme de taux donne le taux forward à court terme qui sera offert à une entreprise notée AA au début de la période couverte par le contrat forward. Dans la pratique, la gamme des taux LIBOR est étendue de cette seconde manière et est généralement qualifiée de courbe swap ou de courbe swap/LIBOR. Les taux de swap (voir tableau 2.5) permettent d'étendre la courbe LIBOR à des maturités supérieures à un an en utilisant une méthode proche du *Bootstrap* (décrite dans la section précédente[1]). Pour comprendre cela, supposons une banque qui :

1. prête un certain principal pour 6 mois à un emprunteur noté AA et renouvelle cette opération pour des périodes successives de 6 mois ;
2. négocie un swap afin d'échanger le LIBOR contre le taux de swap 5 ans.

Le taux d'intérêt effectif associé à cette série de transactions est alors le taux de swap 5 ans. Ceci traduit que la courbe swap et la courbe LIBOR sont identiques (si l'on retient la deuxième approche).

Le taux sans risque

Le taux sans risque est important lorsqu'on cherche à évaluer des contrats financiers. La pratique conduit généralement les institutions financières à considérer que la courbe swap est représentative de la gamme des taux sans risque. Les taux associés aux émissions d'État sont trop faibles pour être retenus comme taux sans risque pour plusieurs raisons :

1. Les bons et obligations du Trésor sont achetés par les institutions financières pour respecter une grande variété de contraintes réglementaires. Cela augmente la demande de ce type d'actifs et conduit à une augmentation de leur prix et à une baisse de leur taux actuariel.
2. Pour les banques, le montant de capital requis lors de l'achat d'obligations d'État est généralement beaucoup plus faible que celui qui est imposé pour d'autres actifs financiers, même très peu risqués.
3. Aux États-Unis, la fiscalité des titres d'État est très favorable comparée à celle qui est retenue pour d'autres titres à taux fixe.

Comme nous l'avons vu, le risque de crédit contenu dans la courbe swap correspond à celui d'une succession de prêts à une contrepartie notée AA et n'est donc pas

1. Les contrats Eurodollar qui sont des contrats sur la valeur future du taux LIBOR peuvent également servir de support à l'extension de cette courbe.

parfaitement nul. Il existe une faible probabilité que l'emprunteur fasse faillite pendant la durée du prêt. Malgré cela, la courbe swap est considérée par les opérateurs de marché comme la référence sans risque. On peut souligner qu'un taux sans risque « pur » qui ne serait pas influencé par les facteurs décrits plus haut serait en moyenne plus faible de 10 points de base (= 0,1 %) que le taux de swap[1]. En revanche, les taux associés aux émissions d'État sont en moyenne plus faible de 50 points de base que ceux qui sont contenus dans la courbe swap.

4.5 La duration

La duration est la mesure la plus courante de l'exposition d'un portefeuille aux variations de taux d'intérêt. Comme son nom l'indique, la duration d'un actif financier mesure la durée moyenne pendant laquelle un investisseur doit patienter avant de recevoir les paiements de l'actif financier détenu. Une obligation zéro-coupon de maturité *n* années a, de ce fait, une duration de *n* années. Cependant, une obligation classique de maturité *n* années a une duration plus faible que *n* années, car son détenteur reçoit des paiements intermédiaires avant la maturité du titre.

Considérons une obligation de taux actuariel continu *y*, payant des flux c_i , $i=1,...,n$ aux dates t_i , $i=1,...,n$. Le prix *B* et le taux actuariel *y* sont liés par la relation :

$$\textbf{(4.6)} \quad B = \sum_{i=1}^{n} c_i \, e^{-yt_i}$$

La duration, *D*, de l'obligation est définie par :

$$\textbf{(4.7)} \quad D = \frac{\sum_{i=1}^{n} t_i \, c_i \, e^{-yt_i}}{B}$$

qui peut s'écrire :

$$\textbf{(4.8)} \quad D = \sum_{i=1}^{n} t_i \left[\frac{c_i \, e^{-yt_i}}{B} \right]$$

Les termes entre crochets sont les ratios des différents cash-flows actualisés rapportés au prix de l'obligation (égal à la somme des cash-flows actualisés). La duration est donc une moyenne pondérée des dates auxquelles les flux sont payés, et le poids affecté à la date t_i est alors le rapport du cash-flow actualisé, payé à cette date, et du prix de l'obli-

---

1. Voir HULL J., PREDESCU M. et WHITE A., « The Relationship between Credit Default Swap Spreads, Bond Yields, and Credit Rating Annoucement », in *Journal of Banking and Finance*. 28, 2004, p. 2789-2811.

gation. La somme de ces poids vaut 1. Lorsque la variation du taux actuariel est Δy, on peut écrire (de manière approximative) que :

$$\textbf{(4.9)}\quad \Delta B = -\frac{dB}{dy}\,\Delta y$$

D'après (4.6), on obtient :

$$\textbf{(4.10)}\quad \Delta B = -\Delta y \sum_{i=1}^{n} c_i\, t_i e^{-yt_i}$$

Notons qu'il existe une relation inverse entre B et y; lorsque le taux augmente sur le marché, le prix de l'obligation baisse et vice versa. En utilisant les équations (4.7) et (4.10), on obtient la relation fondamentale suivante :

$$\textbf{(4.11)}\quad \Delta B = -BD\Delta y$$

Et l'on peut écrire :

$$\textbf{(4.12)}\quad \frac{\Delta B}{\Delta y} = -D\Delta y$$

L'équation (4.12) traduit alors la relation approchée entre la variation, en pourcentage, du prix d'une obligation, et la variation du taux actuariel. Cette équation est simple et justifie la popularité de cette mesure introduite pour la première fois par Macaulay en 1938.

Considérons une obligation américaine de maturité 3 ans payant un taux de coupon semestriel de 5 % (5 dollars pour un nominal de 100 dollars) et caractérisée par un taux actuariel de 12 %. Le tableau 4.5 montre le détail des calculs permettant d'obtenir la duration.

Tableau 4.5 : Calcul de la duration

Maturité (années)	Flux (dollars)	Valeur présente (dollars)	Poids (en %)	Date × Poids
0,5	5	4,709	0,05	0,025
1,0	5	4,435	0,047	0,047
1,5	5	4,176	0,044	0,066
2,0	5	3,933	0,042	0,083
2,5	5	3,704	0,039	0,098
3	105	73,256	0,778	2,333
Total	130	94,213	1	2,653

La troisième colonne donne la valeur présente des flux à recevoir. Par exemple, la valeur présente du premier flux vaut $5e^{-0,12\times 0,5} = 4,709$. La somme des éléments de la colonne 3 est le prix de marché de l'obligation et vaut 94,3213. Les poids sont calculés en divisant les nombres de la colonne 3 par le prix de l'obligation. Enfin, la somme des nombres de la colonne 5 donne la duration qui vaut 2,653 ans. Les faibles changements de taux d'intérêt sont généralement exprimés en points de base, et par convention un point de base vaut 0,01 %. L'exemple suivant illustre la précision de l'équation (4.11).

Exemple 4.3

Pour l'obligation du tableau 4.5, le prix *B* vaut 94,213, et la duration est égale à 2,613. L'équation (4.11) permet d'écrire :

$$\Delta B = -94,213 \times 2,653 \Delta y = -249,95 \Delta y$$

Quand le taux actuariel augmente de 10 points de base (= 0,1%), le prix de l'obligation diminue de 0,24995 (arrondi à 0,250). Par conséquent, avec un taux actuariel de 12,1 %, on doit avoir un prix de 93,663 (soit 94,213 – 0,250). Quelle est la qualité de cette estimation ? Avec un taux actuariel valant 12,1 % après variation, le prix de l'obligation s'écrit :

$$5e^{-0,121\times 0,5} + 5e^{-0,121\times 1,} + 5e^{-0,121\times 1,5} + 5e^{-0,121\times 2} + 5e^{-0,121\times 2,5} + 105e^{-0,121\times 3} = 93,963$$

La différence est donc négligeable, et l'on retrouve la valeur obtenue par la duration.

La duration modifiée

L'analyse précédente se fonde sur un taux actuariel continu. Si y est en composition annuelle, l'équation (4.11) devient :

$$\Delta B = -\frac{BD\Delta y}{1+y}$$

Plus généralement, si y a une fréquence de composition de m fois par an, alors :

$$\Delta B = -\frac{BD\Delta y}{1+y/m}$$

La variable D^*, définie par

$$D^* = -\frac{D}{1+y/m}$$

est parfois appelée *duration modifiée* (ou sensibilité). On peut finalement écrire :

$$\Delta B = -BD^* \Delta y \quad \textbf{(4.13)}$$

où y est exprimé avec une fréquence de composition des intérêts de m fois par an. L'exemple suivant illustre cette relation.

Exemple 4.4

L'obligation du tableau 4.5 a un prix de 94,213 et une duration de 2,653 années. Le taux actuariel, exprimé en composition semstrielle vaut 12,3673 %. La duration modifiée est :

$$D^* = -\frac{2{,}653}{1+(0{,}123673/2)} = 2{,}4985$$

Si l'on applique l'équation (4.13), la variation du prix de l'obligation en cas de variation du taux actuariel est :

$$\Delta B = -94{,}213 \times 2{,}4985 \Delta y$$

$$\Delta B = -\ 235{,}39 \Delta y$$

Par conséquent, si l'augmentation du taux actuariel (composé semestriellement) est de 10 points de base, la variation du prix de l'obligation arrondie à trois chiffres après la virgule est –0,235. Le prix devrait donc baisser à 93,742 = 94,213 – 0,471. Si l'on recalcule le prix réel après variation du taux actuariel, on obtient 93,742, ce qui est identique au prix calculé par la duration.

4.6 La convexité

La duration offre des résultats satisfaisants lorsque les variations de taux d'intérêt sont de faible amplitude. Cela est illustré par le graphique 4.2 qui décrit la relation entre la variation des taux d'intérêt et la variation du prix des obligations pour deux titres de même duration. Les gradients des deux courbes sont identiques à l'origine. Cela traduit le fait que les prix des deux titres varient d'un même pourcentage lorsque les taux changent, ce qui est en accord avec l'équation (4.12). Cependant lorsque les mouvements de taux sont importants, les prix des deux titres ne varient pas de la même façon. On remarque sur le graphique 4.2 que la « courbure » est plus prononcée pour le titre *X* que pour le titre *Y*.

Un facteur nommé *convexité* mesure cette courbure et permet d'améliorer la relation (4.12).

La convexité est mesurée par :

$$C = \frac{1}{B}\frac{d^2B}{dy^2} = \frac{\sum_{i=1}^{n} c_i t_i^2 e^{-yt_i}}{B}$$

où y est le taux actuariel de l'obligation.

Graphique 4.2

Deux titres de même duration.

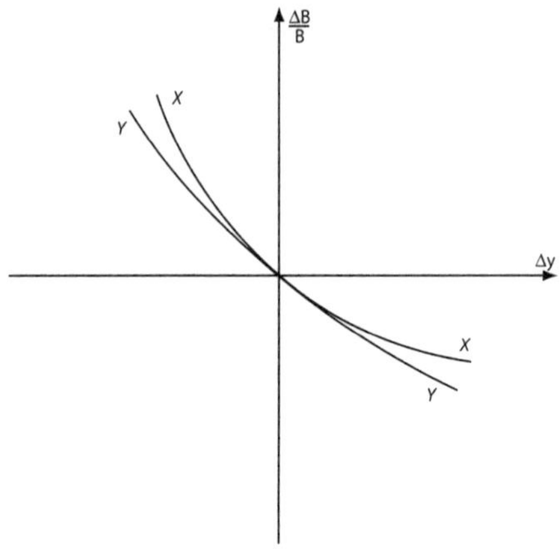

Elle représente la moyenne pondérée du carré des « dates » auquelles sont reçus les flux payés par l'obligation. Par la formule de Taylor, on obtient une relation plus précise que l'équation (4.9) :

$$\Delta B = \frac{dB}{dy}\Delta y + \frac{1}{2}\frac{d^2B}{dy^2}(\Delta y)^2$$

Ce qui conduit à :

$$\textbf{(4.14)} \quad \frac{\Delta B}{B} = -D(\Delta y) + \frac{1}{2}C(\Delta y)^2$$

4.7 Application aux portefeuilles

La duration peut être utilisée pour tout portefeuille d'actifs dont le prix dépend du niveau des taux d'intérêt. Notons P la valeur d'un tel portefeuille et envisageons un faible mouvement parallèle de la gamme des taux zéro-coupon. La duration est définie comme :

$$D = -\frac{1}{P}\frac{\Delta P}{\Delta y}$$

Où Δy est l'ampleur de la variation de taux. L'équation (4.12) peut être réécrite :

$$\textbf{(4.15)} \quad \frac{\Delta P}{P} = -D\Delta y$$

Exemple 4.5

L'obligation du tableau 4.5 a un prix de 94,213 et une duration de 2,653 années. La convexité est :

$$0,05\times 0,5^2+0,047\times 1^2+0,044\times 1,5^2+0,042\times 2^2+0,039\times 2,5^2+0,779\times 3^2=7,570$$

La relation (4.14) s'écrit ici :

$$\frac{\Delta B}{B} = -2,653(\Delta y)+\frac{1}{2}\times 7,570\times(\Delta y)^2$$

Si l'on suppose que les taux d'intérêt augmentent de 2 % ($\Delta y=0,02$) c'est-à-dire que le taux actuariel passe de 12 % à 14 %, cette équation offre une variation de prix de –4,856.

On peut vérifier que le changement du prix de l'obligation mesuré par la duration est de : $-94,213\times 2,653\times 0,02=-4,999$ et que la variation « réelle » est de –4,859.

On remarque finalement que l'équation (4.14) offre un résultat plus précis que la duration lorsque les variations de taux d'intérêt sont importantes.

Considérons un portefeuille composé d'actifs financiers, notons X_i le ième actif de ce portefeuille et D_i la duration de cet actif. Si l'on note ΔX_i la variation du prix de cet actif consécutive à la variation de taux d'intérêt Δy, alors $P=\sum_{i=1}^{n} X_i$ et $\Delta P=\sum_{i=1}^{n}\Delta X_i$. La duration du portefeuille s'écrit alors :

$$D=-\frac{1}{P}\sum_{i=1}^{n}\frac{\Delta X_i}{\Delta y}$$

La duration du i^{ème} actif est :

$$D_i=-\frac{1}{X_i}\frac{\Delta X_i}{\Delta y}$$

Et finalement :

$$D=\sum_{i=1}^{n}\frac{X_i}{P}D_i$$

Cette relation montre que la duration d'un portefeuille est une moyenne pondérée des durations des actifs qui le composent, et que le poids de chacun des titres dans ce calcul dépend de son prix.

On peut montrer que la convexité du portefeuille P peut être obtenue par un raisonnement analogue. L'équation (4.14) est correcte si l'on remplace B par P :

$$\textbf{(4.16)}\quad \frac{\Delta P}{P} = -D(\Delta y)+\frac{1}{2}C(\Delta y)^2$$

La relation entre la convexité des titres et la convexité d'un portefeuille est alors de même type que celle qui est obtenue pour la duration. Finalement, la convexité d'un portefeuille est une moyenne pondérée des convexités des titres qui le composent, et cette pondération dépend du prix de chacun des actifs.

On peut souligner que la convexité d'un portefeuille est d'autant plus forte que les flux versés par ce dernier sont espacés dans le temps. Inversement, cette convexité est faible pour des portefeuilles dont les flux sont concentrés autour d'une date.

Immunisation de portefeuille

Un portefeuille composé de positions courtes et de positions longues sur des actifs sensibles aux variations de taux d'intérêt est immunisé contre de faibles variations parallèles de la gamme des taux si sa duration est nulle. Il peut être, en outre, immunisé contre de fortes variations parallèles de la gamme des taux si sa duration et sa convexité sont nulles ou proche de zéro. Dans cette optique, duration et convexité jouent le même rôle que le delta et le gamma des options présentés dans le chapitre 3.

4.8 Mouvements plus complexes de la gamme des taux

Comme nous l'avons souligné, l'équation (4.15) permet la mesure de l'exposition d'un portefeuille aux variations parallèles de la gamme des taux. En introduisant la convexité (équation 4.16), l'exposition à de fortes variations parallèles de la gamme des taux peut être quantifiée. Des chercheurs ont dès lors étendu la notion de duration dans le but de pouvoir appréhender des mouvements plus complexes de la courbe des taux. Une duration partielle a été proposée par Reitano[1] lorsqu'un seul point de la courbe est soumis à la variation de taux. Supposons que la structure par termes des taux zéro-coupon soit celle qui est décrite dans le tableau 4.6 et représentée par le graphique 4.3. Une variation du taux zéro-coupon 5 ans (cinquième point de la courbe) est décrite par le graphique 4.4

Tableau 4.6 : Structure par termes ZC (taux continus)

Maturité	1	2	3	4	5	7	10
Duration	4,0	4,5	4,8	5,0	5,1	5,2	5,3

1. Voir REITANO R., « Non-Parrallel Yield Curve Shifts and Immunization », in *Journal of Portfolio Management*. Printemps 1992, p. 36-43.

Graphique 4.3

Structures par termes ZC (données du tableau 4.6).

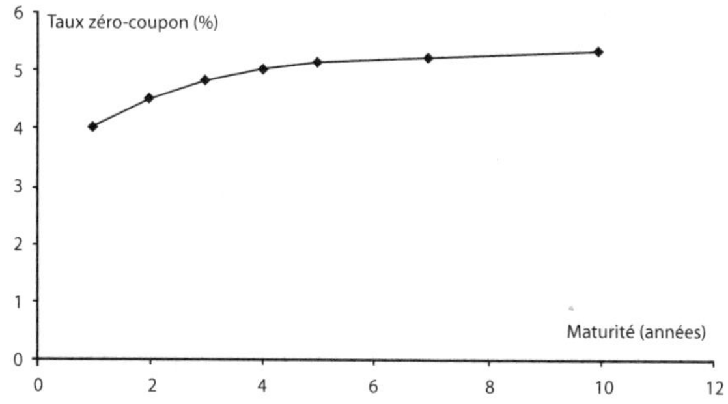

Graphique 4.4

Variation d'un point de la structure par termes.

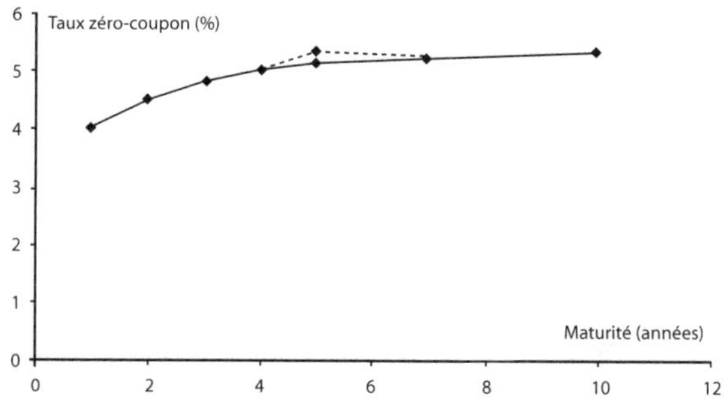

Graphique 4.5

Rotation de la structure par termes.

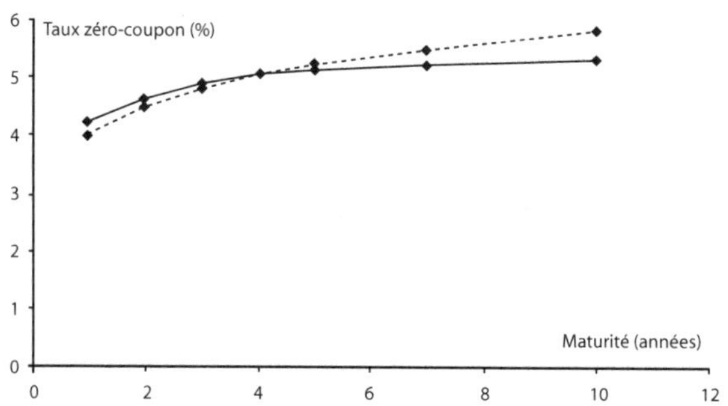

La duration partielle du portefeuille associée à une variation du *i*ème point de la courbe est :

$$-\frac{1}{P}\frac{\Delta P_i}{\Delta x_i}$$

Où Δx_i est l'ampleur de la variation du taux zéro-coupon et ΔP_i la variation de la valeur du portefeuille. La duration est alors la somme des durations partielles. Supposons que les durations partielles d'un portefeuille soient données dans le tableau 4.7. Ce portefeuille est peu sensible aux variations parallèles de la structure par termes des taux puisque sa duration vaut 0,2. Cependant, les durations partielles pour les maturités courtes sont positives alors que celles qui sont associées aux maturités longues sont négatives. Cela signifie que la valeur de ce portefeuille décroît (croît) lorsque les taux courts augmentent (baissent). Inversement, ce portefeuille se valorise (dévalorise) lorsque les taux à long terme augmentent (baissent).

Tableau 4.7 : Durations partielles du portefeuille

Maturité (années)	1	2	4	5	6	7	10	Total
Taux (%)	2,0	1,6	0,6	0,2	–0,5	–1,8	–1,9	0,2

Nous pouvons alors mesurer l'impact de variations plus complexes de la gamme des taux. Supposons que la structure par termes actuelle soit celle qui est représentée par le graphique 4.3 et envisageons une rotation de cette dernière. Nous choisissons une rotation telle que les variations des taux 1 an, 2 ans, 3 ans, 4 ans, 5 ans, 7 ans et 10 ans soient du type –3z, –2z, –z, 0, –3z, –3z, 3z et 6z (où z est « petit »). Les valeurs des durations partielles données dans le tableau 4.7 permettent alors de mesurer la variation en pourcentage de la valeur du portefeuille suite à cette déformation qui vaut :

$$-2\times(-3z)+-1{,}6\times(-2z)-0{,}6\times(-z)+0{,}5\times(z)+1{,}8\times(3z)-1{,}9\times(6z)=+27{,}1z$$

On peut alors remarquer que ce portefeuille est plus sensible à ce type de rotations qu'à des déformations parallèles de la structure par termes des taux zéro-coupon.

4.9 Le delta des positions de taux

Les lettres grecques abordées au chapitre 3 peuvent être calculées pour des portefeuilles de titres contingents aux taux d'intérêt. La première méthode consiste à définir le delta du portefeuille comme la variation de la valeur du portefeuille suite à un déplacement de 1 point de base de la gamme des taux. Il est généralement nommé DV01 et correspond au produit de la duration et de la valeur du portefeuille multipliées par 0,0001.

Tableau 4.8 : Delta du portefeuille du tableau 4.7. Valeur du portefeuille 1 million de dollars

Maturité (années)	1	2	3	4	5	7	10	*Total*
Delta	200	160	60	20	–50	–180	–190	20

En pratique, les analystes calculent plusieurs delta qui permettent de quantifier l'impact des déformations possibles de la structure par termes sur la valorisation de leur portefeuille. Il existe de nombreuses façons de faire ce calcul. L'une de ces approches se fonde sur le calcul des durations partielles et permet de mesurer l'impact d'une variation de 1 point de base de chaque point de la courbe (illustré par le graphique 4.4). Le delta est alors le produit de la duration partielle (calculée dans le tableau 4.7) par la valeur du portefeuille multiplié par 0,001. La somme des delta associés à chacun des points est égale à DV01. Le tableau 4.8 illustre la valeur de ces delta pour le portefeuille du tableau 4.7 si sa valeur est de 1 million de dollars.

Une variante possible de cette approche est de découper la courbe des taux en segments et de mesurer l'impact d'une variation de 1 point de base des taux zéro-coupon dont la maturité appartient à ce segment toutes choses égales par ailleurs. Cette approche est souvent utilisée dans la gestion actif - passif (voir section 1.5) et se réfère à la gestion des impasses (*gap management*). Le graphique 4.6 décrit un type de variations que l'on peut envisager pour le segment [2 ans, 3 ans] du graphique 4.3.

Graphique 4.6

Variation d'un segment de la structure par termes.

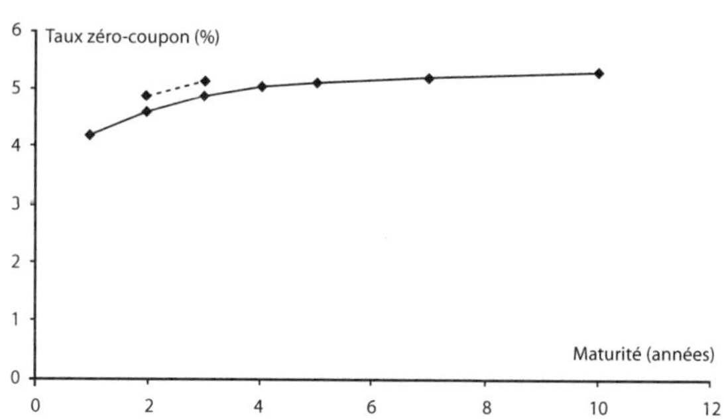

Le calcul des delta pour la couverture

La mesure des delta que nous avons abordée précédemment n'est pas satisfaisante pour couvrir un portefeuille. Considérons les delta du tableau 4.8. Si l'on désire couvrir le portefeuille avec des zéro-coupon, on peut prendre une position sur le zéro-coupon de maturité un an afin de couvrir la variation de 200 $ consécutive à la variation d'un point de base du taux à 1 an, prendre une position sur le zéro-coupon de maturité 2 ans afin de couvrir le portefeuille des variations du taux de maturité 2 ans et ainsi de suite.

Cependant, si d'autres instruments sont utilisés, une analyse plus complexe est nécessaire. En pratique les traders prennent généralement des positions sur les titres qui ont servi à la construction de la courbe zéro-coupon. Par exemple, un opérateur sur obligations d'État va couvrir sa position avec les titres d'État les plus liquides utilisés pour la construction de la courbe zéro-coupon d'État. Un opérateur sur un actif dont la valeur dépend de la courbe swap/LIBOR prendra, par exemple, position sur des contrats futures Eurodollar ou sur des swaps. De ce fait, pour faciliter leur couverture, les opérateurs mesurent l'impact de faibles variations des prix des titres sous-jacents à la construction de la gamme des taux. Considérons un trader responsable d'une position de *caps* et de swaptions. L'exposition de ce trader à une variation d'un point de base de la cotation de l'eurodollars futures est de 500 $. Sachant qu'une variation de 1 point de base de l'Eurodollars futures entraîne une variation de 25 $ du contrat Eurodollars futures, son portefeuille peut être couvert par une position sur 20 contrats. Supposons que la variation d'un point de base du taux de swap 5 ans entraîne une variation de sa position de 4 000 $ et que la valeur d'un swap de notionnel 1 million de dollars varie de 400 $ lors d'un changement d'un point de base du taux de swap 5 ans. La position du trader peut alors être couverte par un swap d'un notionnel de 10 millions de dollars.

4.10 Analyse en composantes principales (ACP)

L'approche précédente conduit à calculer 10 à 15 delta différents pour chaque structure par termes de taux. Certains de ces calculs peuvent être inutiles puisque certaines variables sont ici très fortement corrélées. Par exemple, lorsque le taux actuariel associé à une obligation de maturité 5 ans varie de quelques points de base, le taux actuariel associé à des obligations de maturité 10 ans varie également. De ce fait, un portefeuille dont l'exposition est positive aux variations du taux de maturité de 5 ans et négative aux variations de taux de maturité 10 ans ne porte globalement pas un risque important. Une approche permettant de tenir compte de corrélations non négligeables entre variables de marché est l'analyse en composantes principales. Cette méthode se fonde sur l'analyse des évolutions passées des variables de marché afin de déterminer des facteurs explicatifs de ces évolutions. Cette méthode est illustrée par un exemple, et les variables analysées sont 10 taux d'intérêt associés à des obligations d'État américaines pour des maturités comprises entre trois mois et trente ans. Les tableaux 4.9 et 4.10 donnent les résultats obtenus par Frye sur 1 548 observations journalières de ces taux entre 1989 et 1995[1].

---

1. Voir FRYE J., « Principals of Risk : Finding VaR through Factor Based Interest Rate Scenarios », in *VaR : Understanding and Applying Value-at-Risk*. RISK Publications, Londres, 1997, p. 275-288.

Tableau 4.9 : Loadings pour les taux américains

	F1	F2	F3	F4	F5	F6	F7	F8	F9	F10
3 m	0,21	–0,57	0,50	0,47	–0,39	–0,02	0,01	0,00	0,01	0,00
6 m	0,26	–0,49	0,23	–0,37	0,70	0,01	–0,04	–0,02	–0,01	0,00
12 m	0,32	–0,32	–0,37	–0,58	–0,52	–0,23	–0,04	–0,05	0,00	0,01
2 ans	0,35	–0,10	–0,38	0,17	0,04	0,59	0,56	0,12	–0,12	–0,05
3 ans	0,36	0,02	–0,30	0,27	0,07	0,24	–0,79	0,00	–0,09	–0,00
4 ans	0,36	0,14	–0,12	0,25	0,16	–0,63	0,15	0,55	–0,14	–0,08
5 ans	0,36	0,17	–0,04	0,14	0,08	–0,10	0,09	–0,26	0,71	0,48
7 ans	0,34	0,27	0,15	0,01	0,00	–0,12	0,13	–0,54	0,00	–0,68
10 ans	0,31	0,30	0,28	–0,10	–0,06	0,01	0,03	–0,23	–0,63	0,52
30 ans	0,25	0,33	0,46	–0,34	–0,18	0,33	–0,09	0,52	0,26	–0,13

La première colonne du tableau 4.9 indique les maturités considérées. Les dix colonnes suivantes donnent les dix facteurs F1 à F10 (ou composantes principales) qui expliquent les variations des taux d'intérêt. Le premier facteur F1, donné dans la première colonne du tableau, correspond à une variation parallèle de l'ensemble de la gamme des taux d'intérêt. Si les taux sont mesurés en points de base, une augmentation d'une unité du premier facteur entraîne une hausse de 0,21 point de base du taux à trois mois, une augmentation de 0,26 du taux à six mois et ainsi de suite. Le second facteur F2, donné dans la deuxième colonne du tableau, correspond à une augmentation de la pente de la courbe des taux. Les taux d'intérêt 3 mois à 2 ans varient dans un sens alors que les taux d'intérêt 3 ans à 30 ans évoluent dans le sens opposé. Le troisième facteur F3 caractérise la courbure de la structure par termes des taux d'intérêt. Les taux d'intérêt court terme et long terme se déplacent dans une direction alors que les taux d'intérêt de maturité moyenne évoluent dans le sens opposé. La variation de taux d'intérêt pour un facteur particulier est appelée saturation ou plus couramment *loading*. Dans notre exemple, le *loading* sur le premier facteur pour le taux d'intérêt 3 mois vaut 0,21[1].

Dans l'exemple traité, il y a dix facteurs et dix variables; les variations de taux peuvent alors s'exprimer comme des combinaisons linéaires de ces dix facteurs. Pour un jour donné, la quantité d'un facteur particulier dans les mouvements de taux d'intérêt est appelée score factoriel. L'importance de chacun des facteurs est alors mesurée par l'écart-type de son score factoriel sur la période étudiée.

Le tableau 4.10 donne l'écart-type exprimé en points de base de chacun des facteurs classés par ordre d'importance décroissante.

1. Pour chaque facteur, la somme des carrés des *loadings* est égale à 1.

Tableau 4.10 : Écart-type des composantes principales

F1	F2	F3	F4	F5	F6	F7	F8	F9	F10
17,49	6,05	3,10	2,17	1,97	1,69	1,27	1,24	0,80	0,79

D'après ce tableau, une variation sur le premier facteur d'un écart-type entraîne une variation du taux à trois mois égale à 17,49 × 0,21 = 3,67 points de base, et du taux à six mois de 17,49 × 0,26 = 4,55 points de base, et ainsi de suite.

Les détails techniques de la détermination des axes factoriels ne sont pas abordés ici. Notons simplement que les composantes principales sont choisies de manière à ce que leurs scores factoriels ne soient pas corrélés. Une propriété importante est que la somme des variances (le carré de l'écart-type) des différents scores factoriels correspond à la variance totale de l'échantillon initial.

Dans notre exemple, cette dernière vaut :

$$17{,}49^2 + 6{,}05^2 + \ldots\ldots + 0{,}79^2 = 367{,}9$$

Par conséquent, le pourcentage de variance expliqué par le premier axe est égal à :

$$\frac{17{,}49^2}{367{,}9} = 83{,}1\ \%$$

De même, les deux premiers axes expliquent $\frac{17{,}49^2 + 6{,}05^2}{367{,}9} = 93{,}1\%$ de la variance totale et le troisième axe environ 2,8 %. Ces calculs montrent que deux ou trois facteurs sont suffisants pour rendre compte de l'information contenue dans les variations des 10 taux d'intérêt. Par conséquent, l'évaluation du risque associée à une position sensible à l'évolution des taux n'exige pas forcément la prise en compte de l'ensemble des maturités mais simplement celle des trois facteurs les plus significatifs. Le graphique 4.7 représente les données du tableau 4.9 pour les trois premiers axes factoriels[1].

Utilisation de l'ACP dans de calcul des delta

Afin d'illustrer l'utilisation de l'ACP dans le calcul des delta, supposons que l'exposition aux mouvements des taux d'intérêt d'un portefeuille soit décrite dans le tableau 4.11. Par exemple, une variation d'un point de base du taux un an entraîne un gain de 10 millions de dollars, alors qu'un point de base de variation du taux d'intérêt 2 ans entraîne une hausse de la valeur du portefeuille de 4 millions de dollars. Nous utilisons ensuite les deux premiers facteurs de l'étude précédente puisque nous avons vu que ceux-ci expliquent plus de 90 % de la variance des taux d'intérêt.

1. Des résultats analogues à ceux décrits sont obtenus sur n'importe quelle courbe de taux dans n'importe quel pays en ce qui concerne les trois premiers axes, essentiels pour l'explication des mouvements de taux.

Graphique 4.7

Trois premiers facteurs

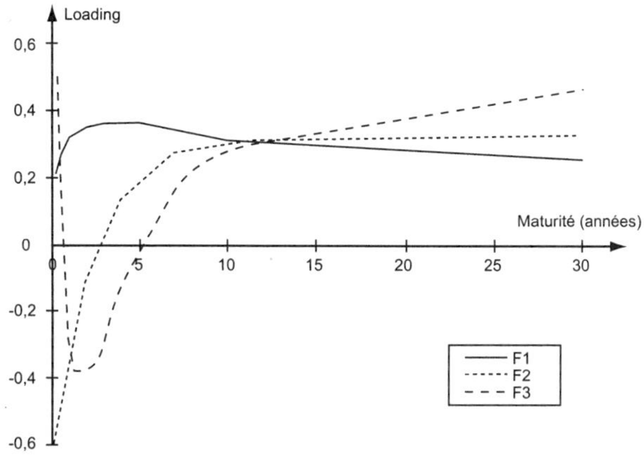

Tableau 4.11 : Variation de valeur du portefeuille (en millions de dollars) pour une variation d'un point de base du taux

Taux 1 an	Taux 2 ans	Taux 3 ans	Taux 4 ans	Taux 5 ans
+10	+4	−8	−7	+2

En utilisant les données du tableau 4.9, le delta de l'exposition au premier facteur vaut :

$$10 \times 0{,}32 + 4 \times 0{,}35 - 8 \times 0{,}36 - 7 \times 0{,}36 + 2 \times 0{,}36 = -0{,}08$$

alors que le delta associé au second facteur vaut :

$$10 \times (-0{,}32) + 4 \times (-0{,}1) - 8 \times 0{,}02 - 7 \times 0{,}14 + 2 \times 0{,}17 = -4{,}40$$

Cette approche est similaire à celle tenant compte des durations partielles décrites dans la section 4.8 lorsque des déformations non parallèles de la gamme des taux sont envisagées. L'avantage de l'ACP est de renseigner le gestionnaire de portefeuille sur le type de mouvements de la courbe à envisager et de mesurer leur importance relative. Dans l'exemple retenu, l'exposition du portefeuille au deuxième type de mouvement est 50 fois plus élevée que l'exposition à un mouvement parallèle de la courbe des taux (premier type). Cependant, on peut remarquer que les variations sur le premier facteur ont un impact trois fois plus important sur la structure par termes des taux si l'on s'appuie sur les écarts-types des scores factoriels du tableau 4.10.

4.11 Gamma et vega

Lorsque plusieurs delta sont calculés, il y a de nombreuses possibilités pour évaluer les gamma. Supposons que dix instruments soient utilisés afin de construire la structure par termes des taux et que nous mesurons les delta par rapport à la variation de chacun d'entre eux. Le gamma est alors la dérivée seconde (partielle) du type $\partial^2 P / \partial x_i \partial x_j$ où P est la valeur du portefeuille. Il existe ici dix choix pour x_i et dix choix pour x_j pour un total de 55 gammas différents, et cela peut constituer une « surcharge d'information ». Une première approche consiste à ignorer les dérivées croisées et à ne se focaliser que sur les dérivées partielles telles que $i = j$. Une seconde approche consiste à mesurer un gamma unique fondé sur la dérivée seconde (partielle) associée à un changement parallèle de la gamme des taux. Une dernière possibilité est de calculer les gamma par rapport au premier facteur obtenu par l'analyse en composantes principales. Le vega d'un portefeuille mesure son exposition aux variations de volatilité. Différentes volatilités sont utilisées par les opérateurs pour évaluer les dérivés de taux d'intérêt. Une première approche consiste à supposer une variation identique de toutes les volatilités et de mesurer l'impact de cette variation sur le portefeuille. Une seconde méthode s'appuie sur l'analyse en composantes principales des variations de volatilité associées à différents instruments de taux; le vega du portefeuille peut alors être évalué sur un, deux ou trois facteurs.

Résumé

La fréquence de composition d'un taux d'intérêt définit son unité de mesure. La différence entre un taux à composition annuelle et un taux à composition trimestrielle est analogue à la différence entre une distance mesurée en miles et une distance mesurée en mètres. Les analystes utilisent généralement une composition continue pour analyser les actifs dérivés.

De nombreux taux différents sont cotés sur les marchés financiers ou calculés par les professionnels de marché. Le taux zéro-coupon de maturité n ou taux spot de maturité n est le taux applicable à un investissement où l'ensemble des flux associés à ce dernier est versé à la maturité. Les taux forward sont les taux applicables à des périodes futures implicites et sont construits à partir de la gamme des taux spots.

La courbe zéro-coupon est la collection de taux zéro-coupon en fonction de leur maturité. Les deux courbes importantes dans le cadre de la gestion des risques sont la courbe des taux associée aux émissions d'État et la courbe swap/LIBOR. La méthode la plus utilisée pour construire la gamme des taux est la méthode du *bootstrap* (ou de proche en proche). Elle consiste à reconstruire la gamme des taux en partant des maturités les plus courtes jusqu'aux maturités les plus longues en s'assurant à chaque étape que ces taux permettent une parfaite restitution des prix des instruments cotés.

Un concept important est celui de la duration, qui mesure la sensibilité d'un portefeuille aux faibles variations parallèles de la gamme des taux. Une relation approximative est donnée par :

$$\Delta P = -PD(\Delta y)$$

Où P est la valeur du portefeuille, D la duration, Δy la variation de taux et ΔP l'impact sur la valeur du portefeuille. Une relation plus précise est :

$$\frac{\Delta P}{P} = -D(\Delta y) + \frac{1}{2}C(\Delta y)^2$$

Où C est la convexité du portefeuille. Cette relation est pertinente pour de fortes variations parallèles de la gamme des taux, mais ne permet pas d'envisager des déformations plus complexes de cette dernière.

Pour quantifier l'impact de ces déformations, d'autres mesures de duration et de delta sont utilisées. De nombreuses méthodes existent pour construire ces mesures, et l'analyse en composantes principales est une méthode classique pour l'estimation de delta multiples. Cette technique permet de montrer que deux ou trois facteurs sont à l'origine des déformations de la gamme des taux observés sur les marchés. En d'autres termes, si un gestionnaire de portefeuille se couvre contre les variations de ces trois facteurs, son portefeuille est alors immunisé contre les variations observées en pratique.

Références complémentaires

ALLEN, S. L. et KLEINSTEIN, A. D., *Valuing Fixed-Income Investments and Derivative Securities.* New York Institute of Finance, 1991.

DUFFIE, D., « Debt Management and Interest Rate Risk », in BEAVER, W. et PARKER, G., *Risk Management : Challenges and Solutions.* New-York, McGraw-Hill, 1995.

FABOZZI, F. J., *Bond Markets, Analysis and Strategies.* Pearson, Prentice-Hall, 2007, 6e éd.

FABOZZI, F. J., *Duration, Convexity, and Other Bond Risk Measures.* Frank J. Fabozzi Assoc., 1999.

GRINBLATT, M. et LONGSTAFF, F. A., « Financial Innovations and the Role of Derivatives Securities : An Empirical Analysis of the Treasury Strips Program », in *Journal of Finance.* 55, 3, 2000, p. 1415-1436.

JORION, P., *Big Bets Gone Bad : Derivatives and Bankruptcy in Orange County.* New-York, Academic Press, 1995.

LA BRUSLERIE, H., *Gestion obligataire.* Economica, 2006, tomes 1 et 2, 2e éd.

QUITTARD-PINON, F. et ROLANDO, T., *La Gestion du risque de taux d'intérêt.* Economica, 2000.

STIGUM, M. et ROBINSON, F. L., *Money Markets and Bond Calculations.* Chicago, Irwin, 1996.

Problèmes et exercices (corrigés en fin d'ouvrage)

4.1. Une banque vous propose un taux d'intérêt annuel à composition trimestrielle de 14 %. Quel est le taux équivalent (a) à composition continue (b) à composition annuelle?

4.2. Un investisseur reçoit 1,10 euro dans un an pour un investissement de 1 euro aujourd'hui. Calculez le taux de rendement de l'investissement (a) en composition annuelle, (b) en composition semestrielle, (c) en composition mensuelle, (d) à composition continue.

4.3. Un compte de dépôt offre un taux de 12 % en composition continue, mais les intérêts sont payés trimestriellement. Quels sont les intérêts de ce dépôt pour une somme déposée de 10 000 euros?

4.4. Quel taux d'intérêt à composition continue est équivalent à un taux annuel de 15 % en composition mensuelle?

4.5. Les taux zéro-coupon en composition continue sont les suivants :

Maturité (années)	Taux (% par an)
1	2,0
2	3,0
3	3,7
4	4,2
5	4,5

Calculez les taux forward, vus de la date initiale, pour les années 2, 3, 4 et 5.

4.6. Les taux zéro-coupon en composition continue sont les suivants :

Maturité (mois)	Taux (% par an)
3	8,0
6	8,2
9	8,4
12	8,5
15	8,6
18	8,7

Calculez les taux forward, vus de la date initiale, pour les trimestres 2, 3, 4, 5 et 6.

4.7. La structure par termes des taux est croissante. Classez les taux suivants dans l'ordre croissant (a) le taux zéro-coupon 5 ans (b) le taux actuariel d'une obligation (payant des coupons) de maturité 5 ans (c) le taux forward pour la période [5 ans, 5,25 ans]. Même question si la structure par termes est décroissante.

4.8. Les taux zéro-coupon annuels de maturité six mois et un an valent tous deux 10 %. Une obligation de maturité 18 mois et versant un coupon semestriel de 8 % a un taux actuariel de 10,4 %. Quel est le prix de l'obligation ? Quelle est la valeur du taux zéro-coupon de maturité 18 mois ? Tous les taux sont cotés en composition semi-annuelle.

4.9. On suppose que les taux zéro-coupon 6 mois, 12 mois, 18 mois, 24 mois et 30 mois sont respectivement 4 %, 4,2 %, 4,4 %, 4,6 % et 4,8 % en composition continue. Quel est le prix coupon couru d'une obligation de nominal 100 de maturité 30 mois ayant un taux de coupon de 4 % par an avec des coupons semestriels ?

4.10. Une obligation a une maturité de trois ans et paie un coupon semestriel de 8 %. Son prix est de 104, quel est son taux actuariel ?

4.11. Pourquoi les taux des obligations d'État américaines sont significativement plus faibles que d'autres taux proches du taux sans risque ?

4.12. Que nous dit la duration d'un portefeuille d'obligations sur sa sensibilité aux taux d'intérêt. Quelles sont les limites de cette mesure ?

4.13. Une obligation de maturité 5 ans a un taux actuariel (continu) de 11 % et paie un coupon annuel de 8 % (a) Quel est le prix de l'obligation ? (b) Que vaut la duration de cette obligation ? (c) Quel est l'impact d'une baisse de 0,2 % des taux d'intérêt sur le prix de l'obligation ? (d) Recalculez le prix de cette obligation pour un taux actuariel de 10,8 % afin de vérifier votre réponse à la question (c).

4.14. Refaites le problème 4.13 pour un taux actuariel en composition annuelle. Utilisez la sensibilité.

4.15. Une obligation de maturité 6 ans a un taux actuariel (continu) de 4 % et paie un coupon annuel de 5 %. En utilisant la duration et la convexité, quel est l'impact sur le prix de ce titre d'une variation de 1 % des taux d'intérêt. Quelle est la fiabilité de cette estimation ?

4.16. Donnez trois méthodes par lesquelles un vecteur de delta peut être calculé pour gérer des mouvements de courbe des taux non parallèles.

4.17. Estimez le delta du portefeuille du tableau 4.8 en vous aidant des deux premiers facteurs du tableau 4.9.

Questions complémentaires

4.18. Un taux d'intérêt vaut 5 % par an en composition semestrielle. Quel est le taux équivalent (a) en composition annuelle, (b) en composition mensuelle, (c) en composition continue.

4.19. Un portefeuille A est composé d'une obligation zéro-coupon à 1 an d'un nominal 2 000 € et d'une obligation ZC à 10 ans de nominal 6 000 €. Un portefeuille B comprend un titre ZC à 5,95 ans de nominal 5 000 €. Toutes ces obligations ont un taux actuariel (continu) de 10 %. (a) Montrez que les deux portefeuilles ont la même duration; (b) Montrez que les variations en pourcentage des deux portefeuilles sont identiques si le taux actuariel varie de 0,1 % ; (c) Si les taux actuariels augmentaient de 5 %, quelles seraient les variations en pourcentage des deux portefeuilles?

4.20. Quelle est la convexité du portefeuille du problème 4.19? Dans quelle mesure (a) la duration (b) la convexité expliquent la différence de pourcentage de variation calculé dans la question (c) du problème 4.19?

4.21. Si l'on suppose que les durations partielles sont celles du tableau 4.7, quel est l'impact sur le portefeuille si le taux 10 ans reste identique, le taux un an augmente de 9z et si les variations des taux intermédiaires sont estimées par interpolation entre 9z et 0.

4.22. La valeur d'un portefeuille varie de +5, –3, –1, +2, +5, +7 et +8 (millions d'euros) pour une variation d'un point de base des taux 3 mois, 6 mois, 1 an, 2 ans, 3 ans, 4 ans et 5 ans. Estimez le delta du portefeuille à partir des trois premiers facteurs du tableau 4.9. Quelle est l'importance relative de ces trois facteurs pour ce portefeuille?

Chapitre 5

La volatilité

Les schémas de couverture que nous avons décrits dans les deux chapitres précédents éliminent une part importante du risque associé à l'activité de *trading*. Cela est dû au fait que les traders surveillent étroitement les grecques telles que le delta, le gamma ou le vega de leur position. Malgré cela, les portefeuilles ne sont jamais sans risque. À chaque instant, une institution financière est exposée (au mois de façon résiduelle) à la variation d'une centaine voire de milliers de variables différentes comme les taux d'intérêt, les taux de change ou encore la valeur des actions. L'évolution future d'une variable de marché est incertaine, et la mesure la plus courante de cette incertitude est la volatilité. Il est très important pour un *risk manager* de surveiller cette volatilité afin d'évaluer au mieux les pertes auxquelles il est potentiellement exposé. Ce chapitre s'attache à décrire les procédures mises en place dans cet objectif.

Nous débutons ce chapitre par une définition de la volatilité. Ensuite, nous expliquons comment la volatilité peut être déduite du prix des options (on parle alors de volatilité implicite) ou estimée à partir d'historiques de données (le terme de volatilité historique est alors retenu). L'hypothèse standard de normalité des rentabilités est ensuite discutée, et nous présentons la loi puissance comme une alternative à cette hypothèse. Nous abordons ensuite des modèles aux noms impressionnants : moyenne mobile à pondération exponentielle (*Exponentially Weighted Moving Average*, EWMA), hétéroscédasticité conditionnelle autorégressive (*Autoregressive Conditional Heteroscedasticity*, ARCH) et hétéroscédasticité conditionnelle autorégressive généralisée (*Generalized Autoregressive Conditional Heteroscedasticity*, GARCH). La caractéristique distinctive de ces modèles est de ne pas imposer la constance de la volatilité ou des corrélations qui peuvent être faibles ou élevées selon les périodes, et finalement de capturer leurs variations temporelles.

5.1 La définition de la volatilité

La volatilité σ est définie comme l'écart-type de la rentabilité par unité de temps lorsque les rentabilités sont exprimées en composition continue. Lorsque la volatilité est utilisée dans le cadre de l'évaluation des options, l'unité de temps est généralement l'année. Cependant, dans le cadre de la gestion des risques, la volatilité est généralement évaluée en base journalière. En général, $\sigma\sqrt{T}$ est l'écart-type de $\ln(S_T / S_0)$ où S_T est la valeur de marché de la variable en date T et S_0 sa valeur en date 0. L'expression

$\ln(S_T / S_0)$ représente la rentabilité globale de l'action sur la période $[0, T]$ exprimée en composition continue. Quand T est petit, $\sigma\sqrt{T}$ est approximativement égal à l'écart-type de la variation en pourcentage du cours de l'action pendant une période de durée T. Supposons, par exemple, que le cours coté d'une action soit de 50 euros et que sa volatilité soit de 30 % par an. Une variation du cours de l'action d'un écart-type sur une période d'une semaine est approximativement égale à :

$$0,3 \times \sqrt{\frac{1}{52}} = 4,16\%$$

De ce fait, la variation du cours pour un changement d'un écart-type pendant une semaine est alors 50 × 0,0416 = 2,08 €.

L'incertitude sur la valeur future d'une action, mesurée par son écart-type, augmente avec l'horizon temporel, et cette augmentation est proportionnelle à la racine carrée de l'horizon considéré (au moins approximativement). Par exemple, l'écart-type de la rentabilité d'une action sur quatre semaines est approximativement le double de l'écart-type sur une semaine. Ceci correspond à l'adage classique « l'incertitude augmente avec la racine carrée du temps ».

Le taux de variance

Dans le cadre de la gestion des risques, les professionnels utilisent généralement le taux de variance défini comme le carré de la volatilité. À titre d'exemple, le taux de variance annuel est la variance de la rentabilité exprimée en composition continue de l'action sur une période d'un an. Contrairement à l'écart-type de rentabilité qui croît proportionnellement à la racine carrée du temps, la variance de la rentabilité croît linéairement avec la durée.

Jours ouvrés et jours calendaires

Lorsque les volatilités sont calculées et utilisées, la difficulté est de savoir si des jours ouvrés ou des jours calendaires doivent être retenus. Comme le souligne l'encadré 5.1, les recherches montrent que la volatilité est plus élevée lorsque le marché est ouvert plutôt que fermé. De ce fait, lorsque les analystes estiment les volatilités, ces derniers ont tendance à négliger les jours de fermeture du marché. L'hypothèse classique est de retenir une année de 252 jours.

Encadré 5.1 : Les raisons de la volatilité

Il est naturel de supposer que la volatilité est conditionnée à l'arrivée d'informations nouvelles sur le marché. Ces informations conduisent les opérateurs à réviser leurs anticipations de la valeur future des titres. Ceci entraîne des modifications de prix et donc de la volatilité. Ce raisonnement n'est pourtant pas confirmé par les études empiriques. Lorsque l'on dispose de plusieurs années de données journalières, on peut calculer :

1. La variance des rentabilités entre la fermeture du marché un jour donné et la fermeture du jour suivant lorsque les jours successifs sont des jours ouvrés.

2. La variance des rentabilités entre la clôture du vendredi et la clôture du lundi suivant.

La seconde variance correspond à une période de trois jours alors que la première est une variance journalière. On pourrait donc s'attendre à ce que la seconde variance soit trois fois plus élevée que la première. Fama (1965), French (1980) et French et Roll (1986) ont montré que ce n'est pas le cas. Dans ces trois articles, la seconde variance dépasse la première de 22 %, 19 % et 10,7 % respectivement.

À ce stade, on pourrait envisager que les informations soient plus nombreuses quand le marché est ouvert que quand il est fermé. Cependant, cette conclusion n'est pas confirmée par l'article de Roll (1984). Ce dernier a analysé les prix des contrats à terme sur le jus d'orange. La valeur de ces contrats est très sensible aux informations « climatiques » et l'arrivée de celles-ci n'est pas liée à l'ouverture ou à la fermeture du marché. Lorsque Roll mène la même analyse que celle qui est décrite plus haut sur le marché action, la variance sur trois jours est seulement 1,54 fois plus élevée que celle des jours ouvrés consécutifs.

La seule conclusion raisonnable à ces résultats est que la volatilité est engendrée, pour une grande part, par les échanges eux-mêmes (les traders sont souvent d'accord avec cette interprétation !).

Si l'on désigne par σ_{an} la volatilité annuelle d'un actif financier et σ_j la volatilité journalière associée, l'écart-type de rentabilité annuelle est alors σ_{an} ou $\sigma_j\sqrt{252}$, ce qui s'écrit :

$$\sigma_{an} = \sigma_j\sqrt{252}$$

Ou encore :

$$\sigma_j = \frac{\sigma_{an}}{\sqrt{252}}$$

5.2 La volatilité implicite

Comme le montre l'annexe C en fin d'ouvrage, la volatilité est l'un des paramètres de la formule d'évaluation des options qui n'est pas directement observable. Cela conduit les traders à déduire cette volatilité de la valeur des options. Afin d'illustrer comment les volatilités implicites sont calculées, supposons que le prix de marché d'une option d'achat européenne de maturité 3 mois portant sur une action ne payant pas de dividendes est de 1,875 euro. Le prix du support vaut 21 euros et le prix d'exercice et le taux sans risque valent respectivement 20 euros et 10 %. La volatilité implicite est le niveau de volatilité qui, introduite dans la formule de Black et Scholes, permet de retrouver le prix de l'option sur le marché, soit 1,875 euro. Malheureusement, il n'est pas possible d'inverser la formule de Black et Scholes et d'exprimer σ en fonction des autres variables. Cependant, il est possible de déterminer la valeur de cette volatilité implicite en utilisant un processus itératif. Par exemple, en débutant la résolution avec $\sigma = 0{,}2$, on trouve une valeur d'option de 1,76 euro inférieure à la valeur de marché de l'option. Le prix de l'option étant une fonction croissante de la volatilité, une valeur plus élevée est donc nécessaire. Lorsque $\sigma = 0{,}3$, la valeur de l'option est trop élevée et vaut 2,10 euros. La volatilité implicite est de ce fait comprise entre 0,20 et 0,30. Si l'on retient 0,25, le prix de l'option demeure trop élevé ce qui indique une valeur adéquate dans l'intervalle [0,2; 0,25]. En poursuivant ces itérations, on finit par trouver la volatilité implicite $\sigma = 0{,}235$ par an[1]. Une procédure similaire peut être utilisée dans le cadre d'arbres binomiaux pour déterminer les volatilités implicites associées à des options américaines.

Les volatilités implicites sont très utilisées par les traders comme nous le montrerons au chapitre 15. Cependant la gestion des risques se fonde fréquemment sur des volatilités historiques, et la suite de ce chapitre est consacrée aux procédures utilisées dans le traitement des données historiques.

5.3 Estimation de la volatilité à partir de données historiques

Lorsque la volatilité d'une variable est estimée à partir de données historiques, des observations périodiques de cette dernière sont nécessaires (chaque jour, chaque semaine ou encore chaque mois).

1. Cette méthode est présentée en guise d'illustration. En pratique, des méthodes plus complexes sont utilisées pour déterminer la volatilité implicite.

Définissons :

- $n + 1$: le nombre d'observations.
- S_i : la valeur de cette variable au terme du i^{ème} intervalle de temps.
- τ : la longueur des intervalles de temps.

On pose alors :

$$u_i = \ln\left(\frac{S_i}{S_{i-1}}\right)$$

pour $i = 1,2,\ldots, n$.

L'estimation s de l'écart-type des u_i est donnée par la formule :

$$s = \sqrt{\frac{1}{n-1}\sum_{i=1}^{n}(u_i - \bar{u})^2}$$

soit

$$s = \sqrt{\frac{1}{n-1}\sum_{i=1}^{n}u_i^2 - \frac{1}{n(n-1)}\left(\sum_{i=1}^{n}u_i\right)^2}$$

où $\bar{u}$ est la moyenne des u_i.

Comme nous l'avons souligné dans la section 5.1, l'écart-type des u_i est égal à $\sigma\sqrt{\tau}$, où σ est l'écart-type de la variable. La variable s est donc un estimateur de $\sigma\sqrt{\tau}$. Nous pouvons donc estimer σ par $\hat{\sigma}$ avec :

$$\hat{\sigma} = \frac{s}{\sqrt{\tau}}$$

On peut alors démontrer que l'écart-type de cet estimateur est approximativement égal à $\hat{\sigma}/\sqrt{2n}$. Si τ est mesurée en années, la volatilité obtenue est une volatilité annuelle; si τ est mesurée quotidiennement, la volatilité obtenue est une volatilité journalière.

Exemple 5.1

Le tableau 5.1 donne une séquence possible de l'évolution du prix d'une action pendant 21 jours consécutifs.

Tableau 5.1 : Estimation de la volatilité

Jour	Cours de clôture de l'action (€)	Cours relatif	Rentabilité quotidienne
0	20,00		
1	20,10	1,00500	0,00499
2	19,90	0,99005	−0,01000
3	20,00	1,00503	0,00501
4	20,50	1,02500	0,02469
5	20,25	0,98780	−0,01227
6	20,90	1,03210	0,03159
7	20,90	1,00000	0,00000
8	20,90	1,00000	0,00000
9	20,75	0,99282	−0,00720
10	20,75	1,00000	0,00000
11	21,00	1,01205	0,01198
12	21,10	1,00476	0,00475
13	20,90	0,99052	−0,00952
14	20,90	1,00000	0,00000
15	21,25	1,01675	0,01661
16	21,40	1,00706	0,00703
17	21,40	1,00000	0,00000
18	21,25	0,99299	−0,00703
19	21,75	1,02353	0,02326
20	22,00	1,01149	0,01143

Dans ce cas,

$$\sum u_i = 0{,}09531 \text{ et } \sum u_i^2 = 0{,}00326$$

L'estimation de l'écart-type sur une base quotidienne est :

$$\sqrt{\frac{0{,}00326}{19} - \frac{0{,}09531^2}{380}} = 0{,}01216$$

soit 1,216 %. La volatilité quotidienne ($\tau = 1$) vaut 1,216 %. Pour estimer une volatilité annuelle, nous posons $\tau = 1/252$, et cette dernière vaut $0,01216 \times \sqrt{252} = 0,193$ soit 19,3 %. L'erreur type de l'estimateur sur une base journalière vaut :

$$\frac{0,01216}{\sqrt{2 \times 20}} = 0,0019$$

soit 0,19 % par jour.

Sur une base annuelle, l'erreur type de cet estimateur vaut :

$$\frac{0,193}{\sqrt{2 \times 20}} = 0,031$$

soit 3,1 % par an.

5.4 Les pourcentages de variation quotidiens des variables financières sont-ils normalement distribués ?

Le modèle de Black et Scholes et ses extensions (voir annexe C) font l'hypothèse que les prix des actifs varient en temps continu et que la volatilité est constante. Cela signifie que la rentabilité sur une courte période Δt suit toujours une loi normale d'écart-type $\sigma\sqrt{\Delta t}$. Supposons que la volatilité d'un taux de change soit estimée à 12 % par an ce qui correspond à une volatilité journalière de $12/\sqrt{252}$, soit 0,756 %. À partir des tables fournies en fin d'ouvrage, la probabilité que le taux de change varie de plus d'un écart-type (soit 0,756 %) durant une journée vaut 31,73 %; la probabilité que le taux de change varie de deux écarts-types (soit 1,512 %) vaut 4,55 % et ainsi de suite. Dans la pratique, les taux de change, ainsi que d'autres variables financières, ont tendance à avoir des queues de distributions plus épaisses que la loi normale. Le tableau 5.2 est consacré à l'analyse des variations journalières de 12 taux de change pendant une période de dix ans et illustre ce point. La première étape de construction de ce tableau consiste en l'évaluation des pourcentages de variation quotidienne de chacun des taux de change. Dans une deuxième étape, les fréquences des variations excédant un écart-type, deux écarts-types, etc, sont mesurés, et ces résultats sont comparés à ceux qui sont obtenus dans le cadre d'une loi normale pour ces variations (mesurées en pourcentage)[1].

Les variations quotidiennes excèdent trois écarts-types pour 1,34 % du nombre total de jours étudiés. Le modèle « normal » prévoit un pourcentage de seulement 0,27 %. Les variations excèdent quatre, cinq et six écarts-types pour, respectivement, 0,29 %, 0,08 % et 0,03 % de l'ensemble des jours. Le modèle « normal » prévoit que de tels écarts sont extrêmement rares. Le tableau conduit donc bien à souligner l'existence de queues de distribution plus épaisses. L'encadré 5.2 montre comment on pouvait gagner de l'argent avec ce type d'analyse en 1985 !

1. Ce tableau est tiré de HULL J. C. et WHITE A., « Value at Risk When Daily Changes Variables are not Normally Distributed », in *Journal of Derivatives*. 5, 3, printemps 1998, p. 9-19.

Tableau 5.2 : Pourcentage du nombre de jours durant lesquels la variation du taux de change est plus importante qu'un, deux... six écarts-types (EC = écart-type des variations quotidiennes)

	Univers réel (données constatées)	Modèle « normal »
>1 EC	25,04	31,73
>2 EC	5,27	4,55
>3 EC	1,34	0,27
>4 EC	0,29	0,01
>5 EC	0,08	0,00
>6 EC	0,03	0,00

Encadré 5.2 : Gagner de l'argent avec les options de change

Supposez que la plupart des intervenants sur le marché pensent que les taux de change suivent une loi log-normale. Ils utiliseront alors la même volatilité pour évaluer toutes les options sur une même devise. Vous venez de faire l'analyse qui a conduit à la construction du tableau 5.2 et vous savez que l'hypothèse de log-normalité n'est pas vérifiée. Que devez-vous faire ?

La réponse consiste à acheter des options (calls et puts) très en dehors de la monnaie sur toutes les devises et de patienter. Ces options sont relativement peu chères et la proportion d'entre elles qui finira dans la monnaie est plus importante que celle déduite de l'hypothèse de log-normalité. Par conséquent, la valeur actuelle des flux futurs devrait être plus importante que le coût de ces options.

Au milieu des années 1980, peu de traders savaient que la distribution de probabilité des taux de change présentait des queues épaisses, et de nombreux intervenants pensaient que l'hypothèse de log-normalité était raisonnable. Les traders ayant opté pour la stratégie décrite précédemment ont alors gagné beaucoup d'argent. À la fin des années 1980, tous les intervenants ont eu conscience de ce phénomène et de telles opportunités ont disparu.

Le graphique 5.1 compare une distribution à queue épaisse et une distribution normale de même moyenne et de même écart-type[1]. La distribution à queue épaisse est plus pointue que la distribution normale. Sur le graphique 5.1, on peut distinguer trois zones : le centre, les queues et une zone intermédiaire. Lorsque l'on passe de la distribution normale à la seconde distribution, la masse de probabilités se déplace de la zone intermédiaire vers le centre et les queues. Si l'on s'intéresse à la variation d'une variable de marché, de faibles et fortes variations sont alors plus probables que dans une distribution log-normale. Les variations intermédiaires sont, en revanche, moins fréquentes.

1. Le Kurtosis mesure la taille des queues de distribution. Une distribution leptokurtique a des queues plus épaisses que la loi normale. Dans le cas contraire, on parle de distribution platykurtique. Pour des queues de distribution identiques à la loi normale, on parle de distribution mesokurtique.

Graphique 5.1

Comparaison d'une distribution normale avec une distribution à queues épaisses de même espérance et de même écart-type.

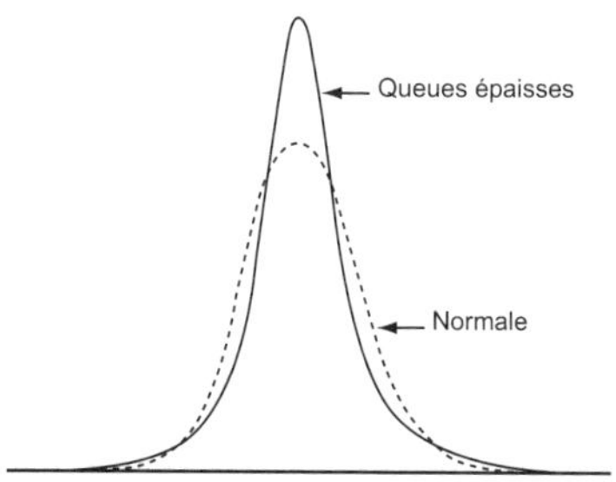

Une alternative aux distributions normales : la loi puissance

La loi puissance suppose que pour de nombreuses variables rencontrées, il est approximativement vrai que la valeur v de cette variable vérifie pour x « grand » :

$$\textbf{(5.1)}\quad \Pr(v > x) = Kx^{-\alpha}$$

Où K etc α sont des constantes. Cette équation est approximativement vraie pour diverses variables comme le revenu des individus, la taille des villes ou encore le nombre de visites dans un musée. Supposons que $\alpha = 3$ et que la probabilité que $v > 10$ soit égale à 0,05. Dans ce cas, K=50, et l'on peut estimer la probabilité que $v > 20$ à 0,00625, la probabilité que $v > 30$ à 0,0019 et ainsi de suite. L'équation (5.1) implique que :

$$\ln[\Pr(v > x)] = \ln(K) - \alpha \ln(x)$$

On peut alors opérer un test rapide de la validité de cette relation en traçant la fonction liant $\ln[\Pr(v > x)]$ et $\ln(x)$. Le graphique 5.2 donne une illustration de cette relation pour les taux de change.

La relation entre le logarithme de la probabilité que le taux de change varie de plus de x écarts-types et le logarithme de x est linéaire pour $x > 3$; cela valide le choix d'une loi puissance. Pour construire le graphique 5.2, nous supposons que la distribution des variations de taux de change du tableau 5.2 est symétrique et donc que la probabilité associée à une variation supérieure à un écart-type vaut $0,5 \times 25,04 = 12,52\%$, que la probabilité associée à une variation supérieure à deux écarts-types vaut $0,5 \times 5,27 = 2,635\ \%$ et ainsi de suite.

Graphique 5.2

Accroissement du taux de change, v est l'augmentation du taux de change, x est le nombre d'écarts-types.

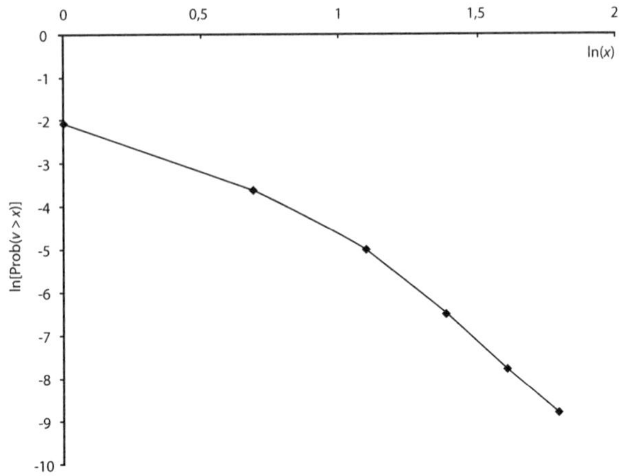

Nous examinerons plus formellement la loi puissance et expliquerons plus en détail les procédures d'estimation des paramètres lorsque nous aborderons la théorie des valeurs extrêmes au chapitre 9. Nous montrerons également comment elle peut être utile dans le cadre de la gestion du risque opérationnel au chapitre 14.

5.5 Estimation de la volatilité journalière

Le *risk manager* ne peut se contenter d'une hypothèse de constance de la volatilité et il est généralement contraint à un suivi quotidien des volatilités.

Notons σ_n la volatilité d'une variable de marché pour le jour n, estimée à la fin du jour $n - 1$. Le taux de variance est σ_n^2. Comme dans la section 5.3, nous définissons la variable u_i comme la rentabilité composée en continu pendant le jour i (entre la fin de la journée $i - 1$ et la fin de la journée i) :

$$u_i = \ln\left(\frac{S_i}{S_{i-1}}\right)$$

Une estimation du taux de variance quotidien σ_n^2 peut être calculée sur la base des volatilités historiques comme dans la section 5.3. Lorsque m observations sont disponibles, on peut écrire :

$$\textbf{(5.2)} \quad \sigma_n^2 = \frac{1}{m-1}\sum_{i=1}^{m}\left(u_{n-i} - \overline{u}\right)^2$$

où $\overline{u}$ est la moyenne des u_i :

$$\overline{u} = \frac{1}{m}\sum_{i=1}^{m} u_{n-i}$$

Dans une optique de gestion des risques, la formule de l'équation (5.2) est généralement modifiée de plusieurs façons :

1. u_i est défini comme le pourcentage de variation de la variable de marché entre la fin de la journée $i - 1$ et la fin de la journée i :

$$\textbf{(5.3)}\quad u_i = \frac{S_i - S_{i-1}}{S_{i-1}}$$

2. $\overline{u}$ est supposé nul. Une justification est ici que la variation espérée d'une variable sur une journée est très petite par rapport à l'écart-type des variations.
3. $m - 1$ est remplacé par m. Cela permet le passage d'une estimation sans biais à une estimation du maximum de vraisemblance (voir section 5.9).

Ces trois modifications permettent une simplification de la formule du taux de variance, ainsi :

$$\textbf{(5.4)}\quad \sigma_n^2 = \frac{1}{m}\sum_{i=1}^{m} u_{n-i}^2$$

les u_i sont donnés par l'équation (5.3).

Schémas de pondération

L'équation (5.4) accorde un poids égal à tous les u_i^2. Notre objectif étant d'estimer le niveau actuel de la volatilité, σ_n, il paraît pertinent de surpondérer les données les plus récentes. Le modèle suivant permet cela :

$$\textbf{(5.5)}\quad \sigma_n^2 = \sum_{i=1}^{m} \alpha_i u_{n-i}^2$$

La variable α_i est le poids attribué à l'observation i jours auparavant. Les α sont positifs, et lorsque $\alpha_i < \alpha_j$ pour $i > j$, alors un poids plus faible est affecté aux observations plus anciennes. Enfin, la somme des pondérations doit être égale à l'unité, ce qui s'écrit :

$$\sum_{i=1}^{m} \alpha_i = 1$$

Une extension du principe précédent consiste à supposer qu'il existe un taux de variance moyen de long terme auquel il convient d'attribuer un poids. Le modèle est alors de la forme :

$$\textbf{(5.6)}\quad \sigma_n^2 = \gamma V_L + \sum_{i=1}^{m} \alpha_i u_{n-i}^2$$

où V_L est le taux de variance de long terme et γ le poids attribué à V_L. Comme la somme de l'ensemble des pondérations doit être égale à l'unité, on a :

$$\gamma + \sum_{i=1}^{m} \alpha_i = 1$$

Cette formulation est connue sous le nom de modèle ARCH(m). Ce modèle a été proposé initialement par Engle[1]. L'estimation de la variance repose sur la variance moyenne de long terme et m observations. Plus une observation est lointaine et moins son poids est élevé. Si l'on définit $\omega = \gamma V_L$, le modèle de l'équation (5.6) peut s'écrire :

$$\textbf{(5.7)}\quad \sigma_n^2 = \omega + \sum_{i=1}^{m} \alpha_i u_{n-i}^2$$

Dans les deux sections suivantes, nous présentons successivement deux approches de suivi de la volatilité qui reposent sur les idées sous jacentes aux équations (5.5) et (5.6).

5.6 Le modèle de moyenne mobile à pondération exponentielle

Le modèle de moyenne mobile à pondération exponentielle (EWMA) est un cas particulier du modèle de l'équation (5.5) dans lequel les pondérations α_i diminuent exponentiellement lorsque l'on remonte dans le temps. Plus précisément, $\alpha_{i+1} = \lambda \alpha_i$, avec λ une constante comprise entre 0 et 1.

Le schéma de pondération retenu conduit à une formule très simple de mise à jour des estimations de volatilité. Cette formule s'écrit :

$$\textbf{(5.8)}\quad \sigma_n^2 = \lambda \sigma_{n-1}^2 + (1-\lambda) u_{n-1}^2$$

L'estimation σ_n de la volatilité du jour n (effectuée à la fin du jour $n-1$) est obtenue à partir de $\sigma_{n-}1$ (l'estimation de la volatilité du jour $n-1$ calculée en fin de journée $n-2$) et de $u_{n-}1$ (le pourcentage de variation quotidienne la plus récente). Pour comprendre

1. Voir ENGLE R., « Autoregressive Conditional Heteroscedasticity with Estimates of the Variance of UK Inflation », in *Econometrica*. 50, 1982, p. 987-1008. R. Engle s'est vu attribuer le prix Nobel d'économie en 2003 pour ses travaux sur les *modèles ARCH*.

en quoi l'équation (5.8) correspond à des poids qui diminuent exponentiellement, il suffit de remplacer σ_{n-1}^2 par sa valeur, alors :

$$\sigma_n^2 = \lambda\left[\lambda\sigma_{n-2}^2 + (1-\lambda)u_{n-2}^2\right] + (1-\lambda)u_{n-1}^2$$

ou encore :

$$\sigma_n^2 = (1-\lambda)\left(u_{n-1}^2 + \lambda u_{n-2}^2\right) + \lambda^2\sigma_{n-2}^2$$

De la même façon, en substituant σ_{n-2}^2, on obtient :

$$\sigma_n^2 = (1-\lambda)\left(u_{n-1}^2 + \lambda u_{n-2}^2 + \lambda^2 u_{n-3}^2\right) + \lambda^3\sigma_{n-3}^2$$

En continuant de la sorte, on aboutit à :

$$\sigma_n^2 = (1-\lambda)\sum_{i=1}^{m}\lambda^{i-1}u_{n-i}^2 + \lambda^m\sigma_{n-m}^2$$

Pour m suffisamment grand, le terme $\lambda^m\sigma_{n-m}^2$ est suffisamment petit et peut être ignoré, de sorte que l'équation (5.8) est identique à l'équation (5.5) avec $\alpha_i = (1-\lambda)\lambda^{i-1}$. Les pondérations des u_i diminuent au taux λ à mesure que l'on s'éloigne dans le temps. Chaque poids vaut λ fois le poids précédent.

Le modèle EWMA est attractif, car il impose le stockage d'une quantité très réduite de données. À chaque instant, il suffit de garder en stock l'estimation actuelle du taux de variance et la dernière valeur de la variable de marché. À chaque nouvelle observation de la valeur de cette variable, la nouvelle variation relative est calculée et l'équation (5.8) permet l'estimation immédiate du taux de variance. La précédente estimation du taux de variance et l'ancienne valeur de la variable de marché peuvent alors être abandonnées.

Le modèle EWMA permet le suivi des évolutions de volatilité. Supposons qu'une importante modification de la variable de marché se produise durant la journée $n-1$, conduisant à un u_{n-1}^2 important. D'après l'équation (5.8), cela conduit à une hausse de l'estimation de la volatilité actuelle. La valeur de λ détermine la sensibilité de la volatilité quotidienne à la plus récente variation en pourcentage. Un λ faible donne une forte pondération à u_{n-1}^2 dans le calcul de σ_n. Dans ce cas, les estimations successives de la volatilité quotidienne sont également hautement volatiles. Un λ élevé (c'est-à-dire d'une valeur proche de 1) conduit à des estimations de la volatilité qui intègrent progressivement les nouvelles informations apportées par le pourcentage de variation quotidienne.

Exemple 5.2

Supposons que λ soit égal à 0,90. La volatilité estimée pour la variable de marché au jour $n - 1$ est de 1 % par jour. Supposons que la variable de marché augmente de 2 % pendant la journée $n - 1$. Avec ces données $\sigma_{n-1}^2 = 0,01^2 = 0,0001$ et $u_{n-1}^2 = 0,02^2 = 0,0004$. L'équation (5.8) permet d'écrire :

$$\sigma_n^2 = 0,9 \times 0,0001 + 0,1 \times 0,0004 = 0,00013$$

De ce fait, l'estimation de la volatilité pour la journée n, σ_n, est donc $\sqrt{0,00013}$ soit 1,14 % par jour. On peut souligner que la valeur espérée de u_{n-1}^2 est σ_{n-1}^2 ou 0,0001. Dans cet exemple, la valeur observée u_{n-1}^2 est supérieure à la valeur espérée, et la conséquence est une augmentation de la volatilité estimée. Si la valeur observée de u_{n-1}^2 était inférieure à son espérance, la volatilité estimée aurait diminué.

La base de données RiskMetrics, créée par J.P. Morgan et rendue publique depuis 1994, utilise le modèle EWMA avec $\lambda = 0,94$ pour ses estimations de la volatilité quotidienne. La société a trouvé que cette valeur de λ offre des estimations du taux de variance anticipé proches du taux de variance effectivement réalisé (pour un ensemble de variables de marché distinctes)[1]. Lors de ces comparaisons, le taux de variance réalisé pour un jour donné était calculé comme la moyenne simple des u_i^2 observés sur les vingt-cinq derniers jours (voir problème 5.20).

5.7 Le modèle GARCH(1,1)

Nous présentons dans cette section un modèle connu sous le nom de GARCH(1,1), proposé par Bollerslev[2] en 1986. La différence entre les modèles GARCH(1,1) et EWMA est similaire à la différence entre les équations (5.5) et (5.6). Dans un modèle GARCH(1,1), σ_n^2 est calculé à partir de σ_{n-1} et de u_{n-1}, mais tient également compte du taux de variance moyen de long terme, V_L. L'équation d'un modèle GARCH(1,1) s'écrit :

$$\textbf{(5.9)} \quad \sigma_n^2 = \gamma V_L + \alpha u_{n-1}^2 + \beta \sigma_{n-1}^2$$

où γ, α, β sont les poids attribués respectivement à V_L, u_{n-1}^2, et σ_{n-1}^2. Comme la somme des pondérations doit être égale à l'unité, on a :

$$\gamma + \alpha + \beta = 1$$

1. Voir MORGAN J.P., *RiskMetrics Monitor*, 4e trimestre, 1995. Une approche alternative d'estimation des paramètres (le maximum de vraisemblance) est exposée plus loin dans ce chapitre.

2. Voir BOLLERSLEV T., « General Autoregressive Conditional Heteroscedasticity », in *Journal of Econometrics*. 31, 1986, p. 307-327.

Le modèle EWMA est finalement un cas particulier du modèle GARCH(1,1) avec $\gamma = 0$, $\alpha = 1 - \lambda$ et $\beta = \lambda$.

Le « (1,1) » de GARCH(1,1) signifie que le calcul de σ_n^2 se fonde sur la dernière observation de $u2$ et sur l'estimation la plus récente du taux de variance. Le modèle plus général GARCH(p,q), utilise les p dernières observations de $u2$ et les q estimations les plus récentes du taux de variance dans le calcul[1] de σ_n^2. Le GARCH(1,1) demeure de très loin le plus populaire des modèles GARCH.

Pour $\omega = V_L$, on peut réécrire le modèle GARCH(1,1) sous la forme :

$$\textbf{(5.10)} \quad \sigma_n^2 = \omega + \alpha u_{n-1}^2 + \beta \sigma_{n-1}^2$$

Cette dernière est généralement utilisée pour l'estimation des paramètres. Lorsque ω, α et β sont estimés, on peut calculer γ qui vaut $1 - \alpha - \beta$, et la variance de long terme V_L s'écrit alors ω/γ. La stabilité du processus GARCH(1,1) est obtenue en imposant $\alpha + \beta < 1$. Si tel n'est pas le cas, la variance de long terme est affectée d'une pondération négative.

Les pondérations

En substituant σ_{n-1}^2 dans l'équation (5.10), on obtient :

$$\sigma_n^2 = \omega + \alpha u_{n-1}^2 + \beta\left(\omega + \alpha u_{n-2}^2 + \beta \sigma_{n-2}^2\right)$$

ou encore :

$$\sigma_n^2 = \omega + \beta\omega + \alpha u_{n-1}^2 + \alpha\beta u_{n-2}^2 + \beta^2 \sigma_{n-2}^2$$

En substituant σ_{n-2}^2 de la même façon, on obtient :

$$\sigma_n^2 = \omega + \beta\omega + \beta^2\omega + \alpha u_{n-1}^2 + \alpha\beta u_{n-2}^2 + \alpha\beta^2 u_{n-3}^2 + \beta^3 \sigma_{n-3}^2$$

1. D'autres modèles GARCH ont été proposés dans lesquels les variations quotidiennes sont traitées de façon asymétrique. Dans ceux-ci, σ_n dépend du signe de u_{n-1}. Ces modèles sont certainement plus adaptés aux marchés actions que le GARCH(1,1). Cela est justifié par le fait que la volatilité du prix d'une action a tendance à être inversement liée à son prix (un u_{n-1} négatif devrait avoir un effet plus important sur σ_n qu'un u_{n-1} de même valeur, mais positif). Pour une discussion de ce type de modèles, on peut se référer à NELSON D., « Conditional Heteroscedasticity and Asset Returns : A New Approach », in *Econometrica* (59, 1990, p. 347-370) et à ENGLE R. F. et NG V., « Measuring and Testing the Impact of News on Volatility », in *Journal of Finance* (48, 1993, p. 1749-1778).

Exemple 5.3

Supposons le modèle GARCH(1,1) suivant, estimé à partir de données quotidiennes

$$\sigma_n^2 = 0,000002 + 0,13u_{n-1}^2 + 0,86\sigma_{n-1}^2$$

Il correspond à $\alpha = 0,13$, $\beta = 0,86$ et $\omega = 0,000002$. Comme $\gamma = 1 - \alpha - \beta$, on a $\gamma = 0,01$. En outre, $\omega = \gamma V_L$ et donc $V_L = 0,0002$. En d'autres termes, la variance moyenne de long terme induite par le modèle est de 0,0002 par jour. La volatilité quotidienne est alors de $\sqrt{0,0002} = 0,014$, soit 1,4 %.

Supposons que la volatilité quotidienne pour la journée $n-1$ soit de 1,6 %, ($\sigma_{n-1}^2 = 0,016^2 = 0,000256$) et que la variable de marché ait diminué de 1 % ce jour-là, ($u_{n-1}^2 = 0,01^2 = 0,0001$). Alors :

$$\sigma_n^2 = 0,000002 + 0,13 \times 0,0001 + 0,86 \times 0,000256 = 0,00023516$$

Finalement, la nouvelle estimation de la volatilité quotidienne pour la journée n est $\sqrt{0,00023516} = 0,0153$, soit 1,53 %.

En réitérant cette démarche, on peut démontrer que le poids affecté à u_{n-i}^2 est $\alpha\beta^{i}-1$. Les pondérations diminuent exponentiellement au taux β. Ce paramètre peut être vu comme un « taux de déclin » (comme le paramètre λ dans le modèle EWMA). Il mesure l'importance relative des différentes observations de u dans le calcul du taux de variance actuel. Par exemple, pour $\beta = 0,9$, le poids de u_{n-2}^2 n'est plus que 90 % de celui de u_{n-1}^2, celui de u_{n-3}^2 n'est plus que 81 % de celui de u_{n-1}^2, et ainsi de suite. Le modèle GARCH(1,1) a donc des attributs communs avec le modèle EWMA quant à la propriété de diminution exponentielle des pondérations attribuées aux u^2 mais accorde, en revanche, un poids positif à la volatilité moyenne de long terme.

5.8 Choisir entre les modèles

En pratique, les taux de variance ont une tendance au retour à la moyenne de long terme (processus qualifié de *mean reverting*). Le modèle GARCH(1,1) intègre cela contrairement au modèle EWMA. De ce fait, le modèle GARCH(1,1) semble théoriquement plus adapté que le modèle EWMA.

Dans la section suivante, nous verrons comment estimer au mieux les paramètres ω, α et β d'un GARCH(1,1). Lorsque la valeur du paramètre ω est nulle, ce dernier s'apparente à un EWMA. En outre, lorsque la valeur optimale de ω est négative, le modèle GARCH(1,1) n'est pas stable et il convient de basculer sur un modèle EWMA.

5.9 Les méthodes du maximum de vraisemblance

Il est maintenant pertinent d'analyser comment les paramètres des modèles présentés précédemment peuvent être estimés sur la base de données historiques, et nous utilisons pour cela la *méthode du maximum de vraisemblance.* Cette méthode consiste à rechercher la valeur des paramètres qui maximise la probabilité d'occurrence des données historiques (ou leur vraisemblance).

Nous considérons tout d'abord une illustration très simple du principe qui sous-tend cette approche. Supposons que les prix de dix titres sur une journée particulière soient sélectionnés. Supposons, en outre, que le prix d'un de ces titres a baissé pendant la journée alors que celui des neuf autres a augmenté ou est resté stable. Quelle est la meilleure estimation de la proportion de titres pour lesquels le prix a baissé ? La réponse naturelle est 10 %. Qu'obtenons-nous avec la méthode du maximum de vraisemblance ?

Si nous notons p la proportion des titres dont le prix baisse, alors la probabilité qu'un titre particulier voie son prix baisser et que les autres prix restent stables ou augmentent est égale à $p(1-p)^9$. Il existe, en effet, une probabilité p que son prix baisse et une probabilité $(1-p)$ que le prix de chacun des autres titres ne baisse pas. Si l'on se fonde sur la méthode du maximum de vraisemblance, la meilleure estimation de p est celle qui maximise $p(1-p)^9$. En dérivant cette expression par rapport à p et en annulant cette dérivée, $p = 0{,}1$ maximise cette expression. Cela montre que l'estimation du maximum de vraisemblance de p est bien 10 %, comme nous l'attendions.

L'estimation d'une variance constante

Considérons maintenant l'estimation par la méthode du maximum de vraisemblance de la variance d'une variable X, à partir de m observations de X, dans le cas où la distribution sous-jacente est normale et de moyenne nulle. Notons $u_1, u_2, \ldots, u_m$ les m observations et v la variance. La probabilité d'observer u_i est déterminée par la fonction de densité de X en $X = u_i$, c'est-à-dire :

$$\frac{1}{\sqrt{2\pi v}}\exp\left(\frac{-u_i^2}{2v}\right)$$

La vraisemblance des m observations dans leur ordre d'apparition est :

$$\textbf{(5.11)}\quad \prod_{i=1}^{m}\left[\frac{1}{\sqrt{2\pi v}}\exp\left(\frac{-u_i^2}{2v}\right)\right]$$

Selon la méthode du maximum de vraisemblance, la meilleure estimation de v est la valeur qui maximise cette expression.

La maximisation de cette expression est équivalente à la maximisation de son logarithme. Si l'on retient le logarithme de l'expression (5.11) et que l'on ignore les facteurs multiplicatifs constants, on doit maximiser :

$$\textbf{(5.12)} \quad \sum_{i=1}^{m}\left(-\ln(v)-\frac{u_i^2}{2v}\right)$$

ou encore :

$$-m\ln(v)-\sum_{i=1}^{m}\frac{u_i^2}{v}$$

En annulant la dérivée par rapport à v, l'estimateur du maximum de vraisemblance de v est alors obtenu. Il vaut[1] :

$$\frac{1}{m}\sum_{i=1}^{m}u_i^2$$

L'estimation des paramètres d'un GARCH(1,1)

Nous montrons ici comment la méthode du maximum de vraisemblance est utilisée pour estimer les paramètres d'un modèle GARCH(1,1) ou d'autres modèles. Notons $v_i=\sigma_i^2$ la variance estimée pour le jour i et supposons que la distribution de probabilité de u_i conditionnelle à la variance soit normale. En procédant comme précédemment, les meilleurs paramètres sont ici ceux qui maximisent :

$$\prod_{i=1}^{m}\left[\frac{1}{\sqrt{2\pi v_i}}\exp\left(\frac{-u_i^2}{2v_i}\right)\right]$$

Après passage aux logarithmes, il est équivalent de maximiser :

$$\textbf{(5.13)} \quad \sum_{i=1}^{m}\left(-\ln(v_i)-\frac{u_i^2}{v_i}\right)$$

Cette expression est équivalente à l'expression (5.12), hormis le remplacement de v par v_i. Les paramètres du modèle qui maximisent l'expression (5.13) peuvent être obtenus par itérations successives.

Le tableau 5.3 décrit les calculs nécessaires à l'obtention des paramètres du modèle GARCH(1,1). Les données présentées concernent le taux de change JPY/USD entre le 6 janvier 1988 et le 15 août 1997. Les valeurs obtenues dans le tableau sont fondées sur des estimations « possibles » des trois paramètres du modèle GARCH(1,1), ω, α et β. La

1. m est remplacé par $m-1$ pour une estimation sans biais.

première colonne décrit les dates, la seconde compte les jours, et la troisième donne le taux de change, S_i, à la fin de la journée i. La quatrième colonne répertorie la variation relative du taux de change entre la fin de la journée $i - 1$ et la fin de la journée i (c'est-à-dire $u_i = (S_i - S_{i-1})/S_{i-1}$). La cinquième colonne donne l'estimation du taux de variance pour le jour i, $v_i = \sigma_i^2$, calculée à la fin de la journée $i - 1$. À partir du jour 3, la procédure démarre en fixant le taux de variance à u_2^2. L'équation (5.10) permet son ajustement pour les jours suivants. La sixième colonne calcule la mesure de vraisemblance, $-\ln(v_i) - u_i^2/v_i$. Les valeurs données dans la cinquième et la sixième colonne sont calculées à partir des valeurs « possibles » de ω, α et β. L'objectif est finalement de déterminer ω, α et β qui maximisent la somme des valeurs de la sixième colonne, et cela implique l'utilisation d'une procédure itérative[1].

Dans notre exemple, les valeurs optimales des paramètres sont les suivantes :

$$\omega = 0{,}00000176, \qquad \alpha = 0{,}0626, \qquad \beta = 0{,}8976$$

et la valeur maximale de la fonction de l'équation (5.13) est 22 063,5763. Les données du tableau 5.3 sont celles qui sont obtenues lors de la dernière itération de la recherche des ω, α et β optimaux.

Dans notre exemple, le taux de variance de long terme, V_L, vaut :

$$\frac{\omega}{1-\alpha-\beta} = \frac{0{,}00000176}{0{,}0398} = 0{,}00004422$$

La volatilité de long terme est finalement $\sqrt{0{,}00004422}$, soit 0,665 % par jour.

Une procédure plus robuste pour l'estimation des paramètres des modèles GARCH(1,1) est le ciblage de la variance (*variance targeting*[2]). Cette méthode consiste à retenir la variance de l'échantillon (ou une autre valeur jugée raisonnable) comme taux de variance moyen de long terme, V_L. La valeur de ω est alors $V_L(1 - \alpha - \beta)$, et il ne reste que deux paramètres à estimer. Sur la base des données du tableau 5.3, la variance de l'échantillon est égale à 0,00004341, ce qui correspond à une volatilité quotidienne de 0,659 %. Si l'on retient la variance de l'échantillon comme valeur de V_L, la fonction objectif (donnée par l'équation 5.3) est maximale pour des valeurs de α et β valant respectivement 0,0607 et 0,8990. La fonction objectif vaut alors 22 063,5274, ce qui est très légèrement inférieur à 22 063,5763 obtenus avec la procédure précédente.

---

1. Comme nous le verrons plus loin, un algorithme d'optimisation comme le Solveur de Microsoft Excel peut être utilisé. Alternativement, un recours à un algorithme plus spécifique comme celui de Levenberg-Marquardt peut être envisagé. On pourra se référer, par exemple, à PRESS W. H., FLANNERY B. P., TEUKOLSKY S. A. et VETTERLING W. T., *Numerical Recipes in C: The Art of Scientific Computing*. Cambridge University Press, Cambridge, 1988.

2. Voir ENGLE R. et MEZRICH J., « GARCH for Groups », in *RISK*. Août 1996, p. 36-40.

Tableau 5.3 : Estimation des paramètres du modèle GARCH(1,1)

Date	Jour i	S_i	u_i	$v_i = \sigma_i^2$	$-\ln(v_i) - u_i^2/v_i$
06 janv. 88	1	0,007728			
07 janv. 88	2	0,007779	0,006599		
08 janv. 88	3	0,007746	−0,004242	0,00004355	9,6283
11 janv. 88	4	0,007816	0,009037	0,00004198	8,1329
12 janv. 88	5	0,007837	0,002687	0,00004455	9,8568
13 janv. 88	6	0,007924	0,011101	0,00004220	7,1529
⋮	⋮	⋮	⋮	⋮	⋮
13 août 97	2421	0,008643	0,003374	0,00007626	9,3321
14 août 97	2422	0,008493	−0,017309	0,00007092	5,3294
15 août 97	2423	0,008495	0,000144	0,00008417	9,3824
					22 063,5763
Valeurs possibles des paramètres du modèle GARCH					
ω		α		β	
0,00000176		0,0626		0,8976	

Graphique 5.3

Volatilité quotidienne du taux de change yen/dollar américain, 1988 -1997.

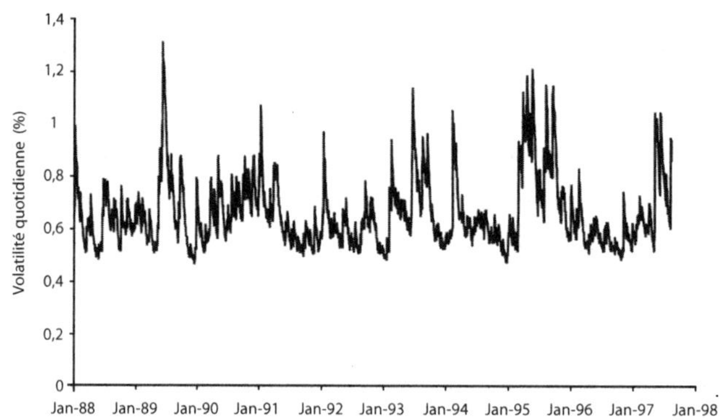

Pour un modèle EWMA, la procédure d'estimation est relativement simple. Il suffit de fixer $\omega = 0$, $\alpha = 1 - \lambda$ et $\beta = \lambda$, et il ne reste qu'un seul paramètre à estimer. Avec les données du tableau 5.3, la valeur de λ qui maximise la fonction objectif (équation 5.3) est égale à 0,9686 et la valeur maximale de la fonction objectif vaut 21 995,8377.

Le solveur d'Excel peut être utilisé pour rechercher les valeurs des paramètres qui maximisent la fonction de vraisemblance dans les deux modèles GARCH(1,1) et EWMA. Le programme fonctionne bien lorsque les paramètres cherchés ont des valeurs du même ordre de grandeur. Par exemple, dans un modèle GARCH(1,1), on peut retenir les cellules A1, A2 et A3 pour les paramètres 105ω, α et 0,1 β. On pose alors B1 = A1/100 000, B2 = A2 et B3 = 10*A3. On utilise ensuite B1, B2 et B3 pour calculer la fonction de vraisemblance, et la détermination des valeurs de A1, A2 et A3 (qui maximisent la fonction de vraisemblance) est faite grâce au Solveur.

Quelle est la qualité du modèle ?

L'hypothèse qui sous-tend le modèle GARCH est que la volatilité varie au cours du temps. Dans certaines périodes, elle est relativement élevée et dans d'autres beaucoup plus faibles. En d'autres termes, lorsque u_i^2 est élevé, u_{i+1}^2, u_{i+2}^2,... ont tendance à être élevés, et lorsque u_i^2 est faible, u_{i+1}^2, u_{i+2}^2,... ont tendance à être faibles. Afin de vérifier la pertinence de cet argument, un examen de la structure d'autocorrélation des u_i^2 est nécessaire.

Supposons que les u_i^2 soient effectivement autocorrélés. Si le modèle GARCH fonctionne bien, il devrait faire disparaître cette autocorrélation et l'on peut tester cela en analysant la structure d'autocorrélation des variables u_i^2/σ_i^2. Si l'on obtient une très faible autocorrélation, le modèle retenu pour σ_i explique alors de manière satisfaisante les autocorrélations des u_i^2.

Le tableau 5.4 offre les résultats pour les données de taux de change JPY/USD décrites précédemment. La première colonne répertorie les décalages envisagés pour le calcul de l'autocorrélation[1]. La seconde colonne donne les autocorrélations pour les u_i^2, la troisième colonne celles qui sont associées aux u_i^2/σ_i^2. Le tableau montre que les autocorrélations entre les u_i^2 sont positives pour tous les décalages compris entre 1 et 15. Pour les u_i^2/σ_i^2, certaines autocorrélations sont positives et d'autres sont négatives. Soulignons que ces autocorrélations sont toutes plus faibles que celles qui sont obtenues pour les u_i^2.

Le modèle GARCH semble avoir joué son rôle. Un test plus pertinent peut s'appuyer sur la statistique de Ljung-Box[2]. Pour une série composée de m observations, la statistique de Ljung-Box est :

$$m\sum_{k=1}^{K}\omega_k\eta_k^2$$

1. Pour une série x_i, l'autocorrélation avec un décalage k est le coefficient de corrélation entre x_i et x_{i+k}.

2. Voir LJUNG G. M. et BOX G. E. P., « On a Measure of Lack of Fit in Time Series Models », in *Biometrica*. 65, 1978, p. 297-303.

où $_k$ désigne l'autocorrélation pour le décalage *k*, K est le nombre de décalage retenu et

$$\omega_k = \frac{m+2}{m-k}$$

Pour $K = 15$, l'hypothèse de corrélation nulle peut être rejetée au seuil de confiance de 95 % si la statistique de Ljung-Box est supérieure à 25.

Tableau 5.4 : Autocorrélations avant et après l'utilisation d'un modèle GARCH

Décalage	Autocorrélation pour u_i^2	Autocorrélation pour u_i^2/σ_i^2
1	0,072	0,004
2	0,041	-0,005
3	0,057	0,008
4	0,107	0,003
5	0,075	0,016
6	0,066	0,008
7	0,019	-0,033
8	0,085	0,012
9	0,054	0,010
10	0,030	-0,023
11	0,038	-0,004
12	0,038	-0,021
13	0,057	-0,001
14	0,040	0,002
15	0,007	-0,028

Pour les données du tableau 5.4, la valeur de la statistique de Ljung-Box calculée pour la série des u_i^2 est proche de 123. Ceci traduit une autocorrélation évidente. Pour la série des u_i^2/σ_i^2, la statistique de Ljung-Box vaut 8,2, et l'autocorrélation semble largement atténuée par le modèle GARCH.

5.10 La prévision de la volatilité future par le modèle GARCH(1,1)

Le taux de variance estimé à la fin de la journée $n - 1$ pour la journée n s'écrit dans un modèle GARCH(1,1) :

$$\sigma_n^2 = (1-\alpha-\beta)V_L + \alpha u_{n-1}^2 + \beta\sigma_{n-1}^2$$

ce qui donne :

$$\sigma_n^2 - V_L = \alpha\left(u_{n-1}^2 - V_L\right) + \beta\left(\sigma_{n-1}^2 - V_L\right)$$

Pour la journée future $n + t$, nous avons :

$$\sigma_{n+t}^2 - V_L = \alpha\left(u_{n+t-1}^2 - V_L\right) + \beta\left(\sigma_{n+t-1}^2 - V_L\right)$$

La valeur espérée de u_{n+t-1}^2 est σ_{n+t-1}^2, par conséquent :

$$E\left(\sigma_{n+t}^2 - V_L\right) = (\alpha + \beta)E\left(\sigma_{n+t-1}^2 - V_L\right)$$

où E représente l'espérance mathématique. L'utilisation itérative de cette équation conduit à :

$$E\left(\sigma_{n+t}^2 - V_L\right) = (\alpha + \beta)^t\left(\sigma_n^2 - V_L\right)$$

ou encore :

$$E\left(\sigma_{n+t}^2\right) = V_L + (\alpha + \beta)^t\left(\sigma_n^2 - V_L\right) \quad \textbf{(5.14)}$$

Cette équation permet une prévision de la volatilité pour la journée $n + t$ à partir des informations disponibles à la fin de la journée n. Dans le modèle EWMA, $\alpha + \beta = 1$ et l'équation (5.14) montre que le taux de variance futur espéré est égal au taux de variance actuel. Pour $\alpha + \beta < 1$, le dernier terme de l'équation diminue lorsque t augmente. Le graphique 5.4 décrit la trajectoire espérée du taux de variance quand sa valeur actuelle est différente de V_L. Comme nous l'avons mentionné précédemment, il existe une tendance au retour à la moyenne, avec un niveau de retour V_L et un taux de retour de $1 - \alpha - \beta$. Les prévisions du taux de variance tendent vers V_L lorsqu'elles sont de plus en plus lointaines. Pour que le processus GARCH(1,1) soit stable, il est nécessaire que $\alpha + \beta < 1$. En effet si $\alpha + \beta > 1$, le poids attribué à la variance moyenne de long terme est négatif et le processus a tendance à s'éloigner de la moyenne, ce qui n'est pas satisfaisant.

Si l'on revient à l'exemple du taux de change JPY/USD, $\alpha + \beta = 0{,}9602$ et $V_L = 0{,}00004422$. Supposons que l'estimation du taux de variance courant par jour soit 0,00006 (ce qui correspond à une volatilité de 0,77 % par jour.) Le taux de variance espéré dans 10 jours est :

$$0{,}00004422 + 0{,}9602^{10}(0{,}00006 - 0{,}00004422) = 0{,}00005473$$

La volatilité journalière espérée est de 0,74 %, ce qui est très légèrement supérieur au niveau de long terme de 0,665 %. Toutefois, le taux de variance espéré dans 100 jours est

$$0{,}00004422 + 0{,}9602^{100}(0{,}00006 - 0{,}00004422) = 0{,}00004449$$

La volatilité espérée par jour est alors 0,667 %, ce qui est très proche de la volatilité de long terme.

Graphique 5.4

Trajectoire espérée du taux de variance pour (a) un taux de variance actuel supérieur au taux de variance de long terme, et (b) un taux de variance actuel inférieur au taux de variance de long terme.

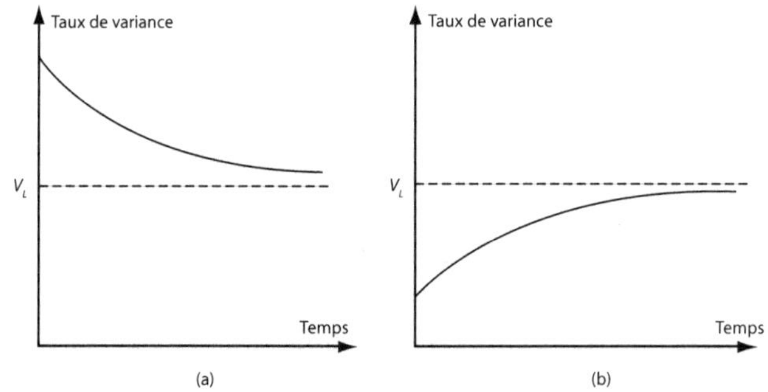

Les structures par termes des volatilités

Supposons que le jour « courant » est le jour n. Définissons :

$$V(t) = E\left(\sigma_{n+t}^2\right)$$

et :

$$a = \ln\left(\frac{1}{\alpha + \beta}\right)$$

L'équation (5.14) devient :

$$V(t) = V_L + e^{-at}\left[V(0) - V_L\right]$$

Où $V(t)$ est une estimation du taux de variance instantanée dans t jours. Le taux de variance moyen entre aujourd'hui et la date T est alors :

$$\frac{1}{T}\int_0^T V(t)dt = V_L + \frac{1 - e^{-aT}}{aT}\left[V(0) - V_L\right]$$

Si nous nous intéressons à une option, plus celle-ci a une échéance éloignée, plus l'expression ci-dessus est proche de V_L. Notons $\sigma(T)$ la volatilité annuelle déduite d'un processus GARCH(1,1) qui devrait être retenue pour évaluer une option d'échéance T. Si l'année compte 252 jours de cotation, $\sigma(T)^2$ vaut 252 fois le taux de variance moyen journalier, c'est-à-dire :

$$\textbf{(5.15)} \quad \sigma(T)^2 = 252\left(V_L + \frac{1-e^{-aT}}{aT}\left[V(0) - V_L\right]\right)$$

Les primes des différents contrats d'options sur un même actif sous-jacent sont généralement utilisées pour extraire une structure par termes des volatilités (voir chapitre 15). Cette structure décrit la relation existant entre les volatilités implicites des options et leurs maturités. L'équation (5.15) permet l'estimation d'une structure par termes des volatilités à partir d'un modèle GARCH(1,1). On peut souligner que la structure par termes des volatilités estimée est généralement différente de la structure par termes observée. Toutefois, comme nous allons le voir, elle permet souvent de prédire la réaction de la structure par termes des volatilités aux variations de la volatilité.

Lorsque la volatilité actuelle est supérieure à son niveau de long terme, la structure par termes des volatilités déduite du modèle GARCH(1,1) est décroissante. Dans le cas contraire, elle est croissante. Pour les données de taux de change JPY/USD, on a :

$$a = \ln\left(\frac{1}{0,9602}\right) = 0,0406 \text{ et } V_L = 0,00004422$$

Supposons que le taux de variance courant, $V(0)$ soit égal à 0,00006. L'équation (5.5) permet d'écrire :

$$\sigma(T)^2 = 252\left(0,00004422 + \frac{1-e^{-0,0406T}}{0,0406T}(0,00006 - 0,000004422)\right)\frac{n!}{r!(n-r)!}$$

où T est mesuré en jours. Le tableau (5.5) décrit la volatilité annuelle pour différentes valeurs de T.

Tableau 5.5 : Structure par termes des volatilités du taux de change yen/dollar américain (modèle GARCH(1,1))

Durée de vie de l'option (jours)	10	30	50	100	500
Volatilité de l'option (% annuel)	12,00	11,59	11,33	11,00	10,65

L'impact des changements de volatilité

L'équation (5.15) peut être écrite :

$$\sigma(T)^2 = 252\left(V_L + \frac{1-e^{-aT}}{aT}\left[\frac{\sigma(0)^2}{252} - V_L\right]\right)$$

Quand $\sigma(0)$ varie de $\Delta\sigma(0)$, $\sigma(T)$ varie de :

$$\frac{1-e^{-aT}}{aT}\frac{\sigma(0)}{\sigma(T)}\Delta\sigma(0) \quad \textbf{(5.16)}$$

Le tableau 5.6 décrit, dans le cadre de l'exemple relatif au taux de change JPY/USD, l'impact d'un changement de volatilité sur des options d'échéances différentes. Nous supposons, comme précédemment, que $V(0)=0{,}00006$ (ou $\sigma(0)=12{,}3\ \%$). Ce tableau envisage une variation de 100 points de base de la volatilité instantanée (12,3 % à 13,3 %, en base annuelle), ce qui s'écrit $\Delta\sigma(0)=0{,}01=1\ \%$.

Tableau 5.6 : Estimation de l'impact d'une hausse de 1 % de la volatilité instantanée (modèle GARCH(1,1))

Durée de vie de l'option (jours)	10	30	50	100	500
Accroissement de la volatilité (%)	0,84	0,61	0,46	0,27	0,06

De nombreuses institutions financières utilisent des analyses semblables afin de déterminer l'exposition de leurs positions aux variations de volatilité. Au lieu de considérer une hausse uniforme de 1 % de la volatilité implicite pour le calcul du vega, ces dernières retiennent l'augmentation de la volatilité correspondant aux échéances des différentes options. En se fondant sur le tableau 5.6, une hausse de volatilité de 0,84 % serait retenue pour une option à 10 jours, une hausse de 0,61 % pour une option à 30 jours, une hausse de 0,46 % pour une option à 50 jours, et ainsi de suite.

Résumé

Dans les modèles d'évaluation d'options, la volatilité d'une variable est généralement définie comme l'écart-type de sa rentabilité annuelle (exprimée en composition continue). Les volatilités peuvent être estimées sur données historiques ou déduites du prix des options cotées. En gestion des risques, la volatilité journalière d'une variable de marché mesure son pourcentage de variation quotidien, et le taux de variance quotidien est le carré de cette volatilité. La volatilité tend à être plus importante les jours d'ouverture du marché que lors des jours de clôture. En conséquence, les jours de clôture sont généralement ignorés lors de son calcul. Il est très tentant de supposer que les changements quotidiens d'une variable de marché sont normalement distribués.

Cependant, les distributions des variations relatives quotidiennes de nombreuses variables ont des queues plus épaisses que la distribution normale. La loi puissance permet de rendre compte de ce phénomène ; elle est souvent utilisée pour de nombreuses variables de marché.

Les modèles d'option standard, comme celui de Black et Scholes, supposent la constance de la volatilité de l'actif sous-jacent, et cette hypothèse est loin d'être satisfaisante. En pratique, la volatilité d'un actif, comme son prix est une variable aléatoire. Malheureusement, contrairement au prix, la volatilité n'est pas observable. Ce chapitre a mis en lumière les procédures permettant d'appréhender le niveau courant de volatilité. Si l'on définit u_i comme la variation relative d'une variable de marché pendant le jour i (entre la fin de la journée $i-1$ et la fin de la journée i), le taux de variance de cette variable est calculé en pondérant les u_i^2. Le point clé des procédures présentées est qu'elles n'accordent pas le même poids à chaque u_i^2. En effet, plus une observation est récente, plus son poids va être important. Dans les modèles EWMA et GARCH(1,1), la pondération des observations diminue exponentiellement en fonction de leur « ancienneté ». La différence entre le modèle GARCH(1,1) et le modèle EMVA est que le premier tient compte de la moyenne de long terme du taux de variance en lui accordant un poids. Ces deux modèles permettent d'estimer des taux de variance futurs relativement facilement.

L'estimation par le maximum de vraisemblance peut être utilisée pour calibrer le modèle GARCH(1,1) à partir de données historiques. Cette approche nécessite l'utilisation de procédures itératives afin de rechercher les paramètres qui maximisent la probabilité d'occurrence des données historiques (ou leur vraisemblance). Une fois les paramètres estimés, la qualité d'un modèle peut-être évaluée par sa capacité à annuler les autocorrélations des u_i^2.

Références complémentaires

Sur les causes de la volatilité

FAMA, E. F., « The Behavior of Stock Market Prices », in *Journal of Business.* 38, janvier 1965, p. 34-105.

FRENCH, K. R., « Stocks Returns and the Weekend Effect », *Journal of Financial Economics.* 8, mars 1980, p. 55-69.

FRENCH, K. R et ROLL, R., « Stock Return Variances : the Arrival of Information and the Reaction of Traders », in *Journal of Financial Economics.* 17, septembre 1986, p. 5-26.

ROLL, R, « Orange Juice and Weather », in *American Economic Review.* 74, 5, décembre 1984, p. 861-880.

Sur les modèles GARCH

BOLLERSLEV, T., « General Autoregressive Conditional Heteroscedasticity », in *Journal of Econometrics*. 31, 1986, p. 307-327.

CUMBY, R., FIGLEWSKI, S. et HASBROUCK, J., « Forecasting Volatilities and Correlations with EGARCH Models », in *Journal of Derivatives*. 1, 1993, p. 51-63.

ENGLE, R. F., « Autoregressive Conditional Heteroscedasticity with Estimates of the Variance of UK Inflation », in *Econometrica*. 50, 1982, p. 987-1008.

ENGLE, R. F. et MEZRICH, J., « Grappling with GARCH », in *RISK*. Septembre 1995, p. 112-117.

ENGLE, R. F. et MEZRICH, J., « GARCH for Groups », in *RISK*. Août 1996, p. 36-40.

ENGLE, R. F. et NG, V., « Measuring and Testing the Impact of News on Volatility », in *Journal of Finance*. 48, 1993, p. 1749-1778.

GREENE, W., SCHLACHTER, D., AZOMAHOU, T., COUDERC, N., MONJON, S. et PHU, N.V., *Econométrie*. Pearson Education, 2005, 5e éd.

NELSON, D., « Conditional Heteroscedasticity and Asset Returns : A New Approach », in *Econometrica*. 59, 1990, p. 347-370.

NOH, J., ENGLE, R. F. et KANE, A., « Forecasting Volatility and Option Prices of the S&P 500 Index », in *Journal of Derivatives*. 2, 1994, p. 17-30.

Problèmes et exercices (corrigés en fin d'ouvrage)

5.1. La volatilité du prix d'une action est de 30 % par an. Quel est l'écart-type du pourcentage de variation de ce prix sur une semaine ?

5.2. La volatilité d'un actif est de 25 % par an. Quel est l'écart-type du pourcentage de variation de ce prix sur un jour ouvré ? En supposant une distribution normale, estimez la limite de variation de ce prix pour un seuil de confiance à 95 %.

5.3. Pourquoi les traders choisissent-ils une année de 252 jours dans le calcul de la volatilité ?

5.4. Qu'est ce que la volatilité implicite ? Comment la calcule-t-on ? En pratique, les options sur le même sous-jacent ont des volatilités implicites différentes. Qu'en concluez-vous ?

5.5. Supposons que les valeurs d'un taux de change à la fin de 11 jours d'observations sont 0,7000 / 0,7010 / 0,7070 / 0,7003 / 0,6999 / 0,6970, 0,7003 / 0,6951 / 0,6953 / 0,6934 / 0,6923 / 0,6922. Estimez la volatilité quotidienne en utilisant l'approche de la section 5.3 et l'approche simplifiée de la section 5.4

5.6. Le nombre de visites d'un site web suit une loi puissance (donnée à l'équation 5.3.) avec $\alpha = 2$.

En supposant que 1 % des sites ont un nombre de visites supérieur ou égal à 500, quel est le pourcentage de sites qui ont un nombre de visites supérieur ou égal à (a) 1 000, (b) 2 000 ?

5.7. Expliquez le fonctionnement du modèle EWMA d'estimation de la volatilité à partir de données historiques.

5.8. Quelle différence faites-vous entre les modèles EWMA et GARCH(1,1) pour la mise à jour des volatilités ?

5.9. L'estimation la plus récente de la volatilité quotidienne est de 1,5 % et le prix de l'actif à la clôture de la veille était de 30 €. Le paramètre λ du modèle EWMA est fixé à 0,94. Supposez que le prix de l'actif aujourd'hui à la clôture soit de 30,50 €. Quel effet cela aura-t-il sur la nouvelle valeur de la volatilité dans le modèle EWMA ?

5.10. Une entreprise utilise un modèle EWMA pour prévoir la volatilité. Elle décide de changer son paramètre λ qui passe de 0,95 à 0,85. Quelles sont les conséquences vraisemblables de cette modification sur les prévisions ?

5.11. Supposez que l'indice S&P500 ait clôturé hier à 1 040 et que sa volatilité quotidienne soit estimée à ce moment-là à 1 %. Les paramètres du modèle GARCH(1,1) sont $\omega = 0{,}000002$, $\alpha = 0{,}06$ et $\beta = 0{,}92$. Si l'indice clôture aujourd'hui à 1 060 points, quelle est la nouvelle estimation de la volatilité ?

5.12. L'observation la plus récente de la volatilité quotidienne du taux de change USD/GBP est 0,6 % et le taux de change hier à 16h valait 1,5000. Le paramètre λ du modèle EWMA est 0,9. En supposant, qu'aujourd'hui à 16h, le taux de change vaut 1,4950, comment évolue l'estimation de la volatilité ?

5.13. Une entreprise utilise un modèle GARCH(1,1) pour prévoir la volatilité. Les trois paramètres sont ω, α, et β. Quel est l'impact d'une faible variation de chacun des paramètres, toutes choses égales par ailleurs ?

5.14. Les paramètres d'un modèle GARCH(1,1) sont estimés à $\omega = 0{,}000004$, $\alpha = 0{,}05$ et $\beta = 0{,}92$. Quel est le niveau moyen de long terme de la volatilité et comment l'équation décrit-elle le caractère de retour à la moyenne du processus? Si le niveau actuel de volatilité est de 20 % par an, quel est le niveau espéré de volatilité dans 20 jours ?

5.15. Supposons que la volatilité quotidienne de l'indice FTSE 100 (mesuré en GBP) soit de 1,8 % et que la volatilité quotidienne du taux de change USD/GBP soit de 0,9 %. Supposons en outre que la corrélation entre l'indice FTSE 100 et le taux de change USD/GBP soit 0,4. Quelle est la volatilité de l'indice FTSE 100 exprimé en USD ? Vous supposerez que le taux de change USD/GBP est donné en quantité d'USD par GBP. (Indication : quand $Z = XY$, la variation relative de Z est à peu de chose près égale à la somme des variations relatives de X et de Y.)

5.16. Les paramètres d'un modèle GARCH(1,1) sont estimés à $\omega = 0{,}000003$, $\alpha = 0{,}04$ et $\beta = 0{,}94$. Le niveau actuel de volatilité est de 1 % par jour, quel est le niveau espéré de volatilité dans 30 jours ?

5.17. Les paramètres d'un modèle GARCH(1,1) sont estimés à $\omega = 0{,}000002$, $\alpha = 0{,}04$ et $\beta = 0{,}94$. Le niveau actuel de volatilité est de 1,3 % par jour, quel est le niveau espéré de volatilité annuelle que vous devez utiliser pour évaluer une option de maturité 20 jours?

Questions complémentaires

5.18. Supposons que les données concernant le prix d'un actif (exprimé en euros) sur 15 jours consécutifs soient, 30,2 / 32 / 31,1 / 30,1 / 30,2 / 30,3 / 30,6 / 33 / 32,9 / 33,0 / 33,5 / 33,5 / 33,7 / 33,5 / 33,2. Quelle est la volatilité du prix de cet actif? Quelle est l'erreur-type de votre estimation.

5.19. Supposons que le prix spot de l'or la veille à la clôture ait été de 300 $ l'once et que sa volatilité soit estimée à 1,3 % par jour. Le prix de clôture est aujourd'hui de 298 $. Ajustez l'estimation de la volatilité en utilisant (a) un modèle EWMA avec $\lambda = 0{,}94$, (b) un modèle GARCH(1,1) avec $\omega = 0{,}000002$, $\alpha = 0{,}04$ et $\beta = 0{,}94$.

5.20. Une feuille de calcul Excel qui compte 900 valeurs quotidiennes de différents taux de change et indices boursiers est téléchargeable sur le site Internet de l'auteur : http://www.rotman.utoronto.ca/~hull

Choisissez un taux de change et un indice boursier. Déterminez la valeur du λ du modèle EWMA qui minimise la valeur de

$$\sum_i (v_i - \beta_i)^2$$

avec v_i la prévision de la variance effectuée à la fin de la journée $i - 1$ et β_i la variance des données observée entre la journée i et la journée $i + 25$. Afin de lancer les calculs du modèle EWMA, utilisez le solveur d'Excel et retenez comme prévision de la variance à la fin de la première journée le carré de la rentabilité observée ce jour-là.

5.21. Les paramètres d'un modèle GARCH(1,1) sont estimés à $\omega = 0{,}000002$, $\alpha = 0{,}03$ et $\beta = 0{,}95$. (a) Quel est le niveau moyen de long terme de la volatilité (b) Si le niveau actuel de volatilité est de 1,5 % par jour, quel est le niveau espéré de volatilité dans 20, 40 et 60 jours? (c) Quel est le niveau de volatilité que vous devez utiliser pour évaluer des options de maturité 20, 40 et 60 jours? (d) En supposant que le niveau de volatilité quotidienne augmente de 0,5 % à 2 %, quel est l'impact sur la volatilité dans 20, 40 et 60 jours? Quel est l'impact sur le niveau de volatilité que vous devez utiliser pour évaluer des options de maturité 20, 40 et 60 jours?

5.22. Une feuille de calcul Excel qui comprend 900 valeurs quotidiennes de différents taux de change et indices boursiers est téléchargeable sur le site Internet de l'auteur : http://www.rotman.utoronto.ca/~hull. Utilisez ces données et la méthode du maximum de vraisemblance pour estimer les paramètres optimaux des modèles EWMA et GARCH(1,1) pour le taux de variance de l'indice S&P500.

Chapitre 6

Corrélations et copules

Supposons qu'une entreprise soit exposée aux variations de deux variables de marché. Si l'une ou l'autre des deux variables augmente d'un écart-type, l'entreprise perd 10 millions d'euros. Dans le cas contraire, cette entreprise gagne 10 millions d'euros. Dans ce contexte, si la corrélation entre les variations de ces deux variables est élevée et positive, le risque supporté par l'entreprise est très élevé. Si cette corrélation est nulle, le risque est plus faible mais demeure important. En revanche, si la corrélation entre les deux variables est fortement négative, le risque supporté par l'entreprise est faible puisque la perte due à la variation d'une variable peut être compensée par un gain sur l'autre variable. Cet exemple montre que la mesure de la corrélation entre les variables de marché est importante pour le *risk manager* au même titre que l'estimation de la volatilité.

Ce chapitre décrit comment les corrélations peuvent être gérées et évaluées. Il aborde également un concept connu sous le nom de copules. Ces dernières sont des outils permettant de définir la structure de corrélation entre deux variables ou plus à partir de la forme de leur distribution de probabilité. Les copules tiennent une place importante dans les chapitres qui suivent. Par exemple, la connaissance de ces outils est nécessaire à la compréhension de certaines règles préconisées par le comité de Bâle quant au niveau du capital réglementaire (chapitre 7) et également, lors du calcul du capital économique (chapitre 16). Les copules sont aussi utiles pour l'estimation des corrélations de défaut et de l'évaluation des dérivés de crédit (chapitre 13). La dernière section de ce chapitre décrit comment les copules peuvent être utilisées afin de modéliser le défaut potentiel d'un portefeuille de prêts.

6.1 La définition de la corrélation

La corrélation ρ entre deux variables V_1 et V_2 est définie par :

$$\textbf{(6.1)} \quad \rho = \frac{E(V_1V_2) - E(V_1)E(V_2)}{SD(V_1)SD(V_2)}$$

où $E(.)$ est l'opérateur d'espérance et $SD(.)$ est l'écart-type. Si les deux variables ne sont pas corrélées, alors $E(V_1V_2) = E(V_1)E(V_2)$ et $\rho = 0$. Si $V_1 = V_2$, alors le dénominateur et le numérateur sont tous deux égaux à la variance de V_1 et $\rho = 1$.

La covariance entre V_1 et V_2 est définie par :

$$\textbf{(6.2)}\quad \operatorname{cov}(V_1, V_2) = E(V_1V_2) - E(V_1)E(V_2)$$

et peut être reliée à la corrélation sous la forme :

$$\rho = \frac{\operatorname{cov}(V_1, V_2)}{SD(V_1)SD(V_2)}$$

Même s'il est plus simple de donner un contenu intuitif à ce que représente la corrélation, la covariance sera la variable centrale de notre analyse. Par analogie, la variance est la variable fondamentale des approches EWMA ou GARCH abordées au chapitre 5, même si l'interprétation de la volatilité est plus évidente.

Corrélation versus dépendance

Deux variables sont statistiquement indépendantes si la connaissance de l'une n'a aucune incidence sur la distribution de probabilité de l'autre. Formellement, V_1 et V_2 sont indépendantes si :

$$f(V_2 / V_1 = x) = f(V_2)$$

pour tout x, où $f(.)$ désigne la fonction de densité. Si le coefficient de corrélation entre deux variables est nul, la dépendance entre ces deux variables est-elle inexistante ? La réponse est négative, et un exemple simple peut servir d'illustration. Supposons que V_1 puisse prendre trois valeurs équiprobables, –1, 0 et +1. Si $V_1 = -1$ ou si $V_1 = +1$, alors $V_2 = 1$. Par contre, si $V_1 = 0$, alors $V_2 = 0$. Dans ce cas, les deux variables sont clairement dépendantes. En effet, l'observation de V_1 donne de l'information sur les valeurs possibles de V_2. De la même façon, la connaissance de V_2 entraîne une modification de la distribution de probabilité de V_1. Malgré cela, le coefficient de corrélation entre ces deux variables est nul. Cet exemple souligne que le coefficient de corrélation mesure une dépendance particulière entre V_1 et V_2 : la dépendance linéaire. En pratique, deux variables peuvent être « liées » de nombreuses façons. La nature de la dépendance entre V_1 et V_2 peut être illustrée en traçant sur un graphique $E(V_2)$ en fonction de V_1, et le graphique 6.1 en offre trois illustrations.

Le graphique 6.1a décrit une relation de dépendance linéaire dans laquelle l'espérance de V_2 dépend linéairement de V_1. Le graphique 6.1b traduit une relation en forme de V entre $E(V_2)$ et V_1. Ceci est similaire à l'exemple que nous venons de considérer ; une relation symétrique en forme de V, même forte, conduit à un coefficient de corrélation nul. La relation illustrée par le graphique 6.1c est souvent obtenue lorsque l'on s'intéresse aux pourcentages de variation de variables de marché. Pour des valeurs « normales » de la variable V_1, il existe une faible relation entre V_1 et V_2. Par contre, des valeurs extrêmes de la variable V_1 ont tendance à être accompagnées de valeurs extrêmes de V_2. Pour citer un commentateur : « Pendant les crises, toutes les corrélations tendent vers 1 ».

Graphique 6.1

Exemples de dépendance entre V_1 et V_2.

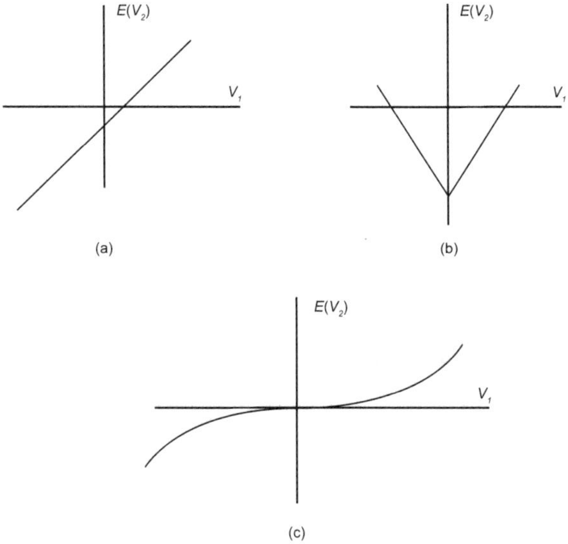

6.2 Gérer la corrélation

Le chapitre 5 expose de quelle façon les modèles EWMA et GARCH peuvent être utilisés dans la gestion du taux de variance. Des approches similaires peuvent être mises en place afin de gérer le taux de covariance entre deux variables. Comme le taux de variance journalier pour une variable de marché décrit la variance de sa rentabilité en base journalière, le taux de covariance journalier entre deux variables se définit comme la covariance entre les rentabilités journalières de ces deux variables.

Supposons que X_i et Y_i représentent les variations relatives respectives de deux variables X et Y à la fin de la journée i. Les rentabilités associées à ces deux variables sont :

$$x_i = \frac{X_i - X_{i-1}}{X_{i-1}} \quad \text{et} \quad y_i = \frac{Y_i - Y_{i-1}}{Y_{i-1}}$$

Notons aussi

- $\sigma_{x,n}$: la volatilité quotidienne de la variable X, estimée pour le jour n
- $\sigma_{y,n}$: la volatilité quotidienne de la variable Y, estimée pour le jour n
- cov_n : l'estimation de la covariance entre les variations quotidiennes de X et de Y calculée le jour n

D'après l'équation (6.2), le taux de covariance entre X et Y pour le jour n est :

$$\text{cov}_n = E(x_n y_n) - E(x_n)E(y_n)$$

Dans la section 5.5, nous avons expliqué que les *risk managers* supposaient une rentabilité journalière nulle dans le calcul du taux de variance. Ils opèrent le même choix dans le calcul des covariances et cela implique que :

$$\text{cov}_n = E(x_n y_n)$$

Avec une pondération identique des m dernières observations, on a :

$$\textbf{(6.3)}\quad \text{cov}_n = \frac{1}{m}\sum_{i=1}^{m} x_{n-i} y_{n-i}$$

Avec les mêmes hypothèses, un estimateur du taux de variance pour X le jour n s'écrit :

$$\sigma_{x,n}^2 = \frac{1}{m}\sum_{i=1}^{m} x_{n-i}^2$$

et pour Y :

$$\sigma_{y,n}^2 = \frac{1}{m}\sum_{i=1}^{m} y_{n-i}^2$$

L'estimateur de la corrélation le jour n est alors :

$$\frac{\text{cov}_n}{\sqrt{\sigma^2_{x,n}\sigma^2_{y,n}}}$$

Utilisation d'un modèle EWMA

De nombreux *risk managers* acceptent l'idée que les observations récentes doivent avoir un poids plus important que les observations plus anciennes. Dans le chapitre 5, nous avons abordé l'utilité des modèles EWMA dans le calcul de la variance. En particulier, nous avons souligné que ces modèles imposent, pour ce calcul, une pondération des observations qui décroît exponentiellement en fonction de leur ancienneté. Le même type de pondération peut être utilisé dans le cadre du calcul des covariances. La formule de mise à jour des estimations de la covariance dans le cadre d'un modèle EWMA est semblable à celle de l'équation (5.8) et s'écrit :

$$\text{cov}_n = \lambda \text{cov}_{n-1} + (1-\lambda) x_{n-1} y_{n-1}$$

Exemple 6.1

Supposons que $\lambda = 0{,}95$ et que l'estimation de la corrélation pour la journée $n-1$ entre deux variables X et Y soit égale à 0,6. Supposons également que les volatilités de X et Y soient estimées à 1 % et 2 % pour ce même jour. D'après la relation liant la corrélation et la covariance, on peut estimer la covariance entre X et Y pour la journée $n-1$, par :

$$0{,}6 \times 0{,}01 \times 0{,}02 = 0{,}00012$$

Supposons que les variations relatives de X et Y sur la journée $n-1$ sont respectivement 0,5 % et 2,5 %, les taux de variances et le taux de covariance pour la journée n devront être mis à jour de la façon suivante :

$$\sigma_{x,n}^2 = 0{,}95 \times 0{,}01^2 + 0{,}05 \times 0{,}005^2 = 0{,}00009625$$

$$\sigma_{y,n}^2 = 0{,}95 \times 0{,}02^2 + 0{,}05 \times 0{,}025^2 = 0{,}00041125$$

$$\text{cov}_n = 0{,}95 \times 0{,}00012 + 0{,}05 \times 0{,}005 \times 0{,}025 = 0{,}00012025$$

Les nouvelles volatilités sont $\sqrt{0{,}00009625} = 0{,}981\%$ pour X et $\sqrt{0{,}00041125} = 2{,}028\ \%$ pour Y. Le nouveau coefficient de corrélation entre X et Y est :

$$\frac{0{,}00012025}{0{,}00981 \times 0{,}02028} = 0{,}6044$$

Une analyse semblable à celle qui est présentée pour le modèle de volatilité EWMA permet de montrer que les pondérations attribuées aux observations des $x_i y_i$ diminuent lorsque i croît (à mesure qu'on remonte dans le temps). Ici, plus la valeur de λ est faible, plus les pondérations associées aux observations récentes sont élevées.

Utilisation d'un modèle GARCH

Les modèles GARCH peuvent aussi être employés à des fins de mise à jour des estimations et prévisions des niveaux futurs des taux de covariance. Par exemple, le modèle GARCH(1,1) de mise à jour du taux de covariance entre X et Y s'écrit :

$$\text{cov}_n = \omega + \alpha x_{n-1} y_{n-1} + \beta \text{cov}_{n-1}$$

Cette équation, comme l'équation (5.10) ayant trait à la variance, donne du poids à la moyenne de long terme de la covariance et aux estimations et observations les plus récentes de la covariance. La covariance moyenne de long terme est $\omega/(1-\alpha-\beta)$. Des formules semblables à celles des équations (5.14) et (5.15) peuvent être développées pour la prévision des covariances futures et le calcul de la covariance moyenne pour la durée de vie d'une option.

La condition de cohérence pour les covariances

Une fois les variances et covariances estimées, une matrice de variance-covariance peut être construite. Lorsque $i \neq j$, l'élément (i, j) de la matrice correspond à la covariance entre la variable i et la variable j, et pour $i = j$, il correspond à la variance de la variable i.

Toutes les matrices de variance-covariance Ω n'ont pas une cohérence interne satisfaisante. La condition de cette cohérence pour une matrice $N \times N$ est que :

$$\textbf{(6.4)} \quad \mathbf{w}'\Omega\mathbf{w} \geq 0$$

pour tout vecteur **w** (de taille $N \times 1$), où $\mathbf{w}'$ est le transposé de **w**. Une matrice qui satisfait cette propriété est dite *semi-définie positive.*

Pour comprendre pourquoi la propriété (6.4) doit être satisfaite, supposons que $\mathbf{w}' = [w_1, w_2, \ldots, w_n]$

L'expression $\mathbf{w}'\Omega\mathbf{w}$ est le taux de variance de $w_1 z_1 + w_2 z_2 + \ldots + w_n z_n$ où z_i est la valeur de la variable i et ne peut de ce fait être négatif.

Pour être sûr de construire une matrice semi-définie positive, il faut calculer les variances et covariances de façon cohérente. Par exemple, lorsque les variances sont calculées en attribuant un poids identique aux m dernières observations, il doit en être de même pour le calcul des covariances. Si les variances sont mises à jour avec un modèle EWMA de paramètre $\lambda = 0{,}94$, les covariances doivent être évaluées sur la base du même paramètre. Des modèles GARCH multivariés, dans lesquels les taux de variance et de covariance associés aux variables sont mis à jour de façon cohérente, peuvent également être développés[1]. Un exemple de matrice non cohérente est le suivant :

$$\begin{pmatrix} 1 & 0 & 0{,}9 \\ 0 & 1 & 0{,}9 \\ 0{,}9 & 0{,}9 & 1 \end{pmatrix}$$

La variance de chaque variable est 1,0, et dans ce cas les covariances sont aussi des coefficients de corrélation. La première variable est fortement corrélée à la troisième variable ainsi qu'à la deuxième variable. Toutefois, la corrélation entre la première et la deuxième variable est inexistante ; ce qui paraît très étrange. En posant $\mathbf{w} = (1, 1, -1)$, la condition de l'équation (6.4) n'est pas vérifiée et de ce fait, la matrice n'est pas semi-définie positive[2]. Les matrices de variance-covariance calculées à l'aide d'une méthode cohérente sont toujours semi-définies positives. Par exemple, la matrice évaluée à partir

---

1. Voir, pour une discussion des approches alternatives, ENGLE R. et MEZRICH J., « GARCH for Groups », in *Risk*. Août 1996, p. 36-40,.

2. Pour une matrice de corrélation de taille 3 × 3, on peut montrer qu'elle est semi-définie positive si :

$$\rho_{12}^2 + \rho_{13}^2 + \rho_{23}^2 - 2\rho_{12}\rho_{13}\rho_{23} \leq 1$$

o. ρ_{ij} est le coefficient de corrélation entre les variables i et j.

de 500 observations de données journalières de trois variables de marché différentes avec un modèle EWMA de paramètre $\lambda = 0{,}94$ sera semi-définie positive. Lorsque l'on opère à une faible modification de cette matrice, en vue d'analyse de scénario par exemple, la matrice demeure généralement semi-définie positive. En revanche, si l'estimation de la matrice associée à 1 000 variables est faite sur la base de 500 observations de chacune des variables, il faut être très prudent. La matrice 1 000×1 000 est semi-définie positive mais lors d'un changement, même marginal, cette propriété peut ne plus être vérifiée.

6.3 Les distributions normales multivariées

Les distributions normales multivariées sont très connues et d'utilisation assez simple. Comme nous le verrons dans la section suivante, elles peuvent être utiles dans l'estimation des corrélations entre variables, même lorsque ces variables ne sont pas normalement distribuées. Nous débutons par le cas d'une distribution normale bivariée, où deux variables sont étudiées V_1 et V_2. Supposons que V_1 soit connue et que sa valeur soit v_1. Conditionnellement à cette valeur, la valeur de V_2 suit une loi normale de moyenne :

$$\mu_2 + \rho\sigma_2 \frac{v_1 - \mu_1}{\sigma_1}$$

et d'écart-type :

$$\sigma_2\sqrt{1-\rho^2}$$

où μ_1 et μ_2 sont les moyennes inconditionnelles de V_1 et V_2, σ_1 et σ_2 sont les écarts-types inconditionnels, et ρ est le coefficient de corrélation entre les deux variables. On peut souligner que l'espérance conditionnelle de V_2 dépend linéairement de v_1 et ceci correspond au graphique 6.1a. En outre, l'écart-type conditionnel de V_2 ne dépend pas de v_1.

Construction d'échantillons aléatoires à partir de distributions normales

De nombreux programmes informatiques existent pour tirer de façon aléatoire un nombre entre 0 et 1[1], et certains d'entre eux permettent de générer des échantillons aléatoires à partir de distributions normales. Si l'on ne dispose pas de tels programmes, un échantillon aléatoire peut être obtenu de la façon suivante :

$$\textbf{(6.5)}\quad \varepsilon = \sum_{i=1}^{12} R_i - 6$$

1. Par exemple, dans Excel, l'instruction ALEA() permet cela.

Où R_i ($1 \le i \le 12$) sont des nombres aléatoires indépendants compris entre 0 et 1 et ε l'échantillon aléatoire obtenu. Lorsque deux échantillons corrélés sont nécessaires ε_1 et ε_2, la procédure suivante peut être utilisée. Dans un premier temps, deux échantillons aléatoires indépendants z_1 et z_2 sont construits par la méthode précédente. Dans un second temps, les échantillons ε_1 et ε_2 sont obtenus par le calcul suivant : $\varepsilon_1 = z_1$ et

$$\varepsilon_2 = \rho z_1 + z_2\sqrt{1-\rho^2}$$

Supposons maintenant que n échantillons corrélés soient nécessaires, et que l'on note $\rho_{i,j}$ la corrélation entre les échantillons i et j. Dans un premier temps, les échantillons de n variables indépendantes centrées réduites z_i ($1 \le i \le n$) sont construits. Ensuite, les échantillons finaux ε_i ($1 \le i \le n$) sont obtenus avec :

$$\varepsilon_i = \sum_{k=1}^{i} \alpha_{ik} z_k$$

Les paramètres α_{ik} sont choisis pour offrir le bon niveau de variance et de covariance. Pour $1 \le j < i$, on a :

$$\sum_{k=1}^{i} \alpha_{ik}^2 = 1$$

et pour tout $j < i$:

$$\sum_{k=1}^{j} \alpha_{ik}\alpha_{jk} = \rho_{ij}$$

Le premier échantillon est tel que $\varepsilon_1 = z_1$. Ces équations sont ensuite résolues de telle sorte que ε_2 soit obtenu à partir de z_1 et z_2, ε_3 soit obtenu à partir de z_1, z_2 et z_3, et ainsi de suite. Cette méthode est connue sous le nom de *décomposition de Cholesky*. Si lors de l'utilisation de cette décomposition la racine carrée d'un nombre négatif doit être calculée, alors la matrice de variance-covariance n'est pas cohérente. Comme nous l'avons expliqué précédemment, cela signifie que cette matrice n'est pas semi-définie positive.

Les modèles factoriels

Parfois les corrélations entre des variables normalement distribuées sont définies à l'aide d'un modèle factoriel. Supposons que $U_1, U_2, \ldots\ldots, U_N$ suivent des lois normales centrées réduites. Dans une approche factorielle chaque U_i a une composante qui dépend d'un facteur commun F et une composante indépendante des autres variables. Formellement :

$$U_i = a_i F + \sqrt{1-a_i^2}\, Z_i \quad \textbf{(6.6)}$$

Où F et Z_i suivent des lois normales centrées réduites et a_i est une constante comprise entre –1 et +1. Les Z_i sont non corrélés entre elles et non corrélés au facteur F. Dans ce modèle, la corrélation entre les U_i et U_j vient de leur dépendance au facteur F et vaut $a_i a_j$. L'avantage du modèle à un facteur est d'imposer une structure de corrélation. Sans cette hypothèse, lorsque l'on tient compte de N variables, $N(N-1)/2$ corrélations doivent être estimées. Dans le choix de portefeuille, le MEDAF est un exemple de modèle à un facteur où la rentabilité des titres dépend d'une part de la rentabilité du marché et d'autre part d'une composante indépendante de la rentabilité des autres titres (voir section 1.1). Le modèle à un facteur peut-être étendu à deux, trois ou M facteurs. Dans le cadre d'un modèle à M facteurs,

$$\textbf{(6.7)}\quad U_i = a_{i1}F_1 + a_{i2}F_2 + \ldots + a_{iM}F_M + \sqrt{1 - a_{i1}^2 - a_{i2}^2 - \ldots - a_{iM}^2}\,Z_i$$

Les facteurs $F_1, F_2, \ldots, F_M$ sont non corrélés et normalement distribués et les Z_i sont indépendantes les unes des autres et indépendantes des facteurs F. Dans ce modèle, la corrélation entre les U_i et U_j est :

$$\sum_{m=1}^{M} a_{im} a_{jm}$$

6.4 Les copules

Considérons deux variables corrélées V_1 et V_2. La distribution marginale de V_1 (ou distribution inconditionnelle) est la distribution de V_1 lorsque aucune information sur V_2 n'est connue. Si les distributions marginales de V_1 et de V_2 sont connues, quelles hypothèses peuvent être faites sur la structure de corrélation entre ces deux variables afin de déterminer leur loi jointe ?

Lorsque les distributions marginales de V_1 et de V_2 sont normales, une hypothèse commode et facilement exploitable est de considérer que la loi jointe des deux variables est normale bivariée[1]. Des hypothèses semblables peuvent être retenues dans le cadre d'autres types de distributions marginales, même s'il n'existe pas de méthode standard pour définir les structures de corrélations entre deux variables. C'est dans ce contexte que les copules sont des outils très utiles.

Afin d'illustrer simplement l'utilisation des copules, supposons que les distributions marginales de V_1 et de V_2 soient décrites par les fonctions de densité triangulaires du graphique 6.2.

1. Même si cette hypothèse est commode, ce n'est pas la seule qui puisse être formulée. Il existe de nombreuses façons dont deux variables normalement distribuées peuvent dépendre l'une de l'autre. Voir, par exemple, le problème 6.11.

Graphique 6.2

Distribution triangulaires pour (a) V_1 et (b) V_2.

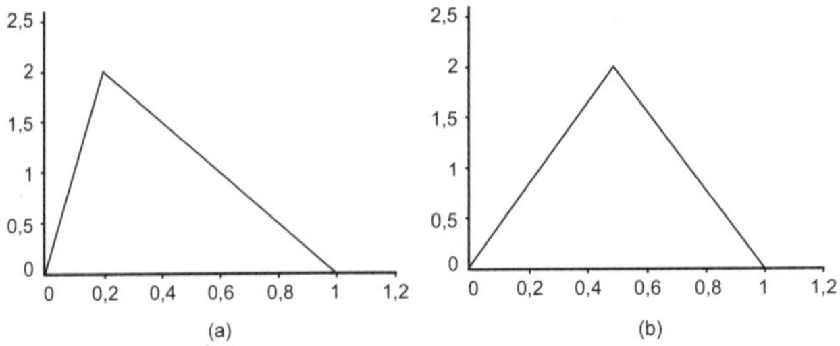

Les deux variables ont des valeurs comprises entre 0 et 1, la fonction de densité de V_1 présente un sommet en 0,2 et celle de V_2 en 0,5. Pour les deux fonctions, le maximum est atteint en 2. Pour utiliser, ce que l'on nomme une *copule gaussienne,* les variables V_1 et V_2 sont transformées en variables équivalentes U_1 et U_2 suivant des loi normales centrées réduites. Cette transformation est opérée centile par centile ; le premier centile de la distribution de V_1 correspond au premier centile de la distribution de U_1, le deuxième centile de la distribution de V_1 correspond au deuxième centile de la distribution de U_1, et ainsi de suite. La variable V_2 est transformée de la même façon. Les tableaux 6.1 et 6.2 montrent comment V_1 et V_2 sont transformées en variables équivalentes U_1 et U_2.

Tableau 6.1 : Transformation de V_1 (fonction de densité du graphique 6.2a) en U_1 (distribution centrée réduite)

Valeur V_1	Centile de distribution	Valeur U_1
0,1	5,00	−1,64
0,2	20,00	−0,84
0,3	38,75	−0,29
0,4	55,00	0,13
0,5	68,75	0,49
0,6	80,00	0,84
0,7	88,75	1,21
0,8	95,00	1,64
0,9	98,75	2,24

Tableau 6.2 : Transformation de V_2 (fonction de densité du graphique 6.2b) en U_2 (distribution centrée réduite)

Valeur V_2	Centile de distribution	Valeur U_2
0,1	2,00	–2,05
0,2	8,00	–1,41
0,3	18,00	–0,92
0,4	32,00	–0,47
0,5	50,00	0,00
0,6	68,00	0,47
0,7	82,00	0,92
0,8	92,00	1,41
0,9	98,00	2,05

Prenons pour exemple la première ligne du tableau 6.1 dans laquelle $V_1 = 0{,}1$. La probabilité que $V_1 \leq 0{,}1$ s'écrit, d'après le graphique 6.2a, $0{,}5 \times 0{,}1 \times 1 = 0{,}05$ soit 5 %. La valeur 0,1 pour V_1 correspond au 5e centile de la distribution normale centrée réduite soit $-1{,}64$[1]. Les variables U_1 et U_2 sont normalement distribuées, et nous supposons que la loi jointe associée est également normale. Ceci impose une loi jointe et une structure de corrélation aux variables V_1 et V_2. L'essence des copules est finalement d'imposer de manière indirecte une structure de corrélation entre les variables V_1 et V_2. Dans cet objectif, V_1 et V_2 sont transformées en deux variables dont la loi est parfaitement connue et pour lesquelles une structure de corrélation est facilement applicable. La méthode par laquelle une copule définit une loi jointe est illustrée par le graphique 6.3.

Supposons que la corrélation entre les variables U_1 et U_2 soit de 0,5. La fonction de répartition associée à la loi jointe de V_1 et V_2 est illustrée dans le tableau 6.3. Par exemple, considérons la première entrée du tableau qui correspond à la probabilité que $V_1 < 0{,}1$ et $V_2 < 0{,}1$. D'après les tableaux 6.1 et 6.2, cette probabilité est identique à la probabilité que $U_1 < -1{,}64$ et $U_2 < -2{,}05$ et vaut 0,006 lorsque $\rho = 0{,}5$ (d'après la fonction de répartition de la loi normale bivariée[2]). Notons que cette probabilité s'élèverait seulement à $0{,}02 \times 0{,}05 = 0{,}001$ pour un coefficient de corrélation nul.

1. Cette valeur peut-être calculée, sous Excel, par la fonction LOI. NORMALE.INVERSE.
2. Une fonction Excel permettant ce calcul est téléchargeable sur la page web de l'auteur : www.rotman.utoronto.ca/hull

Graphique 6.3

Obtention d'une loi jointe par un modèle de copule.

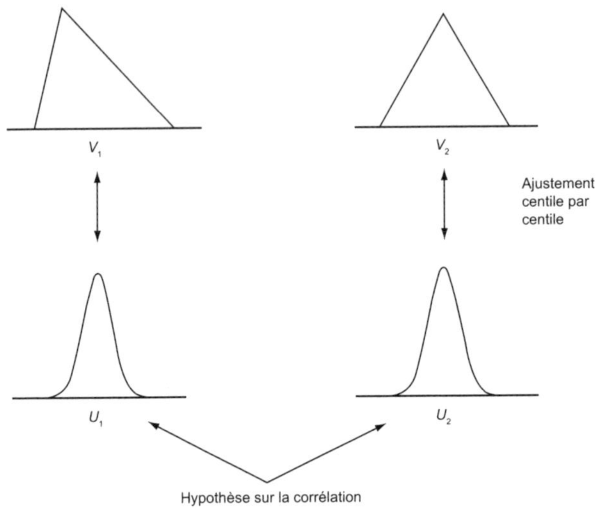

Tableau 6.3 : Fonction de répartition pour la loi jointe de V_1 et V_2 dans le cadre d'une copule gaussienne. Le coefficient de corrélation est fixé à 0,5

V_1	V_2								
	0,1	**0,2**	**0,3**	**0,4**	**0,5**	**0,6**	**0,7**	**0,8**	**0,9**
0,1	0,006	0,017	0,028	0,037	0,044	0,048	0,049	0,050	0,050
0,2	0,013	0,043	0,081	0,120	0,156	0,181	0,193	0,198	0,200
0,3	0,017	0,061	0,124	0,197	0,273	0,331	0,364	0,381	0,387
0,4	0,019	0,071	0,149	0,248	0,358	0,449	0,505	0,535	0,548
0,5	0,019	0,076	0,164	0,281	0,417	0,537	0,616	0,663	0,683
0,6	0,020	0,078	0,173	0,301	0,456	0,600	0,701	0,763	0,793
0,7	0,020	0,079	0,177	0,312	0,481	0,642	0,760	0,837	0,877
0,8	0,020	0,080	0,179	0,318	0,494	0,667	0,798	0,887	0,936
0,9	0,020	0,08	0,180	0,320	0,499	0,678	0,816	0,913	0,970

La corrélation entre les variables U_1 et U_2 est couramment nommée *corrélation de copule*. En général, elle ne correspond pas à la corrélation entre V_1 et V_2. Si la loi jointe de U_1 et U_2 est une loi normale bivariée alors la moyenne conditionnelle de U_1 dépend linéairement de U_2 et son écart-type conditionnel est constant (voir section 6.3). Un tel résultat n'est généralement pas vérifié pour V_1 et V_2.

Expression algébrique de cette approche

Supposons que F_1 et F_2 soient les fonctions de répartition marginales de V_1 et V_2. Nous transformons $V_1 = v_1$ en $U_1 = u_1$ et $V_2 = v_2$ en $U_2 = u_2$, de telle sorte que :

$$F_1(v_1) = N(u_1)$$

et

$$F_2(v_2) = N(u_2)$$

avec N la fonction de répartition de la loi normale centrée réduite. Cela signifie que :

$$u_1 = N^{-1}[F_1(v_1)] \qquad u_2 = N^{-1}[F_2(v_2)]$$

$$v_1 = F_1^{-1}[N(u_1)] \qquad v_2 = F_2^{-1}[N(u_2)]$$

Les variables U_1 et U_2 sont ensuite supposées suivre une loi normale bivariée. La propriété essentielle d'une copule est de préserver les distributions marginales de V_1 et V_2 en leur imposant une structure de corrélation.

D'autres copules

D'autres copules que la copule gaussienne peuvent être utilisées pour imposer une structure de corrélation entre V_1 et V_2 et impliquent des formes différentes de cette structure. Une copule parfois retenue est la *copule t de Student* où les lois suivies par U_1 et U_2 sont des lois de Student. Pour construire un échantillon aléatoire à partir d'une loi bivariée de Student à f degrés de liberté et de corrélation ρ, on peut suivre les étapes suivantes :

1. Construire un échantillon aléatoire à partir de la loi inverse du Khi-Deux afin d'obtenir une valeur χ (fonction KHIDEUX.INVERSE sous Excel).
2. Construire un échantillon aléatoire à partir d'une loi normale bivariée de corrélation ρ (voir section 6.3).
3. Multiplier l'échantillon 2. par $\sqrt{f/\chi}$.

Le graphique 6.4 décrit un échantillon aléatoire de taille 5 000 construit à partir d'une loi normale bivariée tandis que le graphique 6.5 décrit l'échantillon obtenu lorsque la loi retenue est une loi de Student. Le paramètre de corrélation est fixé à 0,5 et le nombre de degrés de liberté est de 4. Définissons par valeur de queue d'une distribution, une valeur située dans les premiers ou derniers centiles de la distribution. Pour une distribution normale centrée réduite, une valeur peut être qualifiée de valeur de queue lorsque sa valeur est supérieure à 2,33 ou inférieure à –2,33. Dans le cas de la distribution de Student les valeurs de référence sont 3,75 et –3,75. Les lignes horizontales et verticales sur les graphiques indiquent le niveau où les valeurs de queue sont atteintes. Ces graphiques montrent que ces valeurs sont plus fréquemment dépassées lorsque la distribution de Student est retenue plutôt que la distribution normale. Autrement dit, la corrélation de queue est ici plus importante dans le cadre d'une loi de Student. Comme nous l'avons souligné, dans des conditions extrêmes de marché, les corrélations entre les variables ont tendance à augmenter et, de ce fait, le graphique 6.1c semble une meilleure représentation des corrélations entre deux variables que le graphique 6.1a. Cela a conduit certains chercheurs à dire que la loi de Student est mieux à même de décrire les variations des variables de marché que la loi normale.

Graphique 6.4

Échantillon aléatoire construit à partir d'une loi normale bivariée.

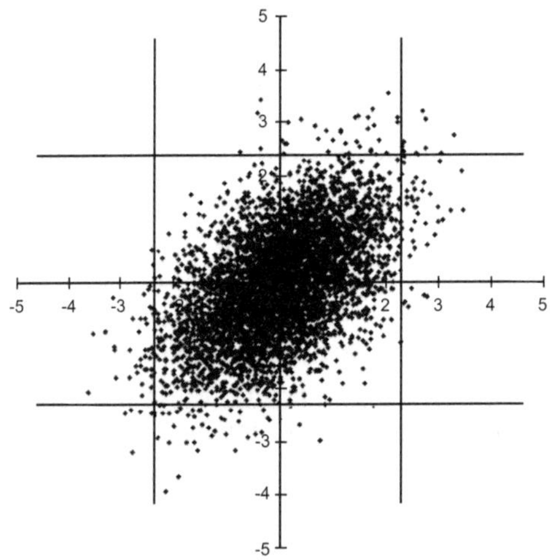

Copules multivariées

Les copules peuvent permettre de définir une structure de corrélations entre de nombreuses variables. L'exemple le plus simple est la copule gaussienne multivariée. Supposons qu'il existe N variables, $V_1, V_2, \ldots\ldots V_N$ dont nous connaissons les distributions marginales. Pour chaque i ($1 \leq i \leq N$), on transforme centile par centile chaque V_i en U_i, où U_i suit une loi normale centrée réduite. Reste alors à supposer que les U_i suivent une loi normale multivariée.

Graphique 6.5

Échantillon aléatoire construit à partir d'une loi de Student.

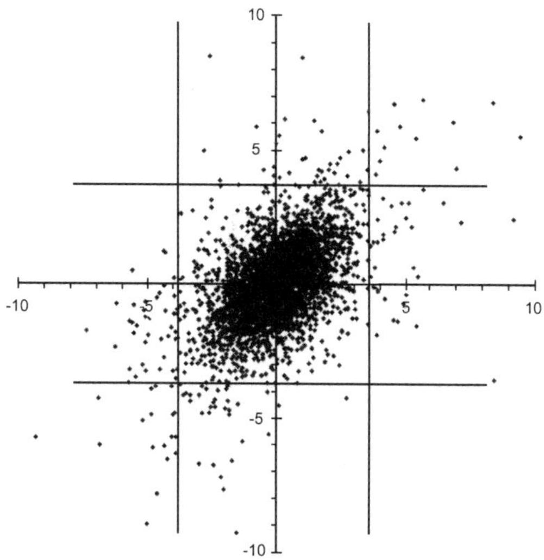

Un modèle factoriel de copule

Dans les modèles de copules multivariées, les analystes retiennent généralement une approche factorielle dans la détermination de la structure de corrélation entre les U_i. Lorsqu'un seul facteur est retenu, l'équation (6.6) s'écrit :

$$\textbf{(6.8)}\quad U_i = a_i F + \sqrt{1 - a_i^2}\, Z_i$$

où F et Z_i suivent des lois normales centrées réduites. Les Z_i sont non corrélées entre elles et indépendantes de F. D'autres modèles factoriels peuvent être retenus pour sortir du cadre gaussien. Par exemple, si les Z_i suivent des lois normales centrées réduites et que F suit une loi de Student, une distribution de Student multivariée pour les U_i est obtenue. On peut noter que le choix des distributions affecte la nature de la dépendance entre les différentes variables.

6.5 Application aux portefeuilles de prêts

Nous présentons dans cette section un exemple d'application du modèle à un facteur de copule gaussienne qui se révèle très utile dans la compréhension du calcul du capital réglementaire préconisé par Bâle II (chapitre 7).

Considérons un portefeuille de N entreprises et notons T_i ($1 \leq i \leq N$), la date à laquelle l'entreprise i fait défaut. (Nous supposons que toutes les entreprises peuvent éventuellement faire défaut, mais que ceci ne peut se produire que sur des longues périodes, peut-être une centaine d'années au moins). Notons Q_i, la fonction de répartition des T_i. Afin de définir une structure de corrélation entre les T_i sur la base d'un modèle de copule gaussienne à un facteur, chaque variable T_i est transformée, centile par centile, en une variable U_i normalement distribuée (la loi est normale centrée réduite). Nous retenons le modèle factoriel décrit par l'équation (6.8) pour la structure de corrélation :

$$\textbf{(6.9)} \quad U_i = a_i F + \sqrt{1 - a_i^2} Z_i$$

où F et Z_i suivent des lois normales centrées réduites indépendantes. Le lien entre les variables U_i et T_i implique :

$$\text{Prob}(U_i < U) = \text{Prob}(T_i < T)$$

où

$$\textbf{(6.10)} \quad U = N^{-1}[Q_i(T)]$$

D'après l'équation (6.9), la probabilité que $U_i < U$ conditionnellement à la valeur de F est :

$$\text{Prob}(U_i < U / F) = N\left[\frac{U - a_i F}{\sqrt{1 - a_i^2}}\right]$$

L'équation (6.10) est également l'expression de $\text{Prob}(T_i < T)$ et donc :

$$\textbf{(6.11)} \quad \text{Prob}(T_i < T / F) = N\left[\frac{N^{-1}[Q_i(T)] - a_i F}{\sqrt{1 - a_i^2}}\right]$$

Afin de simplifier le raisonnement, on peut supposer que la distribution du temps de défaut Q_i est identique pour chaque i et vaut Q. Nous supposons également que la corrélation de copule entre toute paire d'entreprises est identique et vaut ρ. Dans ce cas, pour toute paire d'entreprises i et j la corrélation vaut $a_i a_j$, ce qui signifie que pour tout i, $a_i = \sqrt{\rho}$. L'équation (6.11) peut alors s'écrire :

$$\text{Prob}(T_i < T / F) = N\left[\frac{N^{-1}[Q(T)] - \sqrt{\rho} F}{\sqrt{1 - \rho}}\right]$$

Pour un portefeuille contenant un grand nombre de prêts, cette équation offre une bonne estimation de la proportion d'entre eux pouvant faire défaut en date T. Nous appellerons cette proportion taux de défaut.

Lorsque F décroît, le taux de défaut augmente. Quel niveau le taux de défaut peut-il atteindre? Puisque F suit une loi normale centrée réduite, la probabilité que F ait une valeur inférieure à $N^{-1}(Y)$ est Y. De ce fait, il existe une probabilité Y que le taux de défaut soit supérieur à :

$$N\left[\frac{N^{-1}[Q(T)]-\sqrt{\rho}N^{-1}[Y]}{\sqrt{1-\rho}}\right]$$

Notons $V(T,X)$ le taux de défaut qui ne sera pas dépassé avec une probabilité X. En d'autres termes, nous sommes sûrs à X % que le taux de défaut $V(T,X)$ ne sera pas dépassé. La valeur de $V(T,X)$ est obtenue en substituant $1-X$ à Y dans l'expression précédente :

$$V(T,X)=N\left[\frac{N^{-1}[Q(T)]+\sqrt{\rho}N^{-1}[X]}{\sqrt{1-\rho}}\right] \quad \textbf{(6.12)}$$

Ce résultat a été développé pour la première fois par Vasicek en 1987[1].

Exemple 6.2

Supposons que le portefeuille de prêts d'une banque s'élève à 100 millions d'euros. La probabilité de défaut à un an sur l'ensemble de ces prêts est de 2 % et le montant recouvré en cas de défaillance est de 60 %. La corrélation de copule est estimée à 0,1. Dans ce cas :

$$V(1,0,999)=N\left[\frac{N^{-1}[0,02]+\sqrt{0,1}N^{-1}[0,999]}{\sqrt{1-0,1}}\right]=0,128$$

La banque est finalement certaine à 99,9 % que le taux de défaut ne sera pas supérieur à 12,8 %. Les pertes, dans ce cas, s'élèveront à $0,128\times 100\times(1-0,6)$, soit 5,13 millions d'euros.

Résumé

Pour décrire la relation entre deux variables, les *risk managers* mesurent généralement le taux de covariance. Le taux de covariance quotidien mesure la relation entre les rentabilités de deux variables mesurées en base journalière. Les méthodes de gestion du taux de covariance sont proches de celles qui sont décrites dans le chapitre 5 pour la gestion du taux de variance; les approches EWMA et GARCH peuvent, par exemple, être retenues. En pratique, les *risk managers* évaluent des matrices de variance-covariance pour toutes les variables auxquelles ils sont exposés.

---

1. Voir VASICEK O., « Probability of Loss on a Loan Portfolio, ». Document de travail, KMV, 1987. Les résultats de Vasicek ont été publiés dans *Risk* en décembre 2002 sous le titre « Loan Portfolio Value ».

La distribution marginale d'une variable est la distribution inconditionnelle de cette variable. Très souvent, les *risk managers* estiment les distributions marginales de chacune des variables et sont dans l'obligation de faire des hypothèses sur la structure de corrélation de ces variables. Lorsque les distributions marginales sont normales, il est alors naturel de considérer que les variables suivent des lois normales multivariées. Dans les autres cas, les copules sont utilisées. Les variables sont transformées en variables normales sur la base d'un ajustement centile par centile. La corrélation est alors définie de manière indirecte sur la base de la corrélation entre les variables transformées.

Lorsque de nombreuses variables sont étudiées, un modèle factoriel est utilisé par les analystes. Cette approche permet de réduire le nombre de corrélations à estimer. Les corrélations entre les variables sont décrites par les corrélations de chacune d'entre elles aux facteurs communs. La corrélation de défaut entre différentes entreprises peut être modélisée sur la base d'un modèle factoriel de copule gaussienne du temps de défaut.

Références complémentaires

CHERUBINI, U., LUCIANO, E. et VECCHIATO, W., *Copula Methods in Finance*. John Wiley and Sons, 2004.

DEMARTA, S. et MCNEIL, A. J., « The t Copula and Related Copulas ». Document de travail, Département de mathématiques, Zurich, ETH Zentrum.

ENGLE, R. F. et MEZRICH, J., « GARCH for Groups », in *RISK*. Août 1996, p. 36-40.

RONCALLI, T., *La Gestion des risques financiers*. Economica, 2004.

VASICEK, O., « Probability of Loss on a Loan Portfolio ». Document de travail, KMV, 1987. (Publié dans *Risk* en décembre 2002 sous le titre « Loan Portfolio Value ».)

Problèmes et exercices (corrigés en fin d'ouvrage)

6.1. Si vous connaissez la corrélation entre deux variables, de quelle information supplémentaire devez-vous disposer pour calculer la covariance ?

6.2. Quelles différences faites-vous entre dépendance et corrélation ? Si $y = x^2$ et que x suit une loi normale centrée réduite, quelle est la corrélation entre x et y ?

6.3. Qu'appelle-t-on modèle factoriel ? En quoi ce type de modèle peut-il être utile à la définition d'une structure de corrélation entre des variables ?

6.4. Qu'entend-on par matrice semi-définie postive ? Quelles sont les conséquences d'une matrice qui n'a pas cette propriété ?

6.5. Supposons que les volatilités journalières de deux actifs A et B soient respectivement 1,6 % et 2,5 %. Les cours de clôture de la veille des deux titres étaient 20 et 40 euros et le coefficient de corrélation entre les rentabilités de ces deux actifs a été estimé à 0,25. Le paramètre λ du modèle EWMA est 0,95. (a) Estimez la covariance entre ces deux actifs. (b) Si les prix de clôture s'établissent en fin de journée à 20,50 et 40,50 euros, quelle est la nouvelle estimation de cette covariance ?

6.6. Supposons que les volatilités journalières de deux actifs X et Y valent respectivement 1,0 % et 1,2 %. Les cours de clôture de la veille des deux titres étaient 30 et 50 euros et le coefficient de corrélation entre les rentabilités de ces deux actifs a été estimé à 0,50. Les corrélations et les volatilités sont mises à jour sur la base d'un modèle GARCH(1,1). Les paramètres de ce modèle sont $\alpha = 0{,}04$ et $\beta = 0{,}94$. Pour les corrélations $w = 0{,}000001$ et pour les volatilités $w = 0{,}000003$. Si les prix de clôture s'établissent aujourd'hui respectivement à 31 et 51 euros, comment les corrélations sont-elles mises à jour ?

6.7. Supposez que dans le problème 5.15, la corrélation entre le S&P500 (mesuré en dollars) et le FTSE100 (mesuré en livres) soit de 0,7, la corrélation entre le S&P 500 et le taux de change USD/GBP soit de 0,3 et la volatilité du S&P500 soit de 1,6 %. Quelle est la corrélation entre le S&P500 (mesuré en dollars) et le FTSE100 mesuré en dollars ? (Note : Pour trois variables *X*, *Y* et *Z*, la covariance entre *X*+*Y* et *Z* est égale à la covariance entre X et Z à laquelle s'ajoute la corrélation entre *Y* et *Z*.)

6.8. Supposons que deux variables V_1 et V_2 suivent une loi uniforme sur l'intervalle [0, 1]. Utilisez une copule gaussienne de corrélation 0,3 afin de définir une structure de corrélation entre ces deux variables. Construisez un tableau identique au tableau 6.3 en considérant des valeurs de 0,25, 0,5 et 0,75 pour V_1 et V_2. (Une feuille de calcul Excel permettant le calcul de la fonction de distribution gaussienne bivariée est téléchargeable sur le site de l'auteur.)

6.9. Supposons que vous disposiez d'échantillons aléatoires z_1, z_2 et z_3 construits sur la base de distributions normales centrées réduites. Vous voulez transformer ces échantillons en trois échantillons e_1, e_2 et e_3 de distributions normales trivariées à l'aide de la décomposition de Choleski. Donnez les expressions analytiques des e_i en fonction des z_i et des corrélations nécessaires à la définition de la loi normale trivariée.

6.10. Expliquez ce que signifie l'expression « dépendance de queue ». Comment le choix du type de copule peut-il modifier cette dépendance ?

6.11. Supposons que les distributions marginales de deux variables V_1 et V_2 soient normales centrées réduites mais qu'une copule t de Student à 4 degrés de liberté et un paramètre de corrélation de 0,5 soient choisis pour définir la structure de corrélation. Comment construiriez-vous un graphique représentant la distribution jointe ?

6.12. Dans le tableau 6.3, quelle est la fonction de densité de V_2 conditionnelle à $V_1 < 0{,}1$. Comparez cette distribution à la distribution marginale de V_2.

6.13. Quelle est la médiane de la distribution de V_2 lorsque $V_1 = 0{,}2$ dans l'exemple des tableaux 6.1 et 6.2 ?

6.14. Supposons qu'une banque détienne un portefeuille de prêts important d'un montant total de 500 millions d'euros. La probabilité de défaut à un an sur l'ensemble de ces prêts est de 1,5 % et le montant non recouvré en cas de défaillance est de 70 %.

La banque utilise une copule gaussienne du temps de défaut, et la corrélation de copule vaut 0,2. Estimez la perte sur le portefeuille qui ne sera pas dépassée avec une probabilité de 99,5 %.

Questions complémentaires

6.15. Supposons que la volatilité journalière du prix de l'or soit de 1,3 % et que les cours de clôture de la veille et d'aujourd'hui soient respectivement 300 et 298 dollars. Supposons, en outre, que la volatilité journalière du prix de l'argent soit de 1,5 % et que les cours de clôture de la veille et d'aujourd'hui soient égaux à 8 dollars. La corrélation du prix de l'argent et du prix de l'or est estimée à 0,8. Mettez à jour les estimations des volatilités de l'or et de l'argent ainsi que la corrélation en utilisant, (a) un modèle EMWA de paramètre 0,95, (b) un modèle GARCH(1,1) de paramètres $\alpha = 0{,}04$ et $\beta = 0{,}94$ et $w = 0{,}000002$. En pratique, pensez-vous que le paramètre w est identique pour l'or et l'argent?

6.16. La fonction de densité d'une distribution exponentielle s'écrit $\lambda e^{-\lambda x}$ où x est la valeur de la variable et λ un paramètre. La fonction de répartition est de la forme $1 - e^{-\lambda x}$. Supposons que deux variables V_1 et V_2 aient des distributions exponentielles de paramètres respectifs 1,0 et 2,0. Utilisez une copule gaussienne de corrélation 0,2 pour établir la structure de corrélation entre V_1 et V_2. Construisez un tableau similaire au tableau 6.3 pour des valeurs de 0,25; 0,5; 0,75; 1; 1,25; 1,5 pour V_1 et V_2 (une feuille de calcul Excel permettant le calcul de la fonction de distribution gaussienne bivariée est téléchargeable sur le site de l'auteur : www.rotman.utoronto.ca/ hull).

6.17. Construisez une feuille Excel pour produire un graphique similaire au graphique 6.5 décrivant un échantillon aléatoire construit sur la base d'une copule t de Student à 4 degrés de liberté et de corrélation 0,5. Ensuite, supposez que les distributions marginales des deux variables sont des lois de Student à 4 degrés de liberté mais que la copule choisie est gaussienne de paramètre de corrélation 0,5. Construisez un échantillon aléatoire sur la base de la loi jointe. Comparez les deux graphiques.

6.18. Supposons qu'une banque détienne un portefeuille de prêts important. La probabilité de défaut à un an sur l'ensemble de ces prêts est de 1,2 %. La banque utilise une copule gaussienne du temps de défaut. Montrez comment le pourcentage de perte associée à une probabilité de 99,97 % varie avec la corrélation de copule.

Chapitre 7

Réglementation bancaire et Bâle II

La stabilité économique est l'une des priorités des pouvoirs publics. Pour atteindre cet objectif, un système bancaire fiable est nécessaire, assurant ainsi un niveau de faillites très faible et une bonne protection des déposants. Après la crise de 1929, les États-Unis ont mis en place un certain nombre de mesures dans le but d'accroître la confiance des agents économiques dans le système bancaire. Le Federal Deposit Insurance Corporation (FDIC) a été créé afin de mieux protéger les déposants des conséquences des faillites bancaires. Le fameux Glass-Steagall Act a également été voté, interdisant l'engagement des banques de dépôts dans les activités de banque d'investissement. Dans l'Union européenne, l'instauration d'un système d'assurance des dépôts a été rendue obligatoire par la directive sur la garantie des dépôts (94/19/CEE) du 30 mai 1994. La France, quant à elle, a créé un Fonds de garantie des dépôts (explicite) en 1999.

Les systèmes d'assurance des dépôts existent encore de nos jours dans de nombreux pays. Cependant, un grand nombre des règles stipulées par le Glass-Steagall Act ont été abrogées aux États-Unis. Parallèlement, la réglementation du capital bancaire est devenue de plus en plus complexe. En effet, la capacité d'une banque à absorber des pertes non attendues dépend fortement des fonds propres de l'établissement (voir section 1.3). Dans ce chapitre, nous présentons l'évolution de la réglementation des fonds propres bancaires depuis les années 1980 et nous expliquons également le contenu du Nouvel Accord de Bâle II en matière de réglementation de ces fonds propres. Notons que ce Nouvel Accord devrait être opérationnel fin 2007.

Un consensus existe selon lequel le niveau de capital requis par une institution financière devrait couvrir la différence entre les pertes attendues et non attendues. Ces dernières sont estimées dans le scénario le plus pessimiste à un horizon temporel donné et correspondent à la perte qui ne devrait être dépassée qu'avec une probabilité très faible, par exemple 1 % ou 0,01 %. L'intuition sous-jacente consiste à admettre que la tarification bancaire intègre le coût des pertes attendues, via le taux d'intérêt débiteur facturé à un emprunteur par exemple. En revanche, les fonds propres servent de « coussin » pour protéger la banque des événements particulièrement défavorables (voir graphique 7.1).

Graphique 7.1

Fonction de densité des probabilités de perte et capital requis par une institution financière.

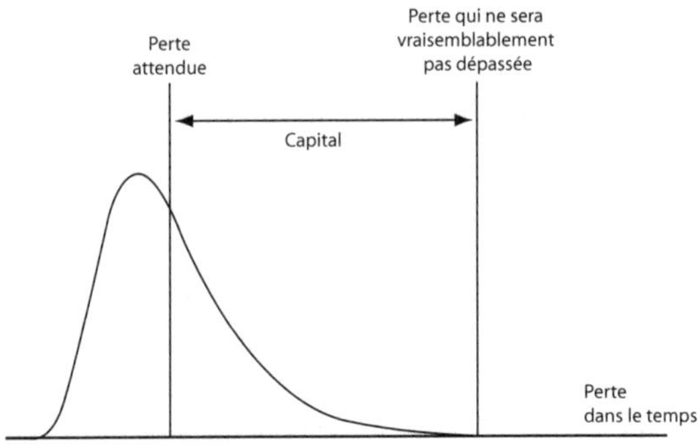

Les banques sont en concurrence sur certains marchés avec les sociétés financières et les compagnies d'assurances et parfois soumises à une réglementation différente. Aux États-Unis, les sociétés financières sont régulées par la Securities and Exchange Commission (SEC), alors que les compagnies d'assurances sont soumises à des réglementations fédérales, dictées dans leurs grandes lignes par le National Association of Insurance Commissioners (NAIC). En France, le Comité de la réglementation bancaire et financière (CRBF) élabore les règles de surveillance prudentielle, et transpose en particulier en droit français les directives de la Commission européenne dans le cadre du Marché unique des services financiers (1993). Le Comité des établissements de crédit et des entreprises d'investissement (CECEI) est chargé de délivrer les agréments. Enfin, la Commission bancaire contrôle la conformité des comportements des établissements à la réglementation. Par ailleurs, l'Autorité des marchés financiers (AMF) supervise l'industrie du titre et les marchés financiers. Cependant, ces différents régulateurs sont confrontés aux mêmes problèmes. Les régulateurs des banques tentent de protéger les déposants et de stabiliser le système financier. Les régulateurs des assurances ont pour objectif de protéger les assurés des conséquences des faillites des compagnies et de garantir la confiance dans l'industrie d'assurance. Enfin, les régulateurs des sociétés financières veulent protéger les clients des faillites des brokers et assurer un fonctionnement fluide des marchés. Parfois, ces trois types de régulateurs spécifient le capital réglementaire nécessaire pour le même type d'instrument financier. Si ce capital réglementaire diffère selon le type de réglementation, on parle alors d'arbitrage réglementaire *(regulatory arbitrage)*. Il s'agit d'un transfert des risques liés aux instruments financiers vers les institutions financières qui sont soumises à une réglementation moins contraignante.

Récemment, on a observé une convergence des différentes réglementations des institutions financières. Les régulateurs des sociétés financières et des compagnies d'assurances adoptent les approches utilisées par les régulateurs des banques en matière de capital réglementaire minimum. Dans l'Union européenne, la Directive sur la réglementation du capital (DRC) Solvabilité II impose aux sociétés financières et aux compagnies d'assurances de calculer leur capital réglementaire d'une manière similaire aux banques.

La réglementation bancaire constitue un moteur de développement des méthodologies nécessaires au calcul du capital requis par les institutions financières et se fonde sur des normes internationales, contrairement aux réglementations nationales des autres institutions financières. C'est pourquoi, la majeure partie de ce chapitre est dédiée à la réglementation bancaire.

7.1 Motivations de la réglementation du capital bancaire

Il est tentant d'avancer l'argument suivant : « La régulation bancaire est inutile. En effet, même en son absence, les banques géreraient leurs risques de manière efficace en conservant un niveau de fonds propres adéquat par rapport à leur prise de risque. » Malheureusement, l'histoire montre le contraire et la régulation bancaire a largement contribué à la recapitalisation des banques, en les incitant à une gestion des risques plus prudente.

En l'absence d'intervention des autorités publiques, les banques faiblement capitalisées et fortement risquées auraient des difficultés à attirer des dépôts et pourraient être exposées à un risque de retraits massifs des déposants *(run on deposits)*. Comme nous l'avons évoqué précédemment, la plupart des gouvernements ont mis en place une forme de système d'assurance des dépôts afin de rassurer les déposants et de renforcer leur confiance dans le système bancaire. Cependant, l'existence de ce type de système incite les banques à réduire leurs fonds propres (et de ce fait à augmenter leur rendement sur capital) puisqu'elles n'ont plus à se soucier de la confiance des déposants[1]. Un système d'assurance des dépôts peut donc paradoxalement accroître le nombre de faillites bancaires et, par là même, leur coût. En conséquence, les autorités publiques combinent généralement un système d'assurance des dépôts et une réglementation du capital bancaire. Soulignons qu'elles sont également soucieuses du problème lié au risque systémique (voir encadré 7.1).

Encadré 7.1 : Le risque systémique

Le risque systémique correspond au risque que le défaut d'une institution financière soit « contagieux » et conduise d'autres institutions à faire défaut. La stabilité globale du système financier est, dans un tel contexte, compromise. Ce système a pu survivre aux défauts de la banque Drexel en 1990 et de la banque Barings en 1995, mais les régulateurs demeurent vigilants à l'égard de ce risque. Le nombre de transactions de gré à gré entre les banques est extrêmement important et, si la banque A fait défaut, la banque B peut enregistrer une perte colossale via ce type de transactions. Cela peut à son tour entraîner le défaut de la banque B, et mettre en danger la banque C, qui a des transactions avec les banques A et B, et ainsi de suite.

---

1. Il s'agit d'un exemple qualifié par les compagnies d'assurances d'aléa moral *(moral hazard)*. En effet, l'existence d'un contrat d'assurance peut modifier le comportement de l'assuré. Le problème d'aléa moral est discuté en détail dans le chapitre 14.

7.2 Régulation bancaire avant 1988

Avant 1988, la réglementation du capital bancaire dans de nombreux pays consistait à mettre en place un niveau minimum du ratio de fonds propres sur le total des actifs. Cependant, les définitions des fonds propres et des ratios eux-mêmes étaient différentes d'un pays à l'autre. Par ailleurs, la réglementation était plus ou moins laxiste selon les pays. Les banques étant en concurrence globale à travers le monde, un établissement qui opérait dans un pays où la régulation bancaire était laxiste disposait d'un avantage comparatif par rapport à ses concurrents. De plus, les prêts massifs de grandes banques internationales aux pays en voie de développement comme le Mexique, le Brésil et l'Argentine, ainsi que la comptabilité créative des banques, ont mis en doute la pertinence de la réglementation du capital bancaire en vigueur.

Une autre difficulté provenait de la complexité des transactions effectuées par les banques. La croissance très rapide des marchés de produits dérivés comme les swaps de taux et les options de change augmentait le risque de crédit des banques. Considérons, par exemple, un swap de taux d'intérêt. Si la contrepartie fait défaut lorsque le swap a une valeur positive pour la banque, alors celle-ci subit une perte. Or ce type de transaction est comptabilisée hors bilan et n'a donc pas d'incidence sur le niveau des actifs et des fonds propres bancaires. Les régulateurs ont rapidement constaté que le total des actifs ne pouvait servir d'indicateur fiable du risque total des banques. Une approche plus sophistiquée était nécessaire pour la mise en place de niveaux minimums de ratios de fonds propres bancaires.

Ces différents problèmes ont conduit les autorités de surveillance prudentielle (Belgique, Canada, France, Allemagne, Italie, Japon, Luxembourg, Pays-Bas, Suède, Suisse, Royaume-Uni, États-Unis) à former le Comité de Bâle sur le contrôle bancaire, qui se réunit régulièrement à Bâle, en Suisse, au sein de la Banque des règlements internationaux (BRI) . Le premier résultat majeur de ces réunions a été un document : « Convergence internationale de la mesure et des normes de fonds propres », ou « l'Accord de la BRI 1988 », ou tout simplement « l'Accord », par la suite qualifié de Bâle I.

7.3 L'Accord de la BRI 1988

L'Accord de la BRI 1988 fut la première tentative de mise en place de normes internationales de capitalisation adéquate ajustée au risque. Cet accord a été vivement critiqué pour sa trop grande simplicité et pour le problème d'arbitrage qu'il induisait. Cependant, ce document, signé par les 12 membres du Comité de Bâle, a été très important, en constituant une première étape dans l'accroissement des ressources bancaires et dans la compréhension et la gestion des risques.

L'Accord de la BRI définissait deux standards minimaux du capital requis. Le premier était similaire à celui qui existait avant 1988 et exigeait des banques que le multiple du rapport actifs / fonds propres soit au moins égal à 20. Le second introduisait le ratio connu par la suite sous le nom de ratio Cooke. La majorité des banques pouvait satisfaire le premier standard, le second fut donc au cœur de la régulation bancaire.

Le ratio Cooke

Le ratio Cooke fait intervenir à la fois des postes du bilan et hors bilan dans le calcul des actifs pondérés au risque de la banque (également appelés montants pondérés au risque), permettant de mesurer le risque de crédit total de l'établissement.

Tableau 7.1 : Les pondérations au risque des postes au bilan

Pondération au risque (%)	Classe d'actif
0	Encaisse, or métallique, créances sur les administrations centrales et les banques centrales des États membres de l'OCDE
20	Créances sur les banques et les entités du secteur public national, autres que l'administration centrale, des États membres de l'OCDE
50	Prêts hypothécaires intégralement couverts par un bien immobilier à usage résidentiel
100	Autres créances (secteur privé, banques enregistrées hors de l'OCDE, administrations centrales de pays extérieurs à l'OCDE, immeubles, installations et autres immobilisations, etc.)

Considérons tout d'abord les postes au bilan. Chaque actif au bilan est pondéré selon son niveau de risque (voir tableau 7.1). Les liquidités et les titres émis par des États membres de l'OCDE sont considérés comme sans risque et ont une pondération nulle. En revanche, les prêts aux entreprises sont pondérés à 100 %. Les prêts aux banques et aux entreprises publiques des États membres de l'OCDE ont une pondération de 20 %. Enfin, les prêts hypothécaires sont pondérés à 50 %. Le total de N actifs au bilan pondérés au risque est égal à :

$$\sum_{i=1}^{N} w_i L_i$$

avec L_i le montant de l'actif i et w_i sa pondération au risque.

Exemple 7.1

Les actifs d'une banque sont les suivants : 100 millions d'euros de prêts aux entreprises, 10 millions d'euros d'obligations d'États membres de l'OCDE et 50 millions d'euros de prêts hypothécaires. Le total des actifs pondérés au risque vaut :

$$1{,}0 \times 100 + 0{,}0 \times 10 + 0{,}5 \times 50 = 125$$

ou 125 millions d'euros.

Les engagements hors bilan sont exprimés en *équivalent risque de crédit*. Sans entrer dans les détails, cet équivalent correspond à un montant de prêt de risque de crédit similaire. L'équivalent risque de crédit des produits non dérivés est obtenu en multipliant la valeur notionnelle du produit par un facteur de conversion. Les produits considérés comme similaires à des prêts bancaires, comme les acceptations bancaires, sont multipliés par un facteur égal à 100 %, tandis que les produits comme les facilités d'émission de billets (la banque donne l'accord à une entreprise d'émettre des titres à court terme avec des caractéristiques prédéterminées) sont pondérés par un facteur plus faible.

L'équivalent risque de crédit pour des produits dérivés (swap de taux d'intérêt ou contrat forward) se calcule comme suit :

$$\max(V,0)+aL \tag{7.1}$$

avec V la valeur actuelle du produit dérivé, a un *facteur de conversion* et L le montant notionnel. Le premier terme de l'équation (7.1) correspond à l'exposition actuelle, alors que le facteur a est introduit afin de tenir compte de l'augmentation possible de cette exposition. Les valeurs des facteurs de conversion sont fournies dans le tableau 7.2.

Tableau 7.2 : Les facteurs de conversion pour les produits dérivés (en pourcentage du notionnel)

Maturité résiduelle (en années)	Taux d'intérêt	Taux de change et or	Actions	Métaux précieux (sauf or)	Autres matières premières
< 1	0,0	1,0	6,0	7,0	10,0
1 à 5	0,5	5,0	8,0	7,0	12,0
> 5	1,5	7,5	10,0	8,0	15,0

Exemple 7.2

Une banque est entrée dans un swap de taux d'intérêt de 100 millions d'euros avec une durée de vie restant à courir de 4 ans. La valeur actuelle du swap est de 2,0 millions d'euros. Dans ce cas, le facteur de conversion est de 0,5 % du notionnel, et l'équivalent risque de crédit est égal à 2,0 millions d'euros plus 0,5 million d'euros, soit 2,5 millions d'euros.

L'équivalent risque de crédit pour un engagement hors bilan est multiplié par la pondération de la contrepartie. Les facteurs de conversion pour ce type d'actif sont similaires à ceux figurant dans le tableau 7.1, à l'exception de la pondération d'une entreprise non financière, qui passe de 1,0 à 0,5.

Exemple 7.3

Reprenons l'exemple 7.2. Si le swap de taux a pour contrepartie une entreprise non financière, alors le montant de l'actif pondéré au risque vaut $2,5 \times 0,5$, soit 1,25 million d'euros. En revanche, si la contrepartie est une banque d'un État membre de l'OCDE, alors ce montant devient $2,5 \times 0,2$, soit 0,5 million d'euros.

En regroupant l'ensemble de ces éléments, le total de N actifs au bilan et M actifs hors bilan pondérés au risque d'une banque est :

$$\sum_{i=1}^{N} w_i L_i + \sum_{j=1}^{M} w_j^* C_j$$

avec L_i le montant de l'actif i au bilan et w_i la pondération au risque de sa contrepartie, et C_j l'équivalent risque de crédit pour l'actif j hors bilan et w_j^* la pondération au risque de sa contrepartie.

Capital requis

L'Accord exige que les banques détiennent des fonds propres égaux à au moins 8 % de leurs actifs pondérés au risque. En France, ils sont composés de :

1. Fonds propres de base *(Tier 1 Capital)*, composés de capitaux propres au sens comptable et des fonds pour risques bancaires généraux, diminués du capital non versé, des actions propres détenues, des actifs incorporels et du report à nouveau débiteur.
2. Fonds propres complémentaires *(Tier 2 Capital)*, ou fonds propres supplémentaires. Ils sont composés des réserves de réévaluation, de subventions non remboursables, de titres subordonnés à durée indéterminée et de dette subordonnée de maturité initiale supérieure à cinq ans.

Au moins 50 % du capital requis (*i.e.* 4 % des actifs pondérés au risque) doit être composé de fonds propres de base. Notons que le Comité de Bâle a mis à jour la liste des éléments éligibles au titre des fonds propres de base en 1998.

7.4 Les recommandations du G-30

En 1993, un groupe de travail composé d'utilisateurs finaux, de courtiers, d'universitaires, de comptables et de juristes spécialistes des produits dérivés a publié un rapport. Celui-ci contenait vingt recommandations pour les courtiers et les utilisateurs finaux des produits dérivés et quatre recommandations pour les législateurs et les régulateurs. Ce rapport est fondé sur une enquête détaillée (questionnaires et entretiens) auprès de

80 courtiers et 72 utilisateurs finaux à travers le monde. Il ne constitue pas un document réglementaire, mais fut très influent dans le développement des pratiques de gestion du risque.

Une synthèse des recommandations majeures est fournie ci-dessous.

1. La politique de gestion du risque d'une entreprise doit être clairement définie et validée par ses dirigeants, idéalement au niveau du conseil d'administration. Les managers de tous les niveaux hiérarchiques doivent en faire de même.
2. Les positions sur produits dérivés doivent être évaluées à leur valeur de marché *(marked to market)* au moins une fois par jour.
3. Les courtiers en produits dérivés doivent évaluer le risque de marché en utilisant une mesure comme la Value at Risk (voir chapitre 8). Des limites du risque de marché doivent être clairement définies.
4. Les courtiers en produits dérivés doivent effectuer des stress tests (simulations de crise) afin de déterminer les pertes potentielles induites par des conditions de marché extrêmes.
5. La fonction gestion du risque doit être indépendante de la fonction trading.
6. Les positions sur produits dérivés doivent être évaluées sur la base de leurs valeurs actuelles et futures de remplacement.
7. Les expositions au risque de crédit doivent être agrégées pour refléter les accords de compensation en vigueur (voir section 7.5).
8. Les personnes en charge des limites des risques doivent travailler indépendamment de celles intervenant directement sur le marché.
9. Les courtiers et les utilisateurs finaux doivent minutieusement évaluer les coûts et les bénéfices des techniques de gestion du risque telles que le nantissement *(collateralization)* ou les clauses en cas de dégradation *(downgrading triggers)*. Ils doivent être particulièrement attentifs à leur capacité, ainsi qu'à celle de leurs contreparties, de pouvoir faire face à l'augmentation des charges financières en cas de dégradation de la notation (les techniques de gestion du risque sont présentées dans le chapitre 12).
10. Seules les personnes suffisamment expérimentées et possédant les compétences et les connaissances nécessaires doivent être autorisées à entrer dans des transactions sur produits dérivés, à surveiller ces positions et à effectuer les tâches du *back-office*, etc.
11. Des systèmes adéquats de stockage, de traitement et de reporting des données doivent être implantés.
12. Les courtiers et les utilisateurs finaux doivent tenir compte des transactions sur produits dérivés utilisés pour la gestion des risques afin d'avoir une vision claire et cohérente des revenus issus de ces produits et des activités.

7.5 La compensation (netting)

La compensation correspond à une clause des contrats négociés au gré à gré qui stipule qu'une contrepartie ayant fait défaut sur une transaction avec une institution financière fait également défaut sur l'ensemble des transactions avec cette institution.

La compensation permet de réduire le risque de crédit. Supposons qu'une banque a trois swaps avec une contrepartie, qui valent respectivement + 24 millions d'euros, – 17 millions d'euros et + 8 millions d'euros. La contrepartie a des difficultés financières et fait défaut sur l'ensemble de ses engagements. Notons que, pour celle-ci, les swaps ont des valeurs respectives de – 24 millions d'euros, + 17 millions d'euros et – 8 millions d'euros. Sans clause de compensation, cette contrepartie fait uniquement défaut sur le premier et le dernier swap. La perte subie par la banque est alors de 32 millions d'euros (= 24 + 8). Avec la compensation, la contrepartie fait également défaut sur le second swap et la perte enregistrée par la banque vaut 15 millions d'euros (= 24 – 17 + 8)[1].

Considérons une institution financière ayant un portefeuille de N produits dérivés avec une contrepartie et que la valeur actuelle du produit i soit V_i. Sans compensation, l'exposition de la banque en cas de défaut est :

$$\sum_{i=1}^{N} \max(V_i, 0)$$

Avec compensation, elle vaut :

$$\max\left(\sum_{i=1}^{N} V_i, 0\right)$$

Ainsi, sans compensation, l'exposition correspond au flux d'un portefeuille d'options, alors que, avec compensation, elle correspond au flux d'une option sur le portefeuille.

L'Accord de 1988 ne tient pas compte des clauses de compensation dans le capital requis. Selon cet accord, l'équivalent risque de crédit d'un portefeuille de produits dérivés avec une contrepartie est (voir équation 7.1) :

$$\sum_{i=1}^{N} [\max(V_i, 0) + a_i L_i]$$

avec a_i le facteur de conversion et L_i le notionnel pour la transaction i.

1. Remarquons que, si le second swap a une valeur de – 40 millions d'euros pour la banque, la contrepartie n'a pas intérêt à faire défaut sur ses engagements.

Jusqu'en 1995, la compensation a été acceptée par de nombreuses législations. En conséquence, l'Accord de 1988 a été modifié afin de permettre aux banques de réduire leur équivalent risque de crédit lorsque des accords de compensation bilatéraux étaient en place. Un ratio de remplacement net (RRN) a été instauré, qui correspond au rapport de l'exposition actuelle avec compensation et sans compensation :

$$\text{RRN} = \frac{\max(\sum_{i=1}^{N} V_i, 0)}{\sum_{i=1}^{N} \max(V_i, 0)}$$

L'équivalent risque de crédit a été modifié :

$$\max\left(\sum_{i=1}^{N} V_i, 0\right) + (0,4 + 0,6 \times \text{RRN})\sum_{i=1}^{N} a_i L_i$$

Exemple 7.4

Considérons l'exemple du tableau 7.3, qui présente un portefeuille de trois produits dérivés d'une banque. Les valeurs actuelles au cours du marché de ces transactions figurent dans la troisième colonne, alors que les montants avec facteur de conversion (calculés à partir des données du tableau 7.2) sont présentés dans la quatrième colonne. L'exposition actuelle avec compensation vaut − 60 + 70 + 55 = 65, alors qu'elle est égale à 0 + 70 + 55 = 125 sans compensation. Le ratio de remplacement net est donc :

$$\text{RRN} = \frac{65}{125} = 0,52$$

Tableau 7.3 : Portefeuille de produits dérivés

Transaction	Notionnel, L_i	Valeur actuelle, V_i	Montant de conversion, a_iL_i (voir tableau 7.2)
Swap de taux d'intérêt 3 ans	1 000	− 60	5
Forward de taux de change 6 ans	1 000	70	75
Option sur action 9 mois	500	55	30

Le total des montants de conversion, $\sum a_i L_i$, vaut 5 + 75 + 30 = 110. L'équivalent risque de crédit avec compensation est $65 + (0,4 + 0,6 \times 0,52) \times 110 = 143,32$, alors qu'il vaut 125 + 110 = 235 sans compensation. Supposons que la contrepartie soit une banque d'un État membre de l'OCDE, avec une pondération égale à 0,2. Dans ce cas, les actifs pondérés au risque avec compensation s'établissent à $0,2 \times 143,32 = 28,66$ contre $0,2 \times 235 = 47$ sans compensation.

7.6 L'Amendement de 1996

En 1995, le Comité de Bâle a proposé un document consultatif, connu sous le nom d'« Amendement de 1996 », modifiant l'Accord de 1988. Ce document est devenu opérationnel en 1998 et est parfois désigné par « BIS 98 ».

L'Amendement de 1996 impose aux institutions financières de détenir des fonds propres pour couvrir le risque de marché, en plus du risque de crédit. Ce document distingue le portefeuille bancaire (banking book) du portefeuille de marché (trading book). Le premier est généralement composé de prêts et n'est pas évalué au cours du marché pour des raisons managériales et comptables. Le second est composé des produits échangés sur les marchés financiers (actions, obligations, swaps, forward, dérivés exotiques, etc.) et est évalué au cours du marché chaque jour.

Selon l'Amendement de 1996, la charge en capital pour le risque de crédit de l'Accord de 1988 reste valable pour les postes au bilan et hors bilan du portefeuille bancaire et de marché, à l'exception des positions de marché suivantes : (a) obligations et actions et (b) matières premières et change. De plus, une charge en capital pour le risque de marché pour les éléments du portefeuille de marché (au bilan ou hors bilan) est exigée[1].

L'Amendement de 1996 propose une approche standard pour le calcul de la charge en capital pour le risque de marché. Selon cette approche, chaque produit (obligation, action, position de change, matière première et option) est couvert par des fonds propres. Les corrélations entre les différents produits ne sont pas prises en compte. Les grandes banques disposant de techniques avancées en matière de gestion du risque sont autorisées à utiliser une approche fondée sur les modèles internes (internal model-based approach). Cette approche implique le calcul d'une mesure de VaR, puis sa conversion en capital requis selon une formule spécifiée par l'Amendement (la VaR ainsi que ses différentes mesures sont présentées dans les chapitres 8, 9 et 10). La majorité des grandes institutions financières préfèrent cette approche, car elle permet une meilleure prise en compte des bénéfices de la diversification et des niveaux de capital requis moins élevés.

La mesure de la VaR pour le risque de marché préconisée par les régulateurs est la perte sur le portefeuille de marché au seuil de 1 % sur une période de 10 jours. Supposons que la VaR soit de 1 million d'euros. Cela signifie que la perte probable subie par la banque n'excédera pas 1 million d'euros dans les 10 jours suivants avec 99 % de chances.

Le capital requis pour le risque de marché selon l'approche des modèles internes est calculé selon la formule :

$$k \times VaR + SRC \tag{7.3}$$

avec k un facteur multiplicatif et SRC la charge de risque spécifique. La VaR correspond à la plus grande des deux valeurs suivantes : VaR de la veille et VaR moyenne des

1. Certaines positions au bilan utilisées pour la couverture des éléments du portefeuille de marché peuvent être incluses dans le calcul de la charge en capital pour le risque de marché.

60 derniers jours. La valeur minimum pour k vaut 3, mais le régulateur peut exiger une valeur plus élevée s'il s'avère que le modèle de VaR de la banque est inadéquat.

La charge de risque spécifique SRC correspond à la charge en capital pour les risques idiosyncratiques des produits financiers, comme une obligation par exemple, dont le risque se décompose en deux éléments : le risque de taux d'intérêt et le risque de crédit. Le premier est capturé par la mesure de la VaR, alors que le second est un risque spécifique[1]. L'Amendement de 1996 propose des méthodes standard pour évaluer la charge en capital pour le risque spécifique, mais autorise également les banques à utiliser leurs propres modèles internes (voir chapitre 12).

Le capital total requis après la mise en place de l'Amendement de 1996 est la somme (pour les banques ayant adopté l'approche fondée sur les modèles internes) (a) des fonds propres pour le risque de crédit, égal à 8 % des actifs pondérés au risque (risk weighted assets, RWA), selon l'équation (7.2) et (b) des fonds propres pour le risque de marché, selon l'équation (7.3). Pour des raisons pratiques, un actif pondéré au risque de marché est calculé en multipliant le résultat de l'équation (7.3) par 12,5. Ainsi, les fonds propres totaux pour les risques de crédit et de marché sont :

(7.4) Fonds propres totaux = 0,08 × (RWA risque de crédit + RWA risque de marché)

Une banque dispose de davantage de flexibilité pour intégrer les différentes composantes des fonds propres pour le risque de marché, qui peuvent être les fonds propres de base et complémentaires, mais également les fonds propres surcomplémentaires (Tier 3 capital). Ceux-ci sont constitués des dettes subordonnées à court terme de maturité initiale d'au moins deux ans et non garanties.

Pour la plupart des banques, la majorité des fonds propres est dédiée au risque de crédit (près de 70 %) plutôt qu'au risque de marché (près de 30 %).

7.7 Bâle II

L'application de l'Accord de Bâle de 1988 a conduit les banques à augmenter leur capitalisation sur les dix années qui suivirent et a permis d'accroître la stabilité du système bancaire mondial. Cependant, cet accord présente un certain nombre de faiblesses. En effet, tous les prêts accordés à des entreprises ont une pondération au risque de 100 % et requièrent donc le même montant de capital. Un prêt à une entreprise notée AAA est traité de la même manière qu'un prêt à celle disposant d'une notation B[2]. De plus, aucun modèle de corrélation des défauts n'est proposé par Bâle I.

En juin 1999, le Comité de Bâle a proposé de nouvelles règles, connues sous le nom de Bâle II, révisées en janvier 2001 et avril 2003. Un certain nombre d'études d'impact

---

1. Comme nous l'avons évoqué précédemment, la charge en capital pour le risque de crédit selon l'Accord 1988 ne s'applique pas aux obligations dans le portefeuille de marché.

2. Les notations de crédit sont présentées dans le chapitre 11.

quantitatif (quantitative impact studies, QIS) ont été menées afin de tester l'application de ces nouvelles règles en matière de capital requis. Un ensemble de règles définitives, validé par tous les membres du Comité de Bâle, a été publié en juin 2004, et actualisé en novembre 2005. L'application de Bâle II est prévue pour fin 2007, suite à des études d'impact quantitatif supplémentaires[1].

Cet accord concerne essentiellement les grandes banques internationales. Aux États-Unis, les autorités de régulation ont décidé que ce nouvel accord ne s'appliquera pas aux petites banques régionales (ces établissements seront soumis à Bâle IA, très similaire à Bâle I). Certaines banques régionales de taille plus importante vont sans doute volontairement appliquer Bâle II, pour signaler, par exemple, à leurs actionnaires qu'elles gèrent leur risque de manière sophistiquée. En Europe, toutes les banques ainsi que les sociétés financières seront soumises aux règles de Bâle II. La CAD III (Capital Adequacy Directive ou Directive d'adéquation des fonds propres) du 14 juillet 2004 vise à transposer dans l'Union européenne l'accord de Bâle II. Celui-ci se décompose en trois piliers :

1. Exigence minimale de fonds propres.
2. Processus de surveillance prudentielle.
3. Discipline de marché.

Dans le cadre du pilier 1, le capital requis minimum pour le risque de crédit du portefeuille de prêts est calculé selon une nouvelle formule tenant compte des notations de crédit des différentes contreparties. Le capital requis pour le risque de marché demeure inchangé par rapport à l'Amendement de 1996, et une charge supplémentaire en capital pour le risque opérationnel est instaurée. La règle de base de Bâle I selon laquelle une banque doit détenir un montant des fonds propres égal à 8 % des actifs pondérés au risque demeure inchangée. Le RWA pour le risque opérationnel est défini comme 12,5 fois le montant de fonds propres pour ce risque. L'équation (7.4) est donc modifiée telle que :

$$\text{Fonds propres totaux} = 0{,}08 \times (\text{RWA risque de crédit} + \text{RWA risque de marché} + \text{RWA risque opérationnel}) \quad \textbf{(7.5)}$$

Le pilier 2 porte sur le processus de surveillance prudentielle et offre un certain degré de latitude aux régulateurs dans la mise en place des règles de Bâle II au niveau local. Il vise toutefois à assurer une cohérence globale de leur application. Ce pilier insiste sur l'intervention précoce du régulateur en cas de difficultés des banques. Désormais, le rôle du régulateur va au-delà de la surveillance du respect des exigences minimales de fonds propres. Il consiste également à évaluer les techniques de gestion du risque des banques, dont il doit encourager le développement. En particulier, le régulateur est tenu d'engager un dialogue soutenu avec les banques lorsque des défaillances sont repé-

1. Ces études ne tiennent pas compte des modifications des portefeuilles des banques afin de minimiser le capital requis suite à l'adoption de Bâle II.

rées dans leur processus de gestion des risques. Enfin, les banques doivent mesurer les risques qui sortent du champ d'application du pilier 1.

Le troisième pilier ayant trait à la discipline de marché exige des banques plus de transparence au niveau de leur allocation des fonds propres et de leur prise de risque. L'idée sous-jacente est que les banques sont davantage incitées à prendre des décisions efficaces si elles sont soumises à la pression d'actionnaires mieux informés.

7.8 Fonds propres et risque de crédit selon Bâle II

Trois choix sont offerts aux banques en matière de gestion du risque de crédit selon Bâle II :

1. L'approche standard (standardized approach).
2. L'approche par les notations internes ou IRB (foundation internal ratings based approach, IRB).
3. L'approche IRB avancée ou IRBA (advanced IRB approach).

La structure globale des calculs reste ici similaire à celle de Bâle I. Une pondération au risque est appliquée à chaque élément du bilan pour calculer la valeur de l'actif pondérée au risque, censée refléter la qualité de crédit de la contrepartie. Pour les engagements hors bilan, la pondération au risque est appliquée aux équivalents risque de crédit. Ceux-ci sont calculés selon la méthode des facteurs de conversion du crédit ou d'ajustement. Les ajustements de la compensation sont également similaires à ceux de Bâle I (voir section 7.5).

L'approche standard

Les banques peu sophistiquées (aux yeux des régulateurs) devront adopter l'approche standard (aux États-Unis, Bâle II s'applique aux grandes banques seulement et celles-ci devront adopter l'approche IRB). Quelques règles de calcul des pondérations au risque sont résumées dans le tableau 7.4.

Tableau 7.4 : Pondérations au risque (en pourcentage du principal) pour des expositions souveraines, banques et entreprises fonction de leur notation selon l'approche standard de Bâle II

	AAA jusqu'à AA–	A+ jusqu'à A–	BBB+ jusqu'à BBB–	BB+ jusqu'à BB–	B+ jusqu'à B–	Inférieur à B–	Absence de notation
Pays*	0	20	50	100	100	150	100
Banques**	20	50	50	100	100	150	50
Entreprises	20	50	100	100	150	150	100

* Expositions banques centrales incluses.

** Les régulateurs disposent d'une certaine marge de manœuvre (voir ci-dessus).

En comparant les tableaux 7.4 et 7.1, on remarque que le statut d'État membre de l'OCDE n'a plus aucune importance dans Bâle II. La pondération au risque pour une exposition souveraine est comprise entre 0 % et 150 %, alors qu'elle s'étend de 20 % à 150 % pour une exposition banque ou entreprise. Selon le tableau 7.1, les banques des États membres de l'OCDE étaient jugées moins risquées que les entreprises, avec une pondération au risque de 20 % pour ces banques et de 100 % pour les entreprises. Désormais, le traitement des banques et des entreprises est plus équitable selon les données du tableau 7.4. Il est également important de remarquer qu'il peut être préférable pour un pays, une banque ou une entreprise de ne pas être noté plutôt que d'avoir une mauvaise notation ! Les régulateurs sont autorisés à appliquer des pondérations au risque plus faibles (20 %, 50 % et 100 % plutôt que 50 %, 100 % et 150 % respectivement) lorsque les expositions concernent le pays d'enregistrement de la banque ou une banque centrale.

Les règles sont plus compliquées en ce qui concerne les banques. Les régulateurs peuvent utiliser la notation du pays où la banque est enregistrée pour la définition de la pondération au risque plutôt que d'utiliser les données du tableau 7.4. Ainsi, la pondération au risque sera de 20 %, 50 %, 100 % et 150 % si le pays d'enregistrement de la banque a une notation comprise respectivement entre AAA et AA–, A+ et A–, BBB+ et B– et inférieure à B–, et égale à 100 % si le pays en question n'est pas noté. Un autre problème vient du fait que, si les régulateurs adoptent les pondérations du tableau 7.4, alors ils peuvent considérer les expositions de maturité inférieure à trois mois de manière plus favorable. Leurs pondérations sont égales à 20 %, 50 %, 150 % et 20 % si la notation est comprise respectivement entre AAA+ et BBB–, BB+ et B–, inférieure à B– et absente.

La règle standard pour les expositions clientèle de détail est une pondération au risque égale à 75 % (100 % selon l'Accord de 1988). Lorsque les prêts sont garantis par des hypothèques, cette pondération passe à 35 % (50 % selon l'Accord de 1988). Compte tenu du faible historique concernant les pertes sur prêts hypothécaires couverts par un bien immobilier à usage commercial, leur pondération au risque est de 100 %.

Exemple 7.5

Supposons que les actifs d'une banque soient composés de prêts à des entreprises notées A (100 millions d'euros), d'obligations d'États notées AAA (10 millions d'euros) et de prêts hypothécaires (50 millions d'euros). Selon l'approche standard de Bâle II, le total des actifs pondérés au risque vaut :

$$0{,}5 \times 100 + 0{,}0 \times 10 + 0{,}35 \times 50 = 67{,}5$$

ou 67,5 millions d'euros, à comparer aux 125 millions d'euros selon Bâle I (voir exemple 7.1).

Prise en compte des sûretés

Les banques disposent de deux méthodes pour tenir compte des sûretés dans le calcul des pondérations au risque : l'approche simple *(simple approach)*, proche de celle préconisée par Bâle I, et l'approche avancée *(comprehensive approach)*. Elles peuvent choisir celle retenue pour leur portefeuille de prêts, mais sont contraintes d'utiliser la seconde dans le calcul des fonds propres pour le risque de crédit du portefeuille de marché.

Selon l'approche simple, la pondération au risque est remplacée par la pondération de la part de l'exposition au risque couverte par une sûreté (l'exposition est calculée après la prise en compte de la compensation). La pondération minimale appliquée à la sûreté est de 20 %[1]. En outre, la sûreté doit être réévaluée tous les six mois et doit être adossée à l'exposition jusqu'à maturité.

Selon la seconde approche, les banques réajustent leur exposition et la valeur de la sûreté à la baisse pour tenir compte de leur évolution[2] (l'ajustement dépend de la volatilité de l'exposition au risque). La pondération au risque est appliquée à la nouvelle exposition, égale à la différence entre la nouvelle exposition et la valeur ajustée de la sûreté. Les ajustements peuvent être déterminés en utilisant les règles préconisées par Bâle II, ou, après validation par le régulateur, sur la base des modèles internes de la banque. Lorsque la compensation s'applique, les ajustements correspondent à des moyennes pondérées de l'exposition et de la sûreté.

Exemple 7.6

Considérons une exposition de 80 millions d'euros à laquelle est adossée une sûreté de valeur 70 millions d'euros. Celle-ci est constituée d'obligations émises par une entreprise notée A. La contrepartie a une notation B+. Les pondérations au risque sont de 150 % pour la contrepartie et de 50 % pour la sûreté. Selon l'approche simple, les actifs pondérés au risque valent alors :

$$0,5\times 70+1,50\times 10=50$$

ou 50 millions d'euros.

Dans le cadre de l'approche avancée, on suppose que les ajustements de l'exposition et de la sûreté valent respectivement + 10 % et – 15 %. La nouvelle exposition devient alors :

$$1,1\times 80-0,85\times 70=28,5$$

ou 28,5 millions d'euros. Avec une pondération au risque à 150 %, les actifs pondérés au risque correspondants valent finalement 42,75 millions d'euros.

1. Sauf si la sûreté est en cash ou en titres publics dans la même devise.
2. Un ajustement est davantage nécessaire pour un produit de gré à gré que pour un prêt.

L'approche IRB

Le modèle sous-jacent à l'approche fondée sur les notations internes (IRB) est le modèle de copule gaussienne à un facteur (voir section 6.5).

Considérons un portefeuille de N prêts. On définit les termes suivants :

WCDR : taux de défaut dans le scénario le plus pessimiste à un an (au seuil de 99,9 %) ;

PD : probabilité de défaut à un an de chaque prêt ;

EAD : exposition en cas de défaut de chaque prêt (en euros) ;

LGD : perte en cas de défaut (part de l'exposition perdue en cas de défaut).

La corrélation entre chaque paire de prêteurs est notée ρ [1]. D'après l'équation (6.12), on a :

$$\textbf{(7.6)} \quad \text{WCDR} = N\left[\frac{N^{-1}(PD)+\sqrt{\rho}N^{-1}(0{,}999)}{\sqrt{1-\rho}}\right]$$

On en déduit que la perte sur le portefeuille sera inférieure à N fois :

$$\text{EAD} \times \text{LGD} \times \text{WCDR}$$

avec une probabilité de 99,9 %.

On peut également démontrer que ce résultat est généralisable au cas où le portefeuille contient des prêts de différentes tailles et de différentes probabilités de défaut. La perte totale sur un portefeuille de prêts est inférieure à la somme des $\text{EAD} \times \text{LGD} \times \text{WCDR}$ pour chaque prêt avec une probabilité de 99,9 % [2]. Ce résultat constitue le fondement théorique de l'approche IRB.

Tableau 7.5 : Dépendance du WCDR par rapport à PD et ρ

	PD = 0,1 %	PD = 0,5 %	PD = 1 %	PD = 1,5 %	PD = 2,0 %
ρ = 0,0	0,1 %	0,5 %	1,0 %	1,5 %	2,0 %
ρ = 0,2 %	2,8 %	9,1 %	14,6 %	18,9 %	22,6 %
ρ = 0,4 %	7,1 %	21,1 %	31,6 %	39,0 %	44,9 %
ρ = 0,6 %	13,5 %	38,7 %	54,2 %	63,8 %	70,5 %
ρ = 0,8 %	23,3 %	66,3 %	83,6 %	90,8 %	94,4 %

1. Les documents publiés par le Comité de Bâle utilisent la notation R et non ρ pour désigner la corrélation.

2. Pour un prêt, WCDR est calculé en substituant PD et ρ dans l'équation (7.6).

Le tableau 7.5 montre comment le WCDR dépend de PD et ρ. Lorsque ce coefficient est nul, WCDR = PD puisque dans ce cas il n'y a pas de corrélation de défaut et le taux de défaut est identique pour toutes les années. En revanche, WCDR augmente avec ρ.

Les expositions entreprises, souveraines et bancaires

Dans le cas des expositions entreprises, souveraines et bancaires, Bâle II préconise l'utilisation d'une relation entre ρ et PD (voir équation 7.6) résultant de travaux empiriques[1]. La formule est :

$$\rho = 0{,}12\frac{1-\exp(-50\times PD)}{1-\exp(-50)} + 0{,}24\left[1-\frac{1-\exp(-50\times PD)}{1-\exp(-50)}\right]$$

Comme $\exp(-50)$ est petit, cette formule devient finalement :

$$\textbf{(7.7)}\quad \rho = 0{,}12(1+e^{-50\times PD})$$

ρ décroît avec PD, puisque, à mesure que la qualité de crédit d'une entreprise se détériore, sa PD augmente et devient plus idiosyncratique ; elle est finalement moins sensible aux conditions du marché.

En combinant les équations (7.7) et (7.6), on obtient la relation entre WCDR et PD (voir tableau 7.6). Comme attendu, on remarque que WCDR est une fonction croissante de PD. En revanche, WCDR augmente moins vite que lorsque ρ et PD sont indépendantes.

Tableau 7.6 : Relations entre WCDR et PD pour des expositions entreprises, souveraines et bancaires

PD	0,1 %	0,5 %	1,0 %	1,5 %	2,0 %
WCDR	3,4 %	9,8 %	14,0 %	16,9 %	19,0 %

La formule pour le calcul du capital requis est :

$$\textbf{(7.8)}\quad \text{EAD}\times\text{LGD}\times(\text{WCDR-PD})\times\text{MA}$$

WCDR-PD est utilisé au lieu de WCDR, car on souhaite calculer les fonds propres nécessaires pour couvrir les pertes dans le scénario le plus pessimiste. La variable MA correspond à la maturité ajustée, qui se calcule comme suit :

$$\textbf{(7.9)}\quad \text{MA} = \frac{1+(M-2{,}5)\times b}{1-1{,}5\times b}$$

1. Voir LOPEZ J., « The Empirical Relationship Between Average Asset Correlation, Firm Probability of Default and Asset Size », in *Journal of Financial Intermediation*. 2004, vol. 13, p. 265-283.

avec :

$$b = [0{,}11852 - 0{,}05478 \times \ln(PD)]^2$$

et M la maturité de l'exposition au risque.

Si la maturité de l'instrument financier est supérieure à un an, l'ajustement permet de tenir compte de la possible dégradation de la qualité de crédit et de la hausse de la probabilité de défaut de la contrepartie (notons que lorsque $M = 1$, MA vaut 1,0 et n'a pas d'impact sur le capital requis). Les actifs pondérés au risque sont calculés de la manière suivante :

$$\text{RWA} = 12{,}5 \times \text{EAD} \times \text{LGD} \times (\text{WCDR - PD}) \times \text{MA}$$

Les fonds propres correspondent à 8 % des RWA.

Selon l'approche IRB, les banques calculent PD, tandis que LGD, EAD et M sont déterminés par le Comité de Bâle. PD résulte de l'estimation interne à la banque de la qualité de crédit de la contrepartie, avec un plancher à 0,03 % pour les expositions bancaires et entreprises. LGD s'établit à 45 % pour les créances seniors et à 75 % pour les créances subordonnées. En présence de sûreté, LGD est réduite d'un ratio correspondant au rapport des valeurs ajustées de la sûreté et de l'exposition (calculées selon l'approche avancée). EAD est déterminée de manière similaire à celle utilisée pour l'équivalent risque de crédit sous Bâle I et tient compte de la compensation. Enfin, M vaut 2,5 dans la majorité des cas.

Selon l'approche IRB avancée, les banques estiment PD, LGD, EAD et M. PD peut être réduite en présence de seuils de crédit par exemple (elle est toujours soumise à un plancher de 0,03 % comme dans le cas de l'approche IRB fondation). Le rang du créancier et la présence de sûretés sont les deux facteurs qui influencent LGD. Après validation par le régulateur, les banques peuvent appliquer leurs propres facteurs de conversion de crédit pour le calcul de EAD.

Le capital requis (voir équation 7.8) est censé couvrir les pertes non attendues à un an, qui ne seront pas dépassées avec une probabilité de 99 %. Les pertes résultant de la probabilité de défaut « moyenne » à un an, PD, doivent être couvertes par la tarification des produits bancaires. Notons que WCDR est la probabilité de défaut qui se réalise une fois tous les mille ans. Enfin, le Comité de Bâle se réserve le droit d'appliquer un facteur d'échelonnement (supérieur ou inférieur à 1,0) au résultat de l'équation (7.8) s'il estime que le capital requis est trop élevé ou trop faible. Au moment de la réalisation de cet ouvrage, ce facteur est estimé à 1,06.

Exemple 7.7

Considérons une banque dont les actifs sont des prêts de 100 millions d'euros à des entreprises notées A. PD est estimé à 0,1 % et LGD à 60 %. La maturité moyenne est de 2,5 ans. Cela implique que :

$$b = [0{,}11852 - 0{,}05478 \times \ln(0{,}001)]^2 = 0{,}247$$

et

$$MA = \frac{1}{1 - 1{,}5 \times 0{,}247} = 1{,}59$$

WCDR vaut 3,4 % (voir tableau 7.6). Selon l'approche IRB, les actifs pondérés au risque valent donc :

$$12{,}5 \times 100 \times 0{,}6 \times (0{,}034 - 0{,}001) \times 1{,}59 = 39{,}3$$

soit 39,3 millions d'euros, que l'on peut comparer aux 100 millions d'euros selon Bâle I et 50 millions d'euros selon l'approche standard de Bâle II (voir exemples 7.1 et 7.5).

Les expositions clientèle de détail

Le modèle sous-jacent au calcul des fonds propres pour les activités de type clientèle de détail est similaire à celui pour les expositions entreprises, souveraines et bancaires. Cependant, les approches IRB et IRBA sont fusionnées et les banques sont, dans ce cas, autorisées à déterminer elles-mêmes PD, EAD et LGD, sans ajustement de maturité. Le capital requis est donc :

$$EAD \times LGD \times (WCDR\text{-}PD)$$

et les actifs pondérés au risque :

$$12{,}5 \times EAD \times LGD \times (WCDR\text{-}PD)$$

avec WCRD obtenu à partir de l'équation (7.6). Pour les prêts hypothécaires, ρ est égal à 0,15, alors qu'il s'établit à 0,04 pour les crédits revolving. Pour toutes les autres expositions clientèle de détail, la relation entre ρ et PD est donnée par :

$$\rho = 0{,}03\frac{1-\exp(-35\times PD)}{1-\exp(-35)} + 0{,}16\left[1 - \frac{1-\exp(-35\times PD)}{1-\exp(-35)}\right]$$

Comme $\exp(-35)$ est petit, cette formule se simplifie :

$$\textbf{(7.10)}\quad \rho = 0{,}03 + 0{,}13(1 + e^{-35\times PD})$$

En comparant les équations (7.10) et (7.7), on constate que les coefficients de corrélation sont nettement plus faibles pour ces expositions. Le tableau 7.7 fournit les données correspondant à celles du tableau 7.6, mais dans le cadre de la clientèle de détail.

Tableau 7.7 : Relations entre WCDR et PD pour des expositions clientèle de détail

PD	0,1 %	0,5 %	1,0 %	1,5 %	2,0 %
WCDR	2,1 %	6,3 %	9,1 %	11,0 %	12,3 %

Exemple 7.8

Considérons une banque dont les actifs sont des prêts hypothécaires de 50 millions d'euros, avec PD égale à 0,005 % et LGD à 20 %. Dans ce cas, $\rho = 0{,}15$ et on a :

$$\text{WCDR} = N\left[\frac{N^{-1}(0{,}005)+\sqrt{0{,}15}N^{-1}(0{,}999)}{\sqrt{1-0{,}15}}\right]$$

Les actifs pondérés au risque valent :

$$12{,}5\times 50\times 0{,}2\times(0{,}067-0{,}005)=7{,}8$$

soit 7,8 millions d'euros, que l'on peut comparer aux 25 millions d'euros selon Bâle I et 17,5 millions d'euros selon l'approche standard de Bâle II (voir exemples 7.1 et 7.5).

Garanties et dérivés de crédit

L'approche préconisée par le Comité de Bâle pour le traitement des garanties est celle de la substitution de crédit. Supposons qu'une entreprise notée AA garantisse un prêt à une entreprise notée BBB. Pour le calcul des fonds propres, on substitue la notation du garant à celle de l'emprunteur, ce qui revient à calculer le capital requis pour un prêt accordé à une entreprise notée AA. Cette approche surestime le risque de crédit puisque le garant et l'emprunteur doivent faire défaut pour que le prêteur subisse des pertes (le garant doit faire défaut avant l'emprunteur). Le Comité de Bâle a donc publié un document en juillet 2005 pour répondre au problème du double défaut dans le cadre de Bâle II[1]. Une alternative à l'approche de la substitution de crédit consiste à calculer le capital requis pour un prêt sans garantie puis à multiplier ce montant par $0{,}15+160\times PD_G$, où PD_G est la probabilité de défaut à un an du garant. Les swaps de défaut (voir chapitre 13) fournissent une forme d'assurance contre le risque de défaut et sont traités de la même façon que les garanties dans le calcul du capital réglementaire.

1. Voir « The Application of Basel II to Trading Activities and the Treatment of Double Default », juillet 2005, disponible sur www.bis.org.

7.9 Risque opérationnel et Bâle II

Bâle II exige des banques l'allocation de fonds propres pour le risque opérationnel, et ce pour trois raisons. Premièrement, compte tenu d'un environnement de plus en plus complexe, les banques font face à de nombreux risques provenant des erreurs humaines et informatiques[1]. Deuxièmement, le régulateur souhaite que les banques soient plus sensibles aux problèmes inhérents à leur fonctionnement interne, afin d'éviter des désastres comme ceux de la banque Barings. Troisièmement, compte tenu du fait que Bâle II permet de réduire le capital requis pour le risque de crédit, le régulateur souhaite ajouter une charge en capital supplémentaire. Actuellement, trois approches sont possibles pour le calcul du capital requis pour le risque opérationnel :

1. L'approche d'indicateur de base (basic indicator approach).
2. L'approche standard (standardized approach).
3. L'approche de mesure avancée (advanced measurement approach).

Le choix d'une de ces approches est conditionné par le niveau de sophistication de la banque. L'approche d'indicateur de base est la plus simple et consiste à évaluer le capital requis comme la moyenne du revenu brut des trois dernières années, multipliée par 0,15[2]. L'approche standard est similaire à la précédente à la différence près du facteur multiplicatif appliqué au revenu brut. Enfin, l'approche de mesure avancée autorise la banque à utiliser son modèle interne pour le calcul de la perte due au risque opérationnel à un an qui ne peut être dépassée avec une probabilité de 99,9 %. Un des avantages de cette approche est de permettre à la banque, sous certaines conditions, de prendre en compte l'impact de l'assurance dans le calcul du capital requis.

Le pilier 1 de Bâle II est une avancée considérable par rapport à Bâle I. Afin de respecter cette nouvelle réglementation, les banques doivent améliorer leur gestion des risques de crédit et opérationnel. On peut cependant s'interroger sur l'évolution future de la réglementation des fonds propres bancaires (voir encadré 7.2).

7.10 Surveillance prudentielle

Le pilier 2 de Bâle II porte sur le processus de surveillance prudentielle, qui peut être résumé en quatre principes clés :

1. Les banques doivent mettre en place des processus d'évaluation de l'adéquation de leurs fonds propres à leur risque et maintenir ce niveau.

---

1. À la base, toutes les erreurs sont humaines. Dans le cas d'une erreur informatique, c'est un individu qui est responsable d'une erreur de programmation par exemple.

2. Le revenu brut est défini comme la somme du revenu net des produits de taux et des autres. Le revenu net des produits de taux correspond à la différence entre les intérêts perçus sur les prêts et les intérêts dus sur les dépôts et les autres ressources utilisées pour financer les prêts. Les années où le revenu brut est négatif ne sont pas prises en compte dans le calcul.

Encadré 7.2 : Vers Bâle III ?

Bâle II ne permet pas aux banques de prendre en compte leur propre mesure de diversification du risque de crédit dans le calcul du capital requis. En effet, des valeurs prédéterminées de ρ doivent être utilisées (voir équation 7.6). En théorie, une banque avec 1 milliard d'euros de prêts à des entreprises notées BBB du même secteur d'activité doit détenir le même montant de fonds propres qu'une banque ayant 1 milliard d'euros de créances sur des entreprises notées BBB de plusieurs secteurs d'activité. L'amélioration des modèles de VaR de crédit permet d'envisager une règle autorisant les banques à calculer le capital requis sur la base de leur propre modèle d'agrégation des risques.

Selon Bâle II, le capital requis total correspond à la somme des fonds propres pour les risques de crédit, de marché et opérationnel, ce qui suppose implicitement une corrélation parfaite entre ces risques. Par exemple, on suppose que la perte due au risque de crédit dans le scénario le plus pessimiste (au seuil de 99,9 %) se réalise en même temps que la perte due au risque opérationnel dans le scénario le plus pessimiste. Bâle III pourrait autoriser les banques à utiliser une corrélation plus faible entre ces pertes dans le calcul du capital réglementaire.

2. Les régulateurs doivent évaluer les stratégies des banques en matière d'adéquation de leurs fonds propres. La surveillance porte également sur la capacité des institutions financières à contrôler et à assurer la conformité des ratios utilisés. Si tel n'est pas le cas, les régulateurs doivent prendre des mesures appropriées.
3. Les banques doivent détenir des fonds propres supérieurs au minimum réglementaire et les régulateurs doivent avoir la capacité d'imposer aux banques la détention d'un « coussin » de fonds propres au-delà de ce niveau minimum.
4. Les régulateurs doivent intervenir de façon précoce afin d'éviter que les fonds propres tombent sous leur niveau minimum et doivent exiger des mesures rapides de restauration et de maintien des fonds propres au-delà du niveau minimum.

Le Comité de Bâle suggère aux régulateurs d'être particulièrement attentifs au risque de taux, de crédit, et opérationnel. Les éléments clés pour l'évaluation du risque de crédit sont les stress tests (simulation de crise), les définitions du défaut, la concentration du risque de crédit, et les risques associés aux sûretés, garanties et dérivés de crédits.

Le Comité de Bâle préconise également la transparence et la fiabilité dans les procédures mises en œuvre par les régulateurs. Cela est particulièrement important lorsque le régulateur évalue les processus utilisés ou encore le capital requis au-delà du niveau minimum.

7.11 Discipline de marché

Le pilier 3 de Bâle II porte sur la discipline de marché. Le Comité de Bâle souhaite encourager les banques à communiquer au marché leurs procédures d'évaluation du risque et de l'adéquation des fonds propres. La capacité des régulateurs à renforcer la communication des banques varie selon l'environnement légal en vigueur. Cependant, les banques devraient se plier à cette obligation compte tenu du pouvoir coercitif du régulateur. En outre, les banques devront accroître leur transparence afin d'être autorisées à utiliser une méthodologie propre pour le calcul des fonds propres.

La communication réglementaire est différente de la communication comptable en terme de forme et ne doit pas être incluse dans les rapports annuels. La banque a donc le choix des éléments qu'elle souhaite communiquer. Parmi ceux-ci, on peut trouver :

1. Les filiales du groupe bancaire auxquelles Bâle II s'applique et les ajustements administrés aux filiales qui ne sont pas soumises à Bâle II.
2. Les termes et les conditions des principaux postes constitutifs des fonds propres.
3. Une liste des postes constitutifs des fonds propres de base (Tier 1) et leurs montants respectifs.
4. Le montant total des fonds propres complémentaires (Tier 2) et surcomplémentaires (Tier 3).
5. Les capitaux requis pour les risques de crédit, de marché et opérationnel.
6. Toute autre information générale sur les risques auxquels la banque est exposée et les méthodes de leur évaluation.
7. La structure des fonctions de gestion du risque et leur mode de fonctionnement.

Résumé

Dans ce chapitre, nous avons présenté un panorama de la réglementation du capital bancaire. La manière dont les régulateurs calculent les fonds propres minimaux d'une banque a considérablement évolué depuis les années 1980. Avant 1988, les régulateurs spécifiaient des ratios minimaux de fonds propres au bilan. À la fin des années 1980, les régulateurs et les banques ont procédé à des modifications. En effet, l'échange de produits dérivés comptabilisés hors bilan s'est fortement développé. De plus, la concurrence bancaire devenait internationale et il était donc essentiel d'uniformiser la réglementation.

L'Accord de Bâle de 1988 exigeait de détenir des fonds propres pour le risque de crédit sur les engagements au bilan et hors bilan, par le biais du calcul d'actifs pondérés au risque pour chaque poste. Ces actifs étaient calculés en multipliant le nominal du prêt inscrit au bilan par une pondération dépendant du risque de la contrepartie. En ce qui concerne les produits dérivés comme les swaps, les banques devaient en premier lieu calculer leur équivalent risque de crédit. L'actif pondéré au risque correspondant était obtenu en multipliant ce montant par une pondération au risque de contrepartie. Les banques devaient détenir des fonds propres à hauteur de 8 % de leurs actifs pondérés au risque. En 1995, les clauses de compensation ont été prises en compte dans la détermination du capital réglementaire.

En 1996, l'Accord a été modifié pour inclure une charge en capital pour le risque de marché. Les banques sophistiquées pouvaient utiliser la mesure de la VaR pour calculer ces fonds propres. En 1999, le Comité de Bâle a proposé des modifications importantes qui devraient être opérationnelles fin 2007. Les fonds propres pour le risque de marché restent inchangés. Les fonds propres pour le risque de crédit seront calculés d'une manière plus adéquate qui reflétera (a) les notations de crédit par des agences comme Moody's ou S&P ou (b) les estimations internes à la banque des probabilités de défaut. De plus, des fonds propres devront également couvrir le risque opérationnel.

Références complémentaires

Bank for International Settlements, « Basel II : International Convergence of Capital Measurement and Capital Standards : A Revised Framework ». Novembre 2005, www.bis.org.

CROUHY, M., GALAI, D. et MARK, R., *Risk Management.* Mc Graw-Hill, 2001.

GORDY, M. B., « A Risk-Factor Model Foundation for Ratings-Based Bank Capital Ratios », in *Journal of Financial Intermediation.* 2003, vol. 12, p. 199-232.

LOPEZ, J. A., « The Empirical Relationship Between Average Asset Correlation, Firm Probability of Default, and Asset Size », in *Journal of Financial Intermediation.* 2004, vol. 13, p. 265-283.

VASICEK, O., « Probability of Loss on a Loan Portfolio ». Document de travail, KMV, 1987. (Publié dans *Risk* en décembre 2002 sous le titre « Loan Portfolio Value ».)

Problèmes et exercices (corrigés en fin d'ouvrage)

7.1. « Lorsqu'une aciérie fait faillite, d'autres entreprises du même secteur en tirent un bénéfice, car elles ont un concurrent de moins. Mais, lorsqu'une banque fait faillite, les autres établissements n'en bénéficient pas forcément. » Expliquez cette phrase.

7.2. « L'existence de l'assurance des dépôts rend la réglementation des fonds propres bancaires particulièrement importante. » Expliquez cette phrase.

7.3. Un swap de taux d'intérêt implique l'échange d'un taux d'intérêt fixe contre un taux d'intérêt variable, les deux s'appliquant au même principal. Quelle est la nature du risque de crédit pour une banque lorsqu'elle entre dans un swap de taux d'intérêt 5 ans avec un notionnel de 100 millions d'euros ? Vous supposerez que la valeur initiale du swap est nulle.

7.4. Dans le cadre d'un swap de devise, l'intérêt sur le principal dans une devise est échangé contre l'intérêt sur le principal dans une autre devise. Les montants sont échangés à l'échéance du swap. Pourquoi le risque de crédit d'un swap de devise est-il plus important que celui d'un swap de taux d'intérêt ?

7.5. La valeur actuelle d'un swap de taux d'intérêt est négative pour une institution financière. Est-ce que cette institution est exposée au risque de crédit sur cette transaction ? Expliquez.

7.6. Estimez le capital requis selon Bâle I pour une banque qui a les engagements suivants avec une même contrepartie (vous supposerez l'absence de compensation) : (a) un swap de taux d'intérêt 9 ans avec un notionnel de 250 millions d'euros et une valeur actuelle de marché de – 2 millions d'euros ; (b) un swap de taux d'intérêt 4 ans avec un notionnel de 100 millions d'euros et une valeur actuelle de marché de 3,5 millions d'euros ; et (c) un dérivé sur matière première 6 mois avec un principal de 50 millions d'euros qui vaut actuellement 1 million d'euros.

7.7. À la question 7.6, quel est le capital requis si on tient compte des amendements de 1995 en matière de compensation ?

7.8. Tous les engagements entre une banque et une entreprise sont constitués de prêts. Quelle est la valeur des provisions de compensation pour cette institution financière ?

7.9. Expliquez pourquoi l'étape finale du calcul du capital réglementaire pour les risques de crédit, de marché et opérationnel selon Bâle II implique une multiplication par 12,5.

7.10. Quelle est la différence entre le portefeuille bancaire et de marché pour une banque ? Une banque a prêté 10 millions d'euros à une entreprise. À la maturité du prêt, le client souhaiterait vendre des obligations à la banque plutôt que de s'endetter. Comment ce changement affecte-t-il la nature du calcul du capital réglementaire de la banque ?

7.11. Selon Bâle I, les banques n'aiment pas prêter à des entreprises de bonne qualité de crédit et préfèrent les aider à émettre des obligations. Pourquoi ? Est-ce que ce comportement des banques va changer avec Bâle II ?

7.12. Qu'est ce que l'arbitrage réglementaire ?

7.13. L'équation (7.8) fournit la formule de calcul du capital requis selon Bâle. Expliquez chacun de ses quatre termes.

7.14. Expliquez la différence entre les approches simple et avancée d'ajustement de la sûreté.

7.15. Expliquez la différence entre les approches standard, IRB fondation et IRB avancée pour le calcul des fonds propres pour le risque de crédit selon Bâle II.

7.16. Expliquez la différence entre les approches d'indicateur de base, standard et de mesure avancée pour le calcul des fonds propres pour le risque opérationnel selon Bâle II.

7.17. Considérons une banque dont les actifs sont constitués de prêts de type clientèle de détail de 200 millions d'euros (pas de prêts hypothécaires). PD et LGD valent respectivement 1 % et 70 %. Quels sont les actifs pondérés au risque selon l'approche IRB de Bâle II ? Combien de fonds propres de base *(Tier 1)* et complémentaires *(Tier 2)* sont nécessaires ?

Questions complémentaires

7.18. Pourquoi y a-t-il un montant de charge supplémentaire pour les transactions sur produits dérivés dans Bâle I? « Bâle I pourrait être amélioré si les montants de charge supplémentaire pour les transactions sur produits dérivés dépendaient de leur valeur. » Discutez ce point de vue.

7.19. Estimez le capital requis selon Bâle I pour une banque qui a les engagements suivants avec une autre banque (vous supposerez l'absence de compensation) : (a) un contrat forward sur devise 2 ans portant sur l'achat de devise pour 50 millions d'euros, de valeur actuelle 2 millions d'euros; (b) une position longue sur option S&P 500 6 mois avec un principal de 20 millions d'euros et de valeur actuelle 4 millions d'euros; et (c) un swap sur pétrole 2 ans de principal 30 millions d'euros et de valeur actuelle – 5 millions d'euros. Quel est l'impact des amendements en matière de compensation sur vos résultats?

7.20. Une banque a les engagements suivants avec une entreprise notée AA : (a) un swap de taux d'intérêt 2 ans de principal 100 millions d'euros valant actuellement 3 millions d'euros; (b) un contrat forward sur devise 9 mois de principal 150 millions d'euros valant – 5 millions d'euros; (c) une position longue sur option sur l'or 6 mois avec un principal de 50 millions d'euros et de valeur actuelle 7 millions d'euros. Quel est le capital requis par Bâle I sans compensation? Avec compensation? Quel est le capital requis par Bâle II selon l'approche standard?

7.21. Considérons une banque dont les actifs sont constitués de 500 millions d'euros de prêts à des entreprises notées BBB. PD est égale à 0,3 %, la maturité moyenne est de 3 ans et LGD vaut 60 %. Calculez les actifs pondérés au risque de crédit selon l'approche IRB avancée de Bâle II. Combien de fonds propres de base (Tier 1) et complémentaires (Tier 2) sont nécessaires? Comparez les résultats avec ceux obtenus selon l'approche standard de Bâle II et selon Bâle I.

Chapitre 8

La mesure de VaR

Au chapitre 3, des mesures telles que le delta, le gamma ou le vega ont été examinées pour décrire différents aspects du risque d'un portefeuille contenant des options, et éventuellement d'autres actifs. Une institution financière calcule ces différentes mesures chaque jour et pour chaque variable de marché influençant son exposition au risque. Des centaines, voire des milliers de variables sont généralement à prendre en compte, et une analyse en terme de delta, gamma et vega requiert chaque jour la production d'une quantité énorme de mesures. Celles-ci fournissent, en particulier, de l'information utile au trader gérant la partie du portefeuille de l'institution influencée par les variables de marché. Cependant, ces mesures ne permettent pas d'estimer le risque total de l'institution.

La *Value at Risk*, appelée parfois Valeur-à-Risque ou encore Valeur-en-Risque est une tentative de synthétiser en un seul nombre le risque total d'un portefeuille d'actifs financiers[1]. J.P. Morgan a contribué à sa création (voir encadré 8.1) et cette mesure a été par la suite largement acceptée par les trésoriers d'entreprise, les gérants de fonds ainsi que les institutions financières. La mesure de VaR est également utilisée sur le plan de la régulation par le Comité de Bâle pour le calcul du capital requis par les banques (voir chapitre 7).

Dans ce chapitre, nous expliquons cette mesure de VaR et discutons de ses avantages et de ses inconvénients. Nous présentons également les méthodes de *back testing* (tests *ex post*) et de *stress testing* (simulations de crise). Puis, nous expliquons dans les deux chapitres suivants les deux principales approches d'estimation de la VaR de marché. Enfin, le calcul de la VaR de crédit est présenté dans le chapitre 12.

8.1 La définition de la VaR

L'objectif d'une mesure de VaR peut être synthétisé par l'affirmation suivante :

« Nous sommes certains qu'avec X pour cent de chances, nous ne perdrons pas plus de V euros dans les N prochains jours. »

---

1. L'appellation anglo-saxonne *Value at Risk* ou VaR est généralement retenue et sera retenue dans cet ouvrage.

Encadré 8.1 : Historique de la VaR

J.P. Morgan est considéré comme le pionnier de la VaR. Son P.-D.G., Dennis Weatherstone, était mécontent des rapports de risque volumineux qu'il recevait chaque jour, contenant de nombreux détails sur les « grecques » pour les différentes expositions, mais très peu d'information utile pour la direction. Il a donc demandé à ses collaborateurs un document plus simple, centré sur l'exposition totale de la banque sur 24 heures, mesurée sur la base du portefeuille de marché global. Au premier abord, ses employés ont déclaré qu'il était impossible de fournir ce type de document, mais ont finalement pu produire un rapport de VaR en adaptant la théorie du portefeuille de Markowitz (voir section 1.1). Ce document est connu sous le nom de rapport 4:15 car il a été déposé sur le bureau du P.-D.G. à 16 h 15, après la clôture des cotations.

La production de ce document impliqua le traitement d'une quantité considérable de données sur les positions détenues par la banque dans le monde entier, la prise en compte de plusieurs fuseaux horaires, l'estimation des corrélations et des volatilités, et le développement de systèmes informatiques. Le travail fut achevé au début des années 1990. L'avantage principal de ce système résidait dans le fait qu'il offrait à la direction une meilleure compréhension des risques de la banque et, par ce biais, une meilleure capacité d'allocation des fonds propres dans l'institution financière. D'autres banques ont également travaillé sur l'agrégation des risques et, en 1993, la VaR était devenue une mesure du risque largement acceptée et bien établie dans la profession.

Les détails concernant les modèles internes des banques relèvent du secret bancaire. Cependant, en 1994, J.P. Morgan a produit une version simplifiée de son propre système interne, appelée « RiskMetrics », et l'a rendue publique. RiskMetrics incluait les variances et les covariances de nombreuses variables de marché. Cette opération a suscité un débat important sur les avantages et les inconvénients des différents modèles de VaR. Des sociétés informatiques ont commencé à commercialiser leurs propres modèles de VaR, certains inspirés de RiskMetrics. Par la suite, la VaR a rapidement été adoptée comme une mesure standard du risque par les institutions financières, et même non financières. L'Amendement de la BRI, fondé sur la VaR, a été présenté en 1996 et adopté en 1998 (voir section 7.6). J.P. Morgan transforma RiskMetrics en une société à part entière, qui développa CreditMetrics pour gérer les risques de crédit en 1997 et CorporateMetrics pour gérer les risques des entreprises non financières en 1999.

La variable V est la VaR du portefeuille et est fonction de deux paramètres : l'horizon temporel (N jours) et le seuil de confiance (X %). Il s'agit en fait du niveau de perte sur N prochains jours que l'on est certain de ne pas dépasser avec une probabilité de X %. La VaR est la perte correspondant au $100(1 - X)$ quantile de la distribution de probabilité des variations de la valeur du portefeuille dans les N jours à venir. (Les gains et les pertes sont des variations respectivement positives et négatives.) Par exemple, lorsque $N = 5$ et $X = 97$, la VaR est le troisième centile de la distribution des variations de la valeur du portefeuille sur les cinq prochains jours. Si les distributions sont normales, la VaR est illustrée dans le graphique 8.1.

Graphique 8.1

Calcul de la VaR à partir de la distribution de probabilité des variations de la valeur du portefeuille; X % est le seuil de confiance.

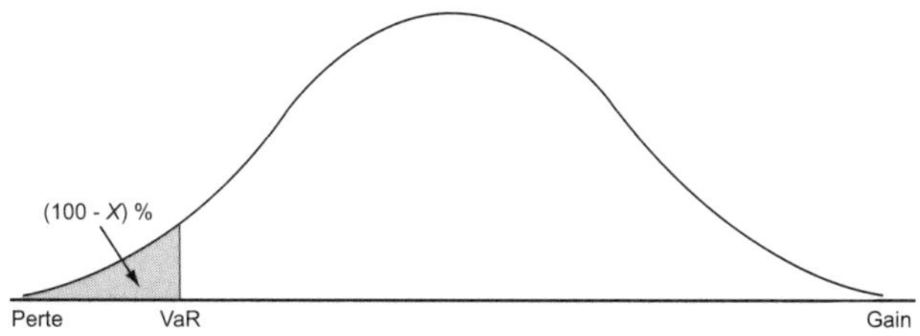

Le graphique 8.1 illustre la distribution des gains journaliers du portefeuille, les pertes étant considérées comme des gains négatifs. Comme nous l'avons déjà évoqué, la VaR est le $(100 - X)$ quantile de cette distribution. Alternativement, on peut calculer la distribution des pertes journalières en considérant un gain comme une perte négative. Dans ce cas, la VaR est le X quantile de cette distribution.

L'Amendement 1996 de la BRI préconise le calcul des fonds propres pour le portefeuille de marché en utilisant une mesure de VaR avec $N = 10$ et $X = 99$ (voir section 7.6). Cela signifie que l'Amendement est centré sur la perte à 10 jours, dépassée dans 1 % des cas seulement. Le capital requis pour une banque est défini comme k fois la mesure de la VaR (avec un ajustement aux risques spécifiques). Le multiplicateur k est choisi par le régulateur au cas par cas et doit être au moins égal à 3,0. Pour une banque disposant de procédures d'estimation de la VaR fiables, ce multiplicateur sera vraisemblablement égal à sa valeur minimale. Il sera plus élevé pour d'autres banques. Comme nous le verrons à la section 8.6, lorsque les tests *ex post* de performance d'un modèle VaR fournissent des résultats peu probants sur les 250 derniers jours, k peut être égal à 4,0.

8.2 VaR et expected shortfall

La VaR est une mesure attractive car facilement compréhensible. De façon synthétique, cette mesure pose une question simple : « Dans quelle mesure la valeur d'un portefeuille peut-elle se dégrader? » Tous les dirigeants souhaitent connaître la réponse à cette question et la synthèse de toutes les « grecques » pour toutes les variables de marché en un seul nombre leur paraît très séduisante. Enfin, la VaR est également très facile à tester *ex post*, comme nous le verrons dans la suite de ce chapitre.

Cependant, lorsque la VaR sert à limiter les risques d'un trader, elle peut s'avérer très dangereuse. Considérons une banque qui limite la VaR au seuil de 99 % à 1 jour du portefeuille d'un trader à 10 millions d'euros. Le trader peut alors construire un portefeuille qui respecte cette limite dans 99 % des cas, mais qui engendre une perte journalière de 500 millions d'euros dans 1 % des cas! La limite imposée au trader est respectée, mais la banque s'expose à des risques clairement non acceptables.

Ce comportement n'est pas totalement irréaliste, car de nombreux traders prennent des risques importants dans l'espoir de réaliser des rendements élevés, et ce malgré les limites imposées par les banques. « Je n'ai jamais rencontré de système de contrôle des risques que je n'ai pu contourner », affirme un trader rencontré par l'auteur de cet ouvrage. Le problème évoqué ici est illustré dans les graphiques 8.1 et 8.2.

Graphique 8.2

Situation alternative à celle du graphique 8.1 ; la VaR est la même, mais les pertes potentielles sont plus importantes.

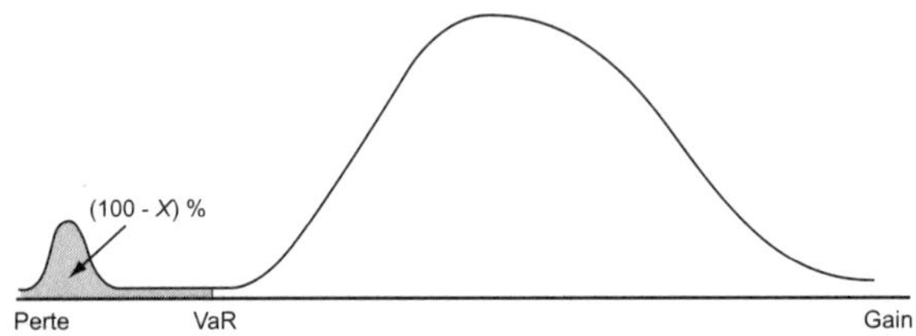

Ces graphiques représentent la distribution de probabilité pour les gains et les pertes d'un portefeuille sur N jours. Les deux portefeuilles ont la même VaR, mais celui illustré dans le graphique 8.2 est nettement plus risqué, puisque les pertes potentielles sont plus élevées.

Expected shortfall

Dans le but de limiter les risques pris par les traders, l'*expected shortfall* (pour lequel on garde communément l'appellation anglo-saxonne) fournit de meilleures incitations. Elle est également appelée VaR conditionnelle ou perte de queue. La question posée par l'expected shortfall est la suivante : « En cas de dégradation de la valeur d'un portefeuille, quelle est la perte attendue ? » Comme la VaR, l'expected shortfall est une fonction de deux paramètres : N (l'horizon temporel en jours) et X (le seuil de confiance). Il correspond à la perte attendue sur N jours conditionnellement au fait que cette perte soit supérieure au X quantile de la distribution[1]. Par exemple, avec $X = 99$ et $N = 10$, l'expected shortfall correspond à la perte moyenne sur une période de 10 jours sous l'hypothèse d'une perte supérieure au 99e centile.

Comme nous le démontrons dans la section suivante, l'expected shortfall a de meilleures propriétés que la VaR puisqu'elle encourage, en particulier, la diversification. Un de ses inconvénients réside cependant dans sa complexité et sa compréhension moins aisée. Cette mesure est également plus difficile à tester *ex post*. Pour ces raisons, la VaR est devenue la mesure la plus populaire pour les régulateurs et les gestionnaires du

1. Comme nous l'avons déjà évoqué précédemment, les gains sont considérés comme des pertes négatives, de manière que tous les résultats soient pris en considération dans la distribution.

risque. Ce chapitre et les deux suivants sont centrés sur son évaluation et son utilisation. Soulignons qu'une grande partie des considérations qui suivent s'appliquent également à l'expected shortfall ainsi qu'à d'autres mesures du risque.

8.3 Les propriétés des mesures du risque

Une mesure du risque utilisée pour déterminer le capital requis peut être considérée comme le montant de liquidités (ou de fonds propres) devant être ajouté à une position afin de rendre son risque acceptable par un régulateur. Artzner *et al.* ont proposé un certain nombre de propriétés qu'une mesure du risque doit respecter dans ce contexte[1] :

1. *Monotonicité* : sa valeur doit être plus importante pour un portefeuille ayant des rendements plus faibles dans tous les Etats du monde.
2. *Invariance de la translation* : si l'on ajoute un montant de liquidités K à un portefeuille, alors sa valeur doit diminuer de K.
3. *Homogénéité* : faire varier d'un facteur λ la taille d'un portefeuille doit multiplier sa valeur par λ, en gardant constants les montants des composantes de ce portefeuille.
4. *Sous-additivité* : la valeur associée à cette mesure pour deux portefeuilles ne doit pas être supérieure à la somme des valeurs associées à chacun des portefeuilles.

Les trois premières propriétés sont intuitives puisque la mesure du risque correspond au montant de liquidités à ajouter à un portefeuille pour rendre son risque acceptable. La quatrième propriété concerne la diversification des risques. En effet, lorsqu'on agrège deux risques, le total de leurs mesures du risque devrait soit diminuer, soit rester constant. La VaR satisfait les trois premières propriétés, mais pas toujours la quatrième (voir exemple 8.1).

Mesures cohérentes du risque

Les mesures du risque qui satisfont les quatre propriétés énoncées précédemment sont dites *cohérentes*. En conséquent, la VaR n'est pas une mesure cohérente (voir exemple 8.1), contrairement à l'expected shortfall (voir exemple 8.2).

Une mesure du risque peut être également caractérisée par les poids qu'elle assigne aux quantiles de la distribution des pertes. La VaR assigne une pondération de 100 % au X quantile et zéro à tous les autres. En revanche, l'expected shortfall assigne des pondérations égales à tous les quantiles supérieurs au X quantile et des pondérations nulles à tous les quantiles inférieurs. On peut également définir une *mesure spectrale du*

---

1. Voir ARTZNER P., DELBAEN F., EBER J.-M. et HEATH D., « Coherent Measures of Risk », in *Mathematical Finance*. 1999, vol. 9, p. 203-228.

Exemple 8.1

Considérons deux prêts de 10 millions d'euros et de probabilité de défaut de 1,25 % chacun. Si un des prêts fait défaut, son taux de recouvrement est incertain et compris entre 0 % et 100 %. En l'absence de défaut, le profit sur un prêt vaut 0,2 million d'euros. Pour simplifier, on suppose que, si l'un des prêts fait défaut, il est certain que l'autre ne fera pas défaut[1].

La VaR au seuil de 99 % à un an vaut 2 millions d'euros pour un prêt. En effet, la probabilité de perte vaut 1,25 % et la probabilité conditionnelle d'une perte supérieure à 2 millions d'euros vaut 80 %. La probabilité inconditionnelle d'une perte supérieure à 2 millions d'euros vaut 1 %, soit 80 % fois 1,25 %.

Considérons un portefeuille composé de ces deux prêts. Chaque prêt fait défaut avec 1,25 % de chances et ils ne font jamais défaut simultanément. Un défaut a donc 2,5 % de chances de se réaliser. Dans ce cas, la VaR est de 5,8 millions d'euros. En effet, la probabilité qu'un des prêts fasse défaut est de 2,5 % et la probabilité conditionnelle à une perte supérieure à 6 millions d'euros vaut 40 %. Enfin, la probabilité inconditionnelle que la perte sur le prêt défaillant dépasse 6 millions est donc 40 % fois 2,5 %, soit 1 %. Comme un profit est enregistré sur le prêt non défaillant, la VaR au seuil de 99 % à un an est égale à 5,8 millions.

En revanche, la somme des VaR des deux prêts est 2 + 2 = 4 millions. La VaR du portefeuille des deux prêts vaut 5,8 millions, soit 1,8 million de plus, malgré la diversification.

Exemple 8.2

Considérons les données de l'exemple 8.1. La VaR pour un prêt vaut 2 millions d'euros. L'expected shortfall au niveau de confiance 99 % et à l'horizon d'un an pour un prêt est la perte attendue sur ce prêt, conditionnellement au fait qu'elle soit supérieure à 2 millions d'euros. Si la distribution des pertes est uniforme (0 – 10 millions d'euros), l'expected shortfall est la moyenne de 2 millions d'euros et 10 millions d'euros, soit 6 millions d'euros.

La VaR pour le portefeuille des deux prêts vaut 5,8 millions d'euros (voir exemple 8.1). L'expected shortfall du portefeuille est donc la perte attendue conditionnellement au fait que la perte potentielle soit supérieure à 5,8 millions d'euros. Les défauts sont indépendants par hypothèse et les réalisations possibles sont distribuées de manière uniforme entre un gain de 0,2 million d'euros et une perte de 9,8 millions d'euros. La perte attendue s'établit entre 5,8 millions d'euros et 9,8 millions d'euros, soit 7,8 millions d'euros, ce qui correspond à l'expected shortfall du portefeuille.

Celui-ci respecte la propriété de sous-additivité puisque 6 + 6 > 7,8.

risque en posant d'autres hypothèses sur les pondérations des quantiles. Un résultat général stipule qu'une mesure spectrale du risque est cohérente (*i.e.* elle respecte la propriété de sous-additivité) si la pondération assignée au q quantile de la distribution des pertes est une fonction non décroissante de q. L'expected shortfall respecte cette condition, mais pas la VaR. En effet, celle-ci assigne aux quantiles supérieurs à X des pondérations inférieures à la pondération du X quantile. Certains chercheurs ont également proposé des mesures pour lesquelles les pondérations assignées au q quantile augmentent rapidement avec ce dernier. Une des intuitions consiste à rendre la pondération du q quantile proportionnelle à $e^{-(1-q)/\gamma}$, avec γ constant. On parle dans ce cas de *mesure spectrale exponentielle du risque*. Les pondérations des quantiles pour l'expected shortfall et la mesure spectrale exponentielle du risque avec deux valeurs pour γ sont représentées dans le graphique 8.3.

Graphique 8.3

Pondérations en fonction des quantiles pour (a) l'expected shortfall avec X = 90 %, (b) la mesure spectrale exponentielle du risque avec γ = 0,15 et (c) la mesure spectrale exponentielle du risque avec γ = 0,05.

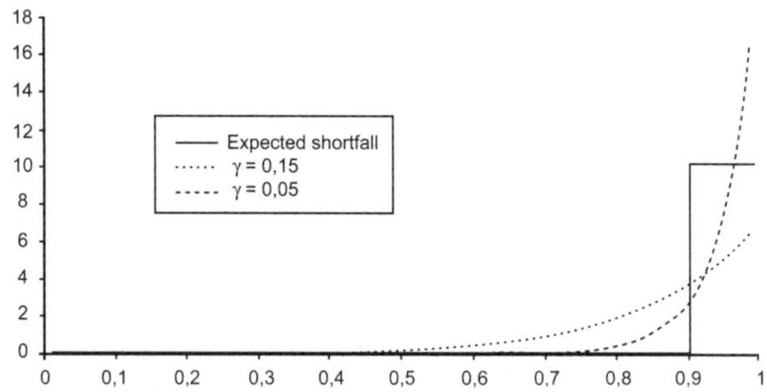

8.4 Choix des paramètres de la VaR

L'utilisateur de la VaR doit choisir deux paramètres : l'horizon temporel et le seuil de confiance. Le Comité de Bâle a choisi un horizon de 10 jours et un seuil de 99 % pour les risques de marché (voir chapitre 7). Un horizon d'un an et un seuil de 99,99 % sont retenus pour les risques de crédit (approche fondée sur les notations internes) et pour le risque opérationnel (approche de mesure avancée). D'autres valeurs de ces paramètres peuvent être choisies selon les situations envisagées. Par exemple, Microsoft indique dans ses rapports annuels que l'entreprise calcule la VaR à un horizon temporel de 20 jours et un seuil de confiance de 97,5 %.

Une hypothèse largement adoptée, quoique discutable, consiste à admettre que les variations de la valeur du portefeuille sur la période de l'horizon temporel ont une distribution normale. Ainsi, la variation moyenne est supposée nulle. Ces hypothèses sont pratiques puisqu'elles simplifient le calcul de la VaR :

$$\textbf{(8.1)} \quad VaR = \sigma N^{-1}(X)$$

avec X le seuil de confiance, σ l'écart-type de la variation du portefeuille sur la période de l'horizon temporel et $N^{-1}(.)$ la fonction de répartition inverse d'une loi normale (qui peut être obtenue en utilisant la commande LOI.NORMALE.INVERSE dans Excel). D'après cette équation, la VaR est proportionnelle à σ pour un seuil de confiance donné, quel que soit l'horizon temporel.

Exemple 8.3

Supposons que les variations de la valeur du portefeuille sur un horizon temporel de 10 jours sont normales, de moyenne nulle et d'écart-type de 20 millions d'euros. La VaR au seuil de 99 % à 10 jours vaut :

$$20N^{-1}(0{,}99) = 46{,}5$$

ou 46,5 millions d'euros.

L'horizon temporel

Le choix de l'horizon temporel dépend de l'utilisation de la VaR. Un trader calcule les pertes et les profits chaque jour. Sa position est généralement liquide et activement gérée. Pour un usage interne, il semble donc judicieux de calculer la VaR sur un horizon temporel d'un jour ouvré. Si cette VaR est inacceptable, le portefeuille peut être réajusté assez rapidement. Par ailleurs, une VaR sur un horizon plus long aurait peu de sens compte tenu des variations dans la composition du portefeuille.

Un horizon temporel d'un mois est choisi par un gérant d'un fonds de pension, car son portefeuille est géré de manière moins active et certains des instruments qui le composent sont peu liquides. De plus, les performances d'un fonds sont souvent évaluées sur une base mensuelle.

Quelle que soit l'utilisation de la VaR, lorsque les risques de marché sont pris en considération, les analystes calculent en premier lieu la VaR sur un horizon temporel d'un jour. L'hypothèse habituelle est :

$$\textbf{(8.2)}\quad \text{VaR à } N \text{ jours} = \text{VaR à 1 jour} \times \sqrt{N}$$

Cette formule est exacte si les variations de la valeur du portefeuille sont indépendantes et ont une distribution normale, de moyenne nulle, sur N jours successifs. Dans les autres cas, cette formule est approximative. Elle est déduite de l'équation (8.1) et des propriétés suivantes :

1. L'écart-type de la somme de N distributions identiques et indépendantes est égal à $\sqrt{N}$ fois l'écart-type de chaque distribution.
2. La somme de variables normalement distribuées et indépendantes suit une loi normale.

Capital réglementaire

Comme nous l'avons vu précédemment, le capital réglementaire pour le risque de marché est calculé à partir de la VaR au seuil de 99 % à 10 jours. La VaR peut être obtenue à partir de l'équation (8.2) et correspond à $\sqrt{10}$ fois la VaR au seuil de 99 % à 1 jour. Cela signifie que, si le capital réglementaire d'une banque vaut trois fois la VaR au seuil de 99 % à 10 jours, on obtient en fait $3 \times \sqrt{10} = 9{,}49$ fois la VaR au seuil de

99 % à 1 jour. Les deux chapitres suivants se concentrent uniquement sur le calcul de la VaR à 1 jour pour les risques de marché.

Influence de l'autocorrélation

En pratique, les variations journalières de la valeur du portefeuille ne sont pas toujours indépendantes. Soit ΔP_i la variation de la valeur du portefeuille le jour *i*. Une hypothèse simple consiste à admettre l'existence d'une autocorrélation d'ordre un (*i.e.* la corrélation entre ΔP_i et ΔP_{i-1} vaut ρ pour tout *i*). Supposons que la variance de ΔP_i soit σ^2 pour tout *i*. En utilisant la formule usuelle pour le calcul de la variance d'une somme de deux variables, on obtient la variance de $\Delta P_{i-1} + \Delta P_i$:

$$\sigma^2 + \sigma^2 + 2\rho\sigma^2 = 2(1+\rho)\sigma^2$$

Supposons que la corrélation entre ΔP_{i-j} et ΔP_i vaut ρ^j. On peut alors calculer la variance de $\sum_{i=1}^{N} \Delta P_i$ (voir également le problème 8.12) ; elle s'écrit :

$$\textbf{(8.3)}\quad \sigma^2\left[N + 2(N-1)\rho + 2(N-2)\rho^2 + 2(N-3)\rho^3 + \ldots + 2\rho^{N-1}\right]$$

Le tableau 8.1 montre l'influence de l'autocorrélation sur la VaR à *N* jours, calculée à partir de la VaR à 1 jour.

Tableau 8.1 : Ratio VaR à *N* jours / VaR à 1 jour pour différentes valeurs de *N* en présence d'autocorrélation d'ordre 1 ; la distribution des variations de la valeur du portefeuille pour chaque jour est supposée normale de moyenne nulle ; ρ est le coefficient d'autocorrélation

	$N = 1$	$N = 2$	$N = 5$	$N = 10$	$N = 50$	$N = 250$
$\rho = 0$	1,00	1,41	2,24	3,16	7,07	15,81
$\rho = 0{,}05$	1,00	1,45	2,33	3,31	7,43	16,62
$\rho = 0{,}1$	1,00	1,48	2,42	3,46	7,80	17,47
$\rho = 0{,}2$	1,00	1,55	2,62	3,79	8,62	19,35

On suppose que les distributions des variations journalières du portefeuille sont identiques et normales de moyenne nulle. On remarque que le ratio VaR à *N* jours / VaR à 1 jour ne dépend pas de l'écart-type journalier σ ni du seuil de confiance. Cela découle du résultat de l'équation (8.1) et de la propriété de l'équation (8.2) qui stipule que l'écart-type à *N* jours est proportionnel à celui à 1 jour. En comparant la première ligne du tableau 8.1 aux autres lignes, on remarque également que la présence d'une autocorrélation induit des estimations plus faibles de la VaR.

Exemple 8.4

Supposons que l'écart-type des variations journalières de la valeur du portefeuille soit 3 millions d'euros et que le coefficient d'autocorrélation d'ordre un des variations journalières soit 0,1. À partir de l'équation (8.3), on obtient la variance des variations de la valeur du portefeuille sur cinq jours :

$$3^2\left[5+2\times4\times0{,}1+2\times3\times0{,}1^2+2\times2\times0{,}1^3+2\times1\times0{,}1^4\right]=52{,}7778$$

et on en déduit l'écart-type qui vaut $\sqrt{52{,}7778}$, soit 7,265. La VaR au seuil de 95 % à 5 jours est donc $7{,}265\times N^{-1}(0{,}95)=11{,}95$, soit 11,95 millions d'euros. Le rapport des écarts-types des variations du portefeuille à cinq jours et à un jour vaut 7,265/3 = 2,42. Compte tenu de l'hypothèse de proportionnalité des écarts-types, on retrouve bien ce résultat dans le tableau 8.1 pour $\rho=0{,}1$ et $N=5$.

Seuil de confiance

Un certain nombre de facteurs influencent le choix du seuil de confiance de la VaR. Considérons une banque qui souhaite maintenir une notation de crédit AA. (Les entreprises notées AA ont une probabilité de défaut à un an de 0,03 %.) Cette banque peut choisir un seuil de confiance à 99,97 % et un horizon temporel d'un an pour son système interne de gestion du risque. (Elle peut, en outre, communiquer son choix aux agences de notation pour prouver qu'elle « mérite » bien sa notation.)

Cependant, le seuil de confiance effectivement utilisé pour le calcul de la VaR est inférieur à celui finalement communiqué, car l'estimation de la VaR avec un seuil de confiance élevé est difficile. Si l'on suppose des variations journalières du portefeuille normales et de moyenne nulle, on peut convertir alors des mesures de VaR calculées avec différents seuils de confiance en utilisant l'équation (8.1). Supposons que σ est l'écart-type des variations de la valeur du portefeuille sur un horizon temporel donné et que l'espérance de ces variations est nulle. On note *VaR(X)* la VaR au seuil de confiance *X*. À partir de l'équation (8.1), on peut écrire :

$$VaR(X)=\sigma N^{-1}(X)$$

pour tout seuil de confiance *X*. On en déduit :

$$\textbf{(8.4)}\quad VaR(X^*)=VaR(X)\frac{N^{-1}(X^*)}{N^{-1}(X)}$$

Malheureusement, cette formule est très sensible à la forme des queues de la distribution des pertes, supposée normale. Lorsque cette hypothèse n'est pas vérifiée, les résultats obtenus avec l'équation (8.4) sont fortement biaisés. La théorie des valeurs extrêmes offre une alternative pour l'extrapolation des queues des distributions des pertes (voir chapitre 9).

L'équation (8.4) postule que les deux mesures de VaR ont le même horizon temporel. Pour contourner cette hypothèse, on peut combiner cette formule avec les équations (8.2) ou (8.3).

Exemple 8.5

Considérons une VaR au seuil de confiance 95 % à un jour de 1,5 million d'euros. Sous l'hypothèse de distribution normale de moyenne nulle des variations de la valeur du portefeuille, la VaR à 99 % à un jour vaut :

$$1{,}5 \times \frac{2{,}326}{1{,}645} = 2{,}12$$

ou 2,12 millions d'euros. Si l'on suppose que les variations journalières sont indépendantes, la VaR à 99 % à dix jours est égale à $\sqrt{10}$ fois ce résultat, soit 6,71 millions d'euros et la VaR à 99 % à 250 jours vaut $\sqrt{250}$ fois 2,12, soit 33,54 millions d'euros.

8.5 VaR marginale, VaR incrémentale et VaR partielle

Souvent, les analystes calculent des mesures supplémentaires pour mieux comprendre la VaR. Considérons l'actif *i*, noté x_i, d'un portefeuille. La *VaR marginale* correspond à la sensibilité de la VaR au montant investi dans cet actif :

$$\frac{\partial(VaR)}{\partial x_i}$$

La VaR marginale est étroitement liée au bêta du MEDAF (voir section 1.1). La VaR marginale est élevée (respectivement faible) pour un actif ayant un bêta élevé (respectivement faible). Dans certains cas, la VaR marginale est négative, indiquant que l'augmentation de la pondération d'un actif réduit le risque du portefeuille.

La *VaR incrémentale* correspond à l'effet induit sur la VaR d'une nouvelle transaction ou de son dénouement. Cette mesure répond à la question suivante : « Quelle est la différence entre la VaR calculée avec et sans cette transaction ? » Elle intéresse particulièrement les traders soucieux de connaître l'impact d'une nouvelle position sur le capital réglementaire associé à leur portefeuille. Si une composante est résiduelle par rapport à la taille du portefeuille, alors il est raisonnable de supposer que sa VaR marginale demeure constante lorsque x_i est réduit à zéro. La formule de la VaR incrémentale pour l'actif *i* peut alors s'écrire :

$$\frac{\partial(VaR)}{\partial x_i} x_i \qquad \textbf{(8.5)}$$

La *VaR partielle* de l'actif i correspond à la part de la VaR du portefeuille qui est attribuée à cet actif. La VaR partielle doit respecter les propriétés suivantes :

1. La VaR partielle pour l'actif i d'un portefeuille important doit être approximativement égale à la VaR incrémentale pour cet actif.
2. La somme des VaR partielles doit être égale à la VaR du portefeuille.

Compte tenu des non-linéarités dans le calcul de la VaR, on ne peut satisfaire les conditions de premier et de second ordre simultanément. En revanche, on peut recourir au théorème d'Euler pour calculer les VaR partielles[1] :

$$VaR = \sum_{i=1}^{N} \frac{\partial(VaR)}{\partial x_i} x_i$$

où N est le nombre d'actifs. On peut alors définir :

$$C_i = \frac{\partial(VaR)}{\partial x_i} x_i \tag{8.6}$$

avec C_i la VaR partielle de l'actif i. À partir du théorème d'Euler, on peut vérifier que cette formule satisfait la condition de second ordre :

$$VaR = C_1 + C_2 + \ldots + C_N$$

ainsi que la condition de premier ordre (voir équation 8.5). On remarque que la définition de C_i dans l'équation (8.6) est équivalente à la perte attendue sur l'actif i conditionnellement à une perte sur le portefeuille égale à sa VaR.

Grâce au théorème d'Euler, les expected shortfall marginaux, incrémentaux et partiels peuvent être calculés de façon analogue.

8.6 Back testing (tests *ex post*)

Quelle que soit la méthode de calcul de la VaR, le back testing est vivement recommandé et consiste à tester les performances des estimations de la VaR sur données passées. Supposons que nous ayons développé une procédure de calcul de la VaR au seuil de 99 % à un jour. Le back testing consiste à vérifier le nombre de fois où la perte journalière a effectivement dépassé la VaR. Dans ce contexte, les jours où ce dépassement a lieu sont appelés des *exceptions*. Si elles représentent 1 % des jours, la méthodologie de calcul de la VaR peut être considérée comme fiable. En revanche, si elles représentent 7 % des jours, le calcul n'est pas fiable et sous-estime vraisemblablement la VaR et le capital réglementaire.

1. La condition requise pour l'application du théorème d'Euler est la suivante : si l'on multiplie chaque x_i par un facteur λ, alors la VaR du portefeuille est également multipliée par λ. Il s'agit en fait de la condition d'homogénéité linéaire, qui est satisfaite ici.

Symétriquement, si les exceptions représentent, par exemple, 0,3 % des jours, alors la VaR est surestimée et les fonds propres sont trop élevés.

Un choix important dans cette procédure est la prise en compte ou non des variations de la composition du portefeuille sur la période étudiée. Deux méthodes sont ici envisageables. La première consiste à comparer la VaR avec la variation hypothétique de la valeur du portefeuille, calculée sous l'hypothèse de composition fixe sur la période considérée. La seconde consiste à comparer la VaR à la variation effective de la valeur du portefeuille sur cette période. Comme la VaR est elle-même calculée sous l'hypothèse de composition fixe du portefeuille, la première méthode semble plus logique. Cependant, ce sont bien les variations effectives qui sont importantes. En pratique, les gestionnaires des risques utilisent les deux méthodes (les régulateurs préconisent également le recours aux deux méthodes). Les variations effectives sont ajustées des éléments non affectés par le risque de marché (commissions et gains des transactions effectuées à des prix différents du marché).

Considérons un horizon temporel d'un jour et un seuil de confiance de X %. Si le modèle de VaR est fiable, la probabilité que la VaR soit dépassée est $p = 1 - X$. Supposons maintenant que l'on dispose d'observations sur n jours et que la VaR ait été dépassée à m reprises, avec $m/n > p$. Doit-on rejeter ce modèle? Pour répondre à cette question, considérons deux hypothèses alternatives :

1. La probabilité d'une exception est égale à p.
2. La probabilité d'une exception est supérieure à p.

À partir des propriétés de la loi binomiale, on peut écrire la probabilité que la VaR soit dépassée durant m jours ou plus :

$$\sum_{k=m}^{n} \frac{n!}{k!(n-k)!} p^k (1-p)^{n-k}$$

On peut obtenir la valeur de cette probabilité en utilisant la commande LOI.BINOMIALE dans Excel. Un seuil de confiance couramment utilisé dans les tests statistiques est 5 %. Si la probabilité de dépassement de la VaR à m reprises ou plus est inférieure à 5 %, on rejette la première hypothèse ci-dessus.

Lorsque le nombre d'exceptions, m, est inférieur au nombre attendu, on peut tester si la probabilité d'une exception est 1 %. (Dans ce cas, l'hypothèse alternative est que la probabilité d'une exception est inférieure à 1 %.) La probabilité associée à l'événement « nombre d'exceptions supérieur ou égal à m » est :

$$\sum_{k=0}^{m} \frac{n!}{k!(n-k)!} p^k (1-p)^{n-k}$$

que l'on doit comparer au seuil de 5 %.

Exemple 8.6

Supposons que l'on souhaite tester *ex post* un modèle de VaR en utilisant des donnés sur 600 jours. Le seuil de confiance de la VaR vaut 99 % et l'on a observé neuf exceptions. Le nombre d'exceptions attendues est six. Doit-on rejeter ce modèle ? Pour répondre à cette question, on calcule la probabilité de neuf exceptions ou plus avec Excel :

1 – LOI.BINOMIALE(8;600;0,01;VRAI)

qui vaut 0,152. Par conséquent, on ne peut rejeter ce modèle au seuil de 5 %. En revanche, avec 12 exceptions, ce modèle est rejeté, puisque la probabilité de 12 exceptions ou plus vaut 0,019. En fait, à partir de 11 exceptions ou plus, ce modèle est rejeté. (La probabilité de 10 ou plus exceptions est supérieure à 5 %, mais la probabilité de 11 exceptions ou moins est inférieure à 5 %).

Exemple 8.7

Supposons que l'on souhaite tester *ex post* le modèle de l'exemple (8.6) après avoir observé une exception. Le calcul de la probabilité associée à une exception ou moins s'écrit (avec Excel) :

LOI.BINOMIALE(1;600;0,01;VRAI)

et vaut 0,017. En conséquent, on rejette ce modèle au seuil de 5 %. En revanche, avec deux exceptions ou plus, ce modèle ne peut être rejeté.

Les tests considérés jusqu'à présent sont unilatéraux. Dans les exemples (8.6) et (8.7), on a supposé que la vraie probabilité associée à une exception était respectivement supérieure ou égale et inférieure ou égale à 1 %. Kupiec propose un test bilatéral relativement performant[1]. En notant p la probabilité d'une exception et m le nombre d'exceptions observées sur n jours, alors :

$$\textbf{(8.7)}\quad -2\ln[(1-p)^{n-m}p^{m}]+2\ln[(1-m/n)^{n-m}(m/n)^{m}]$$

a une distribution de khi-deux à un degré de liberté. Les valeurs de cette statistique sont élevées pour des exceptions très rares ou très fréquentes. La valeur d'une variable suivant une loi khi-deux à un degré de liberté est supérieure à 3,84 avec une probabilité de 5 %. On rejette donc le modèle de VaR si le résultat de l'équation (8.7) est supérieur à 3,84.

En règle générale, la difficulté du back testing augmente avec le seuil de confiance de la VaR, ce qui suggère de retenir des seuils faibles.

1. Voir KUPIEC P., « Techniques for Verifying the Accuracy of Risk Management Models », in *Journal of Derivatives*. 1995, vol. 3, p. 73-84.

Exemple 8.8

Reprenons les données des exemples (8.6) et (8.7). La statistique obtenue avec l'équation (8.7) est supérieure à 3,84 lorsque le nombre d'exceptions m est inférieur ou égal à un, et lorsqu'il est supérieur ou égal à 12. On peut donc accepter ce modèle de VaR lorsque $2 \leq m \leq 11$.

Les règles du Comité de Bâle

L'Amendement de la BIS 1996 (voir section 7.6) exige la mise en place de procédures de back testing des modèles de VaR. Les banques doivent utiliser les variations observées et hypothétiques des gains et des pertes journaliers pour tester un modèle de VaR à un jour au seuil de 99 %. Si le nombre d'exceptions est inférieur à 5 sur les 250 derniers jours, alors le multiplicateur réglementaire de la VaR vaut au moins 3. En revanche, s'il y a eu respectivement 5, 6, 7, 8 et 9 exceptions, alors ce multiplicateur vaut respectivement 3,4 ; 3,5 ; 3,65 ; 3,75 et 3,85. Le régulateur dispose d'une marge discrétionnaire pour imposer des multiplicateurs supérieurs à 3. Cette pénalité est effective si la source des exceptions provient d'une déficience du modèle de VaR. En revanche, aucune règle n'est prévue s'il s'avère que les exceptions sont dues à la « malchance ». Lorsque les exceptions sont supérieures ou égales à 10, l'Amendement de Bâle prévoit un multiplicateur égal à 4. Les tests statistiques décrits précédemment peuvent être utilisés pour déterminer les seuils de confiance que le Comité de Bâle applique pour accepter ou rejeter un modèle de VaR (voir exercice 8.13).

La concentration *(bunching)*

La concentration constitue un autre élément important. Si les variations journalières du portefeuille sont indépendantes, les exceptions devraient être réparties de manière homogène sur la période de temps utilisée pour le back testing. En pratique, les exceptions sont souvent concentrées, et les pertes risquent de ne plus être indépendantes dans le temps. Une approche pour tester la concentration repose sur le test d'autocorrélation (voir section 5.9). Une alternative consiste à utiliser la statistique suggérée par Christofferson[1] :

$$-2\left[\ln(1-\pi^{u_{00}+u_{10}}\pi^{u_{01}+u_{11}}\right]+2\ln\left[(1-\pi_{01})^{u_{00}}\pi_{01}^{u_{01}}(1-\pi_{11})^{u_{10}}\pi_{11}^{u_{11}}\right]$$

avec u_{ij} le nombre de jours où l'état i précède l'état j. Cette statistique suit une loi de khi-deux à un degré de liberté s'il n'y a pas de concentration. L'état 0 correspond à un jour sans exception, tandis que l'état 1 correspond au jour avec une exception. Par ailleurs, on a :

1. Voir CHRISTOFFERSON P.F., « Evaluation Interval Forecasts », in *International Economic Review*. 1998, vol. 39, p. 841-862.

$$\pi = \frac{u_{01} + u_{11}}{u_{00} + u_{10} + u_{01} + u_{11}}$$

$$\pi_{01} = \frac{u_{01}}{u_{00} + u_{01}}$$

$$\pi_{11} = \frac{u_{11}}{u_{10} + u_{11}}$$

8.7 Stress testing (simulation de crise)

Outre le back testing, le Comité de Bâle impose également la mise en place de *stress testing* (simulation de crise) rigoureux et complet des modèles de VaR. Ces tests impliquent l'estimation des valeurs du portefeuille dans des conditions de marché extrêmes. Les modèles de VaR tiennent ces événements pour peu probables, même si en pratique leur probabilité d'occurrence est non nulle.

Le stress testing est un moyen de tenir compte des événements extrêmes ou quasi impossibles selon les distributions de probabilité retenues, mais qui peuvent toutefois se réaliser. Un exemple de variation extrême est un écart-type journalier d'une variable de marché multiplié par cinq. Sous l'hypothèse d'une distribution normale, ce mouvement a lieu une fois tous les 7 000 ans, même si en pratique il se réalise une ou deux fois tous les dix ans.

Différents stress tests peuvent être mis en œuvre, comme par exemple :

1. Déplacement de la courbe des taux de 100 points de base.
2. Augmentation de 20 % de la volatilité implicite d'un actif.
3. Augmentation de 10 % de la valeur d'un indice.
4. Modification du taux de change d'une devise majeure ou mineure de 6 % ou de 20 %.

Généralement, plusieurs variables de marché sont modifiées dans le cadre du stress testing. Une pratique courante repose sur l'utilisation de scénarios historiques. Par exemple, une entreprise peut calibrer les variations des variables de marché sur celles qui ont observées le 19 octobre 1987 (le S&P 500 a varié ce jour de 22,3 écarts-types) afin de tester sur son portefeuille l'impact des variations extrêmes du prix des actions américaines. Si ce type d'événement est considéré comme trop extrême, l'entreprise peut utiliser les variations observées le 8 janvier 1988 (lorsque le S&P 500 a varié de 6,8 écarts-types). Pour tester l'impact de variations extrêmes des taux d'intérêt britanniques, l'entreprise peut se référer aux variations observées le 10 avril 1992 (le rendement des obligations 10 ans a varié ce jour de 8,7 écarts-types).

Les scénarios mis en œuvre dans le stress testing sont parfois décidés par les dirigeants. On peut les réunir régulièrement afin de développer des scénarios extrêmes pouvant se réaliser compte tenu de l'environnement économique. Quelle que soit la procédure utilisée dans la mise en place du stress testing, les dirigeants doivent y adhérer et analyser leurs résultats.

Lorsque l'on se contente d'une modification de quelques variables de marché, les variations des autres variables peuvent être considérées comme nulles. On peut également avoir recours à des régressions afin d'obtenir des prévisions conditionnelles. Ces prévisions peuvent ensuite être intégrées dans le stress testing. Cette technique est connue sous le nom de *stress testing conditionnel* (voir Kupiec)[1].

Résumé

L'objectif d'un calcul de VaR répond à l'affirmation suivante : « Nous sommes certains à X % que nous n'allons pas perdre plus de V euros sur les N prochains jours. » V correspond à la VaR, X % au seuil de confiance et N à l'horizon temporel. La VaR est une mesure du risque très largement acceptée. Une mesure alternative, présentant des propriétés théoriques plus solides, est l'expected shortfall. Il s'agit de la perte attendue conditionnelle à une perte supérieure à la VaR.

Lorsque les variations de la valeur du portefeuille sont normalement distribuées, le calcul de la VaR à un seuil donné permet d'inférer l'ensemble des VaR quel que soit le seuil retenu. De même, si les variations journalières sont indépendantes et normalement distribuées, la VaR à N jours est égale à $\sqrt{N}$ fois la VaR à un jour. Lorsque l'hypothèse d'indépendance est relâchée, des formules plus compliquées permettent de calculer ces valeurs.

La VaR marginale par rapport à la position i est la dérivée partielle de la VaR par rapport à la taille de cette position. La VaR incrémentale correspond à l'effet de l'augmentation de cette position sur la VaR. Les VaR partielles correspondent à la somme des VaR, et chacune des composantes correspond à la VaR incrémentale s'il s'agit d'un portefeuille de taille importante et bien diversifié.

Le back testing est un élément important de tout système de VaR. Il permet d'étudier les performances du modèle sur données passées. À cet effet, deux méthodes peuvent être mises en œuvre. La première repose sur le pourcentage d'exceptions, *i.e.* le nombre de fois où la perte réalisée dépasse la VaR. La seconde s'appuie sur la concentration des exceptions. En outre, des tests statistiques permettent de rejeter ou d'accepter le modèle en fonction du pourcentage d'exceptions ou de leur concentration. Les régulateurs disposent de multiplicateurs applicables à la VaR pour accroître le capital requis si les résultats du back testing (sur 250 jours) sont jugés insatisfaisants.

---

1. KUPIEC P., « Stress Testing in a Value at Risk Framework », in *Journal of Derivatives*. 1999, vol. 6, p. 7-24.

Le stress testing est un autre élément important des modèles de VaR. Il consiste à envisager plusieurs scénarios de crise, historiques ou prévisionnels. En effet, dans le cadre théorique retenu, les événements extrêmes peuvent se réaliser avec une probabilité très faible.

Références complémentaires

ARTZNER, P., DELBAEN, F., EBER, J. M. et HEATH, D., « Coherent Measures of Risk », in *Mathematical Finance*. 1999, vol. 9, p. 203-228.

BASAK, S. et SHAPIRO, A., « Value-at-Risk-Based Risk Management : Optimal Policies and Asset Prices », in *Review of Financial Studies*. 2001, vol. 14, p. 371-405.

BEDER, T., « VaR : Seductive but Dangerous », in *Financial Analysts Journal*. 1995, vol. 51, p. 12-24.

BOUDOUKH, J., RICHARDSON, M. et WHITELAW, R., « The Best of Both Worlds », in *Risk*. Mai 1998, p. 64-67.

DOWD, K., *Beyond Value at Risk : The New Science of Risk Management*. Wiley, 1998.

DUFFIE, D. et PAN, J., « An Overview of Value at Risk », in *Journal of Derivatives*. Printemps 1997, vol. 4, p. 7-49.

HOPPER, G., « Value at Risk : A New Methodology for Measuring Portfolio Risk », in *Business Review*. Federal Reserve Bank of Philadelphia, juillet/août 1996, p. 19-29.

HUA, P. et WILMOTT, P., « Crash Courses », in *Risk*. Juin 1997, p. 64-67.

JACKSON, P., MAUDE, D. J. et PERRAUDIN, W., « Bank Capital and Value at Risk », in *Journal of Derivatives*. Printemps 1997, vol. 4, p. 73-90.

JORION, P., *Value at Risk : The New Benchmark for Controlling Market Risk*. Irwin, 1997.

LONGIN, F., « Beyond the VaR », in *Journal of Derivatives*. Été 2001, vol. 8, p. 36-48.

MARSHALL, C. et SIEGEL, M., « Value at Risk : Implementing a Risk Measurement Standard », in *Journal of Derivatives*. Printemps 1997, vol. 4, p. 91-111.

RONCALLI, T., *La Gestion des risques financiers*. Economica, 2004.

Problèmes et exercices (corrigés en fin d'ouvrage)

8.1. Quelle est la différence entre l'expected shortfall et la VaR ? Quel est l'avantage théorique de l'expected shortfall sur la VaR ?

8.2. Qu'est-ce qu'une mesure spectrale du risque ? Quelles conditions doit satisfaire cette mesure pour respecter la condition de sous-additivité (voir section 8.3) ?

8.3. La VaR au seuil de 95 % à un mois d'un fonds de placement vaut 6 % de son portefeuille d'actifs. Vous avez investi 100 000 € dans ce fonds. Comment interprétez-vous la mesure de la VaR ?

8.4. L'expected shortfall au seuil de 95 % à un mois d'un fonds de placement vaut 6 % de son portefeuille d'actifs. Vous avez investi 100 000 € dans ce fonds. Comment interprétez-vous la mesure de l'expected shortfall ?

8.5. Considérons deux investissements indépendants dont les montants et les probabilités de perte sont les suivants : 10 millions d'euros à 0,9 % et 1 million d'euros à 99,1 %. La probabilité d'un gain est nulle. (a) Quelle est la VaR au seuil de 99 % d'un des investissements ? (b) Quel est l'expected shortfall au seuil de 99 % d'un des investissements ? (c) Quelle est la VaR au seuil de 99 % des deux investissements ? (d) Quel est l'expected shortfall au seuil de 99 % des deux investissements ? (e) Montrez que l'expected shortfall respecte la contrainte de sous-additivité, contrairement à la VaR.

8.6. Supposons que les variations de la valeur d'un portefeuille sur un jour ont une distribution normale de moyenne nulle et d'écart-type 2 millions d'euros. Quelle est (a) la VaR au seuil de 97,5 % à 1 jour, (b) la VaR au seuil de 97,5 % à 5 jours, (c) la VaR au seuil de 99 % à 5 jours ?

8.7. Quel est l'impact sur vos réponses aux questions (b) et (c) de l'exercice 8.6 de l'existence d'une autocorrélation journalière d'ordre un de 0,16 ?

8.8. Expliquez minutieusement les différences entre la VaR marginale, incrémentale et partielle.

8.9. Considérons le back testing d'un modèle de VaR en utilisant des données sur 1 000 jours. Le seuil de la VaR est de 99 % et 17 exceptions sont observées. Doit-on rejeter le modèle au seuil de 5 % ? Utilisez un test unilatéral.

8.10. Expliquez le terme de concentration *(bunching)*.

8.11. Décrivez deux méthodes pour générer des scénarios extrêmes pour effectuer un stress testing.

8.12. Démontrez l'équation (8.3).

8.13. Les règles de back testing imposées par le Comité de Bâle amènent à s'interroger sur la pertinence du modèle de VaR lorsque celui-ci génère 5 exceptions ou plus sur 250 jours. Quelle est la probabilité que le modèle en question soit parfaitement fiable ?

Questions complémentaires

8.14. Considérons deux investissements indépendants dont les montants et les probabilités de perte sont : 10 millions d'euros à 4 % et 1 million d'euros à 2 %. La probabilité d'un gain de 1 million est de 94 %. (a) Quelle est la VaR au seuil de 95 % d'un des investissements ? (b) Quel est l'expected shortfall au seuil de 95 % d'un des investissements ? (c) Quelle est la VaR au seuil de 95 % des deux investissements ? (d) Quel est l'expected shortfall au seuil de 95 % des deux investissements ? (e) Montrez que l'expected shortfall respecte la contrainte de sous-additivité, contrairement à la VaR.

8.15. Supposons que les variations journalières d'un portefeuille ont une autocorrélation d'ordre un de coefficient 0,12. La VaR à 10 jours, calculée par multiplication de la VaR à 1 jour par $\sqrt{10}$, vaut 2 millions d'euros. Quelle est l'estimation de la VaR en tenant compte de l'autocorrélation ?

8.16. La probabilité d'une perte supérieure à 10 millions d'euros sur 1 mois est estimée à 5 %. (a) Quelle est la VaR au seuil de 99 % à 1 mois si les variations de la valeur du portefeuille sont supposées normalement distribuées ? (b) Quelle est la VaR au seuil de 99 % à 1 mois si la loi puissance, avec $\alpha = 3$, s'applique (voir section 5.4) ?

8.17. Considérons le back testing d'un modèle de VaR en utilisant des données sur 1 000 jours. Le seuil de la VaR est de 99 % et 15 exceptions sont observées. Doit-on rejeter le modèle au seuil de 5 % ? Utilisez un test bilatéral de Kupiec.

Chapitre 9

Estimation de la VaR de marché par la simulation historique

Dans ce chapitre, ainsi que dans les deux suivants, nous traitons des principales approches de calcul de la VaR pour le risque de marché, ou VaR de marché. Ce chapitre est dédié à l'approche par la simulation historique. Elle repose sur l'utilisation directe des historiques des variations journalières des variables de marché pour estimer la distribution de probabilité des variations de la valeur du portefeuille.

Après une description de cette approche, ce chapitre aborde plus particulièrement l'estimation de l'écart-type d'échantillonnage de la VaR et les modifications possibles de la procédure d'estimation pour tenir compte de la volatilité. Nous présentons également l'apport de la théorie des valeurs extrêmes à la simulation historique en matière d'amélioration des estimations de la VaR et de traitement des seuils de confiance élevés.

9.1 Méthodologie

La simulation historique repose sur l'utilisation de données observées pour estimer les réalisations futures des variables de marché. Supposons que nous souhaitons calculer la VaR au seuil de 99 % à un jour à partir d'un échantillon aléatoire de 500 données journalières (l'horizon temporel, le seuil de confiance et la taille de l'échantillon retenus sont ceux d'une VaR de marché standard). La première étape consiste à identifier les variables de marché qui influencent le portefeuille. Il s'agit généralement des taux d'intérêt, des taux de change, des prix d'actions, etc. Des données sont collectées pour ces variables sur les 500 jours écoulés, ce qui conduit à 500 scénarios possibles pour la variation des variables entre aujourd'hui et demain. Pour chacun des scénarios et pour cet intervalle de temps, la variation de la valeur du portefeuille est calculée. On note jour 0 le 1er jour pour lequel on dispose d'informations, jour 1 pour le 2e, etc. Le scénario 1 correspond au scénario dans lequel les variations des valeurs de toutes les variables de marché sont constantes entre le jour 0 et le jour 1 ; le scénario 2 correspond au scénario dans lequel ces variations sont constantes entre le jour 1 et le jour 2 ; etc. La variation en euros de la valeur du portefeuille entre aujourd'hui et demain est ensuite calculée pour chaque scénario. On obtient ainsi la distribution de probabilité des variations de la valeur du portefeuille analysé. La VaR estimée correspond à la perte au premier centile, défini par la cinquième variation la plus défavorable[1]. Nous sommes certains à 99 % que la perte réalisée ne dépassera pas la VaR.

Cette méthodologie est illustrée dans les tableaux 9.1 et 9.2. Le tableau 9.1 montre l'évolution des variables de marché sur 500 jours. Ces mesures sont le plus souvent enregistrées à la clôture du marché. Par hypothèse, le calcul se fait à partir de 1 000 variables de marché.

Tableau 9.1 : Données pour le calcul d'une VaR par la simulation historique

Jour	Variable de marché 1	Variable de marché 2	...	Variable de marché 1000
0	20,33	0,1132		65,37
1	20,78	0,1159		64,91
2	21,44	0,1162		65,02
3	20,97	0,1184		64,90
498	25,72	0,1312		62,22
499	25,75	0,1323		61,99
500	25,85	0,1343		62,10

Tableau 9.2 : Scénarios engendrés pour demain (jour 501) en utilisant les données du tableau 9.1. La valeur du portefeuille le jour 500 est 23,50 millions d'euros

N° Scénario	Variable de marché 1	Variable de marché 2	Variable de marché 1000	Valeur du portefeuille (en millions d'euros)	Variation (en millions d'euros)
1	26,42	0,1375	61,66	23,71	0,21
2	26,67	0,1346	62,21	23,12	- 0,38
3	25,28	0,1368	61,99	22,94	- 0,56
499	25,88	0,1354	61,87	23,63	0,13
500	25,95	0,1363	62,21	22,87	- 0,63

Le tableau 9.2 montre les valeurs des variables de marché de demain si les pourcentages de variation entre aujourd'hui et demain sont ceux entre le jour $i - 1$ et le jour i, pour $1 \leq i \leq 500$. La première ligne de ce tableau est obtenue en supposant que la variation en

1. Il existe plusieurs possibilités à ce niveau. On peut utiliser la cinquième ou la sixième variation la plus défavorable, ou une moyenne des deux, comme premier centile de la distribution. Avec la commande CENTILE dans Excel, le $k / (n - 1)$ centile correspond à l'observation $k + 1$, avec n observations et k, un nombre entier.

pourcentage des valeurs entre aujourd'hui et demain est égale à la variation entre le jour 0 et le jour 1 ; la deuxième ligne est obtenue en supposant que la variation est égale à celle entre le jour 1 et le jour 2, et ainsi de suite. Les 500 lignes du tableau 9.2 sont obtenues par le même type de calcul.

Supposons que l'on soit au jour n. On note v_i la valeur d'une variable de marché au jour i. Le scénario n° i pour cette variable est défini par :

$$v_n \frac{v_i}{v_{i-1}}$$

Dans notre exemple, $n = 500$ et pour la première variable $v_{500} = 25{,}85$, $v_0 = 20{,}33$ et $v_1 = 20{,}78$. On aura donc pour le premier scénario une valeur de :

$$25{,}85 \times \frac{20{,}78}{20{,}33} = 26{,}42$$

L'avant-dernière colonne du tableau 9.2 indique les valeurs du portefeuille demain pour chacun des 500 scénarios. On suppose que la valeur du portefeuille est aujourd'hui égale à 23,5 millions d'euros. Les variations entre aujourd'hui et demain selon les différents scénarios peuvent être calculées (dernière colonne du tableau 9.2). Par exemple, dans le scénario 1, la variation est de 210 000 €, pour le scénario 2, elle vaut – 80 000 €, et ainsi de suite.

Notre intérêt porte sur un centile particulier de la distribution des variations de la valeur du portefeuille. Ce centile correspond à la cinquième variation la plus défavorable de la dernière colonne du tableau 9.2. La théorie des valeurs extrêmes, décrite dans la suite de ce chapitre, permet également ce calcul. Comme nous l'avons vu dans la section 8.4, la VaR au seuil de 99 % à dix jours est généralement calculée comme la VaR à un jour multipliée par $\sqrt{10}$.

Chaque jour, l'estimation de la VaR est actualisée en utilisant l'historique des 500 jours les plus récents. Considérons par exemple ce qui survient au jour 501. On dispose d'une nouvelle observation pour chaque variable de marché et l'on peut calculer la nouvelle valeur du portefeuille[1]. La procédure décrite ci-dessus est reprise pour calculer une estimation de la VaR en utilisant les données des jours 1 à 501 pour élaborer les nouveaux scénarios (cela garantit les 500 observations nécessaires sur les variations des variables de marché ; les valeurs du jour 0 ne sont plus utilisées). De la même façon, au jour suivant, les calculs seront effectués avec les données des jours 2 à 502, et ainsi de suite.

1. Notons que la composition du portefeuille peut avoir changé entre le jour 500 et le jour 501.

9.2 Précision de l'estimation

La simulation historique permet d'estimer la distribution des variations du portefeuille à partir d'un nombre fini d'observations. En conséquence, l'estimation des quantiles n'est pas très précise.

Kendall et Stuart ont proposé une méthode pour calculer l'intervalle de confiance pour le quantile d'une distribution de probabilité à partir d'un échantillon[1]. Supposons que l'estimation du q quantile soit x, et son écart-type d'échantillonnage est :

$$\frac{1}{f(x)}\sqrt{\frac{q(1-q)}{n}}$$

avec n le nombre d'observations et $f(x)$ la fonction de densité des pertes en x. Celle-ci peut être estimée en calibrant les données empiriques sur une distribution standard.

Exemple 9.1

On cherche à estimer le 0,01 quantile (= 1er centile) d'une distribution de perte à partir de 500 observations. On a donc $n = 500$ et $q = 0{,}01$. On peut estimer *f(x)* de manière approximative à partir d'une distribution standard. Supposons que celle-ci soit normale de moyenne nulle et d'écart-type 10 millions d'euros. En utilisant Excel, on calcule le 0,01 quantile qui vaut 23,26 (commande LOI.NORMALE.INVERSE(0,99;0;10)). La valeur de *f(x)*, 0,0027, est obtenue avec la commande LOI.NORMALE(23,26;0;10;FAUX). L'écart-type d'échantillonnage de l'estimation vaut :

$$\frac{1}{0{,}0027}\times\sqrt{\frac{0{,}01\times 0{,}99}{500}}=1{,}67$$

Avec une estimation du 0,01 quantile à 25 millions d'euros, l'intervalle de confiance à 95 % correspondant est [25 − 1,96 × 1,67; 25 + 1,96 × 1,67], soit [21,7 millions d'euros; 28,3 millions d'euros].

L'écart-type d'échantillonnage d'une VaR estimée par simulation historique peut être assez élevé (voir exemple 9.1), et augmente avec le seuil de confiance. Avec un seuil à 95 %, l'écart-type d'échantillonnage de l'exemple 9.1 devient 0,95 million d'euros au lieu de 1,67 million d'euros. En revanche, l'écart-type d'échantillonnage diminue avec la taille de l'échantillon. Si la taille de l'exemple 9.1 est de 2 000 (ce qui correspond à huit années d'observations), l'écart-type d'échantillonnage diminue à 0,83 million d'euros.

Soulignons enfin que, dans le cadre de la simulation historique, la distribution jointe des variations journalières des variables de marché est supposée stationnaire dans le temps. Cette hypothèse n'est pas forcément validée dans la réalité et rend la VaR ainsi estimée moins précise.

---

1. Voir KENDALL M.G. et STUART A., *The Advanced Theory of Statistics*, vol. 1, *Distribution Theory*. Griffin, 1972, 4e éd.

9.3 Développements possibles

Cette section aborde un certain nombre de développements possibles de la méthode de simulation historique.

Pondération des observations

La simulation historique standard suppose une pondération égale de chaque observation passée. Avec n observations des variations journalières, chacune a une pondération $1 / n$. Boudoukh *et al.* ont suggéré de pondérer davantage les observations récentes, qui reflètent davantage les conditions macroéconomiques et les volatilités observées[1]. Dans ce cas, le schéma de pondération adapté est de type exponentiel (voir section 5.6). Si l'on se place au jour n, la pondération de la variation du portefeuille entre les jours $n - i$ et $n - i + 1$ est λ fois le poids attribué à la variation entre les jours $n - i + 1$ et $n - i + 2$. La somme des poids étant 1, la pondération de la variation entre les jours $n - i$ et $n - i + 1$ est :

$$\frac{\lambda^{i-1}(1-\lambda)}{1-\lambda^{n}}$$

avec n le nombre de jours. Comme $\lambda \to 1$, ce schéma de pondération est proche de celui de la simulation historique (voir problème 9.2).

La VaR est calculée dans un premier temps en triant les observations par ordre croissant. Dans un deuxième temps, les pondérations cumulées sont obtenues en commençant par l'observation la plus défavorable jusqu'au quantile souhaité. Par exemple, pour calculer la VaR au seuil de 99 %, la somme des pondérations jusqu'à 0,01 est retenue. La valeur optimale de λ est obtenue par le biais de tests *ex post*.

Par rapport à la simulation historique, la taille de l'échantillon est plus faible, ce qui peut constituer un désavantage. Cependant, dans l'approche exponentielle, cela peut être compensé par la conservation de l'ensemble des observations (un poids plus faible est attribué aux plus anciennes).

Structure de la volatilité

Hull et White ont suggéré une méthode pour tenir compte de la structure de la volatilité dans la simulation historique[2]. Elle repose sur les modèles de type EWMA ou GARCH (1,1) (voir chapitre 5). Notons σ_i la volatilité journalière des variables de marché estimée le jour $i - 1$, qui correspond en fait à l'estimation de la volatilité entre

1. Voir BOUDOUKH J., RICHARDSON M. et WHITELAW R., « The Best of Both Worlds : A Hybrid Approach to Calculating Value at Risk », in *Risk*. Mai 1998, vol. 11, p. 64-67.

2. Voir HULL J.C. et WHITE A. , « Incorporating Volatility Updating into the Historical Simulation Method for Value-at-Risk », in *Journal of Risk*. Automne 1998, vol. 1, p. 5-19.

les jours $i - 1$ et i. Le jour n, l'estimation de la volatilité est σ_{n+1} et s'applique à la période de calcul de la VaR entre aujourd'hui et demain.

Supposons que σ_{n+1} soit deux fois plus élevé que σ_i. Cela signifie soit que la volatilité journalière est deux fois plus importante aujourd'hui que le jour $i - 1$, soit que l'on anticipe une variation entre aujourd'hui et demain deux fois plus élevée qu'entre les jours $i - 1$ et i. Avec cette approche, l'équation (9.1) devient

$$\textbf{(9.2)} \quad v_n \frac{v_{i-1} + (v_i - v_{i-1})\sigma_{n+1}/\sigma_i}{v_{i-1}}$$

Le traitement de chaque variable de marché permet la prise en compte des variations de la volatilité d'une façon intuitive et incorpore davantage d'informations récentes dans le calcul de la VaR. Ici, sa valeur peut être supérieure à toutes les estimations des pertes. Hull et White ont testé cette méthode sur des taux de change et des indices boursiers et démontrent que cette méthode s'avère plus performante que la simulation historique standard ou le schéma de pondération exponentielle. Des modélisations plus complexes peuvent être développées, intégrant l'information récente sur les corrélations et les volatilités.

Méthode du bootstrap

La méthode du bootstrap (ou méthode de proche en proche) est une autre variante de la simulation historique. Elle consiste à construire un certain nombre de variations de la valeur du portefeuille sur la base d'observations passées. Ensuite, par tirage avec remise, on construit des échantillons pour lesquels les VaR sont calculées. L'intervalle de confiance à 95 % correspond à l'étendue entre les 2,5 et 97,5 quantiles de la distribution des VaR ainsi obtenues.

Supposons que l'on dispose d'un échantillon de 500 observations journalières. On effectue 500 000 tirages avec remise pour obtenir 1 000 nouveaux échantillons de 500 observations. Puis, on calcule et on trie les VaR de ces échantillons. Supposons que les 25e et la 475e plus grandes VaR valent respectivement 5,3 millions d'euros et 8,9 millions d'euros. Ces valeurs correspondent aux bornes de l'intervalle de confiance à 95 % de la VaR. Cet intervalle est généralement plus faible que celui obtenu avec la procédure présentée dans la section 9.2.

9.4 Théorie des valeurs extrêmes

Nous avons présenté la loi puissance et son utilité pour l'estimation des queues de distributions à la section 5.4. Nous présentons ici les fondements théoriques de cette loi, ainsi que les procédures d'estimation plus abouties. La théorie des valeurs extrêmes *(extreme value theory)* s'applique à l'estimation des queues de distribution et, dans cette section, nous montrons comment cette théorie permet d'améliorer les estimations de la VaR et de traiter des seuils de confiance élevés en extrapolant les queues des distributions empiriques.

Résultat principal

Le résultat principal de la théorie des valeurs extrêmes a été démontré par Gnedenko en 1943[1]. Il s'applique aux propriétés des queues de nombreuses distributions de probabilité.

Notons *F(x)* la fonction de répartition d'une variable *x*. *u* est une valeur de *x* située dans la queue droite de la distribution. La probabilité que *x* soit compris entre *u* et *u* + *y* (*y* > *0*) est *F(u* + *y)* – *F(u)*. La probabilité que *x* soit supérieur à *u* est *1* – *F(u)*. On définit par $F_u(y)$ la probabilité conditionnelle que *x* soit compris entre *u* et *u* + *y*, sachant que *x* > *u*. Cette probabilité s'écrit :

$$F_u(y) = \frac{F(y+u) - F(u)}{1 - F(u)}$$

Sa valeur définit la queue droite de la distribution de probabilité. Il s'agit en fait de la distribution de probabilité cumulée pour une valeur de *x* supérieure à *u*.

D'après les résultats de Gnedenko, pour un grand nombre de distributions *F(x)*, $F_u(y)$ converge vers une distribution généralisée de Pareto au fur et à mesure que *u* augmente. Cette distribution est définie par :

$$\textbf{(9.3)} \quad G_{\xi,\beta}(y) = 1 - \left[1 + \xi \frac{y}{\beta}\right]^{-1/\xi}$$

Les deux paramètres ξ et β sont à estimer. Le premier est le paramètre de forme, qui détermine l'épaisseur de la queue de distribution. Le second est un paramètre d'échelle.

Lorsque *x* a une distribution normale, $\xi = 0$[2]. La valeur de ξ augmente avec l'épaisseur des queues et elle est positive, comprise entre 0,1 et 0,4, pour la plupart des données financières[3].

---

1. Voir GNEDENKO D.V., « Sur la distribution limite du terme d'une série aléatoire, » in *Ann. Math.*. 1943, vol. 44, p. 423-453.

2. Lorsque $\xi = 0$, la distribution généralisée de Pareto devient :

$$G_{\xi,\beta}(y) = 1 - \exp\left(-\frac{y}{\beta}\right)$$

3. Le moment d'ordre *k* de *x*, noté $E(x^k)$, est infini pour $k \geq 1/\xi$. Tous les moments d'une distribution normale sont finis. Lorsque $\xi = 0{,}25$, seuls les trois premiers moments sont finis ; lorsque $\xi = 0{,}5$, seul le premier moment est fini, et ainsi de suite.

Estimation de ξ et β

Les paramètres ξ et β peuvent être estimés par la méthode du maximum de vraisemblance (voir section 5.9). La fonction de densité $g_{\xi,\beta}(y)$ est obtenue en dérivant l'équation (9.3) par rapport à *y*, et vaut :

$$g_{\xi,\beta}(y)=\frac{1}{\beta}\left(1+\frac{\xi y}{\beta}\right)^{-1/\xi-1}$$

Une valeur de *u* proche du 95e centile de la distribution empirique peut être retenue, par exemple. Les observations de *x* sont triées par ordre décroissant pour obtenir les observations telles que $x > u$, que l'on note $x_i\,(1 \le i \le n_u)$ et leur nombre n_u. La fonction de vraisemblance (sous l'hypothèse que $\xi \neq 0$) s'écrit :

$$\prod_{i=1}^{n_u}\frac{1}{\beta}\left(1+\frac{\xi(x_i-u)}{\beta}\right)^{-1/\xi-1}$$

Maximiser cette fonction revient à maximiser son logarithme :

$$\textbf{(9.4)}\quad \sum_{i=1}^{n_u}\ln\left[\frac{1}{\beta}\left(1+\frac{\xi(x_i-u)}{\beta}\right)^{-1/\xi-1}\right]$$

Des procédures numériques standard peuvent être utilisées pour obtenir les valeurs de ξ et β qui maximisent cette équation.

Estimation de la queue de distribution

$1 - G_{\xi,\beta}(y)$ est la probabilité conditionnelle de $x > u + y$ sachant $x > u$. La probabilité que $x > u$ est $1 - F(u)$ et la probabilité inconditionnelle de $x > u + y$ est alors :

$$[1-F(u)][1-G_{\xi,\beta}(y)]$$

Pour un échantillon de *n* observations, l'estimation de $1 - F(u)$ est n_u / n. Dans ce cas, la probabilité inconditionnelle de $x > u + y$ vaut :

$$\frac{n_u}{n}\left[1-G_{\xi,\beta}(y)\right]=\frac{n_u}{n}\left(1+\xi\frac{y}{\beta}\right)^{-1/\xi}$$

et l'estimateur de la queue de distribution de probabilité cumulée de *x* (pour *x* grand) est :

$$\textbf{(9.5)}\quad F(x)=1-\frac{n_u}{n}\left(1+\xi\frac{x-u}{\beta}\right)^{-1/\xi}$$

Équivalence avec la loi puissance

En posant $u = \beta / \xi$, l'équation (9.5) devient :

$$F(x) = 1 - \frac{n_u}{n}\left(\frac{\xi x}{\beta}\right)^{-1/\xi}$$

et peut s'écrire (pour une valeur supérieure à x) :

$$Kx^{-\alpha}$$

avec :

$$K = \frac{n_u}{n}\left(\frac{\xi}{\beta}\right)^{-1/\xi}$$

et $\alpha = 1/\xi$. L'équation (9.5) est bien équivalente à la loi puissance (voir section 5.4).

La queue gauche de la distribution

La méthodologie présentée ci-dessus peut être appliquée à l'estimation de la queue gauche de la distribution en remplaçant x par $-x$ dans les notations.

Calcul de la VaR

Pour calculer la VaR au seuil q, nous devons résoudre l'équation :

$$F(VaR) = q$$

À partir de l'équation (9.5), on obtient :

$$q = 1 - \frac{n_u}{n}\left(1 + \xi\frac{VaR - u}{\beta}\right)^{-1/\xi}$$

tel que :

$$\textbf{(9.6)}\quad VaR = u + \frac{\beta}{\xi}\left[\left(\frac{n}{n_u}(1-q)\right)^{-\xi} - 1\right]$$

9.5 Application

Nous illustrons les résultats de la section 9.4 sur des données de rentabilités journalières du S&P 500 sur la période du 11 juillet 1988 au 10 juillet 1998. L'échantillon est composé de 2 256 observations, avec des rentabilités minimales et maximales respectives de – 6,87 % et + 5,12 %. Dans les équations présentées précédemment, x correspond à une rentabilité journalière négative, puisque l'on s'intéresse à la queue gauche de distribution. Posons $u = 0{,}02$; puisque 28 rentabilités sont inférieures à – 2 %, on a $n_u = 28$. Les rentabilités et les valeurs de x sont présentées dans les deux premières colonnes du tableau 9.3.

Tableau 9.3 : Estimation des paramètres de la théorie des valeurs extrêmes

Rentabilité journalière	x_i	$\ln\left[\frac{1}{\beta}\left(1+\frac{\xi(x_i-u)}{\beta}\right)^{-1/\xi-1}\right]$
– 0,068667	0,068667	0,5268
– 0,061172	0,061172	1,0008
– 0,036586	0,036586	2,8864
– 0,034445	0,034445	3,0825
– 0,031596	0,031596	3,3537
– 0,030827	0,030827	3,4291
– 0,029979	0,029979	3,5133
– 0,029654	0,029654	3,5460
– 0,029084	0,029084	3,6035
– 0,027283	0,027283	3,7893
– 0,025859	0,025859	3,9403
– 0,025364	0,025364	3,9937
– 0,024675	0,024675	4,0689
– 0,024000	0,024000	4,1434
– 0,023485	0,023485	4,2009
– 0,023397	0,023397	4,2108
– 0,023234	0,023234	4,2291
– 0,022675	0,022675	4,2925
– 0,022542	0,022542	4,3076
– 0,022343	0,022343	4,3304
– 0,022249	0,022249	4,3412
– 0,022020	0,022020	4,3676

Rentabilité journalière	x_i	$\ln\left[\frac{1}{\beta}\left(1+\frac{\xi(x_i-u)}{\beta}\right)^{-1/\xi-1}\right]$
– 0,021813	0,021813	4,3915
– 0,021025	0,021025	4,4835
– 0,020843	0,020843	4,5049
– 0,020625	0,020625	4,5306
– 0,020546	0,020546	4,5400
– 0,020243	0,020243	4,5761
	106,1842	
Estimations des paramètres		
ξ	β	
0,2	0,01	

La troisième colonne correspond aux valeurs données par la formule :

$$\ln\left[\frac{1}{\beta}\left(1+\frac{\xi(x_i-u)}{\beta}\right)^{-1/\xi-1}\right]$$

pour des valeurs données de x_i et β. (Les valeurs des paramètres ξ et β sont respectivement 0,2 et 0,01). La somme des valeurs de cette colonne correspond à la fonction de log-vraisemblance donnée par l'équation (9.4). En introduisant ces données dans Excel, les valeurs de ξ et β qui maximisent cette fonction sont obtenues[1]. Ces valeurs sont :

$$\xi = 0,3232 \qquad \beta = 0,0055$$

ce qui donne un maximum de log-vraisemblance à 108,48.

Par exemple, en utilisant l'équation (9.5), la probabilité que x soit inférieur à 0,04 vaut :

$$1-\frac{28}{2256}\left(1+0,3232\frac{0,04-0,02}{0,0055}\right)^{-1/0,3232} = 0,9989$$

La probabilité associée à une rentabilité journalière inférieure à – 4 % vaut 1 – 0,9989 = 0,0011 (ce résultat est plus précis qu'une estimation obtenue par comptage des

1. Le Solveur d'Excel permet de trouver ces valeurs, à condition qu'elles aient un ordre de grandeur similaire. Dans cet exemple, on a utilisé le Solveur pour trouver ξ et 100β .

observations). De manière similaire, la probabilité que x soit inférieur à 0,06 est 0,9997, et donc la probabilité d'une rentabilité inférieure à – 6 % est 0,0003.

Enfin, en utilisant l'équation (9.6), la VaR au seuil de 99 % à un jour pour un portefeuille de 1 million de dollars investi dans le S&P 500, qui vaut 1 million d'euros fois, est :

$$0,02+\frac{0,0055}{0,3232}\left[\left(\frac{2256}{28}(1-0,99)\right)^{-0,3232}-1\right]=0,0212$$

soit 21 200 dollars. Plus généralement, l'estimation de la VaR vaut ici 2,12 % de la valeur du portefeuille.

Choix de *u*

Une question importante concerne l'influence du choix de u sur les résultats. Dans notre exemple, les estimations de $F(x)$ demeurent stables même si les paramètres ξ et β dépendent de u. Par exemple, en choisissant u = 0,015, les valeurs optimales de ξ et β sont 0,264 et 0,0046 et $F(x)$ vaut respectivement 0,9989 et 0,9997 pour x = 0,04 et x = 0,06. Par conséquent, l'estimation de la VaR n'est pas affectée à condition que son seuil de confiance ne soit pas trop élevé. Ici la VaR vaut respectivement 2,13 % et 2,12 % du portefeuille lorsque u = 0,015 et u = 0,02.

Résumé

La simulation historique est une approche couramment utilisée pour estimer la VaR. Elle nécessite la constitution d'une base de données des variations journalières des variables de marché pertinentes sur une période de temps déterminée. La première simulation suppose que le pourcentage de variation de chaque variable est identique à celui du premier jour. La seconde simulation suppose que ce pourcentage est identique à celui du deuxième jour, et ainsi de suite. Pour chaque simulation, la variation de la valeur du portefeuille, notée ΔP, est calculée, ainsi que la VaR, qui correspond à un centile de la distribution de probabilité de ΔP. Selon cette procédure, les conditions futures sont supposées être déterminées par les conditions passées. L'écart-type de la VaR ainsi estimée est relativement important, et croît avec le seuil de confiance choisi.

Des développements méthodologiques sont possibles. Les pondérations assignées aux observations passées peuvent diminuer de manière exponentielle. La structure de volatilité peut également être introduite afin de mieux tenir compte des différences entre les volatilités présentes et passées.

La théorie des valeurs extrêmes est une méthode qui permet de lisser les queues de distribution de probabilité des variations journalières du portefeuille obtenues avec la simulation historique. Cette méthode permet d'estimer la VaR en tenant compte de la forme des queues de la distribution, et non seulement de certains points. Elle peut également être utilisée pour estimer la VaR avec des seuils de confiance élevés (à 99 %) sur la base d'un échantillon de 500 observations seulement.

Références complémentaires

BOUDOUKH, J., RICHARDSON, M. et WHITELAW, R., « The Best of Both Worlds », in *Risk.* Mai 1998, vol. 11, p. 64-67.

EMBRECHTS, P., KLUPPELBERG, C. et MIKOSCH, T., *Modeling Extremal Events for Insurance and Finance.* Springer, 1997.

HENDRICKS, D., « Evaluation of Value-at-Risk Models Using Historical Data », in *Economic Policy Review.* Federal Reserve Bank of New York, avril 1996, vol. 2, p. 39-69.

HULL, J. C. et WHITE, A., « Incorporating Volatility Updating into the Historical Simulation Method for Value at Risk », in *Journal of Risk.* Automne 1998, vol. 1, p. 5-19.

MCNEIL, A. J., « Extreme Value Theory for Risk Managers », in *Internal Modeling and CAD II.* Risk Books, 1999. Voir aussi www.math.ethz.ch/~mcneil.

NEFTCI, S. N., « Value at Risk Calculations, Extreme Events and Tails Estimation », in *Journal of Derivatives* Printemps 2000, vol. 7, p. 23-28.

Problèmes et exercices (corrigés en fin d'ouvrage)

9.1. Quelles sont les hypothèses sous-jacentes au calcul de VaR par la simulation historique sur un échantillon de 500 observations ?

9.2. Montrez que lorsque λ tend vers 1, le schéma de pondération de la section 9.3 tend vers la simulation historique standard.

9.3. Calculez la VaR au seuil de 99 % à 1 jour au 10 février 2006 pour un portefeuille de 100 millions de livres investis dans l'indice FTSE 100. Utilisez pour cela la simulation historique et les 1 000 observations disponibles sur le site web de l'auteur.

9.4. Reprenez le problème 9.3 en utilisant le schéma de pondération exponentielle de la section 9.3 avec $\lambda = 0{,}99$.

9.5. Reprenez le problème 9.3 en tenant compte de la structure de la volatilité (voir section 9.3). Utilisez un modèle EWMA avec $\lambda = 0{,}94$. Vous supposerez que la volatilité initiale est égale à l'écart-type des rentabilités journalières de l'échantillon.

9.6. Comment la théorie des valeurs extrêmes affecte les résultats du problème 9.3 (utilisez $u = 0{,}005$; $u = 0{,}01$ et $u = 0{,}015$) ?

9.7. Considérons une VaR au seuil de 95 % à 1 jour de 4 millions d'euros estimée sur échantillon de 1 000 observations. En calibrant les observations par une distribution standard, la fonction de densité des pertes au 95e centile est estimée à 0,01 lorsque les pertes sont mesurées en millions. Quel est l'écart-type de la VaR ?

Questions complémentaires

9.8. Les valeurs de l'indice composite NASDAQ sur 1 500 jours jusqu'au 10 mars 2006 sont téléchargeables sur le site web de l'auteur. Calculez la VaR au seuil de 99 % à 1 jour le 10 mars 2006 d'un portefeuille de 10 millions de dollars investis dans cet indice en utilisant : (a) l'approche de la simulation historique standard; (b) le schéma de pondération exponentielle avec $\lambda = 0{,}995$ (voir section 9.3) ; (c) la structure de volatilité (voir section 9.3) avec $\lambda = 0{,}94$ (vous supposerez que la volatilité initiale est égale à l'écart-type des rentabilités journalières de l'échantillon) ; (d) la théorie des valeurs extrêmes avec $u = 0{,}03$; (e) un modèle où les rentabilités journalières sont supposées normalement distribuées (utilisez une approche avec pondération identique des observations et un EWMA avec $\lambda = 0{,}94$ pour estimer l'écart-type des rentabilités). Discutez les causes des différences dans vos résultats.

9.9. Supposons que la VaR au seuil de 97,5 % à 1 jour soit estimée à 13 millions d'euros sur un échantillon de 2 000 observations. Celles-ci sont normalement distribuées, de moyenne nulle et d'écart-type 6 millions d'euros. Estimez l'intervalle de confiance à 99 % de la VaR.

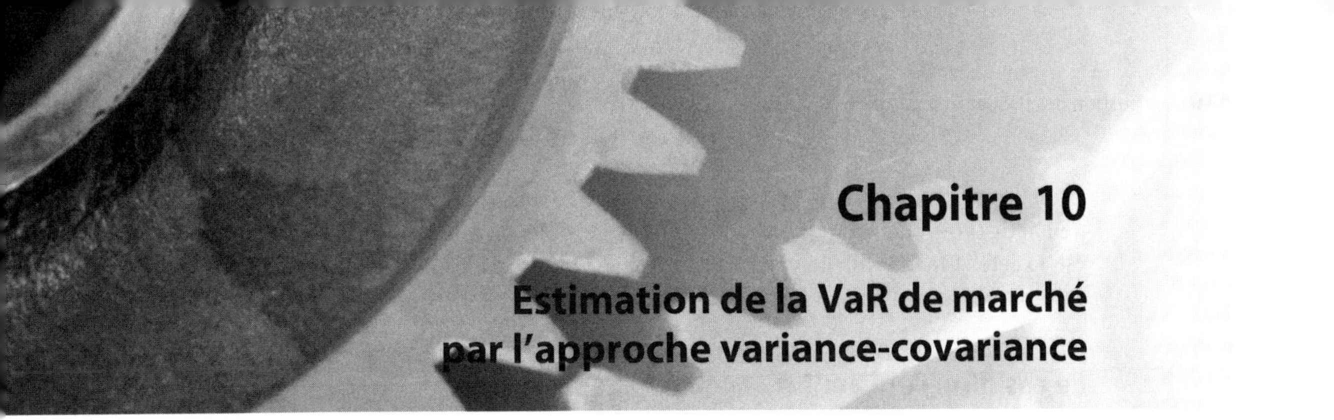

Chapitre 10

Estimation de la VaR de marché par l'approche variance-covariance

L'approche variance-covariance *(model-building)* est la principale alternative pour estimer la VaR de marché. Elle repose à la fois sur la modélisation de la distribution jointe des variations des variables de marché et sur des données historiques pour estimer les paramètres du modèle.

Cette approche est fondée sur les apports pionniers de Harry Markowitz. L'évaluation du couple rentabilité-risque des portefeuilles repose également sur ces apports (voir section 1.1), mais ceux-ci peuvent être utilisés pour le calcul de la VaR. L'estimation des niveaux des variances et des covariances des variables de marché s'appuie sur les approches décrites aux chapitres 5 et 6. Le calcul de la VaR est rapide si l'on suppose d'une part que les distributions de probabilité des variations des variables de marchés sont normales, et d'autre part que la relation entre les variations de la valeur du portefeuille et les variations des variables de marché est linéaire.

L'explication de l'approche variance-covariance et son application à des portefeuilles de produits différents (actions, obligations, contrats forward, swap de taux d'intérêt) font l'objet de ce chapitre. Nous présentons également les extensions de cette approche à des portefeuilles non linéairement dépendants des variables de marché ainsi qu'à des distributions de probabilité non normales. Enfin, nous évaluons les forces et les faiblesses des approches variance-covariance et de simulation historique.

10.1 Méthodologie de base

Dans les modèles d'évaluation d'options, les volatilités sont exprimées en base annuelle. Dans l'approche variance-covariance pour le calcul de la VaR, la volatilité est exprimée en base journalière. La relation entre la volatilité en base journalière et la volatilité en base annuelle s'écrit (voir section 5.1) :

$$\sigma_j = \sigma_a / \sqrt{252}$$

avec σ_a la volatilité annuelle et σ_j la volatilité journalière. D'après cette relation, la volatilité journalière représente environ 6 % de la volatilité annuelle.

σ_j est approximativement égal à l'écart-type de la variation journalière (en pourcentage) de l'actif (voir chapitre 5). Dans les calculs de VaR, nous supposerons que cette égalité est exacte. On définit la volatilité journalière du prix d'un actif (ou de toute autre variable) comme l'écart-type de la variation journalière en pourcentage.

Le cas d'un seul actif

Considérons pour l'instant le cas le plus simple d'un portefeuille contenant une seule action pour calculer la VaR par l'approche variance-covariance. Le portefeuille est composé de 10 millions d'euros d'actions Alcatel-Lucent. L'horizon temporel est de dix jours et le seuil de confiance de la VaR vaut 99 %. Nous nous intéressons au niveau de perte dans dix jours que l'on est certain de ne pas dépasser avec 99 % de chances, et cherchons dans un premier temps à calculer la VaR à un jour.

Par hypothèse, la volatilité journalière d'Alcatel-Lucent est de 2 % (correspondant à une volatilité annuelle de 32 %). Compte tenu de la valeur de l'exposition de 10 millions d'euros, l'écart-type des variations journalières du portefeuille est 200 000 €.

Dans le cadre de l'approche variance-covariance, il est courant de supposer que l'espérance des variations est nulle sur la période considérée. Cette hypothèse est raisonnable, quoique inexacte. Elle se justifie par le fait que l'espérance sur un intervalle court est négligeable face aux variations dues à la volatilité. Si, par exemple, Alcatel-Lucent a une rentabilité annuelle espérée de 20 %, la rentabilité espérée journalière est 20 %/252 = 0,08 %, alors que l'écart-type journalier est 2 %. À l'horizon de 10 jours, la rentabilité espérée est 0,8 % et l'écart-type $2\ \% \times \sqrt{10} = 6{,}3\ \%$ Jusqu'à présent, on a supposé que l'écart-type de la variation de la valeur du portefeuille sur un jour est 200 000 € alors que sa moyenne est (approximativement) nulle. Si les variations de la valeur du portefeuille sont normalement distribuées[1], la variation de la valeur du portefeuille a une probabilité inférieure à 1 % d'être supérieure à 2,33 fois l'écart-type, puisque $N(-2{,}33) = 0{,}01$. En d'autres termes, nous sommes certains à 99 % que la valeur du portefeuille ne baissera pas de plus de 2,33 fois l'écart-type. Par conséquent, pour un portefeuille de 10 millions d'euros d'actions Alcatel-Lucent, la VaR à 99 % à un jour est :

$$2{,}33 \times 200\,000 = 466\,000\ €.$$

En supposant que les variations du prix de l'action sont indépendantes, la VaR à N jours est obtenue en multipliant par $\sqrt{N}$ la VaR à un jour. Ainsi, la VaR à 99 % à dix jours vaut :

$$\sqrt{10} \times 466\,000 = 1\,473\,621\ €.$$

1. Nous pourrions supposer que le prix d'Alcatel-Lucent à l'horizon d'un jour suit une loi log-normale. En fait, sur un intervalle très court (un jour), la différence avec l'hypothèse de variations normales est quasi inexistante.

Considérons maintenant un portefeuille de 5 millions d'euros d'actions France Télécom, dont la volatilité journalière est 1 % (soit 16 % en base annuelle). Les mêmes calculs montrent que l'écart-type de la variation de la valeur du portefeuille sur un jour vaut :

$$5\ 000\ 000 \times 0{,}01 = 50\ 000$$

En supposant que la variation est normalement distribuée, la VaR à 99 % à un jour est :

$$2{,}33 \times 50\ 000 = 116\ 500\ €$$

et la VaR à 10 jours est, quant à elle, égale à :

$$\sqrt{10} \times 116\ 500 = 368\ 405\ €.$$

Le cas de deux actifs

Considérons désormais un portefeuille contenant 10 millions d'euros d'actions Alcatel-Lucent et 5 millions d'euros d'actions France Télécom. On suppose que les rentabilités des deux actions suivent une distribution normale bivariée avec un coefficient de corrélation 0,3. D'après un résultat statistique standard, l'écart-type de $X + Y$, s'écrit :

$$\sigma_{X+Y} = \sqrt{\sigma_X^2 + \sigma_Y^2 + 2\rho\sigma_X\sigma_Y}$$

où les écarts-types respectifs sont σ_X et σ_Y et le coefficient de corrélation est ρ. En assimilant X à l'action Alcatel-Lucent et Y à l'action France Télécom sur une période d'un jour, alors :

$$\sigma_X = 200\ 000 \text{ et } \sigma_Y = 50\ 000$$

L'écart-type de la variation de valeur du portefeuille composé de ces deux actions sur un jour est alors égal à :

$$\sqrt{200000^2 + 50000^2 + 2 \times 0{,}3 \times 200000 \times 50000} = 220\ 227\ €.$$

La variation est normalement distribuée de moyenne nulle. La VaR à 99 % à un jour est donc :

$$2{,}33 \times 220\ 227 = 513\ 129\ €$$

et la VaR à 99 % à 10 jours est égale à $\sqrt{10}$ fois 513 129 €, soit 1 622 657 €.

Les bénéfices de la diversification

Dans l'exemple considéré ci-dessus, on a donc :

1. Une VaR au seuil de 99 % à 10 jours d'Alcatel-Lucent de 1 473 621 €.
2. Une VaR au seuil de 99 % à 10 jours de France Télécom de 368 405 €.
3. Une VaR au seuil de 99 % à 10 jours pour le portefeuille des deux titres vaut 1 622 657 €.

Le montant

$$1\,473\,621 + 368\,405 - 1\,622\,657 = 219\,369 \text{ €}$$

représente le gain de la diversification. Si les rentabilités d'Alcatel-Lucent et de France Télécom étaient parfaitement corrélées, la VaR du portefeuille serait égale à la somme des VaR des deux titres individuels. Dès que cette corrélation n'est pas parfaite, il existe des gains de diversification[1].

10.2 Le modèle linéaire

Les exemples qui viennent d'être traités sont de simples illustrations de l'utilisation d'un modèle linéaire dans le calcul de la VaR. Considérons un portefeuille P composé de n actifs avec des montants $\alpha_i, 1 \leq i \leq n$ investis dans ces actifs. Notons Δx_i la rentabilité journalière de l'actif i. La variation journalière de l'investissement dans l'actif i est $\alpha_i \Delta x_i$, et

$$\Delta P = \sum_{i=1}^{n} \alpha_i \Delta x_i \qquad \textbf{(10.1)}$$

avec ΔP la variation journalière de la valeur du portefeuille.

Dans l'exemple de la section précédente, puisque $\alpha 1 = 10$ et $\alpha 2 = 5$, 10 millions d'euros et 5 millions d'euros étaient respectivement investis dans Alcatel-Lucent et France Télécom, de manière que (en millions d'euros) :

$$\Delta P = 10\Delta x_1 + 5\Delta x_2$$

Si les Δx_i de l'équation (10.1) suivent une loi normale multivariée, alors ΔP est normalement distribuée. Pour calculer la VaR, il suffit donc de calculer la moyenne et l'écart-type de ΔP. De plus, comme nous l'avons déjà mentionné, il est d'usage de supposer que l'espérance de chaque Δx_i est nulle, ce qui implique que la moyenne de ΔP est également nulle.

---

1. La VaR reflète les bénéfices de la diversification lorsque la distribution des variations de la valeur du portefeuille est normale, mais ce n'est pas toujours le cas (voir section 8.3). En effet, la VaR de deux portefeuilles peut être supérieure à la somme de leurs VaR.

Pour calculer l'écart-type de ΔP, on note σ_i l'écart-type de la variation journalière de i et ρ_{ij} la corrélation entre les rentabilités des actifs i et j[1]. Cela signifie que σ_i est l'écart-type de Δx_i et ρ_{ij} est le coefficient de corrélation entre Δx_i et Δx_j. La variance de ΔP, notée σ_P^2, est alors définie par :

$$\sigma_P^2 = \sum_{i=1}^{n} \sum_{j=1}^{n} \rho_{ij}\alpha_i\alpha_j\sigma_i\sigma_j$$

Cette équation peut encore s'écrire :

$$\textbf{(10.2)}\quad \sigma_P^2 = \sum_{i=1}^{n} \alpha_i^2\sigma_i^2 + 2\sum_{i=1}^{n} \sum_{j<i} \rho_{ij}\alpha_i\alpha_j\sigma_i\sigma_j$$

L'écart-type de ΔP sur N jours vaut $\sigma_P\sqrt{N}$ et la VaR à 99 % à l'horizon temporel de N jours est égale à $2,33\sigma_P\sqrt{N}$.

Dans l'exemple de la section précédente, $\sigma_1 = 0,02$; $\sigma_2 = 0,01$ et $\rho_{12} = 0,3$; comme $\alpha_1 = 10$ et $\alpha_2 = 5$, on peut écrire :

$$\sigma_P^2 = 10^2 \times 0,02^2 + 5^2 \times 0,01^2 + 2 \times 10 \times 5 \times 0,3 \times 0,02 \times 0,01 = 0,0485$$

et $\sigma_P = 0,22$. Il s'agit de l'écart-type en millions d'euros de la variation de valeur journalière du portefeuille. La VaR à 10 jours à 99 % vaut donc $2,33 \times\sqrt{10} \times 0,22 =$ 1,623 million d'euros. C'est, bien sûr, le résultat trouvé précédemment.

10.3 Le cas des instruments de taux

Il est impossible de définir une variable de marché pour chaque obligation ou chaque taux d'intérêt, et des simplifications sont nécessaires dans le cadre de l'approche variance-covariance. Dans le cas des taux d'intérêt, une des possibilités consiste à envisager uniquement des déplacements parallèles de la courbe des taux. Dans ce cas, une seule variable de marché est nécessaire, à savoir l'amplitude de ce déplacement. La variation de valeur du portefeuille considéré peut être alors calculée grâce à la relation de duration (équation 4.15) :

$$\Delta P = - DP\Delta y$$

où P désigne la valeur du portefeuille, ΔP sa variation, D la duration modifiée du portefeuille et Δy le déplacement de la courbe des taux. Cette approche décrit une relation linéaire entre ΔP et Δy et n'est donc pas suffisamment précise, puisqu'elle ne permet pas d'appréhender des déplacements non parallèles de la courbe des taux.

1. Les ρ_{ij} sont parfois calculés avec un modèle factoriel (voir section 6.3).

La procédure habituelle consiste plutôt à choisir, comme variables de marché, des prix d'obligations zéro-coupon (ZC) avec des maturités usuelles : 1 mois, 3 mois, 6 mois, 1 an, 2 ans, 5 ans, 7 ans, 10 ans et 30 ans. Pour calculer la VaR, les flux engendrés par le portefeuille sont alors transformés en flux équivalents reçus aux dates d'échéance des ZC de référence.

Considérons un portefeuille de 1 million d'euros d'obligations d'État, payant des coupons semestriels au taux annuel de 10 %, et d'échéance 0,8 an. Les coupons sont payés dans 0,3 an et 0,8 an, et le principal est payé dans 0,8 an. Ce portefeuille est équivalent à un portefeuille contenant 50 000 zéro-coupon d'échéance 0,3 an et 1 050 000 zéro-coupon d'échéance 0,8 an. La première composante du portefeuille est transformée en une position équivalente en zéro-coupon à 3 et 6 mois. De même, la seconde composante est transformée en une position équivalente en zéro-coupon à 6 mois et 1 an. Pour le calcul de la VaR, la détention de l'obligation initiale d'échéance 0,8 an peut être analysée comme un portefeuille de zéro-coupon d'échéances 3, 6 et 12 mois. Cette procédure est qualifiée de *cash-flow mapping*.

Illustration d'ajustement des flux *(cash-flow mapping)*

Nous allons illustrer le fonctionnement du *cash-flow mapping* (ou ajustement des flux) sur la base de l'exemple précédent. Soulignons qu'il existe de nombreuses autres procédures disponibles outre celle que nous présentons ici.

Considérons tout d'abord les 1 050 000 zéro-coupon à 0,8 an et supposons que les taux zéro-coupon, les volatilités journalières et les corrélations des rentabilités des zéro-coupon soient donnés par le tableau 10.1. La première étape consiste en une interpolation entre des taux à 6 mois (6,0 %) et à 1 an (7,0 %), qui permet d'obtenir un taux à 0,8 an égal à 6,6 % (les taux sont supposés composés annuellement). La valeur actuelle de 1 050 000 € à recevoir dans 0,8 an est donc :

$$\frac{1050000}{1,066^{0,8}} = 997662$$

Le même type d'interpolation sur la volatilité (0,1 % à 6 mois et 0,2 % à 1 an) conduit à une volatilité de 0,16 % pour le zéro-coupon à 0,8 an.

Supposons qu'une proportion α de la valeur actuelle soit investie dans le ZC à 6 mois et une proportion (1 – α) dans le ZC à 1 an. Par l'équation (10.2) et en faisant correspondre les variances, on obtient l'équation :

$$0,0016^2 = 0,001^2\alpha^2 + 0,002^2(1 - \alpha)^2 + 2 \times 0,7 \times 0,001 \times 0,002\alpha(1 - \alpha)$$

Tableau 10.1 : Données pour l'ajustement des flux

Maturité	3 mois	6 mois	1 an
Taux ZC (%, composition annuelle) :	5,50	6,00	7,00
Volatilité de l'obligation (en % par jour) :	0,06	0,10	0,20
Corrélations des rentabilités journalières	**3 mois**	**6 mois**	**1 an**
3 mois	1,0	0,9	0,6
6 mois	0,9	1,0	0,7
1 an	0,6	0,7	1,0

Il s'agit d'une équation du second degré qui peut être résolue selon la méthode usuelle; la solution est $\alpha = 0{,}320337$, ce qui signifie que 32,0337 % de la valeur actuelle devrait être investie dans le ZC à 6 mois et 67,9663 % dans le ZC à 1 an. L'obligation à 0,8 an de valeur 997 662 € est ainsi équivalente à un investissement de

$$997\ 662 \times 0{,}320337 = 319\ 589\ €$$

dans le ZC à 6 mois et un investissement de

$$997\ 662 \times 0{,}679663 = 678\ 074\ €$$

dans le ZC à 1 an.

Ce schéma d'ajustement des flux présente l'avantage de calibrer à la fois la valeur actuelle des flux et la volatilité. On peut aussi montrer que les poids affectés aux deux ZC permettant de construire le portefeuille équivalent sont positifs.

Concernant le flux de 50 000 € d'échéance 0,3 an, l'application de la même technique (voir problème 10.7) donne une valeur actuelle du flux égale à 49 189 €. Le portefeuille équivalent consiste à investir 37 397 € en ZC à 3 mois et 11 793 € en ZC à 6 mois.

Les résultats sont résumés dans le tableau 10.2. L'obligation initiale de maturité 0,8 an est équivalente à un portefeuille de 37 397 € investis en ZC à 3 mois, 331 382 € en ZC à 6 mois et 678 074 € en ZC à 1 an. Avec les informations sur les volatilités et les corrélations du tableau 10.2, l'équation (10.2) donne la variance des variations de prix de l'obligation de maturité 0,8 an en posant $n = 3$; $\alpha_1 = 37\,937$; $\alpha_2 = 331\,382$; $\alpha_3 = 678\,074$; $\sigma_1 = 0{,}0006$; $\sigma_2 = 0{,}001$; $\sigma_3 = 0{,}002$; $\rho_{12} = 0{,}9$; $\rho_{13} = 0{,}6$ et $\rho_{23} = 0{,}7$. On obtient une variance égale à 2 628 518, ce qui correspond à un écart-type de $\sqrt{2\ 628\ 518} = 1\ 621{,}3$. Comme cette obligation est l'unique actif du portefeuille, la VaR au seuil de 99 % à 10 jours est égale à :

$$1\ 621{,}3 \times \sqrt{10} \times 2{,}33 = 11\ 946$$

soit environ 11 950 €.

Tableau 10.2 : Cash-flows ajustés

	50 000 € à recevoir dans 0,3 an	1 050 000 € à recevoir dans 0,8 an	Total
Position en ZC 3 mois (€)	37 397		37 397
Position en ZC 6 mois (€)	11 793	319 589	331 382
Position en ZC 1 an (€)		678 074	678 074

Analyse en composantes principales

Comme nous l'avons expliqué dans la section 4.10, l'analyse en composantes principales (ACP) peut être utilisée pour réduire le nombre de variations de taux à calculer pour les déplacements des courbes de taux. Une ACP peut être mise en œuvre (conjointement avec un ajustement des flux) dans le calcul d'une VaR par l'approche variance-covariance. Nous pouvons convertir un ensemble d'expositions aux variations de taux (voir tableau 4.11) en une exposition au premier facteur, au deuxième facteur, et ainsi de suite (voir section 4.10). D'après les données du tableau 4.11, l'exposition au premier facteur vaut – 0,08 et l'exposition au deuxième facteur est égale à – 4,40 (plus de 90 % des variations de taux sont expliquées par ces deux facteurs). Supposons que *f*1 et *f*2 désignent les valeurs des deux premières composantes principales. La variation de la valeur du portefeuille s'écrit :

$$\Delta P = -0{,}08 f_1 - 4{,}40 f_2$$

Les composantes principales ne sont pas corrélées et leurs écarts-types valent respectivement 17,49 et 6,05 (voir tableau 4.10). L'écart-type de ΔP s'écrit :

$$\sqrt{0{,}08^2 \times 17{,}49^2 + 4{,}40^2 \times 6{,}05^2} = 26{,}66$$

La VaR du portefeuille à un jour au seuil de 99 % est donc égale à 26,66 × 2,33 = 62,12.

Il est important de remarquer que l'on considère ici un portefeuille ayant une faible exposition au premier facteur et une exposition importante au deuxième. L'utilisation d'un seul facteur conduirait à calculer une VaR largement sous-évaluée (voir problème 10.9). Notons que la méthode de duration conduit également à sous-évaluer la VaR, ce qui est dû à l'hypothèse implicite d'un déplacement parallèle de la courbe des taux.

10.4 Applications du modèle linéaire

Le modèle linéaire s'applique aisément aux portefeuilles ne contenant pas d'actifs dérivés, c'est-à-dire aux portefeuilles d'actions, d'obligations, de devises et de matières premières. Dans ce contexte, la variation de la valeur du portefeuille est une fonction linéaire des variations en pourcentage des prix des actifs qui le composent. Soulignons également que, pour le calcul de la VaR, toutes les valeurs sont exprimées en devise domestique. Si une banque française retient la valeur du Nikkei 225 et celles d'obligations d'État britanniques comme variables de marché, les deux seront exprimées en euros.

Les contrats forward sur devises et les swaps de taux sont des actifs qui peuvent être analysés dans le cadre du modèle linéaire. Notons T l'échéance du contrat forward sur devises ; ce dernier peut être vu comme l'échange d'une obligation étrangère d'échéance T contre une obligation domestique de même échéance. Dans le calcul de la VaR, ce contrat est donc équivalent à une position longue sur l'obligation étrangère combinée à une position courte sur l'obligation domestique (l'obligation étrangère est évaluée en monnaie domestique). Chaque obligation peut être transformée en utilisant le *cash-flow mapping*, chacune étant une combinaison linéaire d'obligations d'échéances standard.

Considérons maintenant un swap de taux. Un tel swap peut s'interpréter comme l'échange d'une obligation à taux variable contre une obligation à taux fixe (voir annexe B). L'obligation à taux fixe est une obligation classique à coupons et l'obligation à taux variable cote le pair après chaque date de paiement. Le swap se réduit donc à un portefeuille d'obligations combinant une position longue et une position courte et peut ainsi être traité par le modèle linéaire et le *cash-flow mapping*.

10.5 Modèle linéaire et options

Le modèle linéaire peut également être mis en œuvre pour analyser un portefeuille d'options. Imaginons un portefeuille contenant des options de sous-jacent unique coté S aujourd'hui, et notons δ le delta de la position[1] (voir chapitre 3). Comme δ est le taux de variation de la valeur du portefeuille par rapport à S, on peut écrire, en première approximation :

$$\delta = \frac{\Delta P}{\Delta S}$$

ou encore

$$\Delta P = \delta \Delta S \quad \textbf{(10.3)}$$

où ΔS est la variation en euros du prix de l'action sur un jour et ΔP la variation en euros de la valeur du portefeuille sur un jour. Si l'on note Δx la rentabilité de l'action sur un jour, avec

$$\Delta x = \frac{\Delta S}{S}$$

1. Dans le chapitre 3, le delta et le gamma d'un portefeuille sont notés avec des lettres grecques majuscules (Δ et Γ respectivement). Dans de cette section, nous utilisons des minuscules (δ et γ respectivement) pour éviter les confusions, Δ étant déjà utilisé à d'autres fins.

une relation approximative entre ΔP et Δx est :

$$\Delta P = \delta S \Delta x$$

Lorsqu'une position dépend de plusieurs variables de marché et d'options, une relation linéaire approximative entre ΔP et Δx_i est de la forme :

$$\textbf{(10.4)} \quad \Delta P = \sum_{i=1}^{n} S_i \delta_i \, \Delta x_i$$

où S_i est la valeur de la variable de marché i et δ_i est le delta du portefeuille par rapport à cette variable. Cette relation correspond à l'équation (10.1) :

$$\textbf{(10.5)} \quad \Delta P = \sum_{i=1}^{n} \alpha_i \, \Delta x_i$$

où $\alpha_i = S_i \delta_i$. L'équation (10.5) peut alors être utilisée pour calculer l'écart-type de ΔP.

Exemple 10.1

Un portefeuille contient des options France Télécom et Alcatel-Lucent. Les options France Télécom ont un delta global égal à 6 000 et les options Alcatel ont un delta global de 60 000. L'action France Télécom cote 20 € et l'action Alcatel-Lucent vaut 10 €. L'équation (10.4) permet, en première approximation, d'écrire :

$$\Delta P = 20 \times 6\,000 \times \Delta x_1 + 10 \times 60\,000 \Delta x_2$$

ou encore

$$\Delta P = 120\,000 \Delta x_1 + 600\,000 \Delta x_2$$

où Δx_1 et Δx_2 sont les rentabilités journalières des deux actions considérées et ΔP la variation de la valeur du portefeuille. Dans ce contexte, le portefeuille d'options est considéré équivalent à un investissement de 120 000 € dans France Télécom et de 600 000 € dans Alcatel. La volatilité journalière est de 2 % pour France Télécom et de 1 % pour Alcatel-Lucent, et la corrélation vaut 0,3. Dans ces conditions, l'écart-type de ΔP (en milliers d'euros) est donné par :

$$\sqrt{(120 \times 0{,}02)^2 + (600 \times 0{,}01)^2 + 2 \times 120 \times 0{,}02 \times 600 \times 0{,}01 \times 0{,}3} = 7{,}099$$

Comme $N(-1{,}65) = 0{,}05$, la VaR au seuil de 95 % à 5 jours vaut :

$$1{,}65 \times \sqrt{5} \times 7099 = 26193 \text{ €}.$$

Faiblesses du modèle

Quand un portefeuille comporte des options, le modèle linéaire est très approximatif. En particulier, il ne tient pas compte du gamma du portefeuille. Comme nous l'avons déjà mentionné au chapitre 3, le delta du portefeuille mesure le taux de variation du portefeuille par rapport à une variable de marché (le prix d'une action par exemple), et le gamma mesure le taux de variation du delta par rapport à cette même variable. Le gamma caractérise donc la courbure de la fonction qui lie la valeur du portefeuille à la valeur de la variable de marché considérée.

Le graphique 10.1 montre l'impact d'un gamma non nul sur la distribution de probabilité de la valeur du portefeuille. Quand le gamma est positif (négatif), cette distribution a une asymétrie *(skewness)* positive (négative). Les graphiques 10.2 et 10.3 illustrent cette remarque. Le graphique 10.2 montre l'évolution du prix d'un call en fonction du prix du support. L'achat de call est la position la plus simple ayant un gamma positif. Le graphique montre que, si la loi suivie par le prix est log-normale, celle du prix du call a une asymétrie positive. Le graphique 10.3 illustre la relation entre la valeur d'une position courte sur un call et la valeur du support. Cette position a un gamma négatif et l'on constate que la loi suivie par le prix du call a une asymétrie négative[1].

Graphique 10.1

Distribution de la valeur du portefeuille pour (a) gamma positif et (b) gamma négatif.

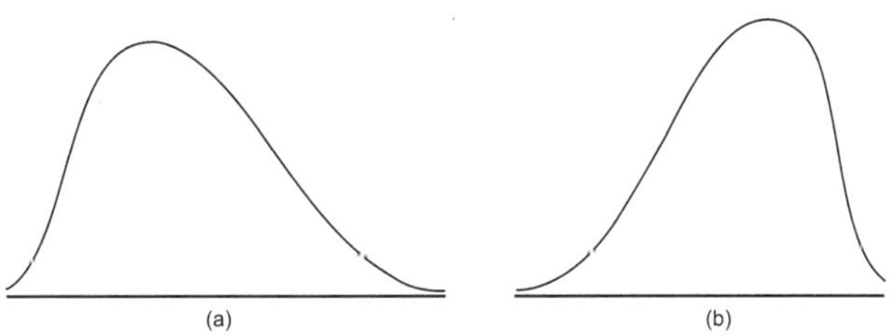

La VaR d'une position dépend de manière cruciale de la queue gauche de la distribution de probabilité de la valeur du portefeuille considéré. Par exemple, au seuil de 99 %, la VaR est la valeur située en dessous du 1er centile de la queue gauche de la distribution. Comme on peut le voir dans les graphiques 10.1a et 10.2, un gamma positif est associé à une queue de distribution plus fine à gauche. En supposant que la loi est normale, la VaR calculée sera surévaluée. De manière similaire, dans les graphiques 10.1b et 10.3, le gamma est négatif et la queue de distribution est plus épaisse à gauche. Une approximation gaussienne aura tendance, dans ce cas, à sous-évaluer la VaR.

1. La distribution log-normale est très proche de la distribution normale sur un horizon court.

Graphique 10.2

Transformation de la distribution normale pour le prix du support en distribution de la valeur d'un call acheté.

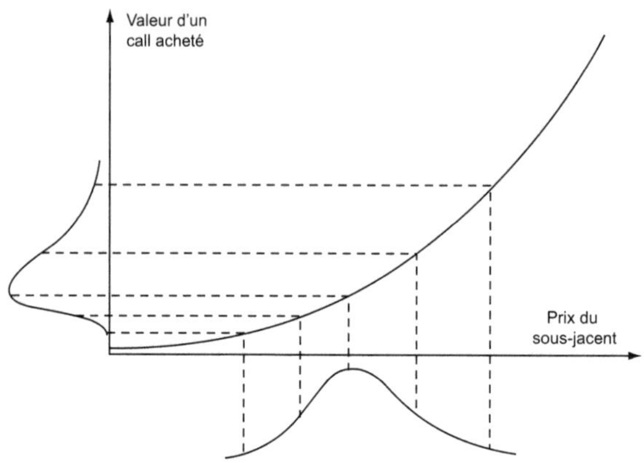

Graphique 10.3

Transformation de la distribution normale pour le prix du support en distribution de la valeur d'un call vendu.

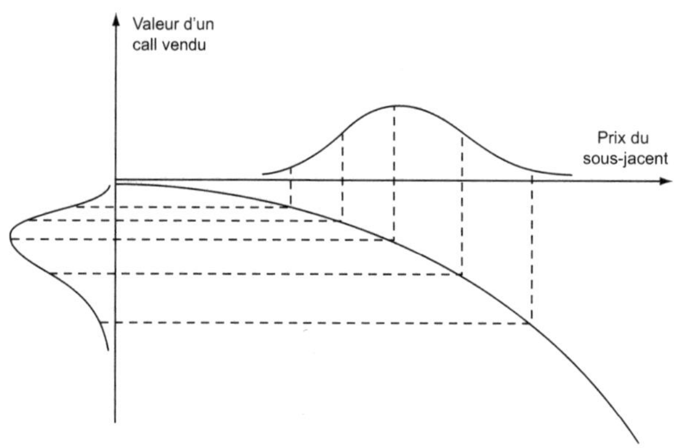

10.6 Le modèle quadratique

Pour améliorer cette estimation, le delta et le gamma du portefeuille peuvent être utilisés. Considérons un portefeuille dépendant d'un seul actif dont le prix est noté S et notons δ et γ les delta et gamma du portefeuille. D'après les résultats du chapitre 3, on déduit grâce au développement en série de Taylor :

$$\Delta P = \delta\,\Delta S + \frac{1}{2}\gamma(\Delta S)^2$$

Il s'agit donc d'une amélioration par rapport à l'équation (10.3)[1]. En posant

$$\Delta x = \frac{\Delta S}{S}$$

cette relation devient :

$$\textbf{(10.6)}\quad \Delta P = S\delta\Delta x + \frac{1}{2}S^2\gamma\left(\Delta x\right)^2$$

Dans ce cas :

$$\begin{aligned}
E(\Delta P) &= 0,5S^2\gamma\sigma^2\\
E(\Delta P^2) &= S^2\delta^2\sigma^2 + 0,75S^4\gamma^2\sigma^4\\
E(\Delta P^3) &= 4,5S^4\delta^2\gamma\sigma^4 + 1,875S^6\gamma^3\sigma^6
\end{aligned}$$

où σ est la volatilité journalière.

Pour un portefeuille composé de n instruments liés chacun à une seule variable de marché, l'équation (10.6) s'écrit :

$$\Delta P = \sum_{i=1}^{n} S_i\delta_i\,\Delta x_i + \sum_{i=1}^{n}\frac{1}{2}S_i^2\gamma_i(\Delta x_i)^2$$

1. Le développement en série de Taylor suggère l'approximation

$$\Delta P = \Theta\Delta t + \delta\Delta S + \frac{1}{2}\gamma\left(\Delta S\right)^2$$

quand les termes d'ordre supérieur à 1 par rapport à Δt sont négligés. En pratique, le terme $\Theta\Delta t$ est très faible, il est donc également négligé.

où S_i est la valeur de la i-ième variable de marché, δ_i et γ_i désignant les coefficients delta et gamma correspondant à cette variable. Quand les actifs composant le portefeuille peuvent dépendre simultanément de plusieurs variables de marché, cette équation prend la forme plus générale :

$$\textbf{(10.7)}\quad \Delta P = \sum_{i=1}^{n} S_i \delta_i \, \Delta x_i + \sum_{i=1}^{n} \sum_{j=1}^{n} \frac{1}{2} S_i S_j \gamma_{ij} \, \Delta x_i \Delta x_j$$

où γ_{ij} est un gamma « croisé », c'est-à-dire :

$$\gamma_{ij} = \frac{\partial^2 P}{\partial S_i \partial S_j}$$

L'équation (10.7) est moins simple à manipuler que l'équation (10.5), mais elle est utile pour calculer les moments de ΔP.

Développement de Cornish-Fisher

Un résultat connu en statistique sous le nom de « développement de Cornish-Fisher » fournit une relation entre les moments d'une distribution et ses quantiles. Nous illustrons ce résultat en estimant une VaR qui tient compte de l'asymétrie de la distribution de probabilité sur la base de ses trois premiers moments. Soit μ_P et σ_P la moyenne et l'écart-type de ΔP tel que :

$$\mu_P = E(\Delta P) \text{ et } \sigma_P^2 = E\left[(\Delta P)^2\right] - E\left[(\Delta P)\right]^2$$

ξ_P désigne l'asymétrie de la distribution de probabilité de ΔP :

$$\xi_P = \frac{1}{\sigma_P^3} E[(\Delta P - \mu_P)^3] = \frac{E[(\Delta P)^3] - 3E[(\Delta P)^2]\mu_P + 2\mu_P^3}{\sigma_P^3}$$

Le développement de Cornish-Fisher donnant l'estimation du quantile q de la distribution de ΔP sur la base de ses trois premiers moments est :

$$\mu_P + w_q \sigma_P$$

avec

$$w_q = z_q + \frac{1}{6}(z_q^2 - 1)\xi_P$$

et z_q le quantile q d'une distribution normale standard.

Exemple 10.2

Supposons que $\mu_P = -0,2$, $\sigma_P = 2,2$, $\xi_P = -0,4$. On souhaite estimer le 1er centile de la distribution de probabilité ($q = 0,01$). Dans ce cas, $z_q = -2,33$. Sous l'hypothèse de distribution de probabilité normale pour ΔP, le 1er centile est égal à :

$$-0,2 - 2,33 \times 2,2 = -5,326$$

En d'autres termes, nous sommes certains à 99 % que :

$$\Delta P > -5,326$$

Le développement de Cornish-Fisher donne (en tenant compte de l'asymétrie de la distribution et $q = 0,01$) :

$$w_q = -2,33 - \frac{1}{6}(2,33^2 - 1) \times 0,4 = -2,625$$

tel que le 1er centile de la distribution est égal à :

$$-0,2 - 2,625 \times 2,2 = -5,976$$

Par conséquent, la prise en compte de l'asymétrie modifie l'estimation de la VaR, qui passe de 5,326 à 5,976.

10.7 La simulation de Monte-Carlo

Dans le cadre de l'approche variance-covariance, la distribution de probabilité de ΔP peut être construite par une simulation de Monte-Carlo. Supposons que nous souhaitions calculer la VaR à un jour d'un portefeuille. La procédure est la suivante :

1. Évaluer le portefeuille aujourd'hui sur la base des valeurs observées des variables de marché.
2. Tirer un échantillon de la loi jointe des Δx_i[1].
3. Utiliser les valeurs obtenues en (2) pour calculer les valeurs de fin de journée des variables de marché.
4. Réévaluer le portefeuille en fin de journée avec ces nouvelles valeurs.
5. Soustraire de la valeur du portefeuille ainsi calculée la valeur calculée dans l'étape 1 pour disposer d'une simulation de ΔP.
6. Répéter les étapes 2 à 5 un grand nombre de fois pour estimer la distribution de probabilité de ΔP.

1. Une façon de réaliser ce tirage est décrite dans le chapitre 6.

La VaR est ensuite calculée au seuil de confiance souhaité. Considérons un échantillon de 5 000 valeurs de ΔP, obtenu par la méthode décrite ci-dessus. La VaR au seuil de 99 % à un jour correspond à la 50e valeur la plus défavorable de ΔP; de même, la VaR à 95 % correspond à la 250e valeur la plus défavorable, et ainsi de suite[1]. La VaR à N jours s'obtient en multipliant la VaR à un jour par $\sqrt{N}$ [2].

L'inconvénient essentiel de la simulation de Monte-Carlo est le temps de calcul nécessaire. Le portefeuille d'une banque peut contenir des centaines, voire des milliers de titres différents. Il doit être évalué de nombreuses fois dans le cadre de la simulation[3]. Un moyen d'accélérer les calculs consiste à retenir l'équation (10.7) dans la description de la relation entre ΔP et les Δx_i. On peut alors passer de l'étape 2 à l'étape 5 directement et éviter une réévaluation complète du portefeuille à chaque étape. Cette méthode est parfois appelée « simulation partielle » *(partial simulation approach).*

10.8 Utilisation de distributions non normales

L'approche par simulation de Monte-Carlo peut être étendue aux distributions non normales, par exemple aux distributions de Student multivariées. Cela a pour conséquence une probabilité plus élevée de la réalisation simultanée de valeurs extrêmes pour plusieurs variables de marché.

On peut supposer n'importe quel ensemble de distributions pour Δx_i dans le cadre d'un modèle de copule[4]. Considérons, par exemple, une copule gaussienne (voir chapitre 6). Dans ce cadre, les Δx_i sont transformés centile par centile en des variables u_i normalement distribuées. On peut alors appliquer la procédure décrite ci-dessus, en modifiant l'étape 2 et en insérant une étape supplémentaire entre les étapes 2 et 3, qui consiste à :

2. Tirer un échantillon de la loi jointe des u_i.

2a. Transformer chaque u_i en Δx_i centile par centile.

Ces modifications sont relativement faciles à mettre en œuvre par une banque qui utilise déjà la simulation de Monte Carlo. Avant l'évaluation du portefeuille (étape 1), il est nécessaire d'insérer une ou deux lignes de codes pour intégrer l'étape 2a dans la procédure. Les distributions marginales de Δx_i peuvent être estimées en calibrant les données observées avec une distribution plus générale que la distribution normale.

---

1. Comme pour la simulation historique, la théorie des valeurs extrêmes permet de lisser les queues de distribution pour mieux estimer les centiles extrêmes de la loi de ΔP.
2. Cela n'est vrai que de manière approchée quand le portefeuille contient des options, même si cette hypothèse est habituellement retenue par les praticiens.
3. Une méthode permettant de réduire le nombre d'évaluations du portefeuille est proposée par JAMSHIDIAN F. et ZHU Y., « Scenario Simulation Model : Theory and Methodology », in *Finance and Stochastics* (1997, vol. 1, p. 43-67).
4. Voir HULL J. C. et WHITE A., « Value at Risk When Daily Changes are not Normally Distributed », in *Journal of Derivatives*. Printemps 1998, vol. 5, p. 9-19.

10.9 Avantages et inconvénients des approches de variance-covariance et de simulation historique

Dans ce chapitre ainsi que dans le précédent, nous avons abordé deux méthodes de calcul de la VaR : la simulation historique et l'approche variance-covariance. Les avantages de cette dernière résident dans la rapidité d'obtention des résultats et dans la possibilité de mettre à jour les structures de volatilité et de corrélation (voir chapitres 5 et 6). La mise à jour des volatilités peut être introduite dans l'approche de simulation historique d'une manière assez artificielle (voir section 9.3). L'inconvénient principal de l'approche variance-covariance (dans la version simplifiée du moins) est l'hypothèse de normalité du vecteur des variables de marché. En pratique, les variations journalières des variables de marché ne suivent pas une loi normale (voir par exemple le tableau 5.2). L'utilisateur final de cette approche espère que les propriétés statistiques du théorème central limite s'appliquent au portefeuille. Ainsi, la distribution de probabilités des gains ou des pertes est normale, même si les gains ou les pertes de certaines composantes du portefeuille ne sont pas normalement distribués.

La simulation historique a l'avantage d'estimer la distribution jointe des variables de marché à partir des observations passées. Elle permet également de traiter les instruments de taux plus facilement puisqu'une courbe des taux des ZC (pour aujourd'hui et demain) est calculée à chaque tirage. Le recours à la procédure peu rigoureuse de *cash-flow mapping* est évité (voir section 10.3). À l'inverse, cette méthode nécessite de longs calculs et l'utilisation d'une approximation (voir équation 10.7), car la réévaluation de 500 scénarios différents est tout simplement impossible[1].

L'approche variance-covariance est souvent utilisée pour les portefeuilles d'investissement (en effet, elle est très proche de la théorie du portefeuille de Markowitz) et plus rarement pour calculer la VaR des transactions boursières d'une institution financière. En effet, les banques préfèrent conserver des deltas proches de zéro. Lorsque ceux-ci sont quasi nuls et les portefeuilles non linéaires, les modèles linéaire et quadratique ne fournissent pas de résultats probants.

Résumé

La simulation historique permet d'estimer la distribution de probabilité jointe des variations journalières des variables de marché alors que l'approche variance-covariance impose une forme à cette distribution. L'hypothèse la plus répandue est une distribution normale. Le calcul de la VaR est direct lorsque les variations de la valeur du portefeuille sont linéaires par rapport aux variations des variables de marché. Des approximations sont nécessaires dans d'autres cas de figure, comme par exemple une approximation quadratique ou une simulation de Monte-Carlo (beaucoup plus lente).

1. Ce problème se pose en particulier lorsque la simulation de Monte-Carlo correspond à une procédure numérique utilisée par les institutions financières pour évaluer une transaction. Dans le cadre des simulations historiques, les simulations de Monte Carlo sont extrêmements longues en temps de calcul.

L'approche variance-covariance est fréquemment utilisée pour les portefeuilles d'investissement, alors qu'elle est nettement moins appliquée aux portefeuilles de marché, en raison de ses mauvais résultats en présence de deltas faibles.

Références complémentaires

FRYE, J., « Principals of Risk : Finding VAR through Factor-Based Interest Rate Scenarios », in *VAR : Understanding and Applying Value at Risk.* Risk Publications, 1997, p. 275-288.

HULL, J. C. et WHITE, A., « Value at Risk When Daily Changes in Market Variables are not Normally Distributed », in *Journal of Derivatives.* Printemps 1998, vol. 5, p. 9-19.

JAMSHIDIAN, F. et ZHU, Y., « Scenario Simulation Model, Theory and Methodology », in *Finance and Stochastics.* 1997, vol. 1, p. 43-67.

RICH, D., « Second Generation VaR and Risk-Adjusted return on Capital », in *Journal of Derivatives.* Été 2003, vol. 10, p. 51-61.

Problèmes et exercices (corrigés en fin d'ouvrage)

10.1. Considérons un portefeuille constitué de 100 000 € investis dans l'actif A et 100 000 € dans l'actif B. Les volatilités journalières de A et B sont égales à 1 %, et le coefficient de corrélation est de 0,3. Quelle est la VaR au seuil de 99 % à 5 jours de ce portefeuille ?

10.2. Décrivez trois méthodes pour modéliser le comportement des instruments dépendant des taux d'intérêt quand l'approche variance-covariance est retenue pour le calcul de la VaR.

10.3. Pour le calcul de la VaR, expliquez comment un swap de taux peut être assimilé à un portefeuille d'obligations zéro-coupon aux maturités bien choisies.

10.4. Une banque possède un portefeuille d'options sur le taux de change USD/GBP. Le delta du portefeuille est de 56 alors que le taux de change est 1,5000. Donnez une approximation linéaire de la relation entre les variations de valeur du portefeuille et les variations (en pourcentage) du taux de change. Si la volatilité journalière du taux de change est de 0,7 %, quelle est la VaR au seuil de 99 % à 10 jours du portefeuille ?

10.5. On suppose que le gamma du portefeuille de l'exercice précédent est 16,2. En quoi cette information modifie-t-elle votre estimation de la relation entre variation de valeur du portefeuille et variation en pourcentage du taux de change ? Calculez la nouvelle VaR à 10 jours au seuil de 99 % en utilisant les estimations des deux premiers moments de la distribution de probabilité de la variation de valeur du portefeuille.

10.6. Les taux à 5 et 7 ans sont respectivement 6 % et 7 % (en composition annuelle). Les volatilités journalières des ZC pour ces deux maturités sont 0,5 % et 0,58 %. La corrélation des rentabilités journalières de ces deux ZC est 0,6. Ajustez un flux de 1 000 € dans 6,5 ans à un portefeuille d'obligations 5 ans et un portefeuille d'obligations 7 ans. Quels sont les flux dans 5 et 7 ans équivalents au flux dans 6,5 ans?

10.7. Dans l'exemple du tableau 10.2, vérifiez que le ZC de maturité 0,3 an est équivalent à 37 397 € de nominal d'une obligation à 3 mois, et 11 793 € de nominal d'une obligation à 6 mois.

10.8. Supposons que la variation journalière de valeur d'un portefeuille dépende linéairement de deux facteurs, déduits d'une ACP. Les deltas du portefeuille par rapport à chacun de ces facteurs sont respectivement 6 et – 4. Les écarts-types des facteurs sont 20 et 8. Quelle est la VaR au seuil de 90 % à 5 jours du portefeuille?

10.9. Dans l'exemple du calcul de VaR effectué avec les données du tableau 4.11 (deux facteurs), quels seraient les changements si l'on considérait (a) un seul facteur et (b) trois facteurs?

10.10. Une banque détient un portefeuille d'options sur même actif sous-jacent. Le delta des options est – 30 et le gamma est – 5. Quelle est l'interprétation de ces deux nombres? Le sous-jacent est coté 20 et sa volatilité journalière est 1 %. En utilisant le modèle quadratique, calculez les trois premiers moments de la variation de valeur du portefeuille. Déterminez la VaR au seuil de 99 % à un jour en utilisant (a) les deux premiers moments et (b) les trois premiers moments.

10.11. Dans le problème 10.10, supposez que le vega du portefeuille soit égal à – 2 pour chaque hausse de 1 % de la volatilité journalière. Construisez un modèle reliant la variation journalière de valeur du portefeuille à delta, gamma, vega. Expliquez, sans entrer dans le détail des calculs, comment vous utiliseriez ce modèle dans un calcul de VaR.

10.12. Expliquez pourquoi le modèle linéaire ne peut donner que des résultats approximatifs dans le calcul de la VaR lorsque le portefeuille considéré contient des options.

10.13. Une entreprise a conclu un contrat forward à 6 mois l'engageant à acheter 1 million de GBP contre paiement de 1,5 million d'USD. Les volatilités journalières des ZC à 6 mois en GBP (mais exprimés en USD) et des ZC à 6 mois en USD sont respectivement 0,06 % et 0,05 %. La corrélation des rentabilités de ces deux titres est de 0,8 et le taux de change aujourd'hui est à 1,53 USD/GBP. Quel est l'écart-type de la variation journalière (en USD) du contrat forward? Quelle est la VaR au seuil de 99 % à 10 jours du contrat? Les taux à 6 mois, en composition annuelle, sont supposés égaux à 5 % dans les deux pays.

Questions complémentaires

10.14. Un portefeuille comporte 300 000 € investis en or et 500 000 € investis en argent ; les volatilités journalières de ces deux actifs sont 1,8 % et 1,2 %, et la corrélation vaut 0,6. Quelle est la VaR du portefeuille au seuil de 97,5 % à 10 jours ? De quel montant la diversification réduit-elle la VaR ?

10.15. Considérons un portefeuille d'options sur un actif sous-jacent ; le delta du portefeuille est 12, le sous-jacent vaut 10 € ; sa volatilité journalière est 2 %. Estimez la VaR au seuil de 95 % à un jour du portefeuille.

10.16. Supposons que le gamma de l'exercice 10.15 soit égal à – 2,6. Déterminez une relation quadratique entre la variation de la valeur du portefeuille et la variation en pourcentage du prix de l'actif sous-jacent dans un jour. (a) Calculez les trois premiers moments de la variation de la valeur du portefeuille. (b) En utilisant les deux premiers moments et sous l'hypothèse d'une distribution normale des variations du portefeuille, calculez la VaR au seuil de 95 % à 1 jour du portefeuille. (c) Utilisez le troisième moment et le développement de Cornish-Fisher pour mieux répondre à la question (b).

10.17. Une entreprise possède un portefeuille consistant en une position longue sur une obligation à 2 ans, une position longue sur une obligation à 3 ans et une position courte sur une obligation à 5 ans. Chaque obligation a un nominal de 100 € et un taux de coupon de 5 %. Évaluez l'exposition au risque à chacun des taux ZC des maturités 1 à 5 ans. Utilisez les données des tableaux 4.9 et 4.10 pour calculer la VaR au seuil de 95 % à 20 jours sous l'hypothèse que les variations de taux sont expliquées par (a) un facteur, (b) deux facteurs, et (c) trois facteurs. La courbe des taux ZC est supposée plate à 5 %.

10.18. Une entreprise a un portefeuille d'obligations de 6 millions d'euros, dont la duration modifiée est de 5,2 ans. Seuls des déplacements parallèles de la courbe des taux sont envisagés. La volatilité journalière du taux actuariel est 0,09 %. Utilisez la duration pour estimer la VaR au seuil de 90 % à 20 jours du portefeuille. Expliquez précisément les faiblesses de cette approche dans le cadre du calcul de VaR. Indiquez deux approches alternatives qui amélioreraient les résultats.

10.19. Une banque a vendu un call sur une action A et un put sur une autre action. A cote 50 €, le prix d'exercice du call est 51 €, la volatilité annuelle 28 % et la maturité de l'option 9 mois. Les données correspondantes pour le put sont un prix du sous-jacent de 20 €, un prix d'exercice de 19 €, une volatilité annuelle de 25 % et une maturité d'un an. Ces actions ne paient pas de dividendes pendant la durée de vie des options et le taux sans risque est de 6 % par an. La corrélation des rentabilités est 0,4. Calculez la VaR au seuil de 99 % à 10 jours (a) en utilisant seulement le delta, (b) en utilisant l'approche de simulation partielle et (c) en utilisation l'approche de simulation complète.

Chapitre 11

Risque de crédit : évaluation des probabilités de défaut

Ce chapitre est le premier des trois dédiés au risque de crédit. Le risque de crédit traduit la défaillance possible d'un emprunteur, d'un émetteur d'obligations ou d'une contrepartie dans une transaction financière. Comme nous l'avons souligné dans le chapitre 7, le régulateur a depuis longtemps demandé aux banques de détenir du capital face à ce risque. Dans Bâle II, les banques sont libres d'utiliser leur propre modèle d'évaluation des probabilités de défaut, préalablement validé par le régulateur, afin de déterminer le montant de fonds propres à détenir. Cela a conduit ces institutions à dépenser des ressources importantes afin de choisir le modèle le plus adéquat.

Dans ce chapitre, nous discutons certaines approches possibles et insistons sur la différence entre l'évaluation dans l'univers risque-neutre et l'évaluation dans l'univers réel. Les techniques abordées sont ensuite utilisées dans les chapitres 12 et 13. Dans le chapitre 12, le risque de crédit associé à une transaction de gré à gré d'actifs dérivés et son évaluation sont examinés et discutés. Le chapitre 13 aborde les dérivés de crédit.

11.1 La notation du risque de crédit

Les agences de notation comme Moody's et Standard and Poor's (S&P) ont pour rôle essentiel d'attribuer une note de crédit (ou *rating*) traduisant la qualité de crédit d'un titre obligataire. Si l'on se réfère à la grille de notations de Moody's, la meilleure note est Aaa, et les obligations de cette catégorie n'ont généralement aucune « chance » de faire défaut. La seconde meilleure note attribuée est Aa, ensuite les notes sont A, Baa, Ba, B et Caa. Les obligations notées Baa et plus sont considérées comme sûres et appartiennent à la catégorie investissement *(investment grade)*. Les ratings correspondants chez S&P sont AAA, AA, A, BBB, BB, B, CCC. Les catégories de notes pour les deux agences font l'objet de diverses subdivisions. Par exemple, Aa est divisée en Aa1, Aa2 et Aa3 et A est divisée en A1, A2, A3 chez Moody's. De la même façon, AA est divisée en AA+, AA et AA– et A est divisée en A+, A, A– chez S&P. Seules les catégories Aaa et AAA ne font l'objet d'aucune subdivision.

La notation d'un émetteur fournit de l'information sur les probabilités de défaillance qui lui sont associées. Dès lors, on peut s'attendre à ce que les changements de notations d'un émetteur aient un impact sur le prix des titres cotés[1]. Dans leur exercice de notation, un des objectifs des agences est d'assurer une stabilité des notations et d'éviter ainsi des changements de notes successifs trop fréquents (abaissement suivi d'un relèvement sur une période courte, par exemple). De ce fait, les changements de note n'interviennent que si les agences sont convaincues que la qualité de crédit de l'entreprise est affectée à long terme. Une des raisons à ce comportement provient du fait que de nombreux traders sur obligations sont réglementairement contraints par la notation des titres qu'ils peuvent détenir. Dans un tel contexte, des changements de notations trop nombreux les conduiraient à des ajustements de portefeuille trop fréquents et très coûteux.

Les agences de notation cherchent à évaluer les notations en fonction de la conjoncture économique *(through the cycle)*. Supposons que l'économie subisse un retournement de tendance et que ce dernier augmente la probabilité de défaut d'une entreprise à 6 mois en ayant peu d'effet sur sa probabilité de défaillance de long terme. Dans une telle situation, les agences de notation ne dégraderont pas la notation de cet émetteur.

Notation interne

Moody's De nombreuses banques disposent de méthodes pour évaluer le risque de crédit de leurs clients (entreprises ou particuliers). C'est une nécessité car les notes publiées par les agences concernent essentiellement des entreprises de grande taille. La plupart des entreprises de taille moyenne ou petite n'ont aucune obligation émise et cotée sur les marchés financiers et, de ce fait, ne sont pas notées. Comme nous l'avons souligné dans le chapitre 7, l'approche des ratings internes proposée par Bâle II permet aux banques d'utiliser leur propre modèle d'évaluation des probabilités de défaut (PD). Dans sa forme avancée, cette approche permet à ces banques, en outre, d'utiliser leur propre méthodologie d'évaluation en ce qui concerne la perte en cas de défaillance (LGD), l'exposition au défaut (EAD) et la maturité (M). L'approche interne des probabilités de défaut se fonde généralement sur des ratios comme la rentabilité des fonds propres et des ratios comptables comme le levier d'endettement. Il est généralement admis par les banques que les cash-flows dégagés par l'entreprise sont primordiaux dans l'évaluation de la capacité de cette entreprise à rembourser ses dettes. Les banques construisent dès lors, à partir des comptes publiés par les entreprises, différentes mesures de ces cash-flows.

---

1. En théorie, la notation est une caractéristique d'une obligation, et non d'une entreprise. Cependant, dans de nombreux cas, l'ensemble des titres émis par une société a la même notation et l'on peut considérer que cette note est celle de l'émetteur.

Le Z-score d'Altman

Edward Altman a été le premier à préconiser l'utilisation des ratios comptables dans la prévision des défaillances des entreprises. En 1968, il a développé ce qui est couramment nommé le Z-score[1]. Sur la base d'une technique statistique d'analyse discriminante, il tente de prévoir la défaillance de l'entreprise à partir de cinq ratios comptables :

- X_1 : besoin en fonds de roulement (BFR) / actif total
- X_2 : réserves / actif total
- X_3 : résultat d'exploitation / actif total
- X_4 : capitalisation boursière / valeur comptable des dettes
- X_5 : ventes / actif total

Le Z-score est calculé comme suit :

$$Z = 1,2X_1 + 1,4X_2 + 3,3X_3 + 0,6X_4 + 0,999X_5 \quad \textbf{(11.1)}$$

Si le Z-score est supérieur à 3, l'entreprise a peu de « chances » de faire défaut et, s'il se situe entre 2,7 et 3, l'entreprise est à surveiller. Pour un score compris entre 1,8 et 2,7, la probabilité d'un défaut est importante. Enfin, pour un score inférieur à 1,8, la probabilité d'un problème financier est très élevée. Le Z-score a été mesuré sur un échantillon de 66 entreprises industrielles cotées, dont 33 avaient fait défaut dans l'année. Ce modèle offre de très bons résultats sur des échantillons d'entreprises qui n'ont pas servi à la construction du score. Les erreurs de type I (entreprises classées « saines » et faisant faillite) et les erreurs de type II (entreprises classées en défaut potentiel et ne faisant pas faillite) sont très rares[2]. On peut souligner que ce modèle a été étendu à des entreprises d'autres secteurs ainsi qu'à des entreprises non cotées.

11.2 Probabilités de défaut historique

Le tableau 11.1 est une bonne illustration des données fournies par les agences de notation. Il répertorie l'évolution des taux de défaillance en fonction d'un horizon donné pour une entreprise (ou une obligation) située en début de période à un niveau de rating donné. Par exemple, le tableau 11.1 montre qu'une obligation notée Baa a une probabilité de 0,2 % de faire défaut dans l'année, une probabilité de 0,57 % de faire défaut dans les deux ans, etc. La probabilité qu'une obligation fasse défaut dans une année donnée peut être déduite de ce tableau. Par exemple, la probabilité pour une obligation notée Baa de faire défaut la seconde année est d'environ 0,57 % – 0,20 % = 0,37 %.

---

1. Voir ALTMAN E. I., « Financial Ratios, Discriminant Analysis, and the Prevision of Corporate Bankruptcy », in *Journal of Finance*. Septembre 1968, vol. 23, p. 589-609.
2. Pour une banque commerciale, les erreurs de type I sont évidemment plus « coûteuses » que les erreurs de type II.

Exemple 11.1

L'entreprise que vous étudiez à un BFR de 170 000 €, un actif total de 670 000 € et un résultat d'exploitation de 60 000 €. En outre, ses ventes ont une valeur de 2 200 000 €, sa capitalisation boursière est de 380 000 €, la valeur comptable des dettes s'élève à 240 000 € et ses réserves valent 300 000 €.

Dans ce cas $X_1 = 1{,}583$, $X_2 = 0{,}448$, $X_3 = 0{,}0896$, $X_4 = 1{,}583$ et $X_5 = 3{,}284$, le Z-score vaut ici :

$$Z = 1{,}2 \times 0{,}254 + 1{,}4 \times 0{,}448 + 3{,}3 \times 0{,}0896 + 0{,}6 \times 1{,}583 + 0{,}999 \times 3{,}284 = 5{,}46$$

D'après ce résultat, cette entreprise n'a aucune « chance » de faire défaut dans un futur proche.

Le tableau 11.1 montre que, pour la catégorie investissement, la probabilité de défaut tend à être une fonction croissante de l'horizon (les probabilités de défaut de la catégorie A à horizon 1, 2, 3 ou 4 ans sont respectivement 0,02 %, 0,07 %, 0,14 % et 0,15 %). Cela vient du fait que l'emprunteur est initialement considéré comme peu risqué et que, avec le temps, la possibilité de voir sa solvabilité se dégrader s'accroît. Au contraire, pour les obligations risquées en date initiale, la probabilité de défaut est souvent une fonction décroissante de l'horizon (les probabilités de défaut de la catégorie Caa à horizon 1, 2, 3 ou 4 ans sont respectivement 23,65 %, 13,55 %, 10,82 % et 7,54 %). Cela est justifié par le fait que, pour ces entreprises (et les titres qui sont émis), l'année ou les deux années à venir sont critiques. Si elles se passent sans encombre, la situation financière s'améliore ensuite dans la majorité des cas.

Tableau 11.1 : Probabilités de défaut cumulées (en %), 1970-2003 (Source : Moody's)

Notation	Années								
Maturité	1	2	3	4	5	7	10	15	20
Aaa	0,00	0,00	0,00	0,04	0,12	0,29	0,62	1,21	1,55
Aa	0,02	0,03	0,06	0,15	0,24	0,43	0,68	1,51	2,70
A	0,02	0,09	0,23	0,38	0,54	0,91	1,59	2,94	5,24
Baa	0,20	0,57	1,03	1,62	2,16	3,24	5,10	9,12	12,59
Ba	1,26	3,48	6,00	8,59	11,17	15,44	21,01	30,88	38,56
B	6,21	13,76	20,65	26,66	31,99	40,79	50,02	59,21	60,73
Caa	23,65	37,20	48,02	55,56	60,83	69,36	77,91	80,23	80,23

L'intensité de défaut

La probabilité qu'une obligation notée Caa fasse défaut pendant la troisième année peut être déduite du tableau 11.1 de la façon suivante : 48,02 % – 37,20 % = 10,82 %. Cette probabilité sera appelée « probabilité non conditionnelle de défaut » et représente la probabilité de défaut la troisième année, vue de la date 0. Cependant, la probabilité que l'entreprise survive jusqu'à la fin de l'année 2 est égale à 100 % – 37,20 % = 62,80 %. De ce fait, la probabilité que le défaut survienne durant la troisième année sachant que l'entreprise n'a pas fait défaut avant est égale à 0,1082/0,6280 = 17,23 %. 17,23 % est exprimé pour une période d'un an. Lorsque l'on considère la probabilité que le défaut survienne durant la période $[t, t+\Delta t]$ conditionnellement au fait que l'entreprise n'a pas fait défaut avant t, on obtient ce que l'on appelle un taux d'intensité du défaut à la date t. Cette intensité du défaut, notée $\lambda(t)$ à la date t, est définie de sorte que le produit $\lambda(t)\Delta t$ soit la probabilité de défaut dans l'intervalle compris entre t et $t+\Delta t$ conditionnelle à l'absence de défaut avant t. Si $V(t)$ est la probabilité de survie cumulée jusqu'à la date t (pas de défaut avant t), on a :

$$V(t+\Delta t) - V(t) = -\lambda(t)V(t)\Delta t$$

En passant à la limite, on obtient :

$$\frac{dV(t)}{dt} = -\lambda(t)V(t)$$

On peut alors déduire que :

$$V(t) = \exp\left(-\int_0^t \lambda(\tau)d\tau\right)$$

ou encore que :

$$V(t) = \exp(-\bar{\lambda}(t))$$

où $\bar{\lambda}(t)$ est l'intensité de défaut moyenne entre 0 et t.

Si l'on note $Q(t)$ la probabilité de défaut jusqu'à la date t, alors :

$$\begin{aligned} Q(t) &= 1 - \exp\left(-\int_0^t \lambda(\tau)d\tau\right) \\ &= 1 - \exp\left(-\bar{\lambda}(t)t\right) \end{aligned} \tag{11.2}$$

11.3 Les taux de recouvrement

Lorsqu'une entreprise fait défaut, les différentes parties prenantes vont essayer de récupérer les sommes qui leur sont dues, par exemple par des moyens judiciaires[1]. Dans certains cas, l'entreprise défaillante subit une restructuration et les créanciers acceptent de ne recouvrer qu'une partie de leurs engagements. Dans d'autres situations, l'entreprise est liquidée et les actifs sont vendus; les montants de la vente servent alors à rembourser tout ou partie des créanciers. Certaines créances sont prioritaires et sont alors remboursées avant d'autres.

Le taux de recouvrement pour une obligation est généralement défini comme la valeur de l'obligation juste après le défaut et est exprimé en pourcentage de sa valeur faciale. Il est égal à un moins la perte en cas de défaut (LGD). Le tableau 11.2 donne les taux de recouvrement historiques moyens en fonction de l'ordre de priorité de l'obligation considérée. Ce tableau indique que la dette senior garantie à un taux de recouvrement moyen de 57,4 % alors que celui de la dette junior subordonnée n'est que de 28,9 %.

Tableau 11.2 : Taux de recouvrement des obligations corporate en pourcentage de la valeur faciale, 1982-2004 (Source : Moody's)

Classe	Taux de recouvrement moyen (en %)
Senior garantie	57,4
Senior non garantie	44,9
Senior subordonnée	39,1
Subordonnée	32
Junior subordonnée	28,9

Historiquement, les taux de recouvrement ont une corrélation négative (et significative) avec les taux de défaut. Moody's a analysé les taux de défaut et de recouvrement chaque année de 1982 à 2004. Il apparaît une relation entre ces deux variables de la forme[2] :

$$\text{Taux de recouvrement moyen} = 0{,}52 - 6{,}9 \times \text{taux moyen de défaut}$$

Cette relation signifie qu'une mauvaise année pour les défauts (taux de défaillance élevé) est également une mauvaise année pour les taux de recouvrement. Par exemple, lorsque le taux de défaut moyen pour une année est de seulement 0,1 %, on anticipe un taux de recouvrement moyen de 51,3 %. En revanche, si le taux de défaut moyen pour l'année est de 3 %, le taux de recouvrement n'est alors que de 31,3 %.

---

1. Aux États-Unis, les détenteurs d'obligations ont le droit de réclamer la valeur faciale de l'obligation plus le coupon couru.
2. Voir HAMILTON D. T., VARMA P., OU S. et CANTOR R., « Default and Recovery Rates of Corporate Bond Issuers », in *Moody's Investor's Services,* janvier 2004. Le R^2 de la régression est de 0,65. La corrélation est également analysée et discutée dans ALTMAN E. I., BRADY B., RESTI A. et SIRONI A., « The Link between Default and Recovery Rates : Implications for Credit Risk Models and Procyclicality » (document de travail, université de New-York, 2003).

11.4 Estimation des probabilités de défaut à partir des prix d'obligations

La probabilité de défaut d'une entreprise peut être estimée à partir des obligations qu'elle a émises. L'hypothèse sous-jacente est que seule la possibilité du défaut[1] explique la différence de prix entre une obligation corporate et une obligation d'État. Opérons tout d'abord un raisonnement approximatif. Supposons que le taux actuariel d'une obligation corporate soit supérieur de 200 points de base au taux de l'obligation sans risque équivalente et que le taux de recouvrement anticipé en cas de défaut soit de 40 %. Les défauts potentiels conduisent l'investisseur en obligation corporate à anticiper une perte de 200 bp (ou 2 % par an). Étant donné le taux de recouvrement de 40 %, cela offre une estimation de la probabilité de défaut à une année donnée, conditionnelle à l'absence de défaut préalable, égale à $0,02/(1-0,4)=3,33\ \%$. Plus généralement, on peut écrire :

$$\textbf{(11.3)}\quad h=\frac{s}{1-R}$$

où h est l'intensité annuelle de défaut, s est le spread entre l'obligation corporate et l'obligation sans risque équivalente et R est le taux de recouvrement anticipé.

Un calcul plus précis

Afin d'opérer un calcul plus précis, supposons que l'obligation précédente ait une maturité de 5 ans, paie un coupon de 6 % par an (versé semestriellement) et ait un taux actuariel (continu) égal à 7 %. Le taux sans risque (continu) vaut 5 %. Sur la base de ces données, les prix des deux titres sont respectivement 95,34 pour l'obligation risquée et 104,09 pour l'obligation sans risque. Du fait d'un défaut éventuel, la perte espérée sur les 5 ans a une valeur actuelle de 104,09 – 95,34 = 8,75 $. Notons Q la probabilité de défaut annuelle (supposée ici constante par simplification). Le tableau 11.3 donne la perte espérée en fonction de Q sous l'hypothèse de défauts qui peuvent survenir (immédiatement avant le paiement du coupon) aux dates 0,5 ; 1,5 ; 2,5 ; 3,5 et 4,5. Les taux sans risque continus pour toutes les maturités sont supposés égaux à 5 %.

Pour illustrer nos propos, considérons la ligne correspondant à la date 3,5 du tableau 11.3. La valeur espérée (calculée à partir des taux forward) de l'obligation sans risque à cette date s'écrit :

$$3+3e^{-0,05\times 0,5}+3e^{-0,05\times 1}+103e^{-0,05\times 1,5}=104,34$$

Si l'on retient la définition du taux de recouvrement de la section précédente, le montant reçu en cas de défaut est de 40, ce qui conduit à une perte en cas de défaut de 104,34 – 40 = 64,34. La valeur actuelle de ce montant est 54,01. Finalement, la perte espérée vaut 54,01Q.

1. Ce point est discuté plus loin. Cette hypothèse n'est pas exacte puisque, par exemple, la différence de liquidité entre les titres peut être à l'origine d'une différence de prix.

Tableau 11.3 : Calcul de la perte liée au défaut en fonction de la probabilité de défaut annuelle *Q*. Principal = 100 $

Date (années)	Probabilité de défaut	Recouvrement (en $)	Valeur sans risque	Perte en cas de défaut (en $)	Coefficient d'actualisation	Valeur actuelle espérée de la perte
0,5	*Q*	40	106,73	66,73	0,9753	65,08*Q*
1,5	*Q*	40	105,97	65,97	0,9277	61,20*Q*
2,5	*Q*	40	105,17	65,17	0,8825	57,52*Q*
3,5	*Q*	40	104,34	64,34	0,8395	54,01*Q*
4,5	*Q*	40	103,46	63,46	0,7985	50,67*Q*
Total						288,48*Q*

La perte espérée totale vaut 288,48*Q*. En égalisant cette expression à 8,75, on obtient une probabilité $Q = 3{,}03$ %. Nous avons supposé ici que la probabilité de défaut est constante et que les défauts éventuels surviennent une fois dans l'année. On peut étendre ces calculs à des défauts plus fréquents. En outre, au lieu de supposer que la probabilité non conditionnelle est fixe, on peut supposer une intensité de défaut fixe ou des fonctions variées liant temps et niveau des probabilités de défaut. Si l'on relève le prix de plusieurs obligations d'échéances différentes, on peut construire une structure par termes des probabilités de défaut. Supposons, par exemple, que nous disposions d'obligations de maturités 3, 5, 7 et 10 ans. La première peut permettre d'estimer la probabilité de défaut annuelle sur les trois premières années, la seconde l'estimation des probabilités pour les années 4 et 5, la troisième pour les années 6 et 7 et la dernière pour les années 8, 9, 10 (voir exercices 11.11 et 11.17). La technique est ici analogue à la méthode de bootstrap abordée dans le chapitre 4 pour construire la courbe des taux zéro-coupon.

Le taux sans risque

Un concept essentiel lorsque l'on s'appuie sur le prix d'obligations pour déterminer les probabilités de défaut est celui de « taux sans risque » ou d'« obligation sans risque ». Dans l'équation (11.3), le spread *s* est l'écart entre le taux actuariel de l'obligation corporate et le taux actuariel de l'obligation sans risque. Dans le tableau 11.3, la valeur de l'obligation sans risque doit être calculée en utilisant le taux sans risque. En pratique, la référence sans risque (ou *benchmark*) est le taux des obligations d'État « proches » des obligations corporate étudiées (par exemple, un trader peut coter une obligation corporate en spread par rapport à l'obligation d'État de référence).

Comme nous l'avons souligné à la section 4.4, les traders utilisent habituellement les taux swap/LIBOR comme « proxy » des taux sans risque dans l'évaluation des dérivés. Ces taux sont également utilisés pour calculer les probabilités de défaut. Par exemple, dans l'équation (11.3), le spread *s* est l'écart entre le taux de l'obligation et le taux de swap correspondant. En fait, les facteurs d'actualisation du tableau 11.3 ont été calculés de cette façon. Les CDS ou *credit default swaps* (analysés au chapitre 13) peuvent aussi être utilisés pour déterminer le taux sans risque utilisé par les traders, et ce taux est de l'ordre de LIBOR – 10 bp[1]. Cette estimation est réaliste car, comme nous l'avons expliqué à la section 4.4, le risque de crédit contenu dans un taux de swap correspond au risque de crédit associé à des prêts de 6 mois à une contrepartie notée AA ; une prime de risque raisonnable est de l'ordre de 10 bp pour ce type d'instruments.

Les swaps d'actifs *(asset swaps)*

En pratique, les traders utilisent les spreads associés aux cotations des swaps d'actifs pour extraire les probabilités de défaut des prix d'obligations. La raison essentielle est que les swaps d'actifs offrent une estimation directe des spreads des obligations par rapport à la courbe swap/LIBOR.

Pour illustrer le fonctionnent de ces swaps, considérons le cas d'un swap d'actifs qui affiche un spread de 150 bp. Trois situations sont envisageables :

1. Le prix de l'obligation est sa valeur au pair, soit 100. Le swap confronte deux parties : une entreprise A paie le coupon et une entreprise B paie LIBOR + 150 bp[2].
2. L'obligation cote moins que sa valeur nominale, par exemple 95. Le swap est alors construit de sorte que, en plus des coupons, l'entreprise A paie, à la sortie, 5 $ pour 100 $ de nominal.
3. L'obligation cote plus que sa valeur nominale, par exemple 108. L'entreprise B devrait alors payer, à la sortie, 8 $ pour 100 $ de nominal. En outre, l'entreprise A paie le coupon et l'entreprise B paie LIBOR + 150 bp.

Finalement, la valeur actuelle du spread du swap d'actifs est la différence de prix entre une obligation risquée et une obligation sans risque de mêmes caractéristiques lorsque le taux sans risque est égal au taux de swap/LIBOR (voir exercice 11.12).

Considérons de nouveau l'exemple du tableau 11.3 où la courbe swap/LIBOR est plate à un niveau de 5 %. Supposons que le prix de l'obligation soit inconnu, mais que le spread du swap d'actifs soit de 150 bp. Dans ce cas, la différence de prix entre l'obligation risquée et l'obligation sans risque est la valeur actuelle des 150 points de base sur 5 ans. Pour des paiements semestriels, celle-ci vaut 6,55 $ pour 100 $ de nominal.

La perte totale du tableau 11.3 est alors égale à 6,55 $. Cela signifie que la probabilité de défaut Q est égale à 6,55/288,48 = 2,27 %.

1. Voir HULL J.C., PREDESCU M. et WHITE A. , « The Relationship between Credit Default Swap Spreads, Bond Yields and Credit Rating Announcements », in *Journal of Banking and Finance*. Novembre 2004, vol. 28, p. 2789-2811.

2. Ici, les coupons attendus sont échangés, et les échanges ont lieu indépendamment de la survenance d'un défaut.

11.5 Comparaison des estimations de probabilités de défaut

Les probabilités de défaut estimées à partir de données historiques sont plus faibles que celles déduites des prix des obligations. Le tableau 11.4 en donne une illustration[1]. Ce dernier contient, pour les entreprises de rating donné en début de période, l'intensité moyenne du défaut sur une période de 7 ans, calculée à partir (a) des données historiques et (b) des prix des obligations.

Le calcul des intensités de défaut sur données historiques est fondé sur l'équation (11.2) et le tableau 11.1. D'après l'équation (11.2) on peut écrire :

$$\bar{\lambda}(t) = -\frac{1}{t}\ln\left[1 - Q(t)\right]$$

où $\bar{\lambda}(t)$ désigne l'intensité moyenne du défaut à la date t et Q(t) est la probabilité cumulée de défaut jusqu'en t. Les valeurs des probabilités Q(7) sont obtenues directement à partir du tableau 11.1. Considérons, par exemple, une entreprise notée A. Q(7) = 0,0091 et l'intensité moyenne du défaut est alors :

$$\bar{\lambda}(7) = -\frac{1}{7}\ln\left(0,9909\right) = 0,0013 = 0,13\ \%$$

Les calculs fondés sur les prix d'obligations sont obtenus à partir de l'équation (11.3) et des taux actuariels publiés par Merrill Lynch. Les résultats présentés ici sont des moyennes sur la période s'étalant de décembre 1996 à juillet 2004. Le taux de recouvrement est supposé égal à 40 % et, pour les raisons déjà évoquées, le taux sans risque est le taux de swap à 7 ans moins 10 bp. Par exemple, pour les obligations notées A, le taux actuariel calculé par Merrill Lynch est de 6,274 % et le taux de swap moyen vaut 5,605 %. Le taux sans risque moyen retenu est alors de 5,505 %. L'intensité moyenne du défaut est finalement égale à :

$$\frac{0,06274 - 0,05505}{1 - 0,4} = 0,0128 = 1,28\ \%$$

On peut remarquer, en analysant les données du tableau 11.4, que le ratio des probabilités calculées selon les deux méthodes est élevé pour la catégorie investissement et tend à décroître lorsque le rating des entreprises se dégrade. En revanche, la différence des probabilités calculées selon ces mêmes méthodes augmente lorsque la notation se dégrade.

1. Les tableaux 11.4 et 11.5 proviennent de l'article : HULL J.C., PREDESCU M. et WHITE A., « Bond Prices, Default Probabilities and Risk Premiums », in *Journal of Credit Risk*. 2004, vol. 1, p. 53-60.

Tableau 11.4 : Intensités moyennes de défaut (en % par an) pour des obligations à 7 ans

Rating	Intensité de défaut (données historiques)	Intensité de défaut (prix d'obligations)	Ratio	Différence
Aaa	0,04	0,67	16,8	0,63
Aa	0,06	0,78	13,0	0,72
A	0,13	1,28	9,8	1,15
Baa	0,47	2,38	5,1	1,91
Ba	2,40	5,07	2,1	2,67
B	7,49	9,02	1,2	1,53
Caa	16,90	21,30	1,3	4,40

Le tableau 11.5 permet une autre interprétation de ces résultats et donne les excès de rentabilité par rapport au taux sans risque (défini comme le taux de swap à 7 ans moins 10 bp) exigés pour différentes catégories d'obligations. Examinons une nouvelle fois les obligations notées A dont le spread par rapport aux obligations d'État vaut 120 bp. La décomposition de ce spread est la suivante : 43 bp sont dus à la différence entre les taux actuariels des obligations d'État et le proxy retenu, 8 bp sont liés à la couverture des défauts attendus (calculés à partir des données historiques du tableau 11.4 et tenant compte du taux de recouvrement de 40 %), enfin 69 bp représentent l'excès de rentabilité exigé compte tenu du risque. Les tableaux 11.4 et 11.5 montrent que des différences importantes entre les probabilités de défaut estimées conduisent à des écarts assez faibles en termes d'excès de rentabilité. En outre, on peut noter que cet excès de rentabilité tend cependant à augmenter quand la qualité du crédit diminue[1]. Enfin, soulignons que l'excès de rentabilité est variable selon les périodes. Ce dernier a augmenté de façon importante entre 1997 et 2002 et a ensuite connu une période de baisse rapide en 2003 et 2004. Par exemple, pour les entreprises de la catégorie A, l'excès de rentabilité a augmenté de 35 à 119 points de base de 1997 à 2002.

Univers risque-neutre *versus* univers réel

Le principe d'évaluation risque-neutre est décrit dans l'encadré 11.1. L'idée est d'évaluer les cash-flows associés à un actif financier en faisant l'hypothèse que les investisseurs sont neutres au risque (*i.e.* ne demandent aucune prime de risque sur le marché). Nous obtenons alors une évaluation compatible dans deux univers : l'univers risque-neutre et l'univers réel. Les probabilités de défaut déduites des prix d'obligations sont des probabilités risque-neutre. Autrement dit, ce sont des probabilités de défaut dans un monde où les investisseurs sont neutres au risque. La raison en est simple; considérons les calculs réalisés pour construire les probabilités de défaut du tableau 11.3. Ces

1. Les résultats présentés aux tableaux 11.4 et 11.5 pour les sociétés notées B vont à l'encontre de la tendance générale.

Tableau 11.5 : Rentabilités en excès du taux sans risque (en bp)

Rating	Spread sur obligations du Trésor	Spread obligations du Trésor et taux sans risque	Spread sur données historiques	Excès de rentabilité
Aaa	83	43	2	38
Aa	90	43	4	43
A	120	43	8	69
Baa	186	43	28	115
Ba	347	43	144	160
B	585	43	449	93
Caa	1321	43	1 014	264

calculs supposent que les pertes consécutives au défaut peuvent être actualisées au taux sans risque. Comme nous l'avons déjà souligné, cette démarche est valide si l'espérance des pertes est évaluée dans l'univers risque-neutre, c'est-à-dire si la probabilité Q du tableau 11.3 est une probabilité risque-neutre.

À l'opposé, les probabilités de défaut déduites des données historiques sont des probabilités réelles (dites « physiques » ou « historiques »). De ce fait, l'excès de rentabilité calculé dans la dernière colonne du tableau 11.5 provient directement de la différence entre l'univers risque-neutre et l'univers réel. Lorsque l'excès de rentabilité est nul, il n'existe alors aucune différence entre les deux univers.

Les raisons de cette différence

Pourquoi existe-t-il de telles différences entre les probabilités de défaut dans les deux univers ? Comme nous l'avons évoqué, répondre à cette question revient un peu à se demander pourquoi les obligations corporate ont un taux actuariel plus élevé que les obligations d'État. Quelques arguments peuvent être avancés :

1. Les obligations corporate sont moins liquides et les traders demandent une prime de risque en compensation de cette « illiquidité ». Ce qui peut se traduire par un excès de rentabilité de l'ordre de 25 bp. Cela est une part importante de l'excès de rentabilité pour des obligations notées AAA, mais une part très faible de l'excès de rentabilité associé à des obligations dont les notes sont inférieures à Baa.
2. Les probabilités de défaut subjectives estimées par les opérateurs de marché peuvent être plus élevées que celles fournies par le tableau 11.1. Ces derniers peuvent en effet intégrer des scénarios très pessimistes n'apparaissant pas dans les données de la période 1970-2003. Pour tester cela, on peut comparer les données du tableau 11.1 mesurées sur la période 1970-2003, avec le même type de tableau publié par Moody's pour la période 1920-2003. Quand on analyse ces données, certaines valeurs calculées dans le tableau 11.4 augmentent. Par exemple, l'inten-

Encadré 11.1 : Évaluation risque-neutre

L'idée centrale dans la valorisation des actifs dérivés est celle de l'évaluation risque-neutre. Selon cette approche, un actif dérivé peut être évalué de la manière suivante :

1. Supposer que les investisseurs sont neutres au risque.
2. Calculer les cash-flows espérés de cet actif.
3. Actualiser les cash-flows au taux sans risque.

Pour illustrer de façon simple ce type d'évaluation, supposons que le prix d'une action ne versant pas de dividende est de 30 € et considérons un actif dérivé payant 100 € si la valeur de l'action est supérieure à 40 € en fin d'année et une somme nulle dans les autres cas. Supposons, en outre, que le taux sans risque (continu) vaut 5 %, que la volatilité annuelle de l'action soit de 30 % et que son taux de rentabilité espérée sur une année s'élève à 10 %. Dans l'univers risque-neutre, le taux de rentabilité espérée de l'action est de 5 %. On peut démontrer (sur la base des hypothèses classiques de log-normalité du modèle de Black et Scholes) que, lorsque ce taux vaut 5 %, la probabilité que la valeur de l'action soit supérieure à 40 € dans un an vaut 0,1730. L'espérance de paiements de l'actif dérivé est alors $100 \times 0{,}1730 = 17{,}30$ € et sa valeur actualisée à 5 % est finalement 16,46 €.

Dans l'univers réel où le taux de rentabilité espérée est de 10 %, la probabilité que la valeur de l'action soit supérieure à 40 € dans un an vaut 0,2190. L'espérance des paiements de l'actif dérivé est alors 21,90 €. L'inconvénient de l'univers réel est que nous ne connaissons pas la valeur exacte du taux d'actualisation à retenir. En premier lieu, l'action présente un risque dont les opérateurs tiennent compte lors de leurs interventions. En second lieu, l'actif dérivé présente un risque plus important encore qu'il faut intégrer dans le taux d'actualisation à appliquer à cet actif. Maintenant que nous savons que la valeur de l'actif dérivé sur le marché est 16,46 €, nous pouvons déduire le taux d'actualisation adéquat. En effet, un taux d'actualisation de 28,6 % (appliqué à la valeur espérée de 21,90 €) est nécessaire afin de retrouver la valeur de marché de l'actif dérivé.

sité de défaut des obligations Aaa passe de 4 à 6 bp, celle des obligations Aa passe de 6 à 22 bp (pour les A de 13 à 29 bp et pour les Baa de 47 à 73 bp). On peut noter que l'intensité de défaut historique pour la catégorie spéculative a tendance à baisser quelque peu.

3. Les défauts ne sont pas indépendants les uns des autres et les résultats des tableaux 11.4 et 11.5 sont essentiellement dus à cette raison. Il existe des périodes où les taux de défaut sont globalement importants et d'autres où ils sont globalement faibles. Si l'on étudie les données sur plusieurs années, les statistiques de Moody's montrent qu'entre 1970 et 2003 le taux de défaut a varié considérablement. Sa valeur la plus faible est atteinte en 1979 avec une valeur de 0,09 % et sa valeur la plus élevée est de 3,81 %, atteinte en 1981. Ces corrélations impliquent l'existence d'un risque systématique (ou non diversifiable) qui conduit les opérateurs à exiger une prime de risque. La variation des taux de défaut dans le temps peut être due aux conditions économiques générales ou à des phénomènes de contagion (impact du défaut d'une entreprise sur d'autres entreprises).

4. Pour les obligations, la distribution de probabilités des rentabilités est très asymétrique et bornée supérieurement. Il est de ce fait plus difficile de diversifier les risques d'un portefeuille obligataire que ceux d'un portefeuille composé d'actions[1]. Un très grand nombre d'obligations est nécessaire et, en pratique, les portefeuilles détenus ne sont pas pleinement diversifiés. Les intervenants vont en conséquence exiger une rentabilité supplémentaire pour détenir ces titres.

Quelle estimation faut-il utiliser ?

Suite à ce qui vient d'être dit, il est naturel de se demander s'il est plus pertinent d'utiliser des probabilités estimées sur données historiques ou des probabilités risque-neutre. La réponse dépend de l'objectif de l'analyse. Si l'objectif est l'évaluation d'actifs dérivés ou la mesure de l'impact du risque de défaut sur le prix des actifs financiers, les probabilités risque-neutre seront utilisées. Si, en revanche, l'objectif est d'évaluer les pertes potentielles dans divers scénarios, les probabilités historiques seront privilégiées. Par exemple, les PD servant de base au calcul du capital réglementaire sont des probabilités réelles de défaut.

11.6 Prix des actions et probabilités de défaut

Lorsque l'on estime les probabilités de défaut à partir de données comme celles du tableau 11.1, la variable importante est la notation des entreprises. Malheureusement, la fréquence de révision des notations est faible et certains analystes se sont tournés vers le prix des actions, qui peut offrir des informations pertinentes sur les probabilités de défaut. En 1974, Merton a proposé un modèle dans lequel les actions sont vues comme des options sur la valeur des actifs de la société[2]. Supposons, par mesure de simplification, que la dette de l'entreprise soit composée d'une obligation zéro-coupon de maturité T. Notons

- V_0 : la valeur des actifs de l'entreprise aujourd'hui ;
- V_T : la valeur des actifs à la date T ;
- E_0 : la valeur des actions aujourd'hui ;
- E_T : la valeur des actions en T ;
- D : le montant des intérêts et du principal de la dette à rembourser en date T ;
- $\bullet_V$: la volatilité des actifs ;
- $\bullet_E$: la volatilité des actions.

1. Voir AMATO J. D. et REMOLONA E. M. , « The Credit Spread Puzzle », in *BIS Quaterly Review*. Décembre 2003, vol. 5, p. 51-63.
2. Voir MERTON R., « On the Pricing of Corporate Debt : The Risk Structure of Interest Rates », in *Journal of Finance*. 1974, vol. 29, p. 449-470.

Si $V_T < D$, il est rationnel pour l'entreprise de faire défaut sur la dette à la date T (au moins en théorie). Dans ce cas, la valeur des actions est nulle. Si $V_T > D$, l'entreprise rembourse sa dette en T; la valeur des actions est $V_T - D$. Le modèle de Merton décrit alors la valeur des actions de l'entreprise comme :

$$E_T = \max(V_T - D\,;0)$$

Les actions sont finalement un call sur la valeur des actifs avec un prix d'exercice égal à la valeur de la dette à la date T. La formule de Black et Scholes (voir annexe C en fin d'ouvrage) donne alors la valeur des actions en date initiale :

$$\textbf{(11.4)}\quad E_0 = V_0 N(d_1) - De^{-rT} N(d_2)$$

avec

$$d_1 = \frac{\ln\left(V_0 / D\right) + \left(r + \sigma_V^2 / 2\right)T}{\sigma_V \sqrt{T}}$$

et

$$d_2 = d_1 - \sigma_V \sqrt{T}$$

où $N(.)$ est la fonction de répartition de la loi normale centrée-réduite. La valeur de la dette est égale à $V_0 - E_0$ en date 0. La probabilité risque-neutre associée au défaut de l'entreprise est alors égale à $N(-d_2)$ et son calcul nécessite la connaissance de V_0 et σ_V, qui ne sont pas directement observables. En revanche, si la société est cotée, E_0 est connue et l'équation 11.4 offre une première condition imposée à V_0 et σ_V. En outre, σ_E peut-être estimée et, si l'on s'appuie sur le lemme d'Itô, on peut écrire :

$$\sigma_E E_0 = \frac{\partial E}{\partial V} \sigma_V V_0$$

ou encore :

$$\textbf{(11.5)}\quad \sigma_E E_0 = N(d_1) \sigma_V V_0$$

ce qui offre une deuxième contrainte imposée aux variables V_0 et σ_V. Les équations (11.4) et (11.5) permettent alors d'estimer simultanément[1] V_0 et σ_V.

1. Pour résoudre deux équations non linéaires de la forme $F(x, y) = 0$ et $G(x, y) = 0$, on peut utiliser le Solveur d'Excel en cherchant x et y qui minimisent $[F(x, y)]^2 + [G(x, y)]^2$.

Exemple 11.2

Les actions d'une entreprise valent 3 millions d'euros et la volatilité de celles-ci est de 80 %. La dette à rembourser dans un an vaut 10 millions d'euros et le taux sans risque est de 5 %. Ici, $E_0 = 3$, $\sigma_E = 0{,}8$, r = 0,05 et D = 10. La résolution des équations (11.4) et (11.5) donne $V_0 = 12{,}4$ et $\sigma_V = 0{,}2123$. Le paramètre d2 est égal à 1,1408 et la probabilité de défaut est $N(-d_2) = 0{,}127 = 12{,}7\ \%$. La valeur de la dette est $V_0 - E_0 = 9{,}40$ alors qu'une dette sans risque équivalente vaut $10 \times e^{-0{,}05\times 1} = 9{,}51$. L'espérance de perte sur cette dette est donc $\frac{9{,}51 - 9{,}40}{9{,}51} = 1{,}2\ \%$ de la valeur de la dette sans risque. En utilisant l'estimation de la probabilité de défaut, le taux de recouvrement espéré en cas de défaut vaut $(12{,}7 - 1{,}2)/12{,}76$, soit 91 %.

La distance au défaut

La société KMV (filiale de Moody's) utilise le modèle de Merton pour définir une distance au défaut. Elle est définie comme le nombre d'écarts-types nécessaire à la variation de la valeur de l'actif pour qu'un défaut survienne en date *T* et s'écrit :

$$\frac{\ln(V_0) - \ln(D) + \left(r - \sigma_V^2 / 2\right)T}{\sigma_V \sqrt{T}}$$

Lorsque la distance au défaut décroît, le risque de défaillance de l'entreprise augmente. Dans l'exemple 11.2 et pour un horizon d'un an, cette distance vaut 1,14 écart-type.

Extensions du modèle de base

Le modèle de Merton que nous venons de présenter a été étendu dans plusieurs directions. Dans certaines approches, on envisage que le défaut peut survenir à chaque instant si la valeur de l'actif passe sous un certain niveau (ou barrière). D'autres considèrent que les flux liés à la dette de l'entreprise ne sont pas versés à une date unique. De nombreuses analyses mettent en évidence que la volatilité implicite des actions de l'entreprise est un indicateur pertinent de son défaut potentiel. Hull *et al.* montrent que ce résultat est compatible avec l'approche de Merton[1]. Ces auteurs implémentent le modèle de Merton à partir de deux volatilités implicites et montrent que les résultats obtenus sont comparables à ceux obtenus par l'implémentation standard.

---

1. Voir HULL J.C., NELKEN I. et WHITE A., « Merton's Model, Credit Risk, and Volatility Skews », in *Journal of Credit Risk*. 2004, vol. 1, p. 1-27.

Performance du modèle

Les probabilités de défaut obtenues par le modèle de Merton et de ses extensions sont-elles compatibles avec les défauts observés ? Le résultat principal est que ces différentes modélisations offrent un classement satisfaisant des probabilités de défaut (neutres au risque et réelles). Cela signifie que l'on peut convertir (par une transformation monotone à estimer) les probabilités de défaut obtenues dans le modèle de Merton en mesures satisfaisantes de la probabilité de défaut risque-neutre et réelle des entreprises[1]. Il peut paraître surprenant d'utiliser $N(-d_2)$ qui, par définition, est une probabilité risque-neutre de défaillance. L'hypothèse principale est que les classements obtenus sur la base des probabilités risque-neutre et des probabilités réelles sont identiques.

Résumé

La probabilité de défaut d'une entreprise à un horizon donné peut être estimée à partir de données historiques, du prix des obligations ou de la valeur de ses actions. Les probabilités de défaut mesurées à partir du prix des obligations sont des probabilités risque-neutre de défaut, alors que celles obtenues à partir des historiques de données sont des probabilités réelles de défaillance. Le modèle de Merton permet l'obtention de probabilités risque-neutre de défaut sur la base du prix des actions de l'entreprise étudiée. Cependant, le modèle peut être calibré afin d'obtenir des probabilités risque-neutre ou des probabilités réelles de défaut.

Les probabilités réelles de défaut doivent être retenues dans l'analyse de scénarios ou dans la mesure des VaR de crédit. Cependant, les probabilités risque-neutre sont les plus couramment utilisées.

Références complémentaires

ALTMAN, E. I., « Measuring Corporate Bond Mortality and Performance », in *Journal of Finance*. 1989, vol. 44, p. 902-922.

DE SERVIGNY, A., METAYER, B. et ZELENKO, I., *Le Risque de crédit*. Dunod, 2006, 3e éd.

DE SERVIGNY, A. et RENAULT, O., *Measuring and Managing Credit Risk*. McGraw Hill, 2004.

DUFFIE, D. et SINGLETON, K., « Modeling Term Structures of Defaultable Bonds », in *Review of Financial Studies*. 1999, vol. 12, p. 687-720.

1. KMV propose une méthode de transformation des probabilités de défaut obtenues par le modèle de Merton en probabilités réelles de défaut (appelées EDF, *Expected Default Frequency*). CreditGrades utilise le modèle de Merton dans l'estimation des spreads (très liés aux probabilités risque-neutre de défaut).

HULL, J. C., PREDESCU, M. et WHITE, A., « Relationship between Credit Default Swap Spreads, Bond Yields, and Credit Rating Announcement », in *Journal of Banking and Finance*. Novembre 2004, vol. 28, p. 2789-2811.

HULL, J. C., PREDESCU, M. et WHITE, A., « Bonds Prices, Default Probabilities, and Risks Premiums », in *Journal of Credit Risk*. 2004, vol. 1, p. 53-60.

KEALHOFER, S., « Quantifying Default Risk I : Default Prediction », in *Financial Analysts Journal*. 2003, vol. 59, p. 30-44.

KEALHOFER, S., « Quantifying Default Risk II : Debt Valuation », in *Financial Analysts Journal*. 2003, vol. 59, p. 78-92.

LITTERMAN, R. et IBEN, T., « Corporate Bond Valuation and the Term Structure of Credit Spreads », in *Journal of Portfolio Management*. Printemps 1991, p. 52-64.

MERTON, R. C., « On the Pricing of Corporate Debt : The Risk Structure of Interest Rates », in *Journal of Finance*. 1974, vol. 2, p. 449-470.

RODRIGUEZ, R. J., « Default Risk, Yield Spreads, and Time to Maturity », in *Journal of Financial and Quantitative Analysis*. 1988, vol. 23, p. 111-117.

Problèmes et exercices (corrigés en fin d'ouvrage)

11.1. Combien de notes utilise Moody's pour la notation des émetteurs qui n'ont pas fait défaut ? Quelles sont-elles ?

11.2. Combien de notes utilise Standard and Poor's pour la notation des émetteurs qui n'ont pas fait défaut ? Quelles sont-elles ?

11.3. À partir du tableau 11.1, calculez l'intensité moyenne de défaut pour les entreprises notées B pendant la première année.

11.4. À partir du tableau 11.1, calculez l'intensité moyenne de défaut pour les entreprises notées Ba pendant la première année.

11.5. Le spread entre le taux actuariel des obligations corporate de maturité 3 ans et le taux actuariel des obligations d'État de même maturité est de 50 bp. En supposant un taux de recouvrement de 30 %, estimez l'intensité du défaut pour les années 1 à 3.

11.6. Le spread entre le taux actuariel des obligations corporate de maturité 5 ans et le taux actuariel des obligations d'État de même maturité est de 80 bp. En supposant un taux de recouvrement de 40 %, estimez l'intensité du défaut pour les années 1 à 5. Si le spread pour les obligations de maturité 3 ans vaut 70 bp, que pouvez-vous dire sur l'intensité moyenne de défaut des années 4 et 5 ?

11.7. Les chercheurs doivent-ils utiliser des probabilités de défaut risque-neutre ou réelles pour (a) évaluer une VaR de crédit, (b) ajuster le prix d'une obligation au risque de crédit ?

11.8. Comment le taux de recouvrement est-il généralement défini ?

11.9. Vérifiez (a) que les valeurs de la seconde colonne du tableau 11.4 sont compatibles avec les valeurs du tableau 11.1, (b) que les valeurs de la quatrième colonne du tableau 11.4 sont compatibles avec les valeurs du tableau 11.1 et un taux de recouvrement de 40 %.

11.10. Une obligation corporate de maturité 4 ans paie un coupon de 4 % (versé semi-annuellement) à un taux actuariel (continu) de 5 %. La courbe de taux zéro-coupon est plate à un niveau de 3 %. Les défauts peuvent avoir lieu à la fin de chaque année avant versement du coupon (ou du principal) et le taux de recouvrement est de 30 %. Estimez la probabilité de défaut risque-neutre en supposant qu'elle est identique pour chaque année.

11.11. Une entreprise a émis des obligations de maturité 3 ans et 5 ans qui paient un coupon annuel de 4 %. Les taux actuariels (continus) de ces deux obligations sont respectivement 4,5 % et 4,75 %. La courbe de taux zéro-coupon est plate à un niveau de 3,5 %. Le taux de recouvrement est de 40 % et les défauts peuvent avoir lieu deux fois par an. Q(1) désigne la probabilité de défaut risque-neutre pour les années 1 à 3 et Q(2) est la probabilité de défaut risque-neutre pour les années 4 et 5. Estimez Q(1) et Q(2).

11.12. Supposons que dans un swap d'actifs B désigne le prix de marché d'une obligation, par euro de nominal, B* soit le prix sans risque de cette obligation, par euro de nominal, et V représente la valeur de l'asset swap par euro de nominal. Montrez que V = B* – B.

11.13. Montrez que dans le modèle de Merton de la section 11.6, le spread de crédit sur un zéro-coupon de maturité T s'écrit :

$$-\ln\left[N(d_2)+N(-d_1)/L\right]/T$$

où $L = De^{-rT}/V_0$

11.14. La valeur des capitaux propres d'une entreprise est de 2 millions d'euros et la volatilité de ses actions est estimée à 50 %. Le montant des dettes à rembourser dans un an est de 5 millions d'euros et le taux sans risque vaut 4 % par an. En utilisant le modèle de Merton, que vaut la probabilité de défaut (vous pouvez utiliser le Solveur d'Excel) ?

11.15. Supposons que la courbe swap/LIBOR soit plate à 6 % (taux continu) et qu'une obligation de coupon 5 % (payé semestriellement) se négocie sur le marché à 90,00. Comment pourriez-vous structurer un swap d'actifs sur cette obligation ? Quel est le spread du swap d'actifs dans ce cas ?

Questions complémentaires

11.16. Une obligation corporate de maturité 3 ans payant un coupon de 7 % (versé semestriellement) a un taux actuariel composé semestriellement de 5 %. La courbe de taux zéro-coupon est plate à un niveau de 4 % (exprimé en composition semestrielle). Les défauts peuvent avoir lieu tous les 6 mois avant versement du coupon et le taux de recouvrement est de 45 %. Estimez la probabilité de défaut en supposant (a) que la probabilité inconditionnelle de défaut est identique à chaque date de défaut possible, (b) que la probabilité conditionnelle au non-défaut (préalable) est identique à chacune des dates de défaut.

11.17. Une entreprise a émis des obligations de maturité 1 an et 2 ans qui paient un coupon annuel de 8 %. Les taux actuariels (continus) de ces deux obligations sont respectivement 6,0 % et 6,6 %. La courbe des taux zéro-coupon est plate à un niveau de 4,5 %. Le taux de recouvrement est estimé à 35 % et les défauts peuvent avoir lieu deux fois par an. Estimez les probabilités risque-neutre de défaut pour chacune des années.

11.18. La valeur des capitaux propres d'une entreprise est de 4 millions d'euros et la volatilité de ses actions est estimée à 50 %. Le montant des dettes à rembourser dans deux ans est de 15 millions d'euros et le taux sans risque vaut 4 % par an. En utilisant le modèle de Merton, que valent l'espérance de perte en cas de défaut, la probabilité de défaut, et le taux de recouvrement en cas de défaillance ? Expliquez pourquoi le modèle de Merton conduit à un taux de recouvrement élevé (vous pouvez utiliser le Solveur d'Excel).

Chapitre 12

Pertes et VaR de crédit

Ce chapitre aborde en premier lieu la nature du risque inhérent aux dérivés de crédit. Il décrit comment les pertes espérées de crédit peuvent être calculées et quels sont les moyens dont dispose une institution financière pour structurer les contrats afin de réduire ses pertes.

En second lieu, les méthodes d'évaluation de la VaR de crédit sont abordées. L'amendement de 1996 à l'accord de Bâle I autorise les banques à développer leurs propres modèles pour calculer la VaR de marché. En revanche, Bâle II n'offre pas le même degré de latitude aux institutions financières pour le calcul de la VaR de crédit. Le développement des modèles internes est dans ce contexte une activité importante pour les banques. Ces modèles peuvent être utilisés pour déterminer le capital réglementaire associé au risque de crédit au portefeuille de marché (la charge en capital pour le risque spécifique). Ils peuvent également être utilisés pour le calcul du capital économique (voir chapitre 16).

Nous avons présenté les principales différences entre les probabilités de défaut réelles et risque-neutre dans le chapitre 11 (voir section 11.5). Les premières sont estimées à partir des données historiques, alors que les secondes peuvent être estimées à partir des prix des obligations. Nous utilisons les probabilités risque-neutre pour le calcul des pertes espérées de crédit dans la première partie de ce chapitre, puisque la valeur actualisée des flux futurs est estimée. Par la suite, nous avons recours aux probabilités de défaut réelles pour calculer la VaR de crédit, puisque les scénarios futurs et non pas les valeurs actualisées sont à l'œuvre.

12.1 Estimation des pertes de crédit

Les pertes de crédit sur un prêt dépendent en premier lieu de la probabilité de défaut et du taux de recouvrement. L'estimation des probabilités de défaut a fait l'objet du chapitre 11. L'estimation du taux de recouvrement (ou de la perte en cas de défaut) dépend de la nature de la garantie (si elle existe). Dans ce cadre, une institution financière utilise « un mélange » de sa propre expérience et des statistiques publiées par des agences de notation (voir tableau 11.2).

Transactions sur actifs dérivés

L'exposition de crédit sur une transaction sur actifs dérivés est plus complexe que sur un prêt, car l'engagement sur actifs dérivés est plus incertain en cas de défaut. Considérons une institution financière qui a conclu ce type de transaction avec une contrepartie. Trois situations possibles pour l'institution financière peuvent être distinguées :

1. Le contrat est toujours un passif.
2. Le contrat est toujours un actif.
3. Le contrat peut être soit un actif, soit un passif.

Ces trois situations sont, par exemple, une position courte sur option, une position longue sur option et un contrat forward ou un swap.

Les dérivés de la première catégorie ne présentent pas de risque de crédit. Si la contrepartie fait faillite, il n'y aura pas de perte. Le contrat est un actif de la contrepartie et sera vraisemblablement conservé, dénoué ou revendu à un tiers. Dans ce cas, l'institution financière n'enregistre aucune perte (ni gain).

L'institution financière est toujours exposée au risque de crédit dans la deuxième situation. Si la contrepartie fait faillite, une perte sera enregistrée. En effet, le contrat est au passif de la contrepartie et l'institution financière devra saisir ses actifs. Elle pourra éventuellement ne recouvrer qu'une partie de la valeur de l'actif dérivé[1].

Enfin, dans la troisième situation, les dérivés peuvent être porteurs de risque de crédit. Si la contrepartie fait défaut lorsque la valeur de l'actif est positive pour l'institution financière, celle-ci devra saisir une partie des actifs de la contrepartie et enregistrera vraisemblablement une perte. Dans le cas contraire (lorsque la valeur de l'actif est négative), l'institution financière n'enregistrera pas de perte car la position sera conservée, dénouée ou revendue à un tiers[2].

Ajustement au risque de défaut dans l'évaluation des actifs dérivés

Comment une institution financière devrait-elle ajuster la valeur d'un actif dérivé pour tenir compte du risque de défaut de la contrepartie? Considérons un actif dérivé dont la valeur aujourd'hui est f_0 sous l'hypothèse d'absence de défaut et un défaut pouvant se réaliser aux dates $t_1, t_2, ..., t_n$. La valeur de l'actif dérivé pour l'institution financière en date t_i est f_i. On définit q_i la probabilité de défaut risque-neutre en date t_i et R le taux de recouvrement espéré[3].

L'exposition en date t_i correspond à la perte potentielle de l'institution financière. Il s'agit de $\max(f_i, 0)$, représentée sur le graphique 12.1. Supposons que le recouvrement

1. Les positions en actifs dérivés ont généralement le même rang que les créances non sécurisées en cas de liquidation.

2. Une entreprise fait généralement défaut à cause du montant total de ses engagements, et non à cause de la valeur d'une transaction. Il est donc probable qu'au moment du défaut certains contrats aient une valeur positive.

3. Cette probabilité de défaut peut être calculée à partir des prix des obligations (voir section 11.4).

espéré en cas de défaut soit égal à R fois l'exposition et que le taux de recouvrement et la probabilité de défaut sont indépendants de la valeur de l'actif dérivé. La perte espérée risque-neutre en cas de défaut en date t_i vaut dans ce cas :

$$q_i(1-R)\hat{E}[\max(f_i,0)]$$

où $\hat{E}$ est la valeur espérée dans l'univers risque-neutre. En actualisant cette expression, on obtient le coût du défaut :

$$\textbf{(12.1)}\quad \sum_{i=1}^{n} u_i v_i$$

où u_i est égal à $q_i(1-R)$ et v_i correspond à la valeur actualisée d'un instrument qui paie le montant sur l'actif dérivé en date t_i.

Graphique 12.1

Exposition sur un actif dérivé en fonction de sa valeur (en absence de défaut).

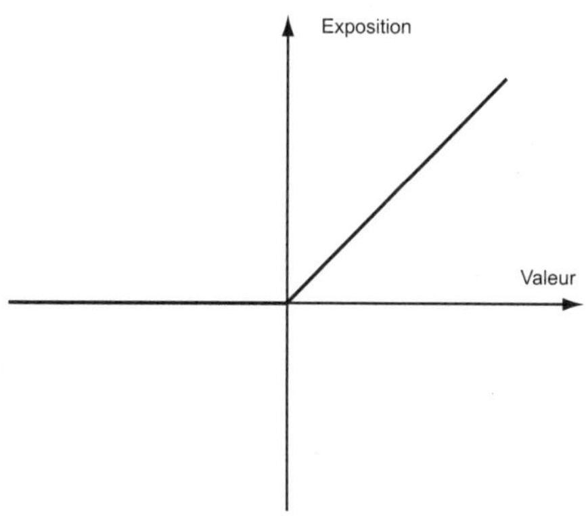

Considérons à nouveau les trois situations possibles évoquées précédemment. La première catégorie (lorsque l'actif dérivé est toujours un passif pour l'institution financière) est facile à traiter. La valeur de f_i est toujours négative, de telle sorte que la perte espérée en cas de défaut soit toujours nulle (voir équation 12.1). L'institution financière ne doit donc pas effectuer d'ajustements par rapport au coût du défaut (toutefois, la contrepartie peut tenir compte dans son analyse de la possibilité de défaut de l'institution financière).

La valeur de f_i est toujours positive en ce qui concerne la deuxième catégorie (lorsque l'actif dérivé est toujours un actif pour l'institution financière). L'expression $\max(f_i, 0)$ est toujours égale à f_i et, comme v_i est la valeur actualisée de f_i, le résultat final est toujours égal à f_0 [1].

> **Exemple 12.1**
>
> Considérons une option de gré à gré de maturité deux ans valant 3 € (sous l'hypothèse d'absence de défaut). Supposons que la probabilité de défaut risque-neutre de l'entreprise qui vend cette option durant cette période est égale à 4 %. Supposons également que le taux de recouvrement en cas de défaut est de 25 %. Le coût espéré du défaut est égal à $3 \times 0,04 \times (1-0,25)$, soit 0,09 €. En conséquence, l'acheteur de l'option ne devrait décaisser que 2,91 €.

Pour la troisième catégorie d'actifs dérivés, le signe de f_i est incertain. La variable v_i est un call sur f_i avec un prix d'exercice nul. Une façon de calculer toutes les valeurs de v_i dans le cadre d'une analyse unique consiste à simuler les variables de marché sous-jacentes sur la durée de vie de l'actif dérivé. Parfois, des solutions analytiques approximatives sont également possibles (voir problèmes 12.7, 12.8 et 12.9).

> **Exemple 12.2**
>
> Considérons un swap de taux d'intérêt dans lequel une banque perçoit un flux fixe et verse un flux variable. L'exposition sur le swap à une date future t_i est égale à :
>
> $$\max[V(t_i), 0]$$
>
> où $V(t_i)$ est la valeur du swap en date t_i. Il s'agit en fait du paiement d'une option sur swap. La variable v_i est en fait la valeur actualisée d'une option européenne sur swap exerçable en date t_i.

Dans les analyses présentées, nous avons supposé que la probabilité de défaut est indépendante de la valeur de l'actif dérivé. Cette hypothèse est raisonnable lorsque l'actif dérivé constitue une faible part du portefeuille de la contrepartie ou bien lorsque celle-ci utilise le contrat comme couverture. Lorsque la contrepartie souhaite conclure une transaction plus importante dans un but spéculatif, l'institution financière doit être vigilante. En effet, lorsque la transaction a une valeur négative (positive) importante pour la contrepartie (l'institution financière), la probabilité de faillite de cette dernière peut s'avérer beaucoup plus importante.

---

1. On suppose ici l'absence de flux de l'actif dérivé antérieurs à la date t_i. L'analyse peut être ajustée à la présence de flux intermédiaires.

Swaps de taux et de devise

L'impact du risque de défaut sur les swaps de taux est nettement plus faible que sur les swaps de devise (voir graphique 12.2).

Graphique 12.2

Exposition sur une paire symétrique de swaps de taux et sur une paire symétrique de swaps de devise.

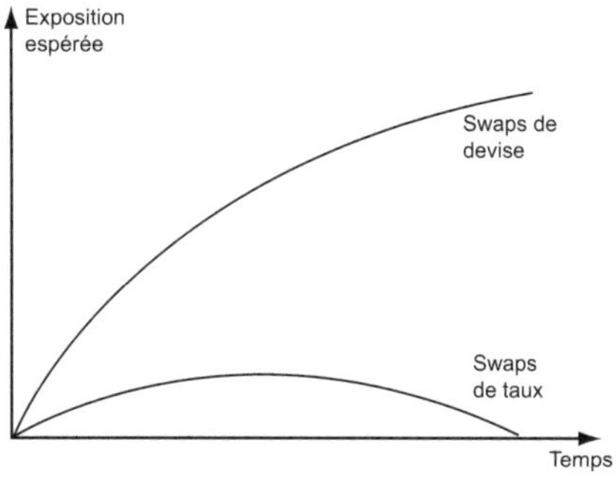

Dans le graphique 12.2 on compare les expositions espérées pour une banque sur une paire de swaps de taux et de devise qui se compensent avec différentes contreparties. L'exposition espérée sur les swaps de taux commence à zéro puis augmente et diminue enfin à zéro. Au contraire, l'exposition espérée sur les swaps de devise augmente avec le temps[1]. Cette différence s'explique par l'incertitude concernant le taux de change au moment de l'échange des principaux du swap de devise[2].

Risque de défaut bilatéral

Un des aspects intéressants des contrats appartenant à la troisième catégorie (*i.e.* les contrats qui peuvent être soit un actif, soit un passif) est le fait qu'ils sont porteurs de risque de défaut bilatéral. Par exemple, si une entreprise A conclut un swap de devise avec une entreprise B, A peut perdre de l'argent si B fait défaut, et vice versa. Naturellement, la plupart des entreprises financières et non financières considèrent qu'elles ne feront pas défaut, mais souhaitent ajuster les termes du contrat pour prendre en compte la possibilité de défaut de leur contrepartie. Dans notre exemple, l'entreprise A attend une compensation pour le défaut potentiel de l'entreprise B, et cette dernière attend également une compensation pour le défaut possible de A. Cette situation rend difficile un accord sur les termes du contrat de la part des deux parties et explique

1. L'exposition espérée influence v_i (voir équation 12.1). Les u_i sont identiques pour les deux types de swaps.

2. Les swaps de devise sans échange de principal sont devenus très courants durant ces dernières années. Ils sont moins porteurs de risques de crédit et de marché par rapport à des swaps de devise traditionnels.

pourquoi les institutions financières de faible qualité de crédit ne sont pas très actives sur le marché des actifs dérivés.

En théorie, la valeur du swap de devise pour l'entreprise A devrait être égale à :

$$f - y + x$$

où f correspond à la valeur du swap si les deux parties sont sans risque, y est l'ajustement nécessaire pour prendre en compte le défaut possible de l'entreprise B et x correspond à l'ajustement nécessaire pour tenir compte du défaut de l'entreprise A. De manière similaire, la valeur du swap de devise pour l'entreprise B est :

$$-f - x + y$$

En pratique, les entreprises A et B calculeront respectivement les valeurs de $f - y$ et de $-f - x$, sauf si x et y sont faibles. Dans ce cas, les deux entreprises ne pourront pas s'accorder sur un prix.

Supposons désormais que les taux d'intérêts étranger et domestique sont identiques et que les deux entreprises ont une qualité de crédit identique. Le swap est alors symétrique pour les deux entreprises puisque sa « chance » d'évoluer dans la monnaie est identique. Dans ce cas, $x = y$ et aucune des parties ne devrait effectuer d'ajustement pour le risque de crédit.

12.2 La réduction du risque de crédit

Jusqu'à présent, l'analyse présentée conduit souvent à surévaluer le risque de crédit lié à une transaction sur des actifs dérivés. C'est simplement lié au fait que les courtiers incluent de nombreuses clauses dans les contrats afin de réduire le type de risque de crédit.

La compensation *(netting)*

Les clauses de compensation ont été discutées à la section 7.5. Dans le cadre des produits dérivés, ce type de clause stipule que, si une entreprise fait défaut sur un contrat avec une contrepartie, alors elle doit faire défaut sur tous les contrats qu'elle a conclus avec cette même contrepartie. Ces clauses peuvent considérablement réduire le risque de crédit d'une institution financière et ont été approuvées par les tribunaux d'une majorité de juridictions. L'analyse présentée peut être développée de façon à ce que l'équation (12.1) corresponde à la valeur actualisée de la perte espérée de tous les contrats en présence de compensation. À cet effet, on redéfinit le terme v_i comme la valeur actualisée d'un produit dérivé versant le montant de l'exposition en t_i sur le portefeuille composé de tous les contrats sur une même contrepartie.

Une tâche particulièrement difficile pour une institution financière qui envisage de conclure un nouveau produit dérivé avec une contrepartie est d'évaluer l'effet marginal de cette décision sur les pertes espérées de crédit. Cela peut être réalisé en utilisant l'équation (12.1). Il est intéressant de noter que la présence de la compensation peut entraîner un effet marginal négatif lorsque la valeur du nouveau contrat est négativement corrélée avec la valeur des contrats existants.

On serait tenté de penser que, sur des marchés de capitaux efficaces, une entreprise souhaitant entrer dans un contrat dérivé bénéficie d'une cotation identique de la part de tous les courtiers. La compensation montre que ce n'est pas forcément le cas. En effet, l'entreprise est susceptible d'accéder à des cotations plus favorables de la part d'une institution financière avec laquelle elle a déjà traité, en particulier lorsque pour cette dernière les expositions antérieures sont de sens opposé à la nouvelle transaction.

Le nantissement

Une autre possibilité de réduction du risque de crédit – le « nantissement » *(collateralization)* – est envisageable. Supposons qu'une entreprise non financière et une institution financière soient entrées dans plusieurs contrats d'actifs dérivés. Un accord de nantissement standard stipule que les contrats doivent être régulièrement évalués à leur valeur de marché selon une formule prédéfinie. Si la valeur totale des contrats pour l'institution financière dépasse un certain seuil à une date donnée, elle peut alors exiger une garantie. Le montant de celle-ci, en plus de la garantie déjà accordée, est égal à la différence entre la valeur des contrats pour l'institution financière et le seuil en question. Lorsque les contrats évoluent en faveur de l'entreprise (la différence entre leur valeur pour l'institution financière et la valeur du seuil est inférieure à la valeur des garanties déjà accordées), alors l'entreprise peut récupérer ses garanties. En cas de défaut de l'entreprise, l'institution financière peut saisir la garantie. Si l'entreprise ne fournit pas la garantie requise, l'institution financière peut dénouer les contrats. Long Term Capital Management a fait un usage intensif de ce type d'accord de nantissement (voir encadré 12.1).

Supposons, par exemple, que le niveau du seuil pour l'entreprise est égal à 10 millions d'euros et que le contrat est évalué chaque jour à sa valeur de marché. Si un jour donné la valeur du contrat pour l'institution financière est de 10,5 millions d'euros, celle-ci peut exiger 0,5 million d'euros de garantie. Si le jour suivant la valeur du contrat s'établit à 11,4 millions d'euros, elle peut alors exiger 0,9 million d'euros de garantie supplémentaire. Si la valeur du contrat diminue et s'établit à 10,8 millions d'euros le jour suivant, l'entreprise peut demander la restitution de 0,6 million d'euros de garantie. Remarquons que le niveau du seuil (10 millions d'euros dans cet exemple) peut être considéré comme une ligne de crédit octroyée à l'entreprise par l'institution financière.

La garantie doit être versée sous forme de liquidités ou de titres (obligations par exemple). Les intérêts sont généralement payés en liquide. Les titres sont soumis à une décote, appelée « haircut », appliquée à la valeur de marché pour des raisons de calcul de la garantie.

Encadré 12.1 : Les énormes pertes de Long Term Capital Management

Long Term Capital Management (LTCM), un *hedge fund* créé dans les années 1990, garantissait toujours ses transactions. La stratégie employée par ce fonds s'appelle « arbitrage de convergence ». On peut en donner un exemple très simple. Supposez que vous trouviez sur le marché deux obligations, X et Y, émises par la même société et présentant les mêmes caractéristiques, hormis leur liquidité. X est par exemple beaucoup moins liquide que Y. Comme le marché accorde toujours de la valeur à la liquidité, X est moins chère que Y. Dans ce cas, achetez X et vendez Y, en attendant qu'il y ait convergence à une date future (au plus tard à l'échéance !).

Quand les taux augmentent, on peut s'attendre à ce que les prix des deux obligations diminuent de la même manière, de sorte que les marges *(collateral)* payées sur X sont identiques à celles reçues sur Y. Le raisonnement symétrique s'applique en cas de baisse des taux. En conséquence, on ne s'attend pas à ce que des sorties de fonds importantes soient nécessaires du fait du système de garantie.

En août 1998, la Russie a fait défaut sur sa dette souveraine qui a entraîné une « fuite vers la qualité » sur les marchés. Une conséquence fut l'augmentation de l'écart de prix entre les obligations liquides et non liquides, conduisant à une dégradation importante de la position de LTCM. Les prix des obligations achetées par le fonds baissaient alors que ceux des obligations vendues à découvert augmentaient. Du fait de l'effet de levier important de la position détenue par LTCM, il était impossible de faire face aux paiements imposés par les accords de garantie. Il fallut donc déboucler la position avec une perte de quatre milliards de dollars. Si l'effet de levier avait été moins important, LTCM aurait pu surmonter cette crise en attendant que l'écart de prix entre les deux types d'obligations se réduise.

Si l'accord de nantissement est bilatéral, un seuil est également déterminé pour l'institution financière. L'entreprise peut alors demander à l'institution de lui verser une garantie lorsque la valeur de marché des contrats dépasse ce seuil.

Les accords de nantissement fournissent une protection contre la possibilité de défaut (de la même manière que les comptes de marges, voir chapitre 2). Cependant, le montant correspondant au niveau du seuil n'est pas protégé. De plus, même lorsque ce seuil est nul, la protection n'est jamais complète. En effet, lorsqu'une entreprise rencontre des difficultés financières, elle risque de ne plus répondre aux exigences de garantie. Au moment où la contrepartie exerce son droit de dénouement des contrats, leur valeur a pu évoluer en sa faveur.

Clause en cas de dégradation

Une autre technique utilisée par les institutions financières pour atténuer le risque de crédit est connue sous le nom de clause de dégradation de la notation *(downgrade trigger)*. Selon cette clause, si la notation de la contrepartie « tombe » en dessous d'un certain niveau, par exemple Baa, l'institution financière a l'option de dénouer les contrats dérivés à leur valeur de marché (une procédure pour déterminer cette valeur doit être définie à l'avance).

Les seuils de dégradation de la notation ne protègent pas d'un mouvement important de la notation de l'entreprise (par exemple une dégradation de A vers le défaut). Ces seuils fonctionnent correctement seulement si leur utilisation est parcimonieuse. Si une entreprise a conclu ce type de seuil avec de nombreuses contreparties, ils ne fourniront que très peu de protection dans ce cas (voir encadré 12.2).

Encadré 12.2 : Les seuils de dégradation de la notation et la faillite d'Enron

Enron, une des plus importantes entreprises américaines, a fait faillite en décembre 2001. Quelques jours avant sa faillite, cette entreprise disposait d'une notation de qualité investissement. L'agence Moody's lui attribuait une notation Baa3 et Standard & Poor's une note de BBB–. Le défaut a cependant été anticipé par le marché action, car le prix de l'action Enron a chuté drastiquement durant cette période, conduisant l'entreprise à la faillite. Sa probabilité de défaut, estimée par des modèles comme ceux présentés à la section 11.6, a considérablement augmenté durant cette période.

Enron avait conclu un nombre considérable de contrats dérivés comportant des clauses de seuils de dégradation de la notation. Ces clauses stipulaient que, si la notation de crédit de l'entreprise passait en catégorie spéculative (*i.e.* en dessous de Baa3 / BBB–), les contreparties avaient l'option de dénouer tous les contrats. Supposons par exemple que la notation d'Enron soit passée en catégorie spéculative en octobre 2001. Les contrats que les contreparties auraient choisi de dénouer auraient été ceux ayant des valeurs négatives pour Enron (et donc positives pour les contreparties). En conséquence, Enron aurait dû verser des montants très importants à ses contreparties. Dans l'incapacité de faire face à ses engagements, l'entreprise aurait fait faillite.

Cet exemple illustre bien le fait que les seuils de dégradation de la notation fournissent une protection seulement s'ils sont peu utilisés. Lorsqu'une entreprise conclut un nombre très important de transactions comportant ce type de clauses, celles-ci peuvent en fait accélérer la faillite de l'entreprise. Dans le cas d'Enron, on pourrait admettre que l'entreprise aurait de toute façon fait faillite et accélérer sa chute de deux mois n'aurait rien changé. En fait, Enron avait une chance de survivre en octobre 2001 et des tentatives de transaction étaient en cours avec une autre entreprise du secteur énergétique, Dynergy. La faillite accélérée en octobre 2001 n'était pas dans l'intérêt des créanciers ni des actionnaires.

Les agences de notation se retrouvèrent dans une position délicate. Si elles dégradaient la notation d'Enron, elles reconnaissaient de cette manière la détérioration de sa situation financière et signaient ainsi son « arrêt de mort ». Dans le cas contraire, Enron avait encore une chance de survivre.

12.3 VaR de crédit

La VaR de crédit peut être définie de la même façon que la VaR de marché (voir chapitre 8). Par exemple, une VaR de crédit au seuil de 99,9 % et à l'horizon d'un an correspond à la perte de crédit que l'on est certain de ne pas dépasser avec 99,9 % de chances sur un an. Contrairement au risque de marché, pour lequel l'horizon temporel est compris entre un jour et un mois, l'horizon temporel pour le risque de crédit est plus long, généralement d'un an.

Pour des raisons réglementaires, les banques utilisant l'approche de notations internes doivent calculer la VaR de crédit pour les engagements en portefeuille bancaire en recourant à la méthodologie prescrite par le Comité de Bâle. Les institutions financières sont libres d'effectuer leurs propres estimations de la probabilité de défaut, PD[1]. Elles doivent cependant utiliser le modèle de corrélation et les paramètres de corrélation spécifiés par le Comité de Bâle.

Les banques disposent de davantage de liberté pour le calcul de la VaR de crédit pour le risque spécifique. Celui-ci correspond au risque de crédit contenu dans le portefeuille de marché. Ce risque est lié à la qualité de crédit d'entreprises individuelles. Pour qu'un modèle soit validé, le régulateur doit s'assurer que les risque de concentration, de spread, de dégradation et de défaut sont correctement pris en compte par le modèle de la banque. La charge en capital pour le risque spécifique correspond au produit d'un multiplicateur (de valeur minimum égale à 4) et de la VaR au seuil de 99 % à dix jours.

12.4 Le modèle de Vasicek

Le modèle de Vasicek (voir sections 6.5 et 7.8) fournit un moyen simple d'estimation de la VaR de crédit pour un portefeuille de prêts. D'après l'équation (6.12), dans le cadre d'un modèle de copule gaussienne à un facteur, la probabilité X que le pourcentage de défauts sur un portefeuille important à l'horizon T soit inférieur à un seuil $V(T,X)$ est définie par :

$$V(T,X)=N\left(\frac{N^{-1}[Q(T)]+\sqrt{\rho}N^{-1}(X)}{\sqrt{1-\rho}}\right)$$

où $Q(T)$ correspond à la probabilité cumulée que chaque prêt fasse défaut à l'horizon T et ρ est le coefficient de corrélation. En multipliant la valeur de cette expression par l'exposition moyenne par prêt et par la perte moyenne en cas de défaut, on obtient la VaR au seuil de X % à l'horizon de T années. L'évaluation du capital requis pour le risque de crédit par le Comité de Bâle est établie sur ce modèle (voir chapitre 7). L'horizon temporel T est d'un an, le seuil de confiance X vaut 99,9 % et la valeur de ρ est déterminée par le Comité de Bâle. Comme nous l'avons vu dans le chapitre 7, ce coefficient dépend de la probabilité de défaut à un an.

12.5 Credit Risk Plus

En 1998, Credit Suisse Financial Products a proposé une méthodologie de calcul de la VaR nommée *Credit Risk Plus*[2]. Cette méthode exploite des techniques utilisées couramment dans le monde de l'assurance. Nous allons présenter une version simplifiée de cette approche.

---

1. Comme nous l'avons déjà évoqué, la probabilité de défaut dans le calcul de la VaR de crédit devrait être une probabilité de défaut réelle et non une probabilité de défaut risque-neutre.
2. Voir Credit Suisse Financial Products, « Credit Risk Management Framework », octobre 1997.

Supposons qu'une institution financière ait N contreparties et que la probabilité de défaut de chacune de ces contreparties à l'horizon T soit notée p. Le nombre espéré de défauts, noté μ, pour l'ensemble du portefeuille est égal à Np. En supposant que les occurrences des défauts sont des événements indépendants et que p est suffisamment faible, la probabilité qu'il y ait n défauts s'écrit, grâce à la distribution de Poisson, comme :

$$\frac{e^{-\mu}\mu^n}{n!}$$

Combinée à la distribution de probabilité des pertes d'une contrepartie quelconque (en tenant compte des accords de compensation éventuels), la distribution du nombre de défauts permet de déterminer la distribution de probabilité des pertes globales relatives à l'ensemble des contreparties. Pour estimer la distribution de probabilité des pertes à partir du défaut d'une contrepartie quelconque, on peut utiliser la distribution de probabilité courante des expositions aux contreparties et l'ajuster en utilisant les taux de recouvrement historiques.

En pratique, il est nécessaire qu'une institution financière considère plusieurs catégories de contreparties. L'analyse décrite précédemment doit donc être réalisée pour chaque catégorie et les résultats doivent être agrégés par la suite.

Une complication supplémentaire vient de la variabilité des taux de défaut année par année. Les données fournies par Moody's mettent en évidence que les proportions de défaut, toutes catégories confondues, ont varié de 0,09 % en 1979 à 3,52 % en 1990. Pour en tenir compte, nous pouvons supposer une distribution de probabilité du taux de défaut global conforme aux données historiques de Moody's. La distribution du défaut par catégorie est alors modélisée comme une fonction linéaire du taux de défaut global.

Credit Suisse Financial Products montre que, sous certaines hypothèses, la distribution de la perte totale peut être exprimée analytiquement. Pour adapter le modèle à des hypothèses moins contraignantes, on peut recourir à la simulation de Monte-Carlo. La procédure est alors la suivante :

1. Tirer une valeur du taux de défaut global.
2. Calculer la probabilité de défaut dans chaque catégorie.
3. Tirer un échantillon de défauts dans chaque catégorie.
4. Tirer une réalisation de la perte pour chaque défaut.
5. Calculer la perte totale.
6. Répéter les étapes 1 à 5 un grand nombre de fois.

En procédant ainsi, on peut estimer les corrélations des défauts. La distribution de probabilité des pertes totales liées au défaut a alors une asymétrie positive (voir graphique 12.3).

Graphique 12.3

Distribution de probabilité des pertes liées aux défauts.

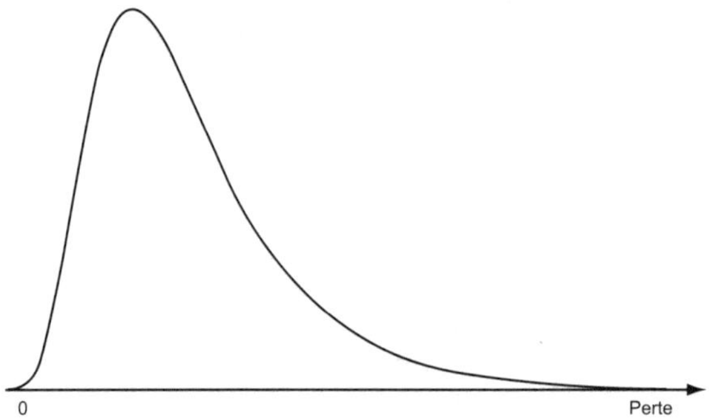

12.6 CreditMetrics

Credit Risk Plus estime la distribution de probabilité des pertes à partir des défauts. Comme nous l'avons mentionné précédemment, les régulateurs préfèrent que les modèles internes dédiés au risque spécifique reflètent les pertes issues des dégradations des notations ainsi que des variations du spread de crédit et des défauts. Cela a conduit de nombreuses banques à mettre en place *CreditMetrics* pour le calcul du risque spécifique.

CreditMetrics a été développé par JPMorgan en 1997. Cette technique est fondée sur l'analyse des changements de notation(changement de la notation d'une entreprise sur une période donnée). Une matrice de transition des notations est présentée dans le tableau 12.1. Elle indique les probabilités (en pourcentage) de changement de notation sur une période d'un an. Par exemple, une obligation notée initialement A a 91,83 % de chances de conserver cette notation à la fin de l'année. En revanche, elle a 0,02 % de chances de faire défaut sur la même période, 0,13 % de baisser à B, et ainsi de suite.

Considérons une banque détenant un portefeuille d'obligations privées. Le calcul d'une VaR à un an pour ce portefeuille en utilisant CreditMetrics implique le recours à des simulations de Monte-Carlo des transitions des notations pour ces obligations sur une période d'un an. À chaque simulation, la notation finale de crédit de toutes les obligations est calculée et les titres sont réévalués pour déterminer la perte totale de crédit pour l'année. Le pire résultat ayant 99 % de chances de se réaliser correspond à la VaR au seuil de 99 % à un an pour le portefeuille.

Il est intéressant de noter que les deux modèles (CreditMetrics et Credit Risk Plus) sont précis et qu'ils devraient fournir la même distribution de probabilité des pertes à long terme. Ce qui distingue ces deux modèles est la distribution temporelle des pertes. Supposons, par exemple, que l'on détient une obligation au sein d'un portefeuille. En année 1, la notation du titre baisse de A à BBB ; en année 2, elle passe de BBB à B ; en

Tableau 12.1 : Matrice de transition à un an des notations (les probabilités sont en pourcentages). Tiré des rapports Moody's (2004)

Notation initiale	Notation à la fin de l'année							
	Aaa	*Aa*	*A*	*Baa*	*Ba*	*B*	*Caa*	*Défaut*
Aaa	92,18	7,06	0,73	0,00	0,02	0,00	0,00	0,00
Aa	1,17	90,85	7,63	0,26	0,07	0,01	0,00	0,02
A	0,05	2,39	91,83	5,07	0,50	0,13	0,01	0,02
Baa	0,05	0,24	5,20	88,48	4,88	0,80	0,16	0,18
Ba	0,01	0,05	0,50	5,45	85,13	7,05	0,55	1,27
B	0,01	0,03	0,13	0,43	6,52	83,20	3,04	6,64
Caa	0,00	0,00	0,00	0,58	1,74	4,18	67,99	25,50
Défaut	0,00	0,00	0,00	0,00	0,00	0,00	0,00	100,00

année 3, l'obligation fait défaut. On peut admettre l'hypothèse selon laquelle il n'y a pas de défaut en années 1 et 2 et calculer la perte en année 3 (approche Credit Risk Plus). Alternativement, on peut calculer séparément les pertes en années 1, 2 et 3 (approche CreditMetrics). Les pertes calculées selon la seconde approche devraient correspondre, en théorie, à la somme des pertes calculées selon la première approche.

Le modèle de corrélation de CreditMetrics

Lors de l'échantillonnage mis en œuvre pour déterminer les pertes de crédit, les changements de notation pour différentes contreparties ne devraient pas être supposés indépendants. Un modèle de copule gaussienne peut être utilisé pour construire la distribution de probabilité jointe des changements de notation (voir section 6.4). La corrélation entre les transitions de notation pour deux entreprises est généralement égale à la corrélation entre les rentabilités des actions en utilisant un modèle à facteur (voir section 6.3).

Pour illustrer l'approche de CreditMetrics, considérons la simulation des changements de notation de deux entreprises, initialement notées A et B, sur une période d'un an en utilisant la matrice de transition donnée dans le tableau 12.1. Supposons que la corrélation des rentabilités des actions est égale à 0,2. À chaque simulation, on tire deux variables, notées x_A et x_B à partir de distributions normales standard, telles que le coefficient de corrélation soit égal à 0,2. La variable x_A détermine la nouvelle notation de l'entreprise initialement notée A et la variable x_B détermine la nouvelle notation de l'entreprise initialement notée B. Comme

$$N^{-1}(0,0005) = -3,2905$$
$$N^{-1}(0,0005 + 0,0239) = -1,9703$$
$$N^{-1}(0,0005 + 0,0239 + 0,9183) = 1,5779$$

l'entreprise notée A voit son rating passer à Aaa si $x_A < -3,2905$, à Aa si $-3,2905 < x_A < -1,9703$, demeurer à A si $-1,9703 < x_A < 1,5779$, et ainsi de suite. De manière similaire, p x_A uisque

$$N^{-1}(0,0001) = -3,7190$$
$$N^{-1}(0,0001 + 0,0003) = -3,3528$$
$$N^{-1}(0,0001 + 0,0003 + 0,0013) = -2,9290$$

l'entreprise notée B passe à Aaa si $x_B < -3,7190$, à Aa si $-3,7190 < x_B < -3,3528$, à A si $-3,3528 < x_B < -2,9290$, et ainsi de suite. L'entreprise initialement notée A fait défaut si $x_A > N^{-1}(0,9998)$, c'est-à-dire lorsque $> 3,5401$. L'entreprise initialement notée B fait défaut si $x_B > N^{-1}(0,9336)$, c'est-à-dire lorsque $x_B > 1,5032$. Cet exemple est illustré dans le graphique 12.4.

Graphique 12.4

Le modèle de corrélation de CreditMetrics : transition d'entreprises notées initialement A et B vers une nouvelle notation au bout d'un an. Ici x_A et x_B sont tirées à partir de distributions normales centrées réduites avec une corrélation égale au coefficient de corrélation entre les rentabilités des actions des deux entreprises.

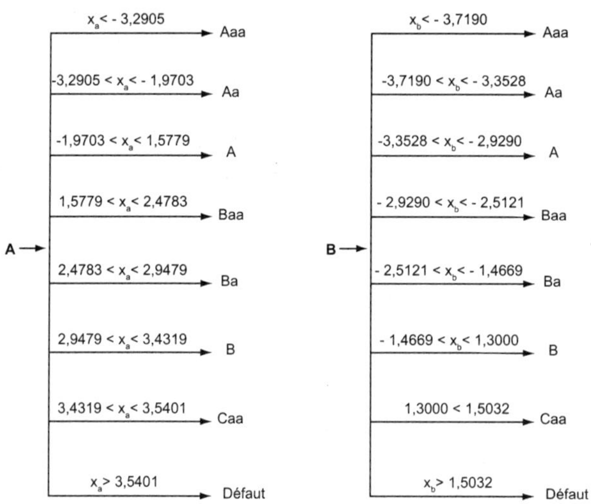

Variation du spread

Afin de réévaluer le portefeuille d'obligations à chaque simulation, il est nécessaire de calculer les variations du spread. Une façon de procéder consiste à utiliser un modèle de régression à un facteur pour séparer les variations du spread pour chaque obligation en ses composantes systématique et idiosyncratique. Cette dernière est la seule à influencer une obligation particulière.

Si la composante systématique des variations du spread est reflétée dans le calcul de la VaR de marché, il est uniquement nécessaire de prendre en compte la variation idiosyncratique du spread dans le calcul de la VaR pour le risque spécifique. Ainsi, à chaque simulation, on calcule non seulement ce qui advient de la notation de chaque obligation, mais également la variation idiosyncratique du spread pour chaque obligation. En conséquent, trois cas de figures sont possibles :

1. La notation de crédit de l'obligation demeure inchangée. Dans ce cas, l'obligation est réévaluée de telle manière à ce que la variation idiosyncratique du spread soit prise en compte.
2. La notation change. Dans ce cas, la réévaluation de l'obligation est opérée en utilisant le spread correspondant à la nouvelle catégorie de notation.
3. L'obligation fait défaut. Dans ce cas, on simule le taux de recouvrement. Souvent, ce taux est supposé suivre une distribution bêta centrée au taux de recouvrement moyen, publié par les agences de notation (voir tableau 11.2).

Horizon temporel

Les régulateurs exigent que la VaR de crédit pour le risque spécifique ait un seuil de 99 % et un horizon de dix jours. En pratique, cela signifie que la banque dispose de deux choix. Le premier consiste à calculer une VaR au seuil de 99 % à un an et de l'ajuster à une VaR au seuil de 99 % à dix jours en utilisant la règle de la racine carrée. Si l'on suppose une année à 250 jours, cela signifie que la VaR obtenue est divisée par 5. Le second choix consiste à convertir la matrice de transition à un an (tableau 12.1) en une matrice à dix jours et utiliser la procédure décrite précédemment pour calculer la distribution des pertes à dix jours. En supposant que les transitions successives des notations sont indépendantes, la seconde approche implique de trouver la matrice B, telle que

$$B^{25} = A$$

où A est la matrice du tableau 12.1. Une procédure permettant ce calcul est présentée en annexe E à la fin de l'ouvrage.

12.7 Interprétation des corrélations de crédit

L'interprétation des corrélations de crédit appelle une attention particulière. En effet, différentes méthodes de calcul peuvent conduire à différentes interprétations. Nous illustrons cela en considérant une *mesure de corrélation binomiale* qui est parfois utilisée par les agences de notation. Nous la comparons avec la mesure de corrélation de copule gaussienne sous-jacente au modèle de Vasicek.

Pour deux entreprises A et B, la mesure de corrélation binomiale est le coefficient de corrélation entre :

1. Une variable égale à 1 si A fait défaut entre 0 et T, et égale à 0 sinon.
2. Une variable égale à 1 si B fait défaut entre 0 et T, et égale à 0 sinon.

On définit alors la mesure de corrélation par :

$$\textbf{(12.2)}\quad \beta_{AB}(T)=\frac{P_{AB}(T)-Q_A(T)Q_B(T)}{\sqrt{\left[Q_A(T)-Q_A^2(T)\right]\left[Q_B(T)-Q_B^2(T)\right]}}$$

où $P_{AB}(T)$ est la probabilité que A et B fassent toutes deux défaut entre 0 et T; $Q_A(T)$ et $Q_B(T)$ sont les probabilités cumulées de défaut de A et B à l'horizon T. De manière générale, $\beta_{AB}(T)$ est une fonction croissante de T.

Dans le modèle de copule gaussienne, $P_{AB}(T) = M(x_A(T);\ x_B(T); \rho_{AB})$, où $x_A(T_A) = N^{-1}(Q_A(T_A))$ et $x_B(T_B) = N^{-1}(Q_B(T_B))$ sont les temps de défaut transformés pour les entreprises A et B, ρ_{AB} est la corrélation de copule gaussienne pour les temps de défaut de A et B. $M(a,b;\rho)$ est la probabilité que, dans le cadre d'une distribution normale bivariée où le coefficient de corrélation entre les variables vaut ρ, la première variable soit inférieure à a et la seconde soit inférieure à b[1]. On en déduit :

$$\textbf{(12.3)}\quad \beta_{AB}(T)=\frac{M\left(u_A(T);u_B(T);\rho_{AB}\right)-Q_A(T)Q_B(T)}{\sqrt{\left[Q_A(T)-Q_A^2(T)\right]\left[Q_B(T)-Q_B^2(T)\right]}}$$

Cette relation montre que si $Q_A(T)$ et $Q_B(T)$ sont connus, $\beta_{AB}(T)$ peut être calculé à partir de ρ_{AB} et vice versa. En général, ρ_{AB} est significativement plus grand que $\beta_{AB}(T)$ (voir exemple 12.3).

Exemple 12.3

Supposons que les probabilités de défaut de deux entreprises A et B soient de 1 % dans l'année à venir. On a alors $x_A(1) = x_B(1) = N^{-1}(0,01) = -2{,}320$. Si la corrélation ρ_{AB} est égale à 0,20, on a $M(x_A(1);\ x_B(1);\ \rho_{AB}) = 0{,}000337$, et l'équation (12.2) montre que $\beta_{AB}(T)=0{,}024$ quand $T = 1$.

---

1. Une fonction Excel permettant de calculer $M(a,b;\rho)$ est disponible sur le site de l'auteur.

Résumé

Le risque de crédit sur un prêt dépend de la probabilité de défaut et du taux de recouvrement (ou perte en cas de défaut). Le risque de crédit inhérent à une transaction sur dérivés est plus complexe que sur un prêt car l'exposition au moment du défaut est incertaine. Certaines transactions sur dérivés (options vendues) sont toujours un passif et ne sont pas porteuses de risque de crédit. D'autres transactions (options achetées) sont toujours un actif et sont porteuses de risque de crédit. Les transactions les plus complexes à gérer sont celles qui peuvent être soit un actif, soit un passif (contrats forward et swaps).

Le marché de gré à gré a développé un certain nombre de possibilités pour réduire le risque de crédit. La plus importante est la compensation. Il s'agit d'une clause inhérente à la majorité des contrats émis par une institution financière, qui stipule que, si une contrepartie fait défaut sur un contrat, alors elle doit faire défaut sur tous les autres. Une autre technique de réduction du risque de crédit est le nantissement. Elle implique la fourniture de garantie par la contrepartie. Si la valeur du contrat évolue en sa défaveur, davantage de garantie est nécessaire. Si celle-ci n'est pas versée à temps, le contrat est dénoué selon une procédure prédéfinie. Une troisième technique de réduction du risque de crédit est la clause de seuil de dégradation de la notation. Elle donne à l'entreprise l'option de dénouer le contrat si la notation de crédit de la contrepartie tombe en dessous d'un certain seuil.

La VaR de crédit peut être définie d'une manière similaire à celle de la VaR de marché. Il s'agit de la perte de crédit qui ne sera pas dépassée sur un certain horizon temporel à un seuil de confiance choisi. Selon Bâle II, la VaR de crédit est calculée pour le portefeuille de prêts en utilisant un modèle de copule gaussienne à un facteur du temps au défaut, initialement développé par Vasicek. Une approche de calcul de la VaR de crédit similaire aux procédures mises en œuvre dans l'industrie de l'assurance est Credit Risk Plus, proposé par Credit Suisse Financial Products en 1997. La plupart des grandes banques utilisent CreditMetrics, proposé par JPMorgan en 1997, pour traiter le risque spécifique du portefeuille de marché. Cette approche implique la simulation des changements de notations des entreprises. La corrélation entre les différentes entreprises est modélisée via un modèle de copule gaussienne pour les changements de notation.

Références complémentaires

Credit Suisse Financial Products, « Credit Risk Management Framework ». Octobre 1997.

De Servigny, A., Metayer, B. et Zelenko, I., *Le Risque de crédit.* Dunod, 2003, 3e éd.

Dietsch, M. et Petey, J., « Mesure et gestion du risque de crédit dans les institutions financières », in *La Revue Banque.* 2003.

FINGER, C. C., « The One-Factor CreditMetrics Model in the New Basel Capital Accord », in *Risk Metrics Journal.* Été 2001 vol. 1,.

MORGAN, J.P., « Credit Metrics Technical Document ». Avril 1997.

Problèmes et exercices (corrigés en fin d'ouvrage)

12.1. Une banque a déjà un contrat en cours avec un client. Expliquez pourquoi la signature d'un second contrat peut augmenter ou diminuer le risque de crédit par rapport à cette contrepartie.

12.2. Si la mesure de corrélation des défauts $\beta_{AB}(T)$ dans l'équation (12.2) est la même dans les univers réel et risque-neutre, en est-il de même pour la mesure ρ_{AB} associée à la copule gaussienne ?

12.3. Qu'entend-on par « haircut » dans le cadre d'un accord de nantissement ? Une entreprise fournit ses propres actions comme garantie. Quelle est votre réponse ?

12.4. Expliquez les différences entre les modèles de Vasicek, Credit Risk Plus et CreditMetrics à propos de (a) la définition d'une perte liée au risque de crédit, et (b) la modélisation des corrélations de défauts.

12.5. Les probabilités que deux entreprises A et B fassent défaut dans les deux années à venir sont 0,2 et 0,15. La corrélation des défauts de la copule gaussienne est 0,3. Quelle est la mesure de corrélation binomiale ?

12.6. Supposons qu'une institution financière ait conclu un swap dépendant du taux d'intérêt avec une contrepartie X et un swap parfaitement symétrique avec une contrepartie Y. Lesquelles des affirmations suivantes sont vraies ? (a) La valeur actuelle des coûts de défaut est la somme des coûts de défaut de chacun des deux contrats. (b) L'exposition au risque attendue dans un an est la somme des expositions au risque des deux contrats. (c) La borne supérieure de l'intervalle de confiance à 95 % de la position globale est la somme des bornes supérieures des intervalles de confiance à 95 % des deux contrats. Justifiez vos réponses.

12.7. Une entreprise s'engage par un contrat forward à vendre 100 $ contre 100 € dans un an. Le contrat est initialement à la monnaie (le taux de change forward est 1 $/€). Le taux sans risque est de 5 % sur USD et la contrepartie peut emprunter à 6 %. La volatilité du taux de change est de 12 % par an. Calculez la valeur actuelle des coûts de défaut de ce contrat. Le défaut éventuel est supposé constaté à la fin du contrat.

12.8. Supposons que dans le problème 12.7 le taux de change forward à 6 mois soit aussi égal à 1 $/€ et le taux sans risque à 6 mois sur USD de 5 %. La contrepartie peut emprunter en USD à 6 mois à 5,5 %. Calculez la valeur actuelle des coûts de défaut si celui-ci peut survenir dans 6 mois ou 1 an. (Si le défaut a lieu dans 6 mois, la perte de l'entreprise est la valeur de marché du contrat à cette date.)

12.9. « Une position longue sur un contrat forward sujet au risque de crédit est la combinaison d'une position courte sur un put (sans risque de défaut) et d'une position longue sur un call sujet au risque de défaut. » Expliquez cette affirmation.

12.10. Expliquez pourquoi l'exposition au risque de crédit d'une paire symétrique de contrats forward ressemble à un straddle.

12.11. « Quand une banque négocie des swaps de devises, elle devrait essayer de recevoir la devise à faible taux d'intérêt par une contrepartie à faible risque de crédit. » Expliquez cette phrase.

Questions complémentaires

12.12. Expliquez avec précision la différence entre probabilité de défaut dans l'univers réel et dans l'univers risque-neutre. Laquelle est la plus élevée ? Une banque signe un contrat dérivé de crédit par lequel elle s'engage à payer 100 € dans un an si le rating d'une entreprise donnée passe de A à Baa pendant l'année. Le taux sans risque à 1 an est 5 %. En utilisant le tableau 12.1, évaluez cet actif dérivé. Quelles hypothèses faites-vous ? Pensez-vous qu'elles tendent à surévaluer ou sous-évaluer l'actif dérivé ?

12.13. Supposons qu'une banque a une exposition globale de 10 millions d'euros. La probabilité de défaut moyenne à un an est de 1 % et le taux de recouvrement moyen vaut 40 %. Le paramètre de corrélation de copule est égal à 0,2. Estimez la VaR de crédit au seuil de 99,5 % à un an.

12.14. Considérons une option d'achat européenne sur une action ne versant aucun dividende qui cote 52 € et de prix d'exercice 50 €. Le taux sans risque s'établit à 5 %, la volatilité est de 30 % et la maturité est d'un an. (a) Quelle est la valeur de l'option sous l'hypothèse d'absence de défaut ? (b) Même question s'il y a 2 % de chances que le vendeur de l'option fasse défaut à l'échéance. (c) Supposons désormais que l'acheteur de l'option s'engage à régler la valeur de l'option à l'échéance. De combien cela réduit-il le coût de défaut pour l'acheteur s'il y a 2 % de chances que le vendeur fasse défaut ? (d) En reprenant (c), supposez que l'acheteur a 1 % de chances de faire défaut à l'échéance du contrat. Quel est le risque de défaut pour le vendeur de l'option ? Discutez de la double nature du défaut et de la valeur de l'option dans ce cas.

12.15. Est-ce que l'existence de seuils de dégradation de la notation peut accroître le risque de défaut ? Expliquez votre réponse.

Chapitre 13

Les dérivés de crédit

Le marché des dérivés de crédit a connu une croissance exponentielle ces dernières années. En 2000, le notionnel total des contrats échangés s'élevait à 800 milliards de dollars pour atteindre 12 trillions de dollars en 2005. Les dérivés de crédit sont des contrats dont les paiements dépendent de la solvabilité d'une ou plusieurs entreprises ou d'un État. Ils permettent, en particulier, aux entreprises de négocier le risque de crédit au même titre que le risque de marché. Les banques et les institutions financières peuvent, grâce à ces produits, gérer plus activement leurs portefeuilles de risque crédit. En particulier, certains risques peuvent être pris et d'autres faire l'objet de protections.

13.1 Les swaps de défaut

Le plus populaire des dérivés de crédit est le swap de défaut, connu sous le sigle CDS (Credit Default Swap). Cet actif dérivé est un contrat qui procure une assurance contre le défaut éventuel d'une entreprise donnée. L'entreprise en question est appelée entité de référence et la survenance d'un défaut, aléa de crédit. L'acheteur de l'assurance acquiert le droit de vendre une obligation particulière (appelée obligation de référence), émise par l'entité de référence, à sa valeur nominale[1] en cas d'occurrence d'un aléa de crédit. La valeur totale des obligations qui peuvent être vendues est qualifiée de principal du CDS.

L'acheteur du CDS paie au vendeur, à intervalles réguliers, des montants convenus lors de la survenance d'un aléa de crédit ou bien jusqu'à l'échéance du CDS. Ces paiements réguliers sont généralement trimestriels, semestriels ou annuels selon le type de contrat. À la survenance d'un aléa de crédit, un ultime paiement est effectué par l'acheteur et le swap est dénoué, soit par livraison du sous-jacent, soit en cash.

En guise d'illustration, supposons que, le 1er mars 2007, deux entreprises signent un contrat de swap de défaut pour cinq ans. Le principal vaut 100 millions d'euros et l'acheteur s'engage à payer 90 points de base pour être protégé contre le défaut de l'entité de référence. Le fonctionnement du CDS est illustré sur le graphique 13.1.

---

1. La valeur nominale d'une obligation est le montant de principal qui est remboursé par l'émetteur du titre s'il ne fait pas défaut.

Graphique 13.1
Swap de défaut.

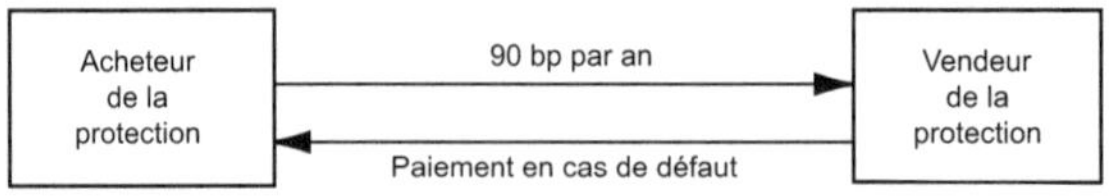

Si l'entité de référence ne fait pas défaut, l'acheteur ne reçoit rien, mais paye, chaque 1er mars des années 2008 à 2012, 900 000 €. Si un aléa de crédit survient, l'acheteur reçoit un montant substantiel. Supposons que l'acheteur signale au vendeur un aléa de crédit le 1er juin 2010 (premier trimestre de la quatrième année). Si le contrat spécifie la livraison du sous-jacent, l'acheteur a le droit de livrer 100 millions de nominal de l'obligation de référence et de recevoir en contrepartie 100 millions d'euros en cash. S'il est prévu un dénouement en cash, un agent indépendant va réunir un pool de vendeurs afin de déterminer le prix milieu de fourchette du titre quelques jours après l'événement de crédit. Si le prix milieu de fourchette de l'obligation de référence est 35 € pour 100 € de nominal, le vendeur paiera à l'acheteur 65 millions d'euros.

Dans tous les cas, l'acheteur doit payer au vendeur les 90 points de base au prorata de la durée écoulée entre le dernier paiement et la date de l'aléa de crédit. Comme ici trois mois se sont écoulés entre le 1er mars et le 1er juin, il devra payer environ 225 000 € pour clore l'opération.

Le montant total annuel qui est payé par l'acheteur lorsqu'il est exprimé en pourcentage de nominal est appelé spread du CDS. De nombreuses grandes banques sont teneurs de marché sur le marché des swaps de défaut. Une banque qui cote un swap de crédit de durée 5 ans sur une entreprise telle que Ford Motor Credit pourrait afficher une fourchette exprimée en points de base du type [250, 260]. Cela signifie que cette banque est prête à acheter la protection contre le défaut de Ford pour 250 points de base par an (soit 2,5 % du principal par an) et à vendre cette protection pour 260 points de base (soit 2,6 % par an). Comme l'indique l'encadré 13.1, les banques sont les plus importants acheteurs de protection alors que les compagnies d'assurances en sont les plus importants vendeurs.

Swaps de défaut et obligations

Un CDS peut être utilisé pour la couverture d'une position en obligations *corporate* (ou obligations privées). Considérons un investisseur qui détient en portefeuille une obligation corporate de maturité 5 ans versant un coupon annuel de 7 %. Supposons que cet investisseur entre dans un swap de défaut d'une durée de 5 ans afin d'assurer la faillite potentielle de l'émetteur de l'obligation et que le spread du CDS cote 2 %. Le CDS permet alors de convertir l'obligation corporate en obligation sans risque (approximativement au moins). Dans le cas où l'émetteur ne fait pas défaut, l'investisseur reçoit alors 5 % par an. Si l'émetteur fait défaut, l'investisseur reçoit alors 5 % jusqu'à la date de défaut et peut

Encadré 13.1 : Qui porte le risque de crédit ?

Dans leur rôle classique d'octroi de prêts, les banques sont confrontées au défaut potentiel de leurs clients. Depuis 1988, les banques ont été réticentes à maintenir leurs prêts aux entreprises de bonne qualité de crédit au bilan. La raison essentielle provient du fait que, dans le cadre de Bâle I, le capital requis conduisait à une rentabilité espérée plus faible pour ces emprunts que pour d'autres types d'investissements. Dans les années 1990, les banques ont créé des titres adossés aux actifs (asset-backed securities) pour contourner ce problème. Depuis la fin des années 1990, les banques se sont de plus en plus tournées vers les dérivés de crédit afin de transférer le risque de crédit de leur portefeuille vers d'autres intervenants de marché (dans le cadre de Bâle II, le capital requis pour des prêts aux entreprises de bonne qualité de crédit devrait être plus faible et la présence de ces prêts au bilan devrait être davantage acceptée par les banques).

Si les banques sont acheteuses nettes de protection, qui sont alors les vendeurs nets ? La réponse est : les compagnies d'assurances. La réglementation de ces entreprises est différente et les conduit à accepter davantage de risques que les banques. En conséquence, l'institution financière qui porte le risque de crédit est généralement différente de celle qui octroie le prêt. Il reste à voir dans quelle mesure cela contribue à la santé du système financier.

échanger l'obligation en portefeuille contre la valeur nominale du titre. Cette somme peut alors être réinvestie au taux sans risque jusqu'à la cinquième année.

Le spread associé au CDS de maturité *n* années doit être approximativement égal à l'écart de rendement au pair[1] entre l'obligation corporate et une obligation sans risque équivalente. Si le spread est inférieur à cette valeur, un investisseur peut construire un portefeuille sans risque (achats de l'obligation et du CDS) dont la rentabilité est supérieure au taux sans risque. Dans le cas contraire, l'investisseur peut emprunter à taux plus faible que le taux sans risque en vendant le titre et la protection. Il n'existe pas d'arbitrages parfaits, mais la valeur du spread ne peut s'éloigner très fortement de l'écart de rendement au pair entre l'obligation corporate et une obligation sans risque équivalente. Comme nous l'avons souligné à la section 11.4, une bonne estimation du taux sans risque est le taux swap/Libor moins 10 points de base.

L'obligation la moins chère à livrer

Comme nous l'avons expliqué à la section 11.3, le taux de recouvrement d'une obligation correspond à la valeur de cette obligation, exprimée en pourcentage de nominal, juste après le défaut. Cela signifie que le paiement du CDS, en cas de défaut, s'écrit $L(1-R)$, où L est le principal et R le taux de recouvrement. Généralement, dans un contrat CDS, un nombre de titres différents peut être livré en cas de défaillance. Ces titres ont le même rang de priorité, mais peuvent avoir des prix différents après

1. Le rendement au pair d'une obligation de maturité *n* années correspond au coupon qui devrait être versé par cette obligation pour que son prix égalise sa valeur nominale.

l'événement de crédit[1]. Cela donne au détenteur du CDS une option sur l'obligation la moins chère à livrer. Lorsque le défaut survient, l'acheteur de protection (ou l'agent indépendant responsable du calcul du prix) va passer en revue l'ensemble des titres pouvant être livrés et retenir celui dont le prix est le plus faible. Dans ce contexte, l'évaluation du CDS doit se faire sur la base du taux de recouvrement le plus faible.

13.2 Les indices de crédit

Les opérateurs sur dérivés de crédit ont développé des indices permettant de suivre les spreads des CDS. En 2004, les concepteurs d'indices se sont accordés et cela conduit aujourd'hui à l'utilisation des indices suivants :

1. Les indices CDX NA IG à 5 et 10 ans, qui évaluent les spreads de crédit de 125 entreprises américaines de la catégorie « investissement ».
2. Les indices iTraxx Europe, qui évaluent les spreads de crédit de 125 entreprises européennes de la catégorie « investissement ».

Ces indices sont utiles à la gestion des spreads de crédit et fournissent également une information aux opérateurs quant à la possibilité d'acheter ou de vendre des portefeuilles de CDS. Par exemple, une banque d'investissement qui joue le rôle de teneur de marché peut proposer une fourchette 65–66 bp. Un investisseur peut alors acheter pour 800 000 $ de CDS à 5 ans sur chacune des 125 entreprises pour 660 000 $ par an ou vendre cette protection à 5 ans sur chacune des 125 entreprises pour 650 000 $. Si une des entreprises fait défaut, le paiement annuel est réduit[2] de 660 000 $/125 = 5 280 $.

13.3 L'évaluation des CDS

Les milieux de fourchette des spreads de CDS sur des entités de référence individuelles (c'est-à-dire la moyenne des spreads à l'achat et à la vente des CDS cotés par les intermédiaires) peuvent être évalués à partir des estimations des probabilités de défaut. Cela est illustré par l'exemple qui suit.

Supposons que la probabilité de défaut à un an d'une entité de référence, conditionnelle à l'absence de défaut préalable, soit de 2 %[3]. Le tableau 13.1 donne les probabilités

1. Différentes raisons peuvent expliquer cela. Le montant exigé par le souscripteur en cas de défaut correspond à la valeur faciale de l'obligation, à laquelle s'ajoute le coupon couru. Les obligations qui ont un coupon couru élevé tendent à avoir un prix plus élevé immédiatement après le défaut. On peut aussi envisager que le marché juge qu'en cas de réorganisation certaines obligations seront mieux traitées que d'autres.
2. L'indice est légèrement inférieur à la moyenne des spreads des CDS pour les entreprises du portefeuille. Pour comprendre cela, considérons deux entreprises, la première a un spread de 1 000 bp et la seconde a un spread de 10 bp. Pour couvrir le portefeuille constitué des deux entreprises, le coût serait légèrement inférieur à 505 bp puisque l'on s'attend à payer moins longtemps les 1 000 bp que les 10 bp, ce qui revient à pondérer plus faiblement le spread élevé.
3. Comme nous l'avons souligné dans la section 11.2, ces probabilités de défaut sont appelées intensités de défaut.

de survie et les probabilités de défaut non conditionnelles (vues de la date 0) pour chacune des cinq années. La probabilité de défaut la première année vaut 0,02 et, de ce fait, la probabilité de survie de l'entité de référence est de 0,98. La probabilité qu'un défaut survienne la deuxième année est alors égale à $0,02 \times 0,98 = 0,0196$, et la probabilité de survie jusqu'à la fin de la deuxième année s'élève à $0,98 \times 0,98 = 0,9604$, et ainsi de suite.

Supposons que les défauts ne peuvent survenir qu'en milieu d'année et que les paiements du CDS soient réalisés une fois par an, en fin d'année. Le taux sans risque (LIBOR) vaut 5 % en composition continue et le taux de recouvrement est de 40 %. Les trois étapes du calcul sont données dans les tableaux 13.2, 13.3 et 13.4.

Tableau 13.1 : Probabilités de défaut non conditionnelles et probabilités de survie

Maturité (années)	Probabilité de défaut	Probabilité de survie
1	0,0200	0,9800
2	0,0196	0,9604
3	0,0192	0,9412
4	0,0188	0,9224
5	0,0184	0,9039

Le tableau 13.2 montre le calcul de la valeur actuelle espérée des paiements du CDS si ces derniers représentent un pourcentage égal à s et si le principal est de 1 $. Par exemple, la probabilité que le troisième paiement soit réalisé est de 0,9412 et l'espérance de ce paiement vaut 0,9412s. Sa valeur actuelle est donc égale à :

$$0,9412 \times s \times e^{-0,05 \times 3} = 0,8101 \times s$$

Finalement, la valeur actuelle espérée de l'ensemble des paiements est égale à 4,0704s.

Tableau 13.2 : Valeur actuelle espérée des paiements sur le CDS (paiement = s par an)

Maturité (années)	Probabilité de survie	Paiement espéré	Actualisation	Valeur actuelle
1	0,9800	0,9800s	0,9512	0,9322s
2	0,9604	0,9604s	0,9048	0,8690s
3	0,9412	0,9412s	0,8607	0,101s
4	0,9224	0,9224s	0,8187	0,7552s
5	0,9039	0,9039s	0,7788	0,7040s
Total				4,0704s

Le tableau 13.3 décrit le calcul de la valeur actuelle espérée du paiement reçu en cas de défaut pour un nominal d'un dollar. Puisque, par hypothèse, les défauts surviennent en milieu d'année, il y a par exemple une probabilité 0,0192 de recevoir un paiement au milieu de la troisième année. Le taux de recouvrement est de 40 %, la valeur actuelle espérée du paiement à recevoir à cette date s'écrit alors :

$$0{,}0192 \times 0{,}6 \times e^{-0{,}05 \times 2{,}5} = 0{,}0102$$

Par conséquent, la valeur actuelle espérée du paiement total reçu en cas de défaut est 0,0511.

Tableau 13.3 : Valeur actuelle espérée du paiement en cas de défaut (principal = 1 $)

Date	Probabilité de défaut	Taux de recouvrement	Paiement espéré	Actualisation	Valeur actuelle
0,5	0,0200	0,4	0,0120	0,9753	0,0117
1,5	0,0196	0,4	0,0118	0,9277	0,0109
2,5	0,0192	0,4	0,0115	0,8825	0,0102
3,5	0,0188	0,4	0,0113	0,8395	0,0095
4,5	0,0184	0,4	0,0111	0,7985	0,0088
Total					0,0511

Le tableau 13.4 présente la dernière étape du calcul et donne les montants résiduels à payer en cas de défaut. Par exemple, il y a une probabilité de 0,0192 qu'un paiement soit effectué au milieu de la troisième année et vaut 0,5s. Sa valeur actuelle espérée est donc :

$$0{,}0192 \times 0{,}5 \times s \times e^{-0.05 \times 2.5} = 0{,}0085s$$

La valeur totale de ces montants est finalement 0,0426s.

Tableau 13.4 : Valeur actuelle espérée du paiement résiduel

Date	Probabilité de défaut	Paiement résiduel espéré	Actualisation	Valeur actuelle
0,5	0,0200	0,0100s	0,9753	0,0097s
1,5	0,0196	0,0098s	0,9277	0,0091s
2,5	0,0192	0,0096s	0,8825	0,0085s
3,5	0,0188	0,0094s	0,8395	0,0079s
4,5	0,0184	0,0092s	0,7985	0,0074s
Total				0,0426s

Sur la base des données des tableaux 13.2 et 13.3, la valeur présente des paiements espérés est :

$$4{,}0704s + 0{,}0426s = 4{,}1130s.$$

On remarque à partir du tableau 13.3 que la valeur actuelle espérée du paiement du CDS est 0,0511. La valeur du spread s est donc telle que :

$$4{,}1130s = 0{,}0511$$

et donc s = 0,0124, soit 124 bp.

Cet exemple n'a qu'une vertu pédagogique car, en pratique, les calculs sont souvent plus complexes. En particulier, les paiements ont lieu généralement plus d'une fois par an et les événements de défauts peuvent survenir à chaque instant.

Valeur de marché d'un CDS *(marking-to-market)*

À la date de négociation, la valeur d'un CDS, comme celle de la plupart des swaps, est proche de 0. Ensuite, elle peut être positive ou négative. Supposons par exemple que le CDS précédent ait été initialement négocié pour 150 bp. La valeur actuelle des paiements pour l'acheteur est donc égale à $4{,}1130 \times 0{,}0150 = 0{,}0617$, et la valeur espérée du paiement en cas de défaut est 0,0511 (comme précédemment). La valeur du CDS pour le vendeur serait alors 0,0617 – 0,0511, soit 0,0106 fois le montant de principal. De même, la valeur de la protection acquise par l'acheteur du CDS aurait une valeur de – 0,0106 fois le montant de principal.

L'estimation des probabilités de défaut

Les probabilités de défaut utilisées pour l'évaluation d'un CDS doivent être des probabilités risque-neutre, et non des probabilités réelles de défaut (voir section 11.5 pour une discussion sur la différence entre ces deux mesures). L'estimation de ces probabilités peut se faire à partir des prix d'obligations ou des swaps d'actifs comme nous l'avons expliqué dans le chapitre 11. Une autre possibilité consiste à les déduire des cotations de CDS. Cette approche est similaire à celle qui consiste à évaluer les volatilités implicites sur les marchés d'options à partir de leur cotation.

Supposons que nous changions l'exemple traité dans les tableaux 13.2, 13.3 et 13.4 de sorte que nous ne sachions rien sur les probabilités de défaut. En revanche, imaginons que nous connaissions la cotation milieu de fourchette du spread d'un CDS émis avec une durée de cinq ans, soit 100 bp.

Nous pourrions alors « inverser » les calculs précédents et obtenir une probabilité de défaut (conditionnelle à l'absence de défaut préalable) de 1,61 % par an[1].

Le swap de défaut digital

Les swaps digitaux sont structurés comme les swaps de défaut classiques à l'exception près que le montant payé en cas de défaut est fixe. Si nous supposons, dans les tableaux 13.1 à 13.4, un paiement de 1 dollar, au lieu de $1 - R$ dollar, avec un spread de s, les tableaux 13.1, 13.2 et 13.4 restent inchangés, mais le tableau 13.3 est remplacé par le tableau 13.5.

Tableau 13.5 : Valeur actuelle espérée du paiement en cas de défaut pour un swap digital (principal = 1 dollar)

Date	Probabilité de défaut	Paiement espéré	Actualisation	Valeur actuelle
0,5	0,0200	0,0200	0,9753	0,0195
1,5	0,0196	0,0196	0,9277	0,0182
2,5	0,0192	0,0192	0,8825	0,0170
3,5	0,0188	0,0188	0,8395	0,0158
4,5	0,0184	0,0184	0,7985	0,0147
Total				0,0852

Le spread de ce CDS digital est alors solution de :

$$4{,}1130s = 0{,}0852$$

Ce qui donne $s = 0{,}0207$, soit 207 points de base.

Le taux de recouvrement est-il important ?

Que l'on utilise les spreads de CDS ou les prix d'obligations pour évaluer les probabilités de défaut, le taux de recouvrement doit être estimé. Cependant, si le même taux de recouvrement est utilisé pour (a) estimer les probabilités risque-neutre de défaut et (b) évaluer un CDS, la valeur de ce dernier (ou du spread qui lui est associé) est peu sensible au taux de recouvrement. Cela tient au fait que les probabilités de défaut implicites sont proportionnelles à $1 / (1 - R)$ (au moins approximativement) et que les paiements du CDS en cas de défaut sont proportionnels à $1 - R$.

1. Idéalement, il faudrait estimer une probabilité de défaut pour chacune des cinq années plutôt qu'une intensité de défaut unique. Il faudrait pour cela posséder des données sur les spreads de CDS (ou les prix d'obligations) à 1, 2, 3 et 4 ans.

Cet argument n'est pas valide pour le CDS digital, les probabilités de défaut implicites demeurent proportionnelles à $1 / (1 - R)$, mais les paiements du CDS sont indépendants de R.

Dès lors, si l'on observe les spreads pour un CDS standard et pour un CDS digital, on peut estimer le taux de recouvrement ainsi que les probabilités de défaut (voir exercice 13.23).

L'avenir du marché des CDS

Le marché des CDS a connu une croissance très rapide depuis la fin des années 1990 et ces derniers se sont imposés comme un outil indispensable à la gestion du risque de crédit. En utilisant ces produits dérivés, une institution financière peut réduire son exposition au risque de crédit d'une entreprise donnée en achetant de la protection. Elle peut, en outre, diversifier le risque de crédit de son portefeuille. Par exemple, si son exposition au risque sur un secteur d'activité donné est jugée trop importante, elle peut acheter une protection contre le risque de crédit d'entreprises de ce secteur et vendre de la protection contre le risque de crédit d'entreprises d'un autre secteur d'activité. Certains acteurs du marché pensent que la croissance du marché des CDS va continuer et que ce marché devrait être aussi important que celui des swaps de taux à l'horizon 2010. Comme nous le signalons dans l'encadré 13.2, il existe cependant sur le marché des CDS un problème d'asymétrie d'information latent qui est absent des autres marchés de gré à gré d'actifs dérivés.

Encadré 13.2 : Le marché des CDS est-il un jeu équilibré ?

Il existe une différence importante entre les swaps de défaut et les autres actifs dérivés abordés dans cet ouvrage. Les autres contrats dérivés dépendent de taux d'intérêt, de prix d'actions, de taux de change, d'indices boursiers, de prix des matières premières, etc. Pour ces variables, rien ne nous conduit à penser que certains opérateurs ont de meilleures informations que les autres. En revanche, les prix des CDS dépendent de la probabilité de défaut d'une entreprise donnée pendant une période future. On peut ici raisonnablement penser que certains acteurs ont plus d'informations que d'autres. Une institution financière qui a pour client une entreprise donnée, qui la conseille ou lui octroie des prêts, est susceptible d'avoir une meilleure information sur la solvabilité de cette entreprise qu'un autre acteur de marché. Les économistes parlent alors d'*asymétrie d'information*. Ce problème est-il susceptible de ralentir ou de stopper le développement des marchés de CDS aujourd'hui ? La réponse n'est pas tranchée. Les institutions financières se défendent généralement en soulignant que la décision d'acheter une protection par un CDS sur une entreprise donnée est prise par un risk-manager et n'est fondée sur aucune information détenue par d'autres départements de l'institution.

13.4 Les CDS forward et les options sur CDS

Une fois le marché des CDS établi, les traders ont naturellement négocié des contrats forward et des options sur les spreads des CDS[1].

Un contrat CDS forward est un engagement à acheter ou à vendre un CDS sur une entité de référence donnée à une date future T fixée. Si l'entité de référence fait défaut avant la date T, le contrat forward cesse d'exister. Sur la base d'un CDS forward, une banque peut, par exemple, s'engager à vendre une protection contre le risque de défaut de Ford Motor Credit pour 280 points de base, débutant dans un an. Si Ford fait défaut dans l'année à venir, la banque n'a plus aucune obligation.

Les options sur CDS sont des options d'achat ou de vente d'un CDS sur une entité de référence donnée à une date future T fixée. Par exemple, un investisseur peut négocier le droit d'acheter dans un an une protection de durée 5 ans contre le risque de défaut de Ford Motor Credit pour 280 points de base. Il s'agit alors d'une option d'achat. De manière symétrique, un investisseur peut négocier le droit de vendre dans un an une protection de durée 5 ans contre le risque de défaut de Ford Motor Credit pour 280 points de base. Il s'agit alors d'une option de vente. Dans ce cas, si le spread de crédit de Ford dans un an est inférieur à 280 bp, l'investisseur exerce l'option, sinon il l'abandonne. Le coût de l'option est payé immédiatement. Comme pour les CDS forward, ces options cessent d'exister si l'entité de référence fait défaut pendant la durée de vie de l'option.

Un contrat d'option également traité sur le marché des dérivés de crédit est le call sur panier d'entités de référence. Si le panier est composé de m entités qui n'ont pas fait défaut à la maturité de l'option, celle-ci donne le droit à son détenteur d'acheter un portefeuille de CDS pour mK bp, où K est le prix d'exercice. En outre, le détenteur du contrat reçoit le paiement habituel d'un CDS sur les entités de référence qui font défaut pendant la durée de vie du contrat.

13.5 Les swaps de rentabilité totale

Un swap de rentabilité totale (total return swap) est un contrat d'échange de la rentabilité totale d'une obligation (ou d'un portefeuille d'actifs) contre le LIBOR plus un spread. La rentabilité totale comprend les coupons et les gains/pertes en capital pendant la durée de vie du swap.

Un exemple de swap de rentabilité totale est un contrat d'une durée de 5 ans et de principal 100 millions d'euros, conduisant à l'échange de la rentabilité d'une obligation corporate contre LIBOR + 25. Ce swap est illustré dans le graphique 13.2. Aux dates de paiement de coupon, le payeur paie le coupon dû pour un investissement de 100 millions d'euros dans l'obligation et reçoit LIBOR + 25 sur un principal de 100 millions d'euros (le LIBOR est déterminé à la date de paiement précédente comme pour un swap de taux standard).

---

1. L'évaluation de ces contrats est discutée dans HULL J. C. et WHITE A., « The Valuation of Credit Default Swap Options », in *Journal of Derivatives*. Printemps 2003, vol. 10, p. 40-50.

À la fin de la vie du swap, un paiement reflète le changement de valeur de l'obligation. Par exemple, si la valeur de l'obligation a augmenté de 10 % pendant la durée de vie du swap, le payeur fera un versement de 10 millions d'euros. Si, en revanche, la valeur de l'obligation a perdu 15 %, le receveur devra payer 15 millions. Enfin, si l'émetteur de l'obligation fait défaut, le swap se termine par un paiement du receveur égal à la différence entre le principal et la valeur de marché de l'obligation.

Si l'on ajoute le principal des deux côtés à la fin de la durée de vie du swap de rentabilité totale, ses caractéristiques peuvent être décrites de la façon suivante. Le payeur paie les cash-flows sur un investissement de 100 millions d'euros dans une obligation corporate. Le receveur paie les cash-flows sur une obligation à taux variable LIBOR + 25. Si le payeur détient l'obligation, le swap lui permet de transférer le risque de crédit au receveur. S'il ne la possède pas, il est dans une position analogue à une position courte sur l'obligation.

Graphique 13.2

Swap de rentabilité totale.

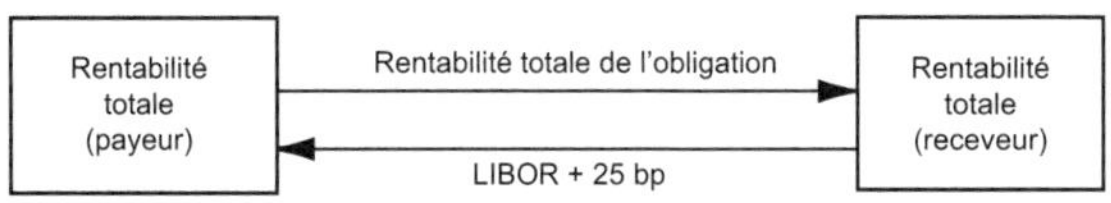

Les swaps de rentabilité totale sont souvent utilisés comme moyens de financement. Un scénario pouvant conduire au swap du graphique 13.2 est le suivant. Le receveur souhaite financer un investissement de 100 millions d'euros dans l'obligation de référence. Il contacte le payeur (en général une institution financière) et les deux parties concluent le swap. Le payeur investit alors 100 millions d'euros dans l'obligation. Le receveur est dans la même position que s'il avait emprunté cette somme à LIBOR + 25 pour acheter l'obligation. Le payeur est propriétaire des titres pendant la durée de vie du swap et son exposition au risque vis-à-vis du receveur est réduite si on la compare à un prêt direct des 100 millions pour financer l'achat de l'obligation (servant alors de garantie). Si le receveur fait défaut, le payeur n'est pas confronté au problème juridique de réalisation de la garantie[1].

Le spread ajouté au taux LIBOR reçu par le payeur est la compensation exigée par le receveur en compensation du risque pris. Le payeur perd de l'argent si le receveur fait défaut lorsque le prix de l'obligation a baissé. Par conséquent, le spread dépend du risque de crédit du receveur, de celui de l'émetteur de l'obligation de référence et de la corrélation entre les deux. Des contrats de caractéristiques différentes peuvent être

1. Le marché du Repo est structuré de la même façon. Si une entreprise a besoin de liquidités à court terme, elle vend des titres au prêteur et s'engage à les racheter plus tard à un prix plus élevé. La différence entre le prix de vente et d'achat correspond aux intérêts du prêt. Si l'emprunteur fait défaut, le prêteur détient les titres et, si le prêteur fait défaut, l'emprunteur détient les fonds.

proposés. Parfois, le dénouement du swap peut se faire par la livraison du sous-jacent. Dans d'autres contrats, les variations de valeur de l'obligation de référence peuvent engendrer des paiements périodiques.

13.6 Le swap de défaut sur panier d'obligations

Dans un CDS sur panier d'obligations, plusieurs entités servent de référence. Un CDS add-up engendre un paiement lorsqu'un aléa de crédit affecte n'importe quelle obligation du panier. À l'inverse, un CDS contingent au premier défaut (first-to-default) engendre un seul et unique paiement (de la part du vendeur) au premier aléa de crédit sur une des obligations du panier. Un CDS contingent au deuxième défaut (second-to-default) engendre un seul et unique paiement à la réalisation du second aléa de crédit d'une des obligations du panier. Plus généralement, un CDS contingent au n-ième défaut engendre un seul et unique paiement à la réalisation du n-ième aléa de crédit d'une des obligations du panier. Les paiements de ce type de CDS sont évalués de la même façon que dans le cadre d'un CDS classique. Après un événement de crédit, un paiement a lieu et le swap s'achève.

13.7 Les CDO

Les CDO (Collateralized Debt Obligations) permettent de créer des actifs financiers à partir d'autres titres de dette, éventuellement de risques très différents. Un exemple est donné dans le graphique 13.3 où quatre types d'actifs sont créés (appelés tranches) à partir d'un portefeuille initial d'obligations. La première tranche correspond à 5 % du nominal total des obligations et absorbe toutes les pertes liées aux défauts pendant la durée de vie du CDO, à concurrence de 5 % du nominal global. La deuxième tranche regroupe 10 % du nominal global et supporte toutes les pertes liées aux défauts pour un montant compris entre 5 % et 15 % du nominal global. La troisième tranche correspond aux 10 % suivants et la dernière regroupe les 75 % de nominal restants.

Le graphique 13.3 donne les taux payés aux détenteurs de chacune des tranches. Ces taux sont calculés sur le nominal restant, déduction faite des pertes liées aux défauts éventuels. Par exemple, pour la première tranche, le taux de 35 % est payé sur le montant total investi dans cette tranche. Cependant, si le taux de défaut sur le portefeuille global correspond à 1 % du nominal, les détenteurs de la tranche 1 ne touchent 35 % que sur 80 % du nominal qu'ils possèdent. Notons que 1 % du nominal global correspond à 20 % du nominal de la tranche 1 (la tranche 1 représente 5 % du nominal global). Les détenteurs de la tranche 1 réalisent donc une perte en capital de 20 %, compensée par un taux d'intérêt élevé. Cette tranche est parfois qualifiée de tranche « capital » (equity tranche) et un taux de défaut de 2,5 % conduit à une perte en capital de 50 % pour ses détenteurs.

Graphique 13.3

Exemple de CDO.

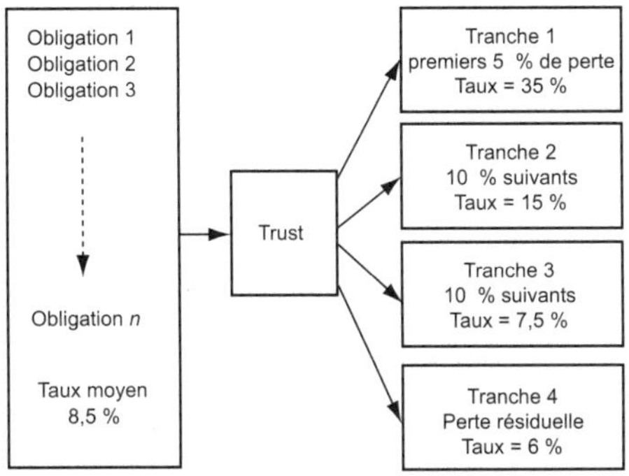

À l'opposé, la tranche 4 est souvent notée Aaa et présente le moins de risque. En effet, il faudrait que le taux de défaut sur le portefeuille global soit supérieur à 25 % pour que cette tranche en subisse les conséquences. En général, le créateur du CDO garde la première tranche (tranche « capital ») et vend les autres tranches sur le marché. Les CDO permettent donc de créer de la dette de bonne qualité à partir d'une dette de qualité moyenne ou faible.

Les CDO synthétiques

Le CDO présenté au graphique 13.3 est qualifié de CDO *cash*. Une alternative très populaire est le CDO synthétique, dans lequel le créateur du CDO revend non pas un portefeuille d'obligations, mais un portefeuille de CDS à des tiers. Il transfère alors le risque des CDS aux acquéreurs des tranches du CDO synthétique. Comme dans le graphique 13.3, la première tranche peut être responsable des paiements à réaliser sur les CDS à hauteur de 5 % du principal, la seconde peut être responsable des paiements à réaliser sur les CDS pour les 10 % de principal suivants (entre 5 % et 15 %), et ainsi de suite. Les revenus du portefeuille de CDS sont alloués aux tranches selon le risque associé à chacune d'entre elles. Par exemple, la première tranche peut recevoir 3 000 bp, la deuxième 1 000, et ainsi de suite. Comme pour le CDO *cash*, ces paiements sont calculés sur le principal restant après prise en compte des défauts.

Le trading de tranches

À la section 13.2, nous avons décrit les portefeuilles de 125 entreprises utilisés pour calculer les indices CDX et iTraxx. Le marché s'appuie également sur ces portefeuilles pour définir des tranches standardisées de CDO. L'échange de ces tranches standardisées s'appelle aussi trading de tranches isolées ou *single tranche trading*. Ce type d'échange est un accord dans lequel une contrepartie accepte de vendre une protection contre les pertes de la tranche considérée et l'autre contrepartie accepte d'acheter cette protection. La tranche n'appartient pas au CDO synthétique, mais les paiements sont calculés comme si c'était le cas. La tranche est dite *non financée* puisqu'elle n'est pas construite sur la base d'une vente de CDS ou d'un achat d'obligations.

Pour l'indice CDX NA IG, la tranche dite de « capital » (la plus risquée) supporte les pertes entre 0 % et 3 % du principal. La deuxième tranche, appelée *tranche mezzanine*, couvre les pertes dans un intervalle de 3 % à 7 %. Les tranches suivantes couvrent les intervalles de 7 % à 10 %, de 10 % à 15 % et de 15 % à 30 %. Pour l'indice iTraxx, la tranche « capital » couvre également l'intervalle de 0 % à 3 % et la tranche mezzanine couvre les pertes de 3 % à 6 % du principal. Les autres tranches couvrent les pertes respectivement de 6 % à 9 %, de 9 % à 12 % et de 12 % à 22 % du principal.

Le tableau 13.6 donne les cotations milieu de fourchette pour les tranches CDX et iTraxx à 5 ans, le 30 août 2005. À cette date, le CDX cotait 50 bp et l'iTraxx 36,375 bp. Par exemple, le prix milieu de fourchette pour la tranche mezzanine du CDX IG NA était de 127 bp par an et de 81 bp pour l'iTraxx. La première tranche est cotée de manière différente des autres tranches. La cotation de 40 % pour le CDX signifie que le vendeur de la protection reçoit un paiement initial de 40 % du principal plus un spread de 500 bp par an. De la même façon, la cotation pour l'iTraxx de 24 % signifie que le vendeur reçoit 24 % du principal plus un spread de 500 bp.

Tableau 13.6 : CDX IG NA et iTraxx Europe à 5 ans (30 août 2005). Les cotations sont en bp, sauf pour la tranche 0–3 %. Source : Reuters

CDX IG NA					
Tranche	0 %–3 %	3 %–7 %	7 %–10 %	10 %–15 %	15 %–30 %
Cotation	40 %	127	35,5	20,5	9,5
iTraxx Europe					
Tranche	0 %–3 %	3 %–6 %	6 %–9 %	9 %–12 %	12 %–22 %
Cotation	24 %	81	26,5	15	9

13.8 L'évaluation des CDS sur panier d'obligations et des CDO

Les spreads de crédit d'un CDS contingent au n-ième défaut ou d'une tranche de CDO dépendent de manière cruciale de la corrélation des défauts. Supposons qu'un portefeuille de 100 entités de référence soit utilisé dans un CDS contingent au n-ième défaut à 5 ans, et que la probabilité risque-neutre de défaut pendant les 5 ans de chaque entité de référence soit de 2 %. Quand la corrélation des défauts est nulle, la loi binomiale indique que la probabilité qu'un ou plusieurs défauts surviennent dans les 5 ans est de 86,74 % et que la probabilité qu'au moins 10 défauts surviennent est de 0,0034 %. Un

CDS contingent au premier défaut a donc une valeur importante alors qu'un CDS contingent au 10e défaut ne vaut pratiquement rien.

Quand la corrélation des défauts augmente, la probabilité d'un défaut au moins diminue, alors que la probabilité d'au moins 10 défauts augmente. Dans le cas extrême où les défauts sont parfaitement corrélés, la probabilité d'au moins un défaut sera égale à la probabilité d'au moins 10 défauts. Dans ce cas, tout se passe comme si les entités de référence étaient identiques. Ici, soit le défaut porte sur l'ensemble des entités (avec une probabilité de 2 %), soit aucune ne fait défaut (avec une probabilité de 98 %).

Encadré 13.3 : Le smile de corrélation

Les traders de dérivés de crédit mesurent des corrélations implicites à partir des spreads sur les différentes tranches. Certaines corrélations permettent de retrouver le prix de marché d'une tranche particulière et d'autres permettent de retrouver le prix de plusieurs tranches jusqu'à un certain niveau de priorité.

Si toutes les corrélations étaient identiques, on pourrait conclure que les prix observés sur le marché sont bien représentés par le modèle de copule gaussienne à un facteur. En pratique, les corrélations associées aux tranches extrêmes sont plus élevées que celles des tranches intermédiaires (smile de corrélation). En outre, la corrélation implicite augmente avec le niveau de priorité considéré.

L'évaluation d'une tranche de CDO dépend de la même façon de la corrélation des défauts. Si la corrélation est faible, la première tranche est très risquée et la dernière est pratiquement sans risque. Quand la corrélation augmente, la première tranche devient moins risquée et les suivantes le deviennent plus. À la limite, lorsque la corrélation est parfaite, toutes les tranches présentent le même risque.

L'utilisation d'une copule gaussienne pour modéliser la date de défaut

Le modèle de copule gaussienne à un facteur, présenté à la section 6.5, est devenu standard dans l'évaluation des CDS contingents au n-ième défaut ou des tranches de CDO.

Considérons un portefeuille de N entreprises ayant une probabilité de défaut $Q(T)$ jusqu'en date T. D'après l'équation (6.11), la probabilité de défaut conditionnelle au niveau du facteur F s'écrit :

$$\textbf{(13.1)}\quad Q(T|F)=N\left[\frac{N^{-1}(Q(T))-\sqrt{\rho}F}{\sqrt{1-\rho}}\right]$$

Dans l'évaluation des CDS contingents ou des tranches de CDO, la méthode consiste généralement à évaluer les flux espérés conditionnellement à F et ensuite à procéder à une intégration sur F. L'avantage de cela est que les défauts conditionnels à F sont indépendants. La probabilité, conditionnelle à F, de k défauts au temps T s'écrit :

$$\frac{N!}{(N-k)!k!}Q(T/F)^k\left[1-Q(T/F)\right]^{N-k}$$

Les traders de dérivés de crédit calculent la corrélation implicite des défauts ρ de l'équation 13.1 à partir des spreads cotés pour les tranches de CDO et tendent à coter ces corrélations plutôt que les spreads eux-mêmes (voir encadré 13.3). Cette pratique est similaire à celle qui consiste à coter des volatilités implicites sur les marchés d'options plutôt que les prix des options.

Résumé

Les institutions financières utilisent les dérivés de crédit afin de gérer de manière dynamique le risque de crédit. Ces produits permettent de transférer le risque de crédit d'une entreprise à une autre et de le diversifier en changeant un type d'exposition en un autre.

Le dérivé de crédit le plus courant est le swap de défaut (CDS). Il s'agit d'un contrat par lequel une entreprise achète une assurance contre le défaut sur ses obligations d'une autre entreprise. Le payoff du CDS est généralement la différence entre la valeur nominale de l'obligation émise par la seconde entreprise et sa valeur de marché juste après le défaut. Les CDS peuvent être évalués par le calcul de la valeur actuelle du coût de l'assurance et la valeur actuelle du payoff espéré.

Un swap de défaut forward consiste en l'achat ou la vente de l'obligation d'entrer dans un CDS à une date donnée. Une option sur CDS est le droit d'entrer dans un CDS à une date donnée. Les deux cessent d'exister si l'entité de référence fait défaut.

Un swap de rentabilité totale est un actif par lequel la rentabilité d'un portefeuille de titres soumis au risque de crédit est échangée contre le LIBOR plus un spread. Ce produit peut être utilisé comme un moyen de financement. Une entreprise qui souhaite acheter un portefeuille d'obligations peut prendre contact avec une institution financière qui va en fait acheter les obligations pour son propre compte. L'institution financière va alors entrer dans un swap avec l'entreprise, dans lequel elle va payer la rentabilité totale du portefeuille obligataire à l'entreprise et recevoir en contrepartie le LIBOR (plus un spread). L'avantage pour l'institution financière réside dans la réduction de son exposition au risque de défaut de l'entreprise.

Un CDS contingent au n-ième défaut est un CDS qui engendre un paiement au n-ième défaut dans un portefeuille de titres. Dans un CDO, des tranches sont créées à partir d'un portefeuille d'obligations ou de prêts bancaires. Des règles régissent alors la façon dont les pertes sont allouées à chacune des tranches. Cela permet de construire des tranches dont certaines présentent un risque de crédit très élevé et d'autres, très faible. Un CDO synthétique repose sur le même principe, mais il est construit à partir d'un portefeuille de CDS. Le modèle standard pour évaluer ces produits est le modèle à un facteur à copule gaussienne du temps de défaut.

Références complémentaires

ANDERSEN, L., SIDENIUS, J. et BASU, S., « All Your Hedges in One Basket », in *Risk.* Novembre 2003.

ANDERSEN, L. et SIDENIUS J., « Extensions to the Gaussian Copula : Random Recovery and Random Factor Loadings », in *Journal of Credit Risk.* Hiver 2004, vol. 1, p. 29-70.

BRUYÈRE, R., CONT, R., COPINOT, R., FERRY, J. et JAECK, C., *Les Produits dérivés de crédit.* Economica, 2004, 2e éd.

DAS, S., *Credit Derivatives : Trading & Management of Credit & Default Risk.* Wiley, 1998.

HULL, J. C. et WHITE, A., « Valuation of CDO and n-th to Default Swap without Monte-Carlo Simulation », in *Journal of Derivatives.* Hiver 1995, vol. 12, p. 8-23.

HULL, J. C. et WHITE, A., « The Perfect Copula ». Document de travail, université de Toronto.

LAURENT, J.-P. et GREGORY, J., « Basket Default Swaps, CDO's and Factor Copulas ». Document de travail, ISFA Actuarial School, université de Lyon, 2003.

LI, D. X., « On Default Correlation : A Copula Approach », in *Journal of Fixed Income.* Mars 2000, p. 43-54.

TAVAKOLI, J. M., *Credit Derivatives : A Guide to Instruments and Applications.* John Wiley and Sons, 1998.

SCHONBUCHER, P. J., *Credit Derivatives Pricing Models.* John Wiley and Sons, 2003.

Problèmes et exercices (corrigés en fin d'ouvrage)

13.1. Expliquez la différence entre un CDS standard et un CDS digital.

13.2. Un spread de CDS cote 60 points de base payables semestriellement. Le principal est de 300 millions d'euros et le CDS donne lieu à un dénouement en cash. Un défaut survient après 4 ans et 2 mois, et le prix de l'obligation de référence la moins chère à livrer est estimé à 40 % de la valeur nominale juste après le défaut. Donnez l'ensemble des cash-flows et leurs dates de paiement pour ce CDS.

13.3. Expliquez les deux façons de dénouer un CDS.

13.4. Expliquez comment un CDS cash et un CDS digital sont créés.

13.5. Expliquez ce qu'est un swap contingent au premier défaut. La valeur de ce swap augmente-t-elle ou baisse-t-elle lorsque la corrélation des défauts des obligations du panier augmente ? Expliquez votre réponse.

13.6. Expliquez la différence entre probabilités risque-neutre et réelles.

13.7. Comment un swap de rentabilité totale peut-il servir d'outil de financement ?

13.8. La courbe des taux ZC est plate à 7 % par an en composition continue et le défaut peut survenir en milieu d'année pour un CDS d'une durée de 5 ans. Le taux de recouvrement espéré est de 30 % et les probabilités de défaut conditionnelles à la non-défaillance valent 3 % en base annuelle. Quel est le spread du CDS ? Supposez que les paiements ont lieu annuellement.

13.9. Quelle est la valeur du swap du problème 13.8 pour l'acheteur de la protection si le spread vaut 150 bp ?

13.10. Quel est le spread associé au CDS du problème 13.8 si ce dernier est digital ?

13.11. Comment fonctionne un CDS contingent au n-ième défaut à 5 ans ? Considérez un portefeuille de 100 entités de référence, chacune ayant une probabilité de défaut de 1 %. Que peut-on attendre de la valeur de ce CDS quand la corrélation des défauts augmente lorsque (a) n = 1 et (b) n = 25 ? Justifiez votre réponse.

13.12. Comment est défini habituellement le taux de recouvrement pour une obligation ?

13.13. Montrez que le spread d'un CDS classique devrait être égal à $(1 - R)$ fois le spread d'un CDS digital, où R est le taux de recouvrement.

13.14. Une entreprise entre dans un contrat de swap de rentabilité totale où elle reçoit la rentabilité d'une obligation corporate payant un coupon de 5 % et paie le LIBOR. Expliquez la différence entre ce contrat et un swap usuel recevant 5 % et payant le LIBOR.

13.15. Expliquez comment sont structurés les CDS forward et les options sur CDS.

13.16. « La position d'un acheteur de CDS est identique à une position longue sur une obligation sans risque de défaut et une position courte sur une obligation corporate. » Expliquez cette affirmation.

13.17. Pourquoi y a-t-il un problème d'asymétrie d'information dans les CDS ?

13.18. Une évaluation d'un CDS avec des probabilités réelles plutôt que des probabilités risque-neutre conduit-elle à une surévaluation ou à une sous-évaluation ? Justifiez votre réponse.

13.19. Quelle est la différence entre un swap de rentabilité totale et un swap d'actifs ?

13.20. Supposons que, dans un modèle de copule gaussienne à un facteur, la probabilité de défaut des 125 entreprises du portefeuille soit de 3 % et que la corrélation de chaque couple de défauts soit de 0,2. Calculez, pour des valeurs du facteur commun de – 2, – 1, 0, 1 et 2, (a) la probabilité de défaut conditionnelle à la valeur du facteur commun, (b) la probabilité qu'au moins 10 défauts surviennent, conditionnellement à la valeur du facteur commun.

Questions complémentaires

13.21. La courbe des taux ZC est plate à 6 % par an en composition continue, et, pour un CDS à 2 ans, les défauts de l'entité de référence peuvent survenir en date 0,25 an, 0,75 an, 1,25 an, 1,75 an et 2 ans. Les paiements du swap sont semestriels et le taux de recouvrement espéré est 20 %. Les probabilités de défaut (inconditionnelles) sont de 1 % aux deux premières dates et de 1,5 % aux deux dernières dates. Quel est le spread du CDS ? Quel serait son spread si ce swap était digital ?

13.22. Notons R le taux de recouvrement et λ la probabilité de défaut, conditionnelle à l'absence de défaut préalable, d'une entreprise chaque année. Le taux sans risque est de 5 % par an et les défauts peuvent survenir en milieu d'année. Le spread d'un CDS à 5 ans sur cette entreprise avec des paiements annuels est de 120 bp et le spread du CDS digital correspondant est de 160 bp. Estimez R et λ.

13.23. Expliquez les changements attendus sur les taux offerts par les différentes tranches d'un CDO lorsque les corrélations des défauts entre les obligations du portefeuille augmentent.

13.24. Supposons que (a) le taux sans risque à 5 ans est de 7 %, (b) le taux actuariel des obligations à 5 ans émises par une entreprise X est de 9,5 %, (c) le spread du CDS portant sur X à 5 ans est de 150 bp. Quelle opportunité d'arbitrage existe-t-il dans cette situation ? Quelle opportunité d'arbitrage existe-t-il si le spread est de 300 bp. Donnez deux raisons pour lesquelles les opportunités d'arbitrage identifiées ne sont pas parfaites.

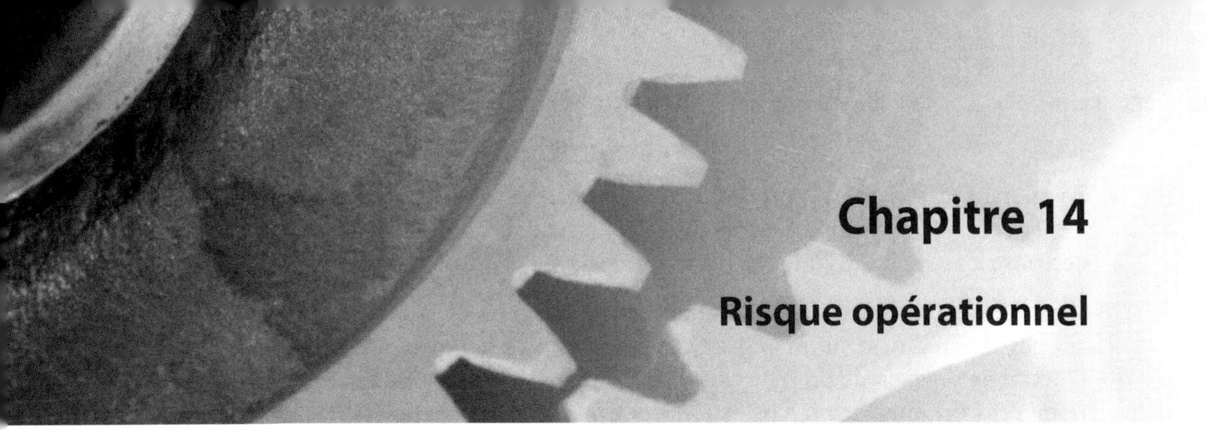

Chapitre 14

Risque opérationnel

En 1999, les régulateurs du secteur bancaire ont exigé la mise en place d'une allocation en fonds propres pour le risque opérationnel dans le cadre du nouvel accord de Bâle II. Les banques ont exprimé leur réticence à l'égard de cette décision. Le P.-D.G. d'une grande banque internationale a même commenté cette décision selon ces termes : « C'est la plus grosse idiotie que j'ai jamais vue. » Malgré cela, les régulateurs ont persisté, en argumentant que le risque opérationnel était important pour les banques. Ils ont répertorié plus de 100 pertes dues au risque opérationnel, toutes dépassant 100 millions de dollars, au cours de ces dix dernières années. Certaines de ces pertes, listées par la Banque des règlements internationaux, sont :

- *Fraude interne :* Allied Irish Bank, Barings et Daiwa ont perdu 700 millions de dollars, 1 milliard de dollars et 1,4 milliard de dollars respectivement sur la base de transactions frauduleuses.
- *Fraude externe :* Republic New York Corp. a perdu 611 millions de dollars en raison de fraudes commises par un client.
- *Pratiques en matière d'emploi et sécurité sur le lieu de travail :* Merrill Lynch a perdu 250 millions de dollars suite à une décision de justice dans une affaire de discrimination à l'embauche.
- *Pratiques concernant les clients, les produits et l'activité commerciale :* Household International a perdu 484 millions de dollars à cause de prêts frauduleux ; Providian Financial Corporation a perdu 405 millions de dollars en raison de ventes et de facturation frauduleuses.
- *Dommages aux biens :* Bank of New York a perdu 140 millions de dollars à cause des attaques terroristes du 11 septembre 2001.
- *Interruption d'activité et pannes de systèmes :* Salomon Brothers a perdu 303 millions de dollars en raison d'une modification du système informatique.
- *Exécution des opérations, livraisons et processus :* Bank of America et Wells Fargo Bank ont perdu 225 millions de dollars et 150 millions de dollars respectivement en raison de défaillances des systèmes d'intégration et des processus de transactions.

La plupart des banques disposent de systèmes de gestion du risque opérationnel. Cependant, la perspective de nouveaux capitaux requis pour ce risque les a conduites à accroître les ressources allouées à sa mesure et à son contrôle.

Il est beaucoup plus difficile de quantifier et de gérer le risque opérationnel que les risques de crédit ou de marché. Généralement, les banques prennent des décisions d'octroi de prêts ou de prise de risque de marché de façon consciencieuse. Alors que de nombreux produits de marché existent pour réduire ces risques, le risque opérationnel fait partie intégrante de l'activité quotidienne. Une grande partie de sa gestion repose sur l'identification des types de risques pris et sur la décision d'en assurer certains.

On peut croire qu'une perte comme celle qui a fait couler la Barings Bank résultait du risque de marché (le changement des variables de marché a provoqué la faillite). Cependant, ce risque devrait être considéré comme opérationnel, puisqu'un trader, Nick Leeson, a procédé à des transactions frauduleuses (voir encadré 2.4). Supposons un instant qu'il n'y ait pas eu de fraude. Si la politique interne de cette banque autorisait les traders à prendre des risques importants, alors la perte aurait été classée dans la catégorie risque de marché. Malheureusement, la politique interne était peu rigoureuse et le contrôle interne a fait défaut. La perte aurait donc dû être classée dans la catégorie risque opérationnel. Les pertes dues à ce risque sont souvent contingentes aux évolutions du marché. Si celles-ci avaient évolué favorablement, il n'y aurait pas eu de perte, et la fraude, ainsi que les défaillances du système de contrôle interne de la banque, n'aurait jamais été mise à jour.

Il existe de nombreuses similitudes entre les pertes dues au risque opérationnel des banques et celles des compagnies d'assurances. En effet, ces dernières sont exposées à des pertes importantes de faible probabilité, dues à des catastrophes naturelles (ouragan, tremblement de terre). De manière similaire, les banques sont exposées à des pertes opérationnelles importantes, mais de faible probabilité d'occurrence. Toutefois, une différence importante entre ces deux cas de figures existe. Lorsque les compagnies d'assurances perdent des sommes importantes lors d'une catastrophe naturelle, toute l'industrie d'assurance est touchée, et les primes augmentent. En revanche, les pertes opérationnelles touchent plutôt une seule banque, et, compte tenu de la concurrence bancaire, l'établissement n'a pas le « luxe » d'augmenter ses prix les années suivantes.

14.1 Qu'est-ce que le risque opérationnel ?

Il existe plusieurs façons de définir le risque opérationnel. La première consiste à le considérer comme un risque résiduel qui n'est ni un risque de crédit ni un risque de marché. Pour en inférer une estimation, on peut éliminer du compte de résultat de la banque (a) l'impact des pertes de crédit et (b) les pertes et profits générés par les positions de marché. La variation du résultat ainsi retraité serait alors attribuée au risque opérationnel.

Malheureusement, cette définition reste trop générale, car elle inclut les risques associés à l'entrée sur de nouveaux marchés, au développement de nouveaux produits, aux facteurs économiques, etc. Une autre définition possible consiste à considérer que le risque opérationnel provient des risques d'erreur dans les transactions et les paiements, par exemple. Cependant, cette définition est trop réductrice, car elle n'inclut pas des risques majeurs comme le « risque de trading ».

On peut distinguer les risques internes des risques externes ; les premiers étant contrôlés par l'entreprise. Celle-ci décide qui embaucher, quel système informatique adopter, quel contrôle mettre en place, etc. On peut alors définir le risque opérationnel comme la totalité des risques internes. Dans ce cas, ce risque englobe plus que les risques associés aux opérations et inclut désormais les risques provenant de contrôle inadéquat (risque de trading) et tout autre risque associé à la fraude des employés.

En plus des risques internes, les régulateurs préfèrent inclure l'impact d'événements externes, tels que les catastrophes naturelles (incendie ou tremblement de terre qui affecte les opérations bancaires), le risque politique ou réglementaire (restrictions des opérations bancaires par un gouvernement d'un pays étranger), les failles de sécurité, et ainsi de suite, dans leur définition. Le Comité de Bâle sur le contrôle bancaire en 2001 le définit comme suit : « Le risque de pertes résultant de carences ou de défauts attribuables à des procédures, personnels et systèmes internes ou à des événements extérieurs. »

Remarquons que cette définition inclut le risque juridique, mais exclut les risques stratégiques et de réputation.

Certains risques opérationnels entraînent une augmentation des coûts d'exploitation ou une diminution des revenus de la banque. D'autres risques opérationnels interagissent avec les risques de crédit et de marché. Par exemple, une erreur dans la documentation d'un prêt peut induire une perte seulement si la contrepartie fait défaut. Lorsqu'un trader dépasse les limites imposées et falsifie ses positions, les pertes sont réalisées seulement si le marché évolue en sa défaveur.

14.2 Détermination du capital réglementaire

Les banques disposent de trois approches pour déterminer le capital réglementaire pour le risque opérationnel. L'approche indicateur de base (basic indicator approach) est la plus simple. Elle préconise que les fonds propres dédiés à ce risque correspondent à 15 % du produit brut annuel des trois dernières années. Le produit brut correspond aux produits d'intérêts nets et autres produits d'exploitation[1]. L'approche standard (standardized approach) est légèrement plus compliquée. Elle décompose les activités bancaires en huit lignes de métier : financement des entreprises, activités de marché, banque de détail, banque commerciale, paiements et règlements, fonctions d'agence, gestion d'actifs et courtage de détail. Le produit brut moyen des trois dernières années pour chacun de ces métiers est multiplié par un « facteur bêta » (voir tableau 14.1), puis

1. Le produit d'intérêt net correspond à l'excès des produits perçus sur prêts par rapport aux produits versés sur les dépôts et les autres ressources qui financent les prêts (voir section 1.3).

la somme totale permet de déterminer les fonds propres nécessaires. La troisième approche est appelée approche de mesure avancée (advanced measurement approach – AMA), selon laquelle le capital réglementaire est calculé en interne par la banque au moyen de critères qualitatifs et quantitatifs.

Tableau 14.1 : Facteurs bêta (approche standardisée)

Métier	Facteur bêta
Financement d'entreprise	18 %
Activités de marché	18 %
Banque de détail	12 %
Banque commerciale	15 %
Paiements et règlements	18 %
Fonctions d'agence	15 %
Gestion d'actifs	12 %
Courtage de détail	12 %

Le Comité de Bâle a listé les conditions requises pour qu'une banque puisse adopter soit l'approche standardisée, soit l'AMA. Le Comité s'attend à ce que les grandes banques internationales optent pour cette dernière. Pour utiliser l'approche standardisée, une banque doit satisfaire les conditions suivantes :

1. La banque doit disposer d'une fonction de gestion du risque opérationnel, responsable de l'identification, de l'évaluation et du contrôle de ce risque.
2. La banque doit maintenir un historique des pertes par ligne de métier et créer des incitations à l'amélioration de la gestion du risque opérationnel.
3. Des rapports réguliers sur les pertes liées au risque opérationnel doivent être effectués.
4. Le système de gestion du risque opérationnel doit être bien documenté.
5. Le système de gestion du risque opérationnel doit être soumis périodiquement à des audits internes et externes indépendants, et également faire l'objet d'inspections par le régulateur.

La banque doit satisfaire des conditions supplémentaires pour utiliser l'AMA. Elle doit être capable d'estimer les pertes non attendues sur la base de données internes et externes pertinentes, ainsi que d'analyses de scénarios. Elle doit aussi être en mesure d'allouer le capital économique pour le risque opérationnel en créant des incitations pour en améliorer la gestion.

Les objectifs des banques utilisant l'AMA sont liés à la quantification du risque de crédit, il s'agit donc d'être en mesure de produire une distribution de probabilité des pertes (voir graphique 14.1). Si ces banques peuvent convaincre le régulateur que le coût espéré du risque opérationnel est bien incorporé dans la tarification des produits bancaires, les fonds propres sont alors alloués à la couverture des coûts non attendus. Le seuil de confiance est de 99,9 % et l'horizon temporel est de un an.

Graphique 14.1

Calcul de la VaR opérationnelle.

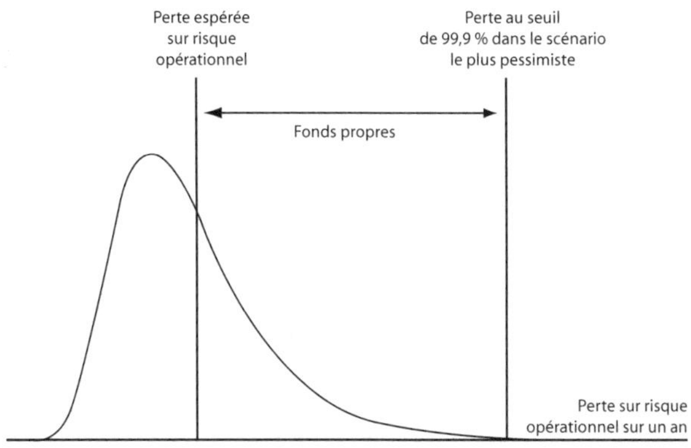

14.3 Catégories de risque opérationnel

Le Comité de Bâle sur le contrôle bancaire a identifié sept catégories de risque opérationnel[1] :

1. Fraude interne : actes de fraude, d'expropriation ou de contournement de la régulation, de la loi ou de la politique de l'entreprise (sont exclus les événements liés à la discrimination impliquant au moins une partie interne). Par exemple, informations inexactes sur les positions, vol commis par les employés et délit d'initié d'un employé opérant pour son propre compte.
2. Fraude externe : actes de fraude, d'expropriation ou de contournement de la loi par un tiers. Par exemple, hold-up, faux en écriture, chèques de cavalerie et dommages dus au piratage informatique.
3. Pratiques en matière d'emploi et sécurité sur le lieu de travail : actes ne respectant pas les codes du travail, sanitaire ou de sécurité, ou qui entraînent l'indemnisation de poursuites judiciaires pour les accidents de travail ou la discrimination. Par exemple, indemnisation des employés, violation des règles de santé et de sécurité des employés, non-respect des libertés syndicales, plaintes pour discrimination et responsabilité civile, etc.

1. Voir Basel Committee on Bank Supervision, « Sound Practices for the Management and Supervision of Operational Risk », Bank for International Settlements, juillet 2002.

4. Pratiques concernant les clients, les produits et l'activité commerciale : défaillance non intentionnelle ou due à la négligence vis-à-vis des engagements professionnels envers des clients (incluant les obligations fiduciaires et d'adéquation des produits et services aux besoins du client) ou provenant de la nature ou de la conception d'un produit. Par exemple, violation de l'obligation fiduciaire, utilisation frauduleuse d'informations confidentielles sur la clientèle, opérations boursières malhonnêtes pour le compte de la banque, blanchiment d'argent et vente de produits non autorisés.
5. Dommages aux biens : pertes ou dommages aux biens dus aux désastres naturels ou autres. Par exemple, actes de terrorisme, vandalisme, séismes, incendies et inondations.
6. Interruption d'activité et pannes de système : par exemple, pannes de matériel et de logiciel informatiques, problèmes de télécommunications et pannes d'électricité.
7. Exécution des opérations, livraisons et processus : défaillance dans les processus de transaction ou de gestion et des relations avec les contreparties et les fournisseurs. Par exemple, erreur d'enregistrement des données, défaillances dans la gestion des sûretés, lacunes dans la documentation juridique, erreur d'accès aux comptes s clients, mauvaises performances des contreparties non clientes, litiges avec les fournisseurs.

Les banques doivent évaluer les expositions à chacun de ces types de risque pour chacune des huit lignes de métier (voir tableau 14.1). Dans l'idéal, la VaR est estimée pour chacune des 56 (7×8) combinaisons type de risque / ligne de métier.

14.4 Sévérité et fréquence des pertes

Deux distributions sont de première importance pour estimer les pertes potentielles dues au risque opérationnel. Il s'agit des distributions de fréquence de perte et de sévérité de perte. La première comptabilise le nombre de pertes réalisées sur un horizon temporel donné (généralement un an). La seconde concerne la taille de la perte conditionnelle à sa réalisation. En général, ces deux distributions sont supposées indépendantes.

La distribution de Poisson se prête naturellement à l'estimation de la fréquence des pertes. Cette distribution suppose que les pertes se réalisent de manière aléatoire dans le temps, et que sur une courte période Δt il existe une probabilité $\lambda \Delta t$ de réalisation. La probabilité de n pertes à l'horizon T est égale à :

$$e^{-\lambda T} \frac{(\lambda T)^n}{n!}$$

Le paramètre λ peut être estimé comme la moyenne des pertes par unité de temps. Par exemple, si l'on a observé 12 pertes sur une période de 10 ans, alors λ est égal à 1,2 par an ou 0,1 par mois. Selon la loi de Poisson, la variance de la fréquence des pertes est égale à la fréquence moyenne des pertes[1].

Une distribution de probabilité log-normale est souvent utilisée pour estimer la sévérité des pertes (de paramètres la moyenne et l'écart-type du logarithme de la perte).

Les deux distributions doivent être combinées pour chaque type de perte et chaque ligne de métier pour déterminer la distribution de perte totale. À cet effet, on peut recourir à une simulation de Monte-Carlo[2]. À chaque tirage, la procédure est la suivante :

1. Détermination du nombre de pertes (n) à partir de tirages de la distribution de la fréquence de l'échantillon.
2. Détermination de la perte réalisée pour chaque événement de perte ($L_1, L_2, \ldots, L_n$) à partir de n tirages de la distribution de la sévérité des pertes.
3. Détermination de la perte totale ($= L_1 + L_2 + \ldots + L_n$).

Plusieurs simulations permettent d'obtenir la distribution des pertes totales.

Cette procédure est illustrée sur le graphique 14.2. Dans cet exemple, l'espérance de la fréquence des pertes est de 3 événements par an et la sévérité des pertes est tirée à partir d'une loi log-normale. Le logarithme de la perte (en millions de dollars) est supposé de moyenne nulle et d'écart-type 0,4. La feuille Excel permettant de réaliser le graphique 14.2 est disponible sur le site web de l'auteur.

Données

Malheureusement, l'historique des pertes opérationnelles dont dispose une banque est souvent trop court pour estimer les distributions de la fréquence et de la sévérité des pertes. En effet, de nombreuses banques ne conservent pas ce type de données. La pression réglementaire pousse désormais ces dernières à le faire, mais la constitution de bases suffisamment importantes prendra du temps. Il est donc intéressant de comparer les pertes opérationnelles et de crédit dans ce contexte. Pour ces dernières, les banques ont généralement de meilleures informations. De plus, une banque peut également utiliser des données externes, comme celles qui sont offertes par les agences de notation, afin d'évaluer les probabilités de défaut et les pertes espérées conditionnelles au défaut. Des données similaires sur le risque opérationnel n'ont pas été collectées de manière systématique. En outre, il est également possible que les banques camouflent de grandes pertes opérationnelles pour des raisons de réputation.

---

1. Si la fréquence moyenne est supérieure à la variance, une distribution binomiale peut s'avérer plus appropriée. Dans le cas contraire, une distribution binomiale négative est plus adéquate.
2. La combinaison de ces deux distributions est fréquente en assurance. L'algorithme de Panjer et les transformations de Fourier sont deux alternatives à la simulation de Monte Carlo. Voir PANJER H.H., « Recursive Evaluation of a Family of Compound Distributions », in *ASTIN Bulletin*. 1981, vol. 12, p. 22-29.

Graphique 14.2

Calcul de la distribution des pertes à partir de la fréquence et de la sévérité des pertes.

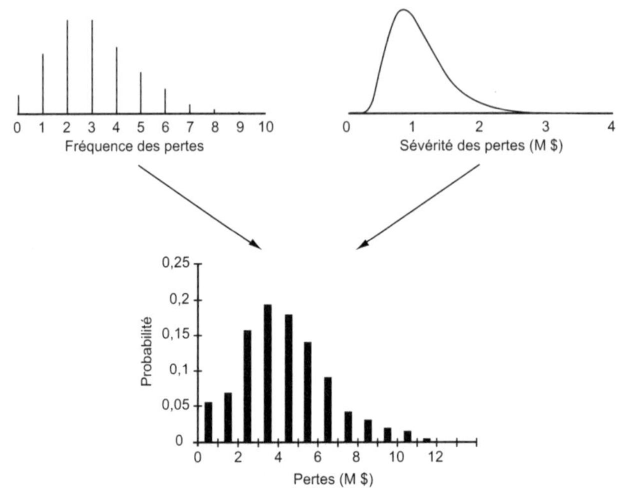

Comme nous l'avons mentionné précédemment, les distributions de Poisson et log-normale sont utilisées pour estimer la fréquence et la sévérité des pertes. Les données disponibles servent à estimer les paramètres de ces distributions. La fréquence des pertes devrait être estimée à partir des données internes à la banque. En revanche, les régulateurs encouragent les banques à utiliser à la fois des données internes et externes pour estimer la sévérité des pertes. Deux sources de données externes sont disponibles. La première provient des accords de partage de données entre les banques (à l'instar du partage des informations sur les pertes dans les assurances) et la seconde provient de sociétés spécialisées.

Les données internes et externes doivent être retraitées. En outre, les données externes doivent également être ajustées. Si une banque dégage des recettes de 10 milliards d'euros et enregistre une perte de 8 millions d'euros, comment cette perte peut-elle être estimée pour une banque ayant des recettes de 5 milliards d'euros ? Une réponse naturelle consiste à admettre une perte de 4 millions d'euros pour cette banque, mais cette estimation serait trop faible. En effet, les travaux de Shih *et al.* suggèrent que l'effet de la taille de l'entreprise sur le montant de la perte est relativement faible[1] et leurs estimations sont les suivantes :

1. Voir SHIH J., SAMAD-KHAN A. et MEDAPA P., « Is the Size of an Operational Loss Related to Firm Size », in *Operational Risk*, janvier 2000. La validité des résultats de Shih *et al.* pour le risque juridique est discutable. En effet, il semblerait que le montant de l'indemnisation est déterminé par la capacité de la banque à payer.

$$\text{Perte estimée pour la banque A} = \text{Perte réalisée pour la banque B} \times \left(\frac{\text{Recettes de la banque A}}{\text{Recettes de la banque B}} \right)^{\alpha}$$

où $\alpha = 0,23$. Dans notre exemple, la banque ayant des recettes de 5 milliards d'euros aurait subi une perte de $8 \times 0,5^{0,23} = 6,82$ millions.

Après un ajustement adéquat, les données externes peuvent être fusionnées avec les donnés internes pour obtenir un échantillon plus important, afin de déterminer la distribution de la sévérité des pertes. Les données publiques obtenues auprès de sociétés spécialisées ne peuvent être utilisées dans ce cas, car elles sont biaisées, par exemple :

1. Seules les grandes pertes sont publiques (plus la perte est importante, plus elle a de chances d'être rendue publique).
2. Les institutions ayant des systèmes de contrôle inefficaces sont surreprésentées dans les bases de données publiques, car elles sont plus exposées aux grandes pertes.

Ainsi, les données publiques sont avant tout utiles à la détermination de la sévérité *relative* des pertes. Supposons qu'une banque dispose d'informations fiables sur la moyenne et l'écart-type de sa distribution de la sévérité des pertes dues à la fraude interne sur la ligne de métier « financement d'entreprise » (50 000 € et 30 000 € respectivement). En revanche, imaginons que les informations détenues par la banque sur la moyenne et l'écart-type de sa distribution de la sévérité des pertes dues à la fraude externe sur cette ligne de métier ou sur les activités de marché soient de mauvaise qualité. Supposons également que les données externes indiquent que la sévérité moyenne des pertes dues à la fraude externe sur le financement d'entreprise soit deux fois plus importante que celle des pertes dues à la fraude interne et que l'écart-type soit 2,5 fois plus important. En l'absence d'autres sources d'information, la banque peut supposer que la moyenne et l'écart-type de la sévérité des pertes dues à la fraude externe sont égaux à $2,5 \times 50\ 000 = 125\ 000$ € et $2 \times 30\ 000 = 60\ 000$ € respectivement.

Analyse de scénarios

Dans la mesure où les données historiques sont difficiles à obtenir, les régulateurs encouragent les banques à utiliser des analyses de scénarios en plus des données internes et externes. Cela implique un jugement du manager pour générer des scénarios de pertes importantes. Les managers estiment le paramètre de fréquence des pertes λ associé à chaque scénario, ainsi que les paramètres de la distribution de la sévérité des pertes. L'avantage de l'analyse des scénarios est de permettre une prise en compte des pertes potentielles auxquelles fait face l'institution. Un autre avantage est que cette analyse oblige les managers à réfléchir activement et de manière créative aux événements défavorables. Dans certains cas, des stratégies minimisant la sévérité, voire atténuant la probabilité d'occurrence d'un événement, peuvent être développées.

Le principal inconvénient de l'analyse des scénarios est de consommer un temps de travail non négligeable des managers. Cependant, la conception des scénarios standard peut être assurée par des consultants ou par les banques elles-mêmes afin d'en réduire la lourdeur.

14.5 Approches prospectives (*forward looking*)

Les managers des risques devraient être actifs dans la prévention des pertes. Une des approches consiste à surveiller les concurrents et à tirer des leçons de leurs erreurs. Lorsque Allied Irish Bank a perdu 700 millions de dollars en 2002 suite à des activités de marché frauduleuses, les managers des risques du monde entier ont étudié la situation de très près en se demandant : « Cela pourrait-il nous arriver ? » L'encadré 14.1 décrit une situation concernant des autorités britanniques locales à la fin des années 1980. Suite à cet événement, toutes les banques ont mis en place des procédures de contrôle des transactions sur produits dérivés.

Encadré 14.1 : L'histoire de Hammersmith et de Fulham

Entre 1987 et 1989, les boroughs (équivalents des arrondissements en France) londoniens de Hammersmith et de Fulham ont conclu plus de 600 swaps de taux et autres produits similaires pour un notionnel total de 6 milliards de livres. Ces transactions ont été effectuées dans un but principalement spéculatif. Les deux employés qui ont conclu ces transactions avaient une connaissance infime du fonctionnement des marchés de produits dérivés et des risques associés.

En 1989, les variations des taux d'intérêt britanniques ont conduit les deux boroughs à perdre plusieurs centaines de millions de livres. Les banques « contreparties » avaient conclu des swaps de compensation pour se couvrir contre le risque de taux.

En fait, la faillite fut évitée, car les auditeurs ont déclaré les transactions nulles. En effet, les boroughs n'avaient pas les agréments nécessaires pour conclure ce genre d'opérations. Cette décision a été acceptée par les tribunaux britanniques et les banques ont fait appel. Finalement, la Chambre des lords, la plus haute instance judiciaire en Grande-Bretagne, confirma le verdict précédent, en autorisant toutefois les boroughs à conclure à l'avenir ce type de transactions pour gérer leurs risques. Les banques ont été furieuses de voir leurs contrats annulés de cette façon par les tribunaux.

Liens de causalité

Les managers du risque opérationnel doivent établir des liens de causalité entre les décisions prises et les pertes opérationnelles. Cela implique un certain nombre d'interrogations. Améliorer les qualifications des employés réduit-il les pertes dues à des erreurs de transaction ? Un nouveau système informatique diminue-t-il la probabilité de pertes dues aux défaillances informatiques ? Est-ce que les pertes opérationnelles sont corrélées avec le taux de turnover des employés ? Si tel est le cas, cette corrélation peut-elle être réduite par des mesures de fidélisation des employés ? Le partage des responsabilités entre les individus et la motivation des traders peuvent-ils réduire le risque de trading ?

La détermination des liens de causalité peut s'effectuer statistiquement. Prenons l'exemple suivant. Une banque opère dans 12 régions du monde différentes. On observe une corrélation négative élevée entre l'éducation des employés du back office et le coût des erreurs de transaction. Dans ce cas, il est judicieux de procéder à une analyse coûts-bénéfices des modifications nécessaires quant à la formation requise de ces employés. Dans le cas de défaillances informatiques, par exemple si 40 % d'entre elles sont dues à la vétusté de l'équipement, une analyse coûts-bénéfices de son remplacement s'impose.

RCSA et KRI

L'autoévaluation du risque et du contrôle (*Risk and Control Self Assessment*, RCSA) est un moyen important pour tenter de comprendre les expositions au risque opérationnel des banques. Il consiste à demander aux managers des différents départements d'identifier leurs risques opérationnels. Dans ce contexte, on peut recourir à des questionnaires établis par les supérieurs hiérarchiques de la banque.

Un produit dérivé du RCSA est le développement des indicateurs de risque clés (*Key Risk Indicators*, KRI), dont l'objectif consiste à mesurer et à comprendre le risque opérationnel. C'est un outil fondamental dans la gestion de ce type de risque. Les principaux indicateurs sont prospectifs et fournissent un système d'alerte précoce. Il s'agit, par exemple, du turnover des employés ou du nombre d'erreurs de transaction. Ces indicateurs permettent d'identifier les problèmes potentiels et d'opérer des actions correctives.

Il est important pour une banque de quantifier les risques opérationnels, mais il est encore plus important d'entreprendre des actions pour contrôler et gérer ces risques.

14.6 Allocation des fonds propres pour le risque opérationnel

Les fonds propres dédiés au risque opérationnel devraient être alloués de manière à inciter les départements concernés à améliorer leur gestion de ce risque. Si un département a entrepris des avancées significatives pour réduire la sévérité ou la fréquence des risques, son allocation de fonds propres devrait être réduite. Cela améliorera la rentabilité des fonds propres de ce département et générera probablement une prime conséquente pour son manager.

Cependant, la réduction d'un risque opérationnel n'est pas toujours optimale pour un manager. En effet, cette action entraîne des coûts qui ne seront pas forcément compensés par le bénéfice lié à la diminution des fonds propres. Leur rentabilité peut finalement baisser, c'est pourquoi un département devrait être encouragé à effectuer les calculs appropriés pour déterminer le risque opérationnel maximisant la rentabilité des fonds propres.

Approche par le tableau de bord *(scorecard)*

Certaines banques utilisent une approche par tableau de bord pour allouer les fonds propres au risque opérationnel. Dans ce cas, des experts identifient les déterminants clés de chaque type de risque et formulent ensuite des questions pour les managers des départements de la banque afin d'en quantifier le niveau. Le nombre de départements est généralement plus important que les huit lignes de métier (voir tableau 14.1), car chaque région où opère la banque doit être prise en compte. Des exemples de questions sont présentés ci-dessous :

- Quel est le nombre de positions sensibles ?
- Quel est le ratio contrôleurs / employés ?
- Est-ce que votre département dispose d'informations confidentielles sur les clients ?
- Quel est le taux de turnover annuel des employés ?
- Quel est le nombre de positions ouvertes simultanément à un instant donné ?
- Quel est le pourcentage d'employés ayant une rémunération comprenant une prime d'intéressement ?
- Quel est le pourcentage d'employés n'ayant pas bénéficié d'un congé de dix jours consécutifs ces 12 derniers mois ?

Des scores sont ensuite attribués à chaque réponse. Le score total d'un département indique son niveau de risque et peut être alors utilisé dans l'allocation des fonds propres. Ces scores devraient être ensuite validés en les comparant aux pertes réalisées.

L'évaluation du risque opérationnel et de l'allocation des fonds propres devrait rendre les départements plus sensibles à la gestion de ce risque, et cette activité devrait devenir une partie intégrante des tâches d'un manager. Un élément clé d'un programme performant de gestion du risque opérationnel est le soutien de l'équipe dirigeante. Le Comité de Bâle sur le contrôle bancaire en est conscient et recommande au conseil d'administration des banques de s'impliquer dans la validation et la révision périodique des systèmes de gestion.

14.7 Utilisation de la loi puissance

La loi puissance a été présentée à la section 5.4. Elle s'applique à un grand nombre de variables selon la formulation suivante :

$$\text{Prob}(v > x) = Kx^{-\alpha}$$

où v est la valeur d'une variable, x une valeur importante de v et K et α des constantes. Les fondements théoriques et les procédures d'estimation par la méthode du maximum de vraisemblance ont été discutés à la section 9.4.

Sur la base de données externes sur les pertes, De Fountnouvelle et al. trouvent que la loi puissance s'applique de manière satisfaisante à l'évaluation de grandes pertes des banques[1]. Cela rend possible le calcul d'une VaR avec des seuils de confiance élevés (par exemple 99,9 %). Les données (internes ou externes) sur les pertes sont utilisées pour estimer les paramètres de la loi puissance au moyen de l'approche par le maximum de vraisemblance (voir chapitre 9). Le 99,9^e^ quantile de la distribution des pertes est ensuite estimé par l'équation (9.6).

Lorsque les distributions des pertes sont agrégées, celle ayant la queue la plus épaisse doit être retenue. Cela signifie que la perte avec le plus faible α détermine les queues extrêmes de la distribution des pertes totales[2]. Ainsi, il est nécessaire de prendre en compte une ou deux combinaisons ligne de métier / type de perte seulement pour calculer la queue extrême de la distribution des pertes opérationnelles totales.

14.8 Assurance

L'assurance des risques opérationnels est une décision importante pour les managers de ce risque. En effet, de nombreuses polices d'assurance pour différents types de risque (de l'incendie au risque de trading) sont disponibles. À condition que le bilan de la compagnie d'assurances satisfasse certains critères, une banque ayant adopté une approche AMA peut réduire le capital requis en contractant des polices d'assurance. Dans cette section, nous rappelons les principaux problèmes auxquels sont exposées les compagnies d'assurances dans le design de leurs contrats. Nous montrons également comment ces problèmes influencent le type de contrat souscrit par une banque.

Aléa moral

Une compagnie d'assurances est exposée au risque d'aléa moral. En effet, l'existence d'un contrat d'assurance induit un certain comportement de la banque qu'elle n'aurait pas adopté en l'absence du contrat. Ce changement de comportement augmente les risques de la compagnie d'assurances. Considérons, par exemple, une banque qui s'assure contre les cambriolages. Elle peut alors adopter un certain laxisme en matière de mesures de sécurité, rendant un cambriolage plus probable.

Les compagnies d'assurances gèrent le problème d'aléa moral de plusieurs manières. Les polices sont souvent dotées de *franchise*. Dans ce cas, la banque supporte une partie des pertes. Parfois, la police comporte une *coassurance*, qui stipule le paiement d'un pourcentage prédéfini (inférieur à 100 %) des pertes au-delà de la franchise. Enfin, il existe pratiquement toujours une *limite*, qui, comme son nom l'indique, limite les

1. Voir De Fountnouvelle P., De Jesus-Rueff V., Jordan J. et Rosengren E., « Capital and Risk : New Evidence on Implications of Large Operational Risk Losses ». Document de travail, Federal Reserve Board of Boston, septembre 2003.

2. Au chapitre 9, le paramètre ξ est égal à $1/ha$ et tel que la distribution des pertes avec le ξ le plus élevé détermine les queues extrêmes.

engagements totaux de l'assureur. Considérons à nouveau la banque assurée contre les cambriolages. L'existence d'une franchise, de coassurance et d'une limite incite la banque à ne pas négliger ses mesures de sécurité. Le problème d'assurance du risque de trading est discuté dans l'encadré 14.2.

Encadré 14.2 : Assurance contre le risque de trading

Une police d'assurance contre le risque de trading présente des problèmes d'aléa moral particulièrement subtils. Une banque peu scrupuleuse peut souscrire ce type de contrat pour se protéger des pertes dues au risque de trading, puis être laxiste dans la mise en place des limites. Si un trader dépasse les limites et enregistre un profit important, la banque est dans une meilleure position qu'en absence de police. En revanche, si elle subit une perte importante, celle-ci est couverte par l'assureur. La franchise, la coassurance et la limite réduisent le montant de l'indemnisation, et celle-ci peut s'avérer inférieure à la perte subie. Cependant, les pertes nettes potentielles sont dans ce cas bien inférieures aux profits potentiels, rendant attractive la solution du laxisme.

Compte tenu de ce problème, il peut paraître surprenant que des compagnies d'assurances vendent ce type de police. Cependant, elles spécifient de manière précise les limites de trading à mettre en place et peuvent exiger de la banque de ne pas révéler aux traders l'existence du contrat d'assurance. Elles peuvent également s'octroyer le droit de mener une enquête sur les circonstances dans lesquelles la perte s'est réalisée. Par ailleurs, le laxisme en matière de limites de trading est une stratégie de court terme, puisque les coûts d'assurance futurs augmentent significativement suite à une demande d'indemnisation de la réalisation d'un risque de trading. Enfin, la perte due à ce risque (même si elle est couverte par un assureur) dégrade la réputation de l'institution financière.

Anti-sélection

L'anti-sélection constitue un autre problème important pour les compagnies d'assurances. Elle survient lorsque celles-ci ne peuvent distinguer les bons risques des mauvais. Par conséquent, elles proposent le même prix à tous les risques et attirent ainsi les mauvais. Par exemple, les banques ayant des systèmes de contrôle interne performants sont plus susceptibles d'acquérir des polices d'assurance contre le risque de trading. En revanche, celles qui sont dotées de mauvais systèmes de contrôle sont plus enclines à acheter des contrats contre le risque de fraude externe.

Pour résoudre le problème d'anti-sélection, une compagnie d'assurances doit comprendre les contrôles en place dans les banques et les pertes qu'elles ont subies. Après l'évaluation de ces risques, la compagnie peut tarifer différemment le même contrat à différentes banques. Avec le temps, la compagnie dispose de davantage d'informations sur les pertes opérationnelles et peut augmenter ou diminuer la prime. Ce comportement est similaire à celui qui est adopté par les compagnies d'assurances automobile. Au départ, la compagnie s'informe sur le conducteur, puis, avec le temps, elle obtient des informations sur son risque (nombre d'accidents, nombre de contraventions, etc.) et modifie en conséquence la prime.

14.9 Loi Sarbanes-Oxley

Une des conséquences majeures de la faillite d'Enron a été le vote de la loi Sarbanes-Oxley aux États-Unis en 2002[1]. Cette loi donne une nouvelle dimension à la gestion du risque opérationnel par les entreprises financières et non financières aux États-Unis. Elle exige l'implication plus poussée des conseils d'administration dans l'activité quotidienne de leurs sociétés, en particulier dans la surveillance des systèmes de contrôle interne afin de s'assurer que les risques sont bien évalués et gérés.

La loi spécifie les règles concernant la composition et les responsabilités du conseil d'administration des sociétés cotées. Elle autorise la SEC (Securities and Exchange Commission, équivalent américain de l'Autorité des marchés financiers, AMF) à saisir le conseil ou à lui donner davantage de pouvoirs. Les auditeurs ne sont pas autorisés à fournir aux sociétés d'autres services que l'audit[2] et les partenaires de l'audit doivent changer régulièrement. Le comité d'audit du conseil doit être informé des traitements comptables alternatifs. Le P.-D.G. et le DAF doivent joindre au rapport d'audit un certificat attestant la fiabilité des états financiers de la société. En outre, ils doivent reverser les primes perçues si ceux-ci sont jugés non conformes. D'autres règles concernent le délit d'initié, la transparence, les prêts personnels et le reporting des transactions aux dirigeants, ainsi que la surveillance des systèmes de contrôle interne par les dirigeants.

Résumé

En 1999, les régulateurs des banques ont affirmé leur volonté d'imposer aux banques une couverture en fonds propres du risque opérationnel. Cela a conduit les institutions financières à étudier la façon adéquate de mesurer et gérer ce risque. Les régulateurs ont identifié sept types de risque opérationnel et huit lignes de métier. Ils encouragent les banques à quantifier chacune des 56 combinaisons type de risque / ligne de métier.

Une des approches développées repose sur des outils statistiques et considère les pertes opérationnelles de manière similaire aux actuaires. Des distributions de fréquence et de sévérité des pertes sont estimées puis combinées en une distribution des pertes opérationnelles totales. La distribution de la fréquence des pertes est estimée à partir de données internes (si possible), alors que la distribution de la sévérité des pertes est produite à partir de données externes et internes.

Les données externes proviennent de deux sources : les autres banques (via des accords de partage de données) et les sociétés spécialisées (données publiques). Les banques augmentent leurs bases de données grâce aux analyses de scénarios construits par les

---

1. En Europe, 306 sociétés sont directement concernées par la loi Sarbanes-Oxley, dont 32 en France. Le premier pays européen par le nombre de sociétés impliquées est la Grande-Bretagne, suivie des Pays-Bas, puis de la France et de l'Allemagne. Les sociétés indirectement concernées sont toutes celles qui ont des liens d'affaires avec des entreprises américaines.

2. Arthur Andersen, auditeur d'Enron, avait fourni une large gamme de services à la société en plus de l'audit. Le cabinet n'a pas survécu aux litiges qui ont suivi la faillite d'Enron.

managers, qui permettent d'estimer les paramètres des distributions de la fréquence et de la sévérité des pertes.

Les managers des risques devraient adopter une approche prospective dans leur gestion du risque opérationnel. Ils doivent comprendre les déterminants des pertes opérationnelles et développer des indicateurs de risque clés pour suivre le niveau du risque opérationnel.

Après l'estimation des fonds propres dédiés à ce risque, il est nécessaire de développer des procédures de leur allocation aux différents départements de la banque. Cette allocation devrait les inciter à réduire leur risque opérationnel sans pour autant engendrer des coûts excessifs. Une des approches possibles est le tableau de bord.

La loi puissance (voir chapitre 5) s'applique aux pertes opérationnelles et autorise le recours à la théorie des valeurs extrêmes pour estimer les queues de distribution des pertes à partir de données empiriques. En cas d'agrégation de plusieurs distributions, celle qui est dotée de la queue la plus épaisse doit être retenue. En principe, cela facilite le calcul de la VaR opérationnelle.

De nombreux risques opérationnels peuvent être assurés. Cependant, la majorité des polices d'assurance sont dotées de franchises, de coassurances et de limites. Par conséquent, la banque supporte toujours une partie du risque. De plus, l'évolution des primes dépend des indemnisations réalisées, ainsi que d'autres indicateurs concernant la gestion du risque opérationnel par la banque à disposition de l'assureur.

Le processus de mesure, de gestion et de l'allocation du risque opérationnel en est aux balbutiements. Avec le temps et l'accumulation des données, des procédures plus précises que celles qui sont mentionnées dans ce chapitre vont voir le jour. Un problème clé réside dans l'existence de deux types de risque opérationnel : à haute fréquence et faible sévérité et à faible fréquence et haute sévérité. Le premier type est relativement facile à quantifier, mais c'est le second qui influence majoritairement la VaR opérationnelle.

Les régulateurs semblent avoir obtenu un certain succès dans la sensibilisation des banques à la gestion de leur risque opérationnel. Le principal bénéfice de cette évolution ne réside pas tant au niveau des chiffres qui sont produits, mais plutôt au niveau du processus de leur production. Les managers seront davantage sensibles à l'importance du risque opérationnel et le concevront, peut-être, différemment.

Références complémentaires

BANK FOR INTERNATIONAL SETTLEMENTS, « Sound Practices for the Management and Supervision of Operational Risk ». Février 2003.

BAUD, N., FRACHOT, A. et RONCALLI, T., « Internal Data, External Data and Consortium Data for Operational Risk Management : How to Pool Data Properly ». Document de travail, Groupe de recherche opérationnelle, Crédit Lyonnais, 2002.

CHAPELLE, A., HÜBNER, G., PETERS, J.-P., *Le Risque opérationnel : implications de l'accord de Bâle pour le secteur financier*. Larcier, 2006.

CHORAFAS, D.N., *Operational Risk Control with Basel II : Basic Principles and Capital Requirements*. Elsevier, 2003.

DE FOUNTNOUVELLE, P., DE JESUS-RUEFF, V., JORDAN, J. et ROSENGREN, E., « Capital and Risk : New Evidence on Implications of Large Operational Risk Losses ». Document de travail, Federal Reserve Board of Boston, septembre 2003.

NETTER, J. et POULSEN, A., « Operational Risk in Financial Service Providers and the Proposed Basel Accord : An Overview ». Document de travail, Terry College of Business, université de Géorgie.

VAN DEN BRINK, G.J., *Operational Risk : The New Challenge for Banks*. Palgrave, 2001.

Problèmes et exercices (corrigés en fin d'ouvrage)

14.1. Quels risques sont inclus par les régulateurs dans la définition du risque opérationnel ? Lesquels ne sont pas inclus ?

14.2. Supposons que, d'après des données externes, une banque ayant des recettes annuelles de 1 milliard d'euros a subi une perte de 100 millions d'euros. Votre banque a des recettes annuelles de 3 milliards d'euros. Quelles sont les pertes que votre banque pourrait subir ?

14.3. Supposons que les pertes opérationnelles ne dépasseront pas 20 millions d'euros avec une probabilité de 90 %. Le paramètre α de la loi puissance vaut 0,8. Quelle est la probabilité que les pertes ne dépassent pas (a) 40 millions d'euros, (b) 80 millions d'euros et (c) 200 millions d'euros ?

14.4. Comment les problèmes d'aléa moral et d'anti-sélection sont-ils gérés par les compagnies d'assurances ?

14.5. Donnez deux éléments de la loi Sarbanes-Oxley qui influencent les P.-D.G. des sociétés cotées.

14.6. Quand une perte de trading est-elle classée en risque de marché ? En risque opérationnel ?

14.7. Les polices d'assurance vie sont porteuses de problèmes (a) d'aléa moral et (b) d'anti-sélection. Commentez.

14.8. Définissez le terme « données externes » ? Comment peut-on les obtenir ? Comment sont-elles utilisées dans la détermination des distributions des pertes dues au risque opérationnel ?

14.9. Quels types de distribution sont communément utilisés dans l'évaluation de la fréquence et de la sévérité des pertes, respectivement ?

14.10. Donnez des exemples d'indicateurs de risque clés.

14.11. La feuille Excel utilisée pour construire le graphique 14.2 est disponible sur le site web de l'auteur. Donnez la moyenne et l'écart-type de la distribution des pertes. Modifiez les inputs des simulations pour tester l'effet de l'augmentation de 3 à 4 de la fréquence des pertes.

Questions complémentaires

14.12. Supposons que les pertes opérationnelles ne dépasseront pas 10 millions d'euros avec une probabilité de 1 %. Utilisez la loi puissance pour estimer la perte opérationnelle au seuil de 99,97 % lorsque le paramètre α est égal à (a) 0,25, (b) 0,5, (c) 0,9 et (d) 1,0.

14.13. Considérons les deux événements suivants : (a) une banque perd 1 milliard d'euros suite à une poursuite judiciaire liée à des transactions avec une contrepartie et (b) une compagnie d'assurances perd 1 milliard d'euros à cause d'une tempête dans le nord de l'Europe. Vous possédez des actions dans les deux sociétés. Quelle est la perte qui vous affecte le plus ? Pourquoi ?

14.14. La feuille Excel utilisée pour construire le graphique 14.2 est disponible sur le site web de l'auteur. Comment évolue la distribution des pertes lorsque la sévérité des pertes a une distribution bêta avec des seuils inférieur et supérieur à 0 et 5 respectivement (les autres paramètres sont égaux à 1) ?

Chapitre 15

Risques de modèle et de liquidité

Nous présentons dans ce chapitre deux types de risques supplémentaires auxquels les institutions financières sont exposées : les risques de modèle et de liquidité. Le premier est lié aux modèles mis en œuvre pour l'évaluation des produits dérivés. Le second résulte de l'insuffisance d'acheteurs ou de vendeurs sur le marché pour que l'institution financière puisse exécuter ses ordres comme elle le souhaite. Ces deux risques sont liés. En effet, des modèles sophistiqués sont nécessaires pour évaluer des produits illiquides, contrairement à des produits activement échangés sur le marché, pour lesquels les prix peuvent être aisément observés. Dans ce cas, le recours à la modélisation est moins important.

Il existe deux principaux types de risque de modèle. Le premier est issu d'une mauvaise évaluation du produit par le modèle. L'entreprise peut alors acheter ou vendre un produit à un prix sur ou sous-évalué. Le second concerne la couverture. Si une entreprise utilise un mauvais modèle, les grecques calculées, ainsi que les couvertures mises en place sur la base de ces calculs, sont erronées.

Le risque de liquidité correspond à l'impossibilité d'effectuer un échange au volume requis à un certain prix, même si le prix théorique de l'institution financière est cohérent avec celui du marché et celui des concurrents. Supposons que le prix d'une option soit de 40 €. Une institution financière pourrait acquérir 10 000 options à ce prix, mais il lui sera difficile d'en acheter 10 millions. Si l'institution en question est entrée sur le marché pour acquérir de grandes quantités d'options à différents teneurs de marché, le prix de l'option va augmenter, rendant ainsi les achats ultérieurs plus onéreux.

15.1 Nature des modèles financiers

De nombreux ingénieurs travaillent au front et au middle office des banques et de nombreux modèles utilisés par ces dernières sont similaires aux modèles appliqués en physique. Par exemple, l'équation différentielle à la base du fameux modèle de Black-Scholes est une équation de diffusion de la chaleur, utilisée par les ingénieurs depuis de nombreuses années. Cependant, comme le remarque Derman, il y a une différence fondamentale entre les deux types de modèles[1]. Ceux qui sont utilisés par les ingénieurs sont très précis et décrivent des processus physiques. À l'opposé, les modèles financiers

1. Voir DERMAN E., *My Life as a Quant : Reflections on Physics and Finance.* Wiley, 2004.

décrivent l'évolution de variables de marché qui dépendent des comportements humains. Par conséquent, ces modèles constituent au mieux une description approximative des variables de marché. C'est pourquoi le recours aux modèles financiers génère ce qu'on appelle un « risque de modèle ».

Une différence importante entre les modèles physiques et financiers concerne les paramètres. Ceux qui sont utilisés en physique sont généralement constants. Au contraire, ceux des modèles financiers sont supposés constants sur la durée de vie totale du modèle, alors que celui-ci est utilisé pour évaluer une option un jour particulier. Cependant, les paramètres sont modifiés quotidiennement afin de retrouver le prix de marché correspondant. Le processus de choix des paramètres est qualifié de calibrage.

Un exemple de calibrage est le choix du paramètre de volatilité dans le modèle de Black-Scholes, qui suppose une volatilité constante sur la durée de vie du modèle. Toutefois, le paramètre effectivement utilisé varie chaque jour. Pour une option d'échéance trois mois, ce paramètre peut être égal à 20 % lorsque le produit est évalué aujourd'hui, puis 22 % lorsqu'il est évalué demain, puis 19 %, et ainsi de suite. Le calibrage est parfois très important pour certains modèles financiers. Par exemple, le calibrage d'un modèle de taux d'intérêt implique (a) l'ajustement de la courbe ZC observée un jour et (b) l'ajustement des prix de marché des options de taux activement échangées, telles que les caps et les options sur swap.

Parfois, les paramètres des modèles financiers doivent être calibrés sur données historiques. Considérons un modèle impliquant à la fois un taux de change et un indice boursier. Il est judicieux d'estimer la corrélation entre les variations de ces deux variables à partir des données historiques puisqu'il n'existe pas de produits activement échangés à partir desquels on pourrait inférer le coefficient de corrélation recherché.

Encadré 15.1 : L'erreur gênante de Kidder Peabody

Les banques d'investissement ont développé une façon de créer des zéro-coupon, appelés strips, en découpant une obligation à coupons et en vendant séparément les différents flux associés. Joseph Jett, trader chez Kidder Peabody, avait une stratégie relativement simple. Il achetait des strips sur le marché au comptant et les revendait à terme à l'aide de contrats forward. Comme le prix forward d'un actif qui ne paie pas de revenu intermédiaire est toujours plus élevé que son prix spot, Jett semblait avoir découvert une machine à sous ! En fait, la différence entre les prix forward et spot représente le coût de financement du strip. Supposons, par exemple, que le taux à 3 mois est de 4 % en base annuelle, si le prix spot d'un strip est de 70 €, le prix forward correspondant est de $70e^{0,04\times 3/12} = 70,70$ €.

Le système informatique de Kidder Peabody considérait la différence comme un profit au moment de la transaction (0,70 € dans notre exemple). En renouvelant la position sur les contrats forward, Jett évitait la prise en compte du coût de financement. Par conséquent, le système comptabilisait un profit de 100 millions, impliquant une large gratification pour Jett, alors qu'en réalité il s'agissait d'une perte d'environ 350 millions. Cela montre que, même dans les institutions financières reconnues, des dysfonctionnements importants peuvent survenir !

15.2 Modèles pour produits linéaires

L'évaluation de produits linéaires tels que les contrats forward ou les swaps est aisée et repose sur des outils mathématiques extrêmement simples (valeur actualisée). En conséquence, il y a très peu de désaccords concernant les modèles d'évaluation pour ces produits, et donc un risque de modèle résiduel, mais non nul. Comme l'illustre l'encadré 15.1, le système informatique de Kidder Peabody n'a pas correctement comptabilisé les coûts de financement d'un produit linéaire. Un trader de cette société apparaissait donc comme très rentable alors qu'il engendrait en fait des pertes énormes.

Un autre type de risque de modèle apparaît lorsqu'une institution financière admet qu'un produit est plus simple qu'il ne l'est en réalité. Considérons le marché des swaps de taux. Un swap de taux plain vanilla (voir section 2.3) peut être évalué en supposant une réalisation des taux d'intérêt forward comme dans l'annexe B. Par exemple, si le taux d'intérêt forward pour la période comprise entre 2 et 2,5 ans s'établit à 4,3 %, alors on évalue ce swap en supposant que le taux variable échangé contre le taux fixe en date 2,5 ans vaut 4,3 %.

Encadré 15.2 : L'exploitation des faiblesses du modèle d'un concurrent

Un swap LIBOR-in-arrears est un swap de taux où le taux variable est payé le jour où il est observé, et non à la période suivante. Un swap de taux plain vanilla est correctement évalué sous l'hypothèse que les taux futurs sont égaux aux taux forward observés aujourd'hui. Un swap LIBOR-in-arrears devrait être évalué sous l'hypothèse que le taux futur correspond au taux forward d'aujourd'hui augmenté d'un « ajustement de convexité ».

Au milieu des années 1990, des institutions financières sophistiquées ont compris l'approche adaptée pour l'évaluation de ce type de swap, et d'autres, moins avancées, ont continué à utiliser l'approche naïve (hypothèse de réalisation des taux forward). Par conséquent, les institutions sophistiquées ont pu dégager des profits substantiels aux dépens des institutions naïves par le biais de transactions bien ciblées.

Morale de l'histoire : on ne fait pas d'affaires sur le marché dérivé sans exploiter les faiblesses du modèle de son concurrent !

Il est tentant de généraliser cette approche à l'évaluation de tous les produits impliquant des échanges de flux sous l'hypothèse de réalisation des taux forward, mais cela est faux. Considérons par exemple un swap LIBOR-in-arrears, où le taux variable observé un certain jour est payé ce même jour (et non à la période suivante comme dans le cas d'un swap plain vanilla). Ce type de swap devrait donc être évalué en supposant que le taux d'intérêt réalisé est égal au taux forward plus un « ajustement de convexité ». Les institutions financières qui n'avaient pas compris cela au milieu des années 1990 ont subi des pertes importantes (voir encadré 15.2).

15.3 Modèles pour produits activement échangés

Dans le cas de produits activement échangés, l'utilisation d'un modèle pour déterminer un prix est inutile, puisque celui-ci est fourni par le marché. Supposons, par exemple, qu'une option sur indice est activement échangée, avec des cours acheteurs et vendeurs à 30 € et 31 € respectivement. La meilleure estimation de la valeur de l'option est donc le prix milieu de fourchette, soit 30,50 €.

Dans ces conditions, un modèle joue surtout un rôle d'outil de communication. Les traders apprécient les modèles pour lesquels seule une des variables nécessaires à l'évaluation n'est pas directement observable sur le marché. Le modèle fournit alors un moyen d'ajuster le prix du produit financier à la variable en question, à l'instar du modèle de Black-Scholes (voir annexe C). En effet, dans ce cadre, la seule variable non observable est la volatilité de l'actif sous-jacent, et le modèle fournit un ajustement des prix des options aux volatilités. La volatilité estimée à partir des prix de marché est connue sous le nom de volatilité implicite (voir chapitre 5). Ces volatilités sont fréquemment cotées par les traders plutôt que les prix en euros, car ces derniers sont moins stables. En effet, la variation du prix en euros de l'option est nettement plus sensible à la variation du prix du sous-jacent ou du taux d'intérêt que la volatilité implicite.

Considérons à nouveau l'option sur indice de prix milieu de fourchette à 30,50 €. Supposons qu'il s'agit d'un call européen d'échéance un an avec un prix d'exercice de 1 000. Le prix forward à un an de l'indice vaut 1 100 et le taux sans risque est égal à 3 %. Dans ce cas, la volatilité implicite serait de 15,37 %[1]. La fourchette de prix acheteur et vendeur pourrait alors s'établir à 15,24 %–15,50 %.

Smiles de volatilité

La volatilité implicite (selon Black-Scholes ou selon un calcul d'arbre binomial, voir annexe D) exprimée comme une fonction du prix d'exercice pour une maturité donnée décrit une relation connue sous le nom de *smile de volatilité*[2]. Si les traders faisaient vraiment confiance aux hypothèses sous-jacentes au modèle de Black-Scholes, la volatilité implicite serait la même pour toutes les options et le smile serait plat. En fait, c'est rarement le cas.

---

1. Les calculs de volatilité implicite peuvent s'effectuer avec le logiciel DerivaGem disponible sur le site web de l'auteur.
2. On peut démontrer que la relation entre le prix d'exercice et la volatilité implicite devrait être exactement la même pour les calls et les puts dans le cas des options européennes, et approximativement la même dans le cas des options américaines.

Graphique 15.1

Smile de volatilité pour des options de change.

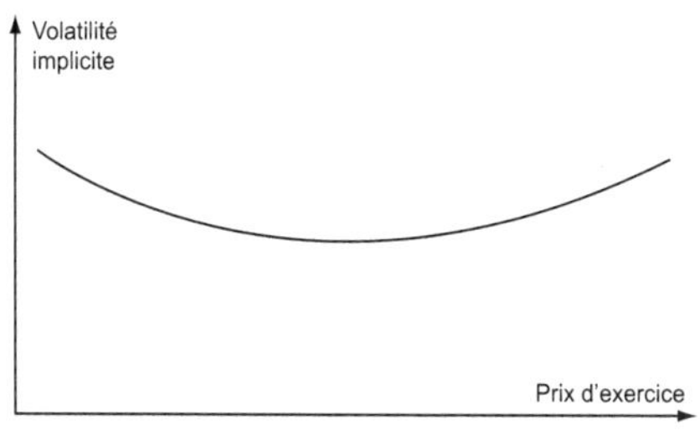

La volatilité implicite utilisée par les traders pour évaluer les options de change a la forme générale représentée sur le graphique 15.1. La volatilité est relativement faible pour les options à la monnaie et devient progressivement importante à mesure que l'option « devient » dans ou en dehors la monnaie. La raison du smile de volatilité provient des hypothèses de Black-Scholes, qui sont les suivantes :

1. La volatilité est constante.
2. Le cours varie régulièrement, sans sauts.

En pratique, aucune de ces deux conditions n'est satisfaite pour les taux de change. La volatilité d'un taux de change est loin d'être constante et ces taux font fréquemment l'objet de sauts[1]. L'instabilité de la volatilité, ajoutée aux sauts dans le processus des taux de change, conduit à une augmentation de la probabilité de mouvements extrêmes. Cela conduit au smile de volatilité représenté dans le graphique 15.1.

Le smile de volatilité utilisé par les traders en options sur actions (à la fois sur des actions et des indices d'actions) a la forme générale représentée sur le graphique 15.2. On s'y réfère parfois en termes de *skew de volatilité*. La volatilité décroît avec le prix d'exercice et la volatilité utilisée pour évaluer une option à prix d'exercice faible (*i.e.* un put très en dehors de la monnaie ou un call très en dedans) est plus importante que pour évaluer une option à prix d'exercice élevé (*i.e.* un put très dans la monnaie ou un call très en dehors). Une des explications possibles du smile des options sur actions est l'effet de levier. À mesure que la valeur des actions d'une entreprise diminue, son levier augmente, ces titres deviennent moins risqués et leur volatilité décroît. Cet argument souligne que la volatilité des actions peut être une fonction décroissante du prix et est en accord avec le graphique 15.2. Une autre explication possible repose sur la phobie du krach (voir encadré 15.3).

1. Ces sauts sont des réponses aux actions des banques centrales.

Graphique 15.2

Smile de volatilité pour des options sur actions.

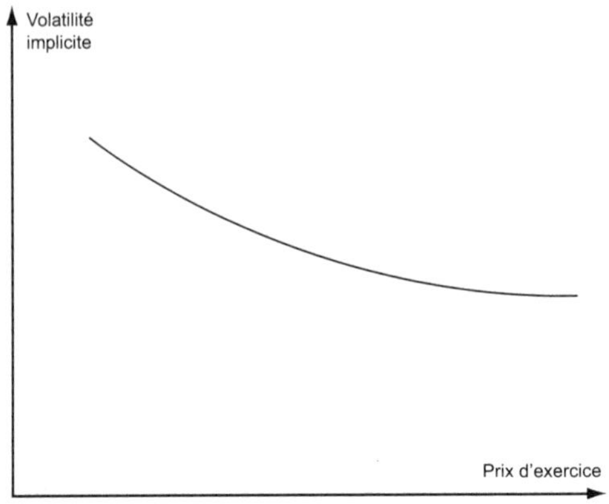

> **Encadré 15.3 : Phobie du krach**
>
> Il est intéressant de noter que la forme observée sur le graphique 15.2 n'existe en fait que depuis le krach du marché boursier d'octobre 1987. Avant cette date, les volatilités implicites étaient beaucoup moins dépendantes du prix d'exercice. Cela a conduit Mark Rubinstein à suggérer qu'une des raisons expliquant le smile de volatilité des actions pouvait être une « krachophobie ». Les traders tiennent compte de la possibilité d'un autre krach, semblable à celui d'octobre 1987, et ils évaluent donc les options en conséquence : des prix élevés (et donc des volatilités implicites importantes) pour les puts très en dehors de la monnaie.
>
> Il y a plusieurs validations empiriques de la théorie de la phobie du krach. Lorsque le marché baisse (monte), le skew de volatilité tend à être plus (moins) prononcé, sans doute parce que les traders deviennent plus nerveux, craignant un nouveau krach.

Les smiles et skews de volatilité représentés dans les graphiques 15.1 et 15.2 varient chaque jour. Cela signifie que les volatilités utilisées par les traders changent de jour en jour ainsi que d'option en option. Pourquoi le marché continue-t-il à utiliser Black-Scholes (et ses développements) alors que ce modèle fournit de médiocres résultats concernant les prix de marché ? La réponse est que les traders apprécient ce modèle puisqu'il est facile à comprendre et à utiliser.

Surfaces de volatilité

Les graphiques 15.1 et 15.2 illustrent le cas d'options avec des maturités particulières. Les traders agrègent souvent les smiles de volatilité pour différentes maturités en une *surface de volatilité*. Celle-ci permet de représenter la volatilité implicite comme fonction du prix d'exercice et de la durée de l'option. Un exemple de surface de volatilité pour des options de change est donné dans le tableau 15.1. Comme l'illustre ce tableau, le smile tend à devenir moins prononcé quand la durée de vie augmente. Cette relation est bien observée dans la réalité[1].

Tableau 15.1 : Surface de volatilité

Durée de vie	Prix d'exercice				
	0,90	0,95	1,00	1,05	1,10
1 mois	14,2	13,0	12,0	13,1	14,5
3 mois	14,0	13,0	12,0	13,1	14,2
6 mois	14,1	13,3	12,5	13,4	14,3
1 an	14,7	14,0	13,5	14,0	14,8
2 ans	15,0	14,4	14,0	14,5	15,1
5 ans	14,8	14,6	14,4	14,7	15,0

La surface de volatilité est produite principalement à partir d'informations fournies par les intermédiaires de marché. Ceux-ci servent d'intermédiaires entre les acheteurs et les vendeurs sur le marché de gré à gré et ont donc davantage d'informations sur les volatilités implicites que les traders. Avec le temps, un trader en options développe une connaissance suffisante sur la forme de la surface de volatilité pour un actif sous-jacent en particulier.

Lorsqu'une nouvelle option doit être évaluée, la volatilité appropriée est sélectionnée dans le tableau en utilisant des techniques d'interpolation. Par exemple, pour évaluer une option d'échéance 9 mois et de prix d'exercice 1,05, on procède à une interpolation entre 13,4 et 14 (voir tableau 15.1) pour obtenir une volatilité à 13,7 %. C'est la volatilité utilisée dans la formule de Black-Scholes ou dans le modèle d'arbre binomial. Lorsqu'on souhaite évaluer une option d'échéance 1,5 an et de prix d'exercice 0,925, une interpolation à deux dimensions permet de trouver une volatilité implicite à 14,525 %.

Couverture

Comme le soulignent les paragraphes précédents, les modèles jouent un rôle mineur dans l'évaluation des produits activement échangés. En effet, les courtiers interpolent les prix de marché observés, et un modèle tel que celui de Black-Scholes n'est qu'un

1. Si T est le temps restant jusqu'à l'échéance, et F_0 le prix forward d'un actif, certains traders choisiront de définir le smile de volatilité selon une relation entre la volatilité implicite et

$$\frac{1}{\sqrt{T}}\ln\left(\frac{K}{F_0}\right)$$

plutôt que comme une relation liant directement la volatilité implicite et K. Le smile est alors beaucoup moins dépendant de la durée de vie de l'option.

outil facilitant l'interpolation (il est plus facile d'interpoler des volatilités implicites que des prix en euros).

Le recours aux modèles est plus prononcé dans le cadre de couvertures. Les traders doivent gérer les grecques de leurs expositions (voir chapitre 3). Dans ce contexte, on peut distinguer les couvertures intra-modèle et extra-modèle. La première est conçue pour traiter le risque de variation des variables supposées incertaines par le modèle. La seconde traite le risque de variations supposées constantes (ou déterministes). Lorsque Black-Scholes est utilisé, la couverture des variations du prix du sous-jacent (couverture delta et gamma) appartient à la première catégorie de couverture puisque le modèle suppose que les variations du prix de l'action sont incertaines. La couverture de la volatilité (couverture vega) appartient à la seconde catégorie puisque le modèle suppose une volatilité constante.

En pratique, les traders utilisent les deux types de couverture, car les paramètres tels que les volatilités évoluent chaque jour. Une hypothèse naturelle est que, si la couverture est mise en place pour toutes les variables pouvant évoluer chaque jour (celles qui sont supposées constantes et stochastiques d'après le modèle), la valeur de la position ne doit pas changer. En fait, ce n'est pas forcément le cas. Si le modèle est erroné, une perte (ou un gain) non attendue peut survenir. En moyenne, ces pertes (ou gains) sont approximativement nulles. Le risque de couverture imparfaite est diversifié dans un portefeuille d'une grande institution financière.

De nombreuses institutions évaluent avec attention l'efficacité de leur couverture en décomposant les variations journalières de la valeur du portefeuille en :

1. variation résultant de risques non couverts;
2. variation résultant d'une imperfection du modèle de couverture;
3. variation résultant de nouvelles transactions effectuées le jour même.

Cette procédure est parfois appelée *décomposition des pertes et des gains (P&L decomposition)*.

15.4 Modèles pour produits structurés

Les options exotiques et les autres produits non standard ajustés aux besoins des clients sont qualifiés de produits structurés. Généralement, ils ne sont pas activement échangés et une institution financière doit s'appuyer sur un modèle pour les évaluer. Il y a très peu d'incertitude concernant le prix de produits activement échangés et le modèle affecte uniquement les performances de la couverture. Dans le cas des produits structurés, le risque de modèle est plus important puisque des erreurs d'évaluation et de couverture sont possibles.

Une institution financière devrait utiliser plusieurs modèles d'évaluation de produits structurés, car cela permet de construire un intervalle de prix et fournit donc une meilleure connaissance des risques de modèle encourus.

Supposons que trois modèles différents donnent les prix suivants pour un produit qu'une institution financière envisage de vendre à un client : 6 millions d'euros, 7,5 millions d'euros et 8,5 millions d'euros. Même si le résultat du premier modèle semble le plus cohérent et que le modèle en question sera utilisé à l'avenir pour l'évaluation journalière et la couverture, l'institution financière doit s'assurer qu'elle va vendre son produit à 8,5 millions d'euros au moins. Elle devra également être prudente en ce qui concerne ses profits. En effet, si le produit est vendu à 9 millions d'euros, il est tentant de constater un profit de 3 millions d'euros (9 millions – 6 millions d'euros), mais ce comportement est trop agressif. Il sera plus judicieux de mettre les 3 millions d'euros en réserves, puis de les transférer périodiquement vers le compte de profits au cours de la durée de vie du produit[1].

La majorité des grandes institutions financières possède des groupes d'audit des modèles au sein de son équipe de gestion des risques. Ces groupes ont pour mission d'analyser et de valider les modèles proposés par les traders pour différents produits. Ce processus comprend généralement (a) la vérification d'une implantation correcte du modèle, (b) l'examen des fondements théoriques du modèle, (c) la comparaison des modèles pouvant être utilisés pour une tâche similaire, (d) la spécification des limites du modèle et (e) l'évaluation des incertitudes des paramètres au niveau des prix et de la couverture fournis par le modèle.

15.5 Dangers de la modélisation

L'art de la modélisation consiste à capter les éléments importants pour l'évaluation et la couverture d'un produit sans rendre pour autant le modèle trop complexe. Cependant, cette complexité est parfois nécessaire pour certains produits.

Un des dangers de la modélisation est le surajustement. Considérons le problème lié à la surface de volatilité (voir tableau 15.1). Nous pouvons parfaitement ajuster la surface de volatilité avec un seul modèle en développant Black-Scholes de telle manière que la volatilité soit une fonction complexe du prix du sous-jacent et du temps[2]. En procédant de la sorte, on pourrait constater que les autres propriétés du modèle sont alors moins raisonnables si on les compare à celles des modèles plus simples. En particulier, la probabilité jointe des prix des actifs à deux dates ou plus différentes peut apparaître irréaliste[3].

---

1. Cela devrait également avoir des répercussions sur la manière de verser les primes.

2. Il s'agit de la fonction de volatilité implicite proposée par : DUPIRE B., « Pricing with a Smile », in *Risk* (février 1994, vol. 7, p. 18-20) ; DERMAN E. et KANI I., « Riding on a Smile », in *Risk* (février 1994, vol. 7, p. 32-39) ; RUBINSTEIN M. , « Implied Binomial Trees », in *Journal of Finance* (juillet 1994, vol. 49, p. 771-818).

3. Des produits comme les options barrières et les options composées dépendent de la distribution de probabilité jointe des prix des actifs à plusieurs dates. Hull et Suo trouvent que les modèles à fonction de volatilité implicite fonctionnent mieux pour la première catégorie de produits, mais donnent des erreurs importantes pour la seconde catégorie de produits. Voir HULL J.C. et SUO W., « A Methodology for the Assessment of Model Risk and its Application to the Implied Volatility Function Model », in *Journal of Financial and Quantitative Analysis.* Juin 2002, vol. 37, p. 297-318.

Un autre danger provient de la surdétermination. Le modèle Black-Scholes peut être étendu à une volatilité stochastique ou à des sauts du prix de l'actif. Cela introduit de nouveaux paramètres à estimer. On admet souvent que les paramètres des modèles complexes sont plus stables et ne doivent pas être considérablement ajustés chaque jour. Cela peut être vrai, mais il ne faut pas oublier que l'on ne traite pas de processus physiques ! Ces paramètres peuvent demeurer stables sur une certaine période puis varier à cause d'un changement de régime (regime shift) par exemple. Une institution financière peut considérer qu'un modèle complexe est une avancée par rapport à un modèle simple dès que les paramètres ne varient pas. Cependant, lorsque le changement se produit, elle peut manquer de la flexibilité nécessaire pour gérer les modifications des conditions du marché.

Les traders apprécient les modèles simples avec un seul paramètre non observable et ils demeurent plus sceptiques à l'égard de modèles plus complexes, qu'ils considèrent comme des « boîtes noires » pour lesquels l'intuition est difficile. Dans certaines conditions, ce scepticisme est de bon augure si l'on se réfère aux arguments développés précédemment.

15.6 Détection des problèmes

Le département de gestion des risques doit scrupuleusement surveiller l'évolution du trading d'une institution financière, en particulier :

1. le type de trading effectué avec d'autres institutions financières ;
2. la compétitivité en prix pour les différents types de produits structurés ;
3. les profits enregistrés sur les opérations de trading.

Être actif dans un seul type d'activité ou dégager des profits importants sur une stratégie simple de trading peut être un signal d'alerte, de même que l'incapacité d'une institution financière à dénouer ses positions aux prix affichés par son système informatique.

Les profits importants dégagés par Joseph Jett de Kidder Peabody (voir encadré 15.1) auraient dû être un signal d'alerte[1]. Par ailleurs, si, au milieu des années 1990, le département de gestion des risques d'une institution financière avait découvert que les traders entraient dans de nombreux swaps LIBOR-in-arrears (voir encadré 15.2), avec versement d'un variable et réception d'un fixe, il aurait pu alerter le département de modélisation et ordonner la suspension des transactions sur ce produit.

Il existe d'autres manières pour qu'un courtier en dérivés découvre qu'un de ses modèles est déconnecté de celui utilisé par les autres participants sur le marché. En effet, les courtiers souscrivent souvent à des services qui leur fournissent les cotations

---

1. Barry Finer, manager des risques de la table des obligations publiques de Kidder Peabody, avait remarqué qu'il était extrêmement difficile de dégager des profits d'arbitrage importants sur un marché aussi efficient que celui des obligations publiques américaines, mais ses interventions ont été négligées.

pour des échanges représentatifs. L'entreprise fournissant ce type de service demande régulièrement à ses clients des cotations pour des transactions hypothétiques (en éliminant les extrêmes) et transmet les résultats aux courtiers.

15.7 Vision traditionnelle du risque de liquidité

La liquidité affecte à la fois les activités de trading et de financement d'une institution financière. Nous traitons d'abord des activités de trading pour aborder le financement à la section 15.10.

La vision traditionnelle du risque de liquidité en trading repose sur une relation entre le prix et la quantité (voir graphique 15.3.). Lorsque la quantité d'un actif échangé est faible, les fourchettes sont faibles. À mesure que la quantité augmente, le prix payé par l'acheteur augmente et le prix perçu par le vendeur décroît.

Graphique 15.3

Cours acheteur et vendeur comme fonction de la quantité échangée.

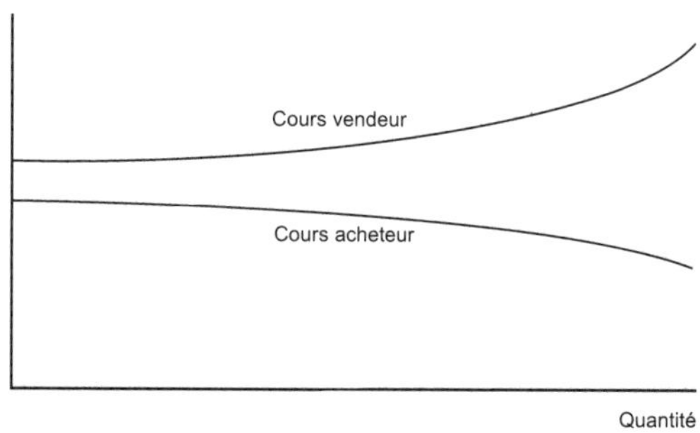

Comment une institution financière peut-elle gérer la liquidité de son portefeuille de marché ? Un des moyens repose sur les limites des positions. Si la taille d'une position est limitée, la taille d'une transaction qu'elle doit effectuer pour dénouer une position est également limitée. L'horizon temporel dans le calcul d'une VaR doit refléter le temps nécessaire pour dénouer cette position. Si celle-ci peut être dénouée rapidement, un horizon temporel d'un jour est approprié, sinon des horizons temporels proches d'un mois sont nécessaires.

VaR ajustée à la liquidité

La fourchette de prix en pourcentage pour un actif peut être définie comme :

$$s = \frac{\text{cours vendeur} - \text{cours acheteur}}{\text{prix milieu de fourchette}}$$

Lorsqu'une institution financière liquide une position sur un actif, elle enregistre un coût égal à $s\alpha/2$ où α est la valeur en euros de la position. En effet, les échanges ne s'effectuent pas au prix milieu de fourchette. Les achats et les ventes se font à un montant proportionnel de $s/2$ au-dessus et en dessous du prix de marché respectivement. Les managers des risques calculent parfois une *VaR ajustée à la liquidité* en ajoutant $s\alpha/2$ à chaque position du portefeuille. Ainsi, nous avons :

$$\text{VaR ajustée à la liquidité} = \text{VaR} + \sum_{i=1}^{n} s_i\alpha_i/2$$

où n est le nombre de positions, s_i la fourchette de prix en pourcentage pour la position i et α_i le montant de fonds investis dans cette position. La VaR bénéfice de la diversification à mesure que le nombre de positions n augmente, ce qui n'est pas le cas pour l'ajustement de liquidité. Par conséquent, la différence (en pourcentage) entre la VaR et la VaR ajustée à la liquidité augmente avec n.

Une variante de ce calcul a été proposée par Bangia *et al.*[1] pour tenir compte de l'incertitude sur la fourchette de prix. Elle implique l'estimation de la moyenne μ_i et de l'écart-type σ_i de s_i, et donne :

$$\text{VaR ajustée à la liquidité} = \text{VaR} + \sum_{i=1}^{n} (\mu_i + \lambda\sigma_i)\alpha_i/2$$

Le paramètre λ fournit le seuil de confiance requis pour la fourchette de prix sous hypothèse de distribution normale. Par exemple, avec un seuil de confiance de 95 %, $\lambda = 1{,}64$. L'équation de Bangia *et al.* suppose (de façon conservatrice) que les fourchettes sont parfaitement corrélées.

15.8 Les trous noirs de liquidité

Le risque de liquidité que nous venons de décrire est bien réel. Les banques ne peuvent effectuer de transactions aux prix milieu de fourchette et la fourchette s'élargit avec la taille de la transaction. Il existe cependant un risque de liquidité plus dangereux, celui lié à l'absence totale de liquidité, conséquence de l'absence de contreparties.

L'argument selon lequel les développements récents, en particulier technologiques, ont contribué au développement de la liquidité des marchés financiers est discutable. Il est vrai que les fourchettes de prix ont diminué en moyenne. Cependant, une tendance au « comportement moutonnier » a émergé, où chacun veut effectuer le même échange au

---

1. Voir BANGIA A., DIEBOLD F., SCHUERMANN T. et STROUGHAIR J., « Liquidity on the Outside », in *Risk*. Vol. 12, p. 68-73.

même moment. Le résultat est connu sous le nom de « trous noirs de liquidité » selon les termes de Persaud, dont la fréquence de réalisation est de plus en plus importante[1].

Le marché peut changer d'opinion sur un prix suite à de nouvelles informations. Cependant, si le marché fonctionne correctement, il ne devrait exister aucune surréaction du prix. En effet, si sa chute est trop importante, les traders interviennent rapidement et achètent l'actif; un nouveau prix d'équilibre est atteint. Un trou noir de liquidité apparaît lorsque la baisse d'un prix entraîne davantage de participants à vendre, conduisant les prix bien en dessous de leur niveau d'équilibre. Durant la vente, le marché est asséché et l'actif peut être uniquement vendu au premier prix d'achat[2].

Parmi les raisons du comportement moutonnier et de l'apparition de trous noirs de liquidité, on peut citer :

1. Les modèles informatiques utilisés par différents traders sont similaires.
2. Toutes les institutions financières sont régulées de la même manière et réagissent de la même façon aux changements des volatilités et des corrélations.
3. Il y a une tendance naturelle à croire que les personnes qui effectuent un certain type de transactions sont mieux informées que vous !

Modèles informatiques

Un exemple classique de modèle informatique à l'origine d'un trou noir de liquidité est le krach boursier d'octobre 1987. Durant la période précédant le krach, le marché fonctionnait très bien. Le nombre de gérants de portefeuilles utilisant des logiciels de création de puts synthétiques sur leurs portefeuilles augmentait régulièrement. Ces logiciels ordonnaient de vendre une partie des portefeuilles immédiatement après la baisse du prix et de la racheter après une hausse. Le résultat (voir encadré 15.4) a été une chute des prix le 19 octobre 1987, bien en dessous de leurs niveaux d'équilibre de long terme.

Nous pouvons donner un autre exemple illustrant le lien de causalité entre les modèles informatiques et les trous noirs de liquidité. Considérons des institutions financières qui se trouvent d'un côté du marché pour un produit dérivé et leurs clients à l'opposé. Lorsque le prix du sous-jacent change, toutes les institutions financières exécutent le même type d'ordre pour maintenir une position delta-neutre. Cela entraîne une variation supplémentaire du prix du sous-jacent. Un exemple est décrit dans l'encadré 15.5.

1. Voir PERSAUD A.D. (sous la direction de), *Liquidity Black Holes : Understanding, Quantifying and Managing Financial Liquidity Risk*. Risk Books, 1999.

2. Les trous noirs de liquidité sont souvent associés aux baisses des prix, mais ils peuvent également apparaître lorsque les prix montent.

Encadré 15.4 : Le krach de 1987

Le lundi 19 octobre 1987, le « Dow Jones Industrial Average » chuta brutalement de plus de 20 %. L'assurance de portefeuille a joué un rôle majeur dans ce krach. En octobre 1987, 60 à 90 milliards de dollars d'actions étaient gérés par l'assurance de portefeuille *via* des puts synthétiques créés au moyen d'une stratégie de trading appelée « stop-loss ».

Entre le mercredi 14 octobre 1987 et le vendredi 16 octobre 1987, le marché baissa d'environ 10 %; une grande partie de cette baisse se déroula notamment le vendredi après-midi. La baisse aurait dû engendrer au moins 12 milliards de dollars de ventes d'actifs ou de futures sur indices conformément aux techniques d'assurance de portefeuille. En réalité, ce sont moins de 4 milliards de dollars qui ont été vendus; les assureurs de portefeuille débutaient donc la semaine suivante avec d'énormes montants à vendre (dictés par les modèles théoriques). Il a été estimé que, le lundi 19 octobre 1987, les ordres de vente de trois assureurs de portefeuilles représentaient plus de 10 % des ventes de la Bourse de New York, et que les ventes des couvertures de portefeuilles s'élevaient à 21,3 % de l'ensemble des ventes des marchés de futures sur indices. Il paraît vraisemblable que l'assurance de portefeuille a été la source d'une forte pression baissière sur le marché.

Puisque le marché baissait trop rapidement et que le système informatique de la Bourse était surchargé, de nombreux assureurs de portefeuilles furent incapables d'exécuter les ordres de vente générés par leurs modèles et ne purent obtenir la couverture souhaitée. Inutile de dire que la popularité de l'assurance de portefeuille fondée sur la gestion dynamique des actions et des futures s'est effondrée depuis le mois d'octobre 1987. La morale de cette histoire est la suivante : il est dangereux de suivre la même stratégie de trading (même une stratégie de couverture) que de nombreux autres participants du marché.

Impact de la régulation

L'objectif d'une régulation homogène des banques et des autres institutions financières à travers le monde est louable sous de nombreux aspects. Les capitaux requis et la manière de les réguler variaient selon les pays avant Bâle I. Les banques étant en concurrence globale à travers le monde, un établissement qui opérait dans un pays où la régulation bancaire était laxiste disposait d'un avantage concurrentiel.

Cependant, une régulation uniforme implique un coût. Toutes les banques ont tendance à réagir de la même manière aux chocs externes. Considérons par exemple le risque de marché. Lorsque les volatilités et les corrélations augmentent, la VaR de marché et le capital requis pour le risque de marché augmentent également. En conséquence, les banques entreprennent des mesures pour réduire leur exposition. Comme elles ont souvent des positions similaires, elles tentent d'effectuer les mêmes échanges. Un trou noir de liquidité peut se développer.

Considérons désormais le risque de crédit. Pendant les périodes de dépression économique, les probabilités de défaut sont relativement élevées et les capitaux requis pour les prêts selon l'approche des notations internes de Bâle II sont également élevés. Par conséquent, les banques auraient tendance à réduire l'octroi de prêts, créant ainsi un trou noir de liquidité pour les petites et moyennes entreprises. Le Comité de Bâle a reconnu ce problème. Il a alors proposé d'utiliser une probabilité de défaut moyenne sur le cycle économique ou de crédit plutôt qu'une estimation à un point donné dans le temps.

Encadré 15.5 : Les compagnies d'assurances britanniques

À la fin des années 1990, des compagnies d'assurances britanniques ont conclu de nombreux contrats promettant un taux d'intérêt applicable à l'annuité perçue par un retraité égal au taux le plus élevé entre le taux du marché et un taux garanti. À la même période, en grande partie pour des raisons réglementaires, toutes les compagnies d'assurances ont décidé de couvrir leurs risques sur ces contrats en achetant à des institutions financières des options sur swaps à échéance longue. Ces institutions ont à leur tour couvert leurs risques en achetant un grand nombre d'obligations en livres anglaises de maturité éloignée. En conséquence, les prix des obligations ont augmenté et les taux d'intérêt à long terme ont baissé. Davantage d'obligations devaient être achetées pour maintenir la couverture dynamique, les taux baissèrent à nouveau, et ainsi de suite. Les institutions financières ont perdu de l'argent, et, à cause de la chute des taux à long terme, les compagnies d'assurances se sont retrouvées dans une position très défavorable sur les risques qu'elles n'ont pas couverts.

Importance de la diversité

Les modèles économiques supposent généralement que les participants sur le marché agissent indépendamment. Cela n'est pourtant pas souvent le cas et c'est bien la dépendance qui entraîne les trous noirs de liquidité. Pour résoudre ce problème, davantage de diversité sur les marchés financiers est nécessaire.

Une stratégie d'investissement contraire a du mérite. Si les marchés surréagissent, un investisseur peut gagner de l'argent en achetant lorsque tout le monde vend et que le marché est très illiquide. Cependant, il est difficile de suivre ce genre de stratégie pour un fonds qui est soumis à une gestion du risque fondée sur la VaR, devenue désormais un standard.

Les volatilités et les corrélations ont tendance à exhiber une trajectoire de « retour à la moyenne ». Parfois elles augmentent, mais reviennent finalement avec le temps à leur niveau moyen de long terme. Une des manières de créer de la diversité consiste à reconnaître par le régulateur, ainsi qu'au niveau des pratiques de gestion du risque, que tous les participants ne sont pas concernés par les changements de court terme des volatilités et des corrélations. Par exemple, les gérants d'actifs devraient fonder leurs décisions sur les valeurs moyennes de long terme de ces variables. Ils ne devraient pas rejoindre les « moutons » lorsque des trous noirs de liquidité se développent.

Les fonds d'arbitrage *(hedge funds)*

Ces dernières années, les hedge funds sont devenus des acteurs incontournables des marchés financiers. Ce type de fonds ressemble à un fonds mutuel puisqu'il investit de l'argent au nom de ses clients. Cependant, ce type de fonds n'est pas, par exemple aux États-Unis, soumis à l'obligation d'enregistrement sous la loi fédérale sur les titres *(US federal securities law)*[1]. En effet, les hedge funds acceptent les fonds de la part d'indi-

1. En France, la Loi sur la sécurité financière du 1er août 2003 (art. L. 214-35, L. 214-35-1 et art. L. 214-35-2 à L. 214-35-6 du Code monétaire et financier) est une des mesures les plus récentes qui régulent les hedge funds.

vidus financièrement sophistiqués et ils n'offrent pas leurs titres au public. Les fonds mutuels sont soumis à une régulation qui leur impose une évaluation équitable des parts (rachetables à n'importe quel moment), une politique d'investissement transparente, un recours limité au levier, l'interdiction de ventes à découvert, etc. Les hedge funds jouissent d'une plus grande liberté à cet égard et peuvent ainsi développer des stratégies d'investissement sophistiquées, non conventionnelles et qui leur sont propres. Les commissions exigées par ce type de fonds dépendent de leur performance, et sont généralement élevées – de 1 % à 2 % du montant investi plus 20 % des profits.

Plus d'un billiard de dollars ont été investis dans les hedge funds dans le monde en 2004. Des « fonds de fonds » ont été établis pour investir dans les portefeuilles d'autres hedge funds. Ces fonds sont encore faiblement régulés, ce qui signifie qu'ils ne sont pas contraints d'évaluer le risque de la même manière que les autres institutions financières. Par conséquent, les hedge funds sont dans une position idéale pour fournir de la liquidité lorsque des trous noirs apparaissent. Si à l'avenir ces fonds sont régulés, il faut espérer que leur régulation ne soit pas la même que celle qui s'applique aux autres institutions financières.

15.9 Long-Term Capital Management

Les hedge funds peuvent rencontrer des problèmes de liquidité et créer ou amplifier les trous noirs de liquidité. Le plus célèbre exemple est celui de Long Term Capital Management (LTCM) (voir encadré 12.1).

Les problèmes de LTCM ont été amplifiés par son effet de levier important, avec près de 125 milliards de dollars d'actifs (ainsi que d'importantes transactions sur produits dérivés, tels que des swaps, en hors bilan) et seulement 5 milliards de dollars de fonds propres. Le fonds a été incapable de faire face aux paiements liés aux accords de garantie. La question de la capacité du système financier à supporter la faillite potentielle de LTCM s'est alors posée. Finalement, un groupe de banques a injecté du cash dans le fonds et celui-ci a été liquidé, conduisant à une perte totale de près de 4 milliards de dollars. Si le fonds avait un levier moins important, il aurait sans doute pu survivre à la fuite vers la qualité et attendre que la relation entre les prix des actifs liquides et illiquides se rétablisse.

Pourquoi alors la fuite vers la qualité a-t-elle été si prononcée? Une des raisons réside dans les rumeurs circulant sur le marché concernant les difficultés de LTCM, qui ont conduit les intervenants à anticiper les transactions que le fonds devrait dénouer et leur impact sur les prix du marché. Lorsque sur un marché financier tout le monde anticipe le même événement, généralement celui-ci se réalise. Une autre raison est que la stratégie de LTCM a été très probante sur la période 1995-1997. En conséquence, de nombreux autres hedge funds l'ont imité et rencontrèrent les mêmes difficultés financières. Ils durent alors tenter de dénouer leurs positions, ce qui amplifia les mouvements du marché.

15.10 Liquidité et rentabilité

Des problèmes de liquidité peuvent apparaître sans problème de rentabilité apparent. Par exemple, une banque rentable peut subir un retrait massif de dépôts, qui engendre des problèmes de liquidité. L'activité bancaire repose en grande partie sur la confiance. Une banque espère que les retraits des dépôts seront compensés par de nouveaux déposants, rendant la source de financement relativement constante (voir section 1.3). Si un décalage temporaire apparaît, il est géré par le biais des emprunts interbancaires[1]. Cependant, si la confiance dans le système bancaire se dégrade (même sans fondement), la banque peut subir de très graves problèmes de liquidité.

Toutes les entreprises peuvent rencontrer ce genre de difficulté. Les cas de sociétés rentables qui ont subi des problèmes de liquidité sont légion et un exemple extrême est celui d'une entreprise allemande, Metallgesellschaft, qui avait conclu des contrats à prix fixes très rentables sur le fuel et le gaz avec ses clients (voir encadré 15.6).

Encadré 15.6 : Metallgesellschaft

Au début des années 1990, Metallgesellschaft (MG) avait vendu à ses clients une quantité considérable de fuel domestique et de gasoil à prix fixe, par des contrats de 5 à 10 ans, 6 à 8 cents au-dessus du prix de marché. MG avait couvert ce risque en roulant une position longue sur des contrats futures d'échéances proches. Le prix du pétrole chuta et l'entreprise dut faire face à des appels de marge et une situation de trésorerie délicate. Ceux qui avaient décidé cette stratégie arguaient que les cash-flows négatifs dus aux appels de marge seraient en fin de compte compensés sur le long terme par les recettes des ventes. La direction générale et les banquiers de l'entreprise décidèrent finalement de dénouer la couverture et trouvèrent un accord avec les clients pour abandonner le contrat initial. MG perdit 1,33 milliard de dollars dans cette affaire.

Les problèmes de liquidité peuvent être partiellement évités en effectuant des analyses de scénarios et en prenant des mesures pour gérer les difficultés de refinancement de retraits de liquidités à court terme.

Résumé

Depuis la publication du modèle de Black-Scholes en 1973, un effort considérable a été dédié à l'amélioration de la modélisation des prix des actifs. On peut penser que la création du parfait modèle n'est qu'une question de temps ; cela n'est malheureusement pas le cas. Les modèles financiers sont différents de ceux des sciences physiques, car ils tentent de modéliser des comportements humains. Ils peuvent au mieux fournir des approximations du comportement des variables de marché. De plus, celles-ci sont largement influencées par les changements de régime.

1. Les dépôts du système bancaire devraient demeurer stables dans la mesure où le retrait auprès d'une banque représente un nouveau dépôt auprès d'un autre établissement.

Les modèles sont utiles à la communication, à l'interpolation des prix de marché et à la couverture des produits activement échangés. Les traders utilisent généralement les couvertures intra-modèle et extra-modèle. Cela signifie qu'ils se couvrent contre les variations des variables supposées constantes (ou déterministes) ainsi que stochastiques dans le modèle. Ce type de couverture est imparfait, mais les risques non couverts sont largement diversifiés dans un portefeuille de taille importante.

Les modèles servent d'outil d'évaluation pour les produits structurés ou faiblement échangés. Dans ce cas, le modèle adéquat relève davantage de l'art que de la science. Il est judicieux de recourir à plusieurs modèles et plusieurs hypothèses sur les paramètres sous-jacents afin d'obtenir un intervalle de prix réaliste et de comprendre le risque de modèle.

Le risque de liquidité correspond au risque que le marché ne puisse absorber les transactions d'une institution financière au moment où elle le souhaite. Dans des conditions normales de marché, la fourchette de prix caractérise la liquidité. Cette fourchette s'élargit à mesure que la taille des transactions augmente.

Les trous noirs de liquidité sont à l'origine des risques de liquidité les plus importants. Ces phénomènes apparaissent lorsque tous les traders veulent être du même côté du marché au même moment. L'utilisation de modèles similaires, une régulation uniforme ou un comportement moutonnier sont autant de facteurs qui poussent les traders à adopter ce genre de position. Les traders qui ont des objectifs de long terme devraient éviter de se laisser influencer par les surréactions de court terme des marchés.

Références complémentaires

DERMAN, E., *My Life as a Quant : Reflections on Physics and Finance*. Wiley, 2004.

PERSAUD, A.D (sous la direction de), *Liquidity Black Holes : Understanding, Quantifying and Managing Financial Liquidity Risk*. Risk Books, 1999.

Problèmes et exercices (corrigés en fin d'ouvrage)

15.1. Donnez deux explications au skew de volatilité des options sur actions.

15.2. Donnez deux explications au smile de volatilité des options de change.

15.3. « Le modèle Black-Scholes n'est qu'un outil d'interpolation sophistiqué. » Discutez cette affirmation.

15.4. Avec les données du tableau 15.1, calculez la volatilité qu'un trader utiliserait pour une option d'échéance 8 mois et de prix d'exercice 1,04.

15.5. Quelle est la différence clé entre les modèles physiques et financiers ?

15.6. Comment une institution financière peut-elle découvrir qu'elle utilise un modèle différent de celui de ses concurrents pour un produit dérivé particulier ?

15.7. Que mesure la VaR ajustée à la liquidité ?

15.8. Expliquez comment apparaissent les trous noirs de liquidité. Comment la régulation peut-elle provoquer ce genre de phénomène ?

15.9. Que distinguent les couvertures intra et extra-modèle ?

15.10. Le prix d'une action vaut 20 € aujourd'hui. Demain, d'après les informations disponibles, le prix peut évoluer de 5 € à la baisse ou à la hausse. Quels sont les problèmes rencontrés si vous utilisez Black-Scholes pour évaluer une option d'échéance 1 mois sur cette action ?

15.11. Supposons que la politique d'une banque centrale consiste à autoriser le taux de change à fluctuer entre 0,97 et 1,03. À quelle forme des volatilités implicites des options de change peut-on s'attendre ?

15.12. « Les traders peuvent évaluer au prix du marché les produits activement échangés alors qu'ils évaluent par un modèle les produits structurés. » Discutez cette affirmation.

15.13. « Les hedge funds peuvent être soit une solution, soit une cause des trous noirs. » Expliquez cette phrase.

Questions complémentaires

15.14. Supposons que tous les traders sur options abandonnent Black-Scholes pour un autre modèle d'évaluation, fondé sur des hypothèses différentes quant au comportement des prix des actifs. Quel sera l'effet de ce changement sur (a) l'évaluation des options standard et (b) la couverture de ces options ?

15.15. Avec les données du tableau 15.1, calculez la volatilité qu'un trader utiliserait pour une option d'échéance 11 mois et de prix d'exercice 0,98.

15.16. Le prix d'un futures vaut 40 € et le taux sans risque est de 5 %. Demain, la volatilité sur les 3 mois suivants sera de 10 % ou 30 %, avec des probabilités d'occurrence de 60 % et 40 % respectivement. Utilisez le logiciel DerivaGem (disponible sur le site web de l'auteur) pour calculer le smile de volatilité d'une option d'échéance 3 mois.

Chapitre 16

Le capital économique et le RAROC

Comme nous l'avons vu dans le chapitre 1, le rôle des fonds propres bancaires est de protéger les déposants contre les pertes. Ces fonds sont composés d'actions ordinaires, d'actions prioritaires, de dettes subordonnées et d'autres postes similaires.

Dans le chapitre 7 nous avons présenté les règles préconisées par le Comité de Bâle pour la détermination du capital réglementaire. Ces règles s'appliquent de manière uniforme à toutes les institutions financières. Cependant, malgré un choix scrupuleux de ces règles, elles ne peuvent être adaptées à toutes les banques. C'est pourquoi celles-ci déterminent également leur capital économique (parfois appelé « capital risque »), qui correspond à l'estimation interne du niveau de fonds propres nécessaires à la prise de risque. On peut concevoir ce type de capital comme une « monnaie d'échange », en contrepartie du risque supporté. Un département de la banque peut prendre un certain niveau de risque si, et seulement si, il s'est vu allouer un capital économique adéquat. La rentabilité de ce département peut alors être mesurée par rapport à son capital économique.

Dans ce chapitre, nous présentons les différentes approches disponibles pour estimer le niveau du capital économique nécessaire à une banque pour couvrir différents types de risques. Nous analysons également les façons d'agréger les estimations du capital économique et discutons du rendement du capital ajusté au risque ou RAROC (*Risk Adjusted Return on Capital*, ou rentabilité ajustée au risque du capital). Il s'agit de la rentabilité d'un département rapportée aux fonds propres qui lui sont alloués Le RAROC peut être utilisé pour évaluer les performances passées et futures des départements. La banque peut alors décider de manière appropriée de l'allocation du capital économique futur. Le RAROC sert de base pour déterminer quelles activités doivent être abandonnées et quelles activités doivent être développées.

16.1 Définition du capital économique

Le capital économique se définit comme les fonds propres nécessaires à une banque pour absorber les pertes sur un horizon temporel donné et pour un seuil de confiance prédéfini. En règle générale, l'horizon temporel retenu est d'un an. Le seuil de confiance dépend des objectifs de la banque. Un objectif standard pour une grande banque internationale consiste à conserver une notation de crédit AA. Les entreprises notées AA ont une probabilité de défaut à un an de 0,03 % environ. Pour ces entreprises, le seuil de confiance s'élève à 99,97 %. Ce seuil est moins important pour une banque souhaitant maintenir une notation de crédit BBB. Ce type d'entreprise a une probabilité de défaut à un an de 0,2 % environ. Ainsi, son seuil de confiance s'élève à 99,80 %.

Les fonds propres sont nécessaires pour couvrir les pertes non attendues. Celles-ci sont définies comme la différence entre les pertes actuelles et les pertes attendues. En effet, la banque doit tenir compte des pertes attendues dans la tarification de ses produits, afin que seules les pertes non attendues soient couvertes par les fonds propres. Le capital économique pour une banque souhaitant maintenir une notation AA correspond à la différence entre les pertes attendues et le 99,97e quantile de la distribution de probabilité des pertes (voir graphique 16.1).

Graphique 16.1

Calcul du capital économique à partir de la distribution des pertes à un an pour une banque notée AA.

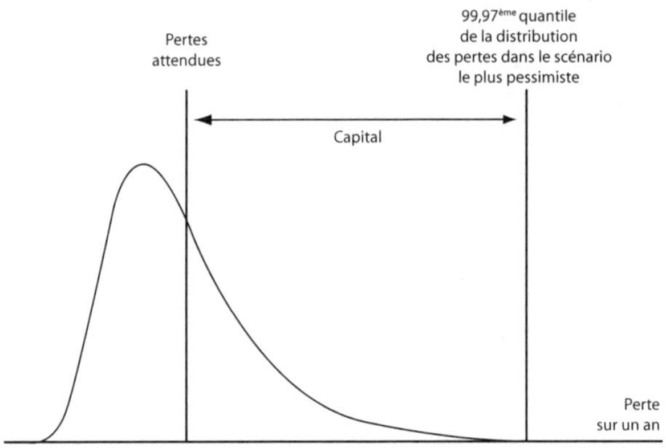

> **Exemple 16.1**
>
> Une banque notée AA estime ses pertes moyennes à 1 % des encours des prêts par an. La perte, dans le scénario le plus pessimiste au seuil de confiance choisi 99,97 % (*i.e.* supérieure à la perte attendue dans 3 cas sur 1000), est estimée à 5 % des encours. Le capital économique requis pour 100 € de prêts est dans ce cas de 4 € (ce qui correspond à la différence entre la perte dans le scénario le plus pessimiste et la perte attendue).

Les mesures

Il existe deux grandes approches pour mesurer le capital économique : l'approche *top-down* et l'approche *bottom-up*. Selon l'approche *top-down*, on estime dans un premier temps la volatilité des actifs de la banque. Dans un deuxième temps, on l'utilise dans le calcul de la probabilité qui correspond au seuil auquel la valeur des actifs est inférieure à la valeur des dettes à la fin de l'horizon temporel. Le cadre théorique utilisé est celui du modèle de Merton (voir section 11.6).

L'approche *bottom-up* est la plus fréquemment utilisée. Selon cette approche, les distributions des pertes pour différents types de risques et pour différents départements sont estimées puis agrégées. La première étape de l'agrégation consiste à calculer les distributions de probabilité des pertes totales par type de risque et par département. L'agrégation finale fournit la distribution de probabilité des pertes totales pour l'institution financière.

Le graphique 16.2 résume les différents risques auxquels la banque est exposée.

Graphique 16.2

Typologie des risques bancaires dans le cadre réglementaire de Bâle II.

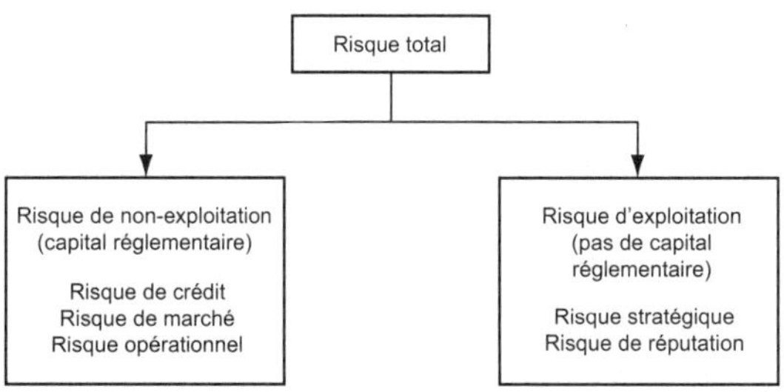

Le régulateur a choisi de définir le risque opérationnel comme « le risque de perte résultant de processus internes inadéquats ou défaillants, du facteur humain et de systèmes, ou d'événements externes » (voir chapitre 14). Le risque opérationnel inclut le risque de modèle et le risque légal, mais exclut les risques stratégiques ou de réputation. Ces derniers sont considérés comme des risques d'exploitation. Ce type de risque ne requiert pas de capital réglementaire selon l'accord de Bâle II. Néanmoins, certaines banques évaluent le capital économique nécessaire à la couverture de ce type de risque.

16.2 Les composantes du capital économique

Dans les chapitres précédents, nous avons présenté plusieurs approches pour calculer les distributions des pertes associées à différents types de risques. Quelques points importants sont abordés à nouveau dans ce qui suit.

Capital économique et risque de marché

Dans les chapitres 9 et 10, nous avons présenté les approches de simulation historique et de variance-covariance pour estimer la distribution de probabilité des pertes ou des gains associés au risque de marché. Cette distribution est généralement calculée sur un horizon temporel d'un jour. Le capital réglementaire pour le risque de marché est calculé comme un multiple (au moins 3) de la VaR au seuil de 99 % à 10 jours. Selon le régulateur, on peut considérer la VaR au seuil de 99 % à 10 jours comme $\sqrt{10}$ fois la VaR au seuil de 99 % à 1 jour.

Dans le cadre du calcul du capital économique, on souhaiterait utiliser le même horizon temporel et le même seuil de confiance pour tous les risques. Généralement, l'horizon temporel retenu est d'un an avec un seuil de confiance de 99,97 % pour une banque notée AA. Les hypothèses simplificatrices sont les suivantes : (a) la distribution de probabilité des gains ou des pertes pour chaque jour durant l'année est identique à celle estimée le premier jour ; (b) les distributions sont indépendantes. Nous pouvons alors recourir au théorème central limite pour démontrer que la distribution des pertes (respectivement des gains) annuelles suit une loi normale. Sous l'hypothèse de 252 jours ouvrables dans l'année, l'écart-type de la perte (respectivement du gain) annuelle est égal à l'écart-type de la perte (respectivement du gain) journalière multipliée par $\sqrt{252}$. La perte (respectivement le gain) moyenne est nettement plus difficile à estimer que l'écart-type. Une hypothèse réaliste, quoique conservatrice, consiste à accepter que cette moyenne est nulle. Le 99,97^{e} quantile de la distribution des pertes dans le scénario le plus pessimiste est alors égal à 3,43 fois l'écart-type de la perte (respectivement du gain) annuelle. Le 99,8^{e} quantile de la distribution des pertes dans le scénario le plus pessimiste est égal à 2,88 fois l'écart-type de la perte (respectivement du gain) dans le scénario le plus pessimiste.

Exemple 16.2

Supposons que l'écart-type journalier des pertes (respectivement des gains) d'une banque dues au risque de marché vaut 5 millions d'euros. Le 99,8^{e} quantile de la distribution des pertes annuelles dans le scénario le plus pessimiste vaut $2,88 \times \sqrt{252} \times 5 = 228,6$, ou 228,6 millions d'euros.

Aucune hypothèse sur la normalité des pertes (respectivement des gains) journalières n'est formulée. Nous supposons simplement qu'elles sont indépendantes et identiquement distribuées. D'après les propriétés du théorème central limite, la somme de plusieurs variables indépendantes et identiquement distribuées suit une loi normale. Si les pertes sur plusieurs jours consécutifs sont corrélées, nous pouvons admettre l'existence d'une autocorrélation et estimer le paramètre de corrélation à partir des données historiques, et utiliser les résultats de la section 8.4. Lorsque l'autocorrélation n'est pas très importante, il est raisonnable de supposer que la distribution des pertes annuelles est normale. Si l'on considère que la relation entre les pertes sur plusieurs jours successifs est plus complexe, alors cette distribution peut être calculée par simulation de *Monte-Carlo*.

Capital économique et risque de crédit

Malgré le degré de latitude important offert aux banques par Bâle II dans l'approche par les notations internes, le nouvel accord n'autorise pas les établissements à choisir leur propre modèle de risque de crédit, ni les paramètres de corrélation. Cependant, les banques restent libres dans le choix des hypothèses qu'elles jugent adaptées à leur situation pour le calcul du capital économique. *CreditMetrics* est fréquemment utilisé pour calculer la couverture en fonds propres associée au risque de crédit d'un portefeuille de titres (voir section 12.6). Ce modèle est également utilisé pour calculer le capital économique pour le portefeuille de prêts. Le système de notations internes de la banque peut être utilisé dans ce cadre au lieu des notations externes de *Moody's* ou de *Standard & Poor's*.

Une autre approche repose sur *Credit Risk Plus*, décrit dans la section 12.5. Elle emprunte un certain nombre de concepts à la science actuarielle pour le calcul de la distribution de probabilité des pertes à partir des défauts. Contrairement à *CreditMetrics* qui calcule les pertes à partir des dégradations de notations, *Credit Risk Plus* les calcule uniquement à partir des défauts.

Pour le calcul du capital économique associé au risque de crédit, une banque peut adopter un modèle conditionnel ou non conditionnel. Dans le cadre d'un modèle conditionnel (intégrant le cycle), les pertes attendues et non attendues tiennent compte des conditions économiques en vigueur. Dans le cadre d'un modèle non conditionnel (n'intégrant pas le cycle), ces pertes sont calculées sous l'hypothèse de conditions économiques moyennes. Les agences de notation ont également pour objectif de produire des notations non conditionnelles. Lorsque le capital réglementaire est calculé par l'approche des notations internes, les estimations de la PD et des LGD devraient être non conditionnelles. Il est primordial que le capital économique soit calculé de manière cohérente. Si les pertes attendues sont conditionnelles (respectivement non conditionnelles), les pertes non attendues devraient également être conditionnelles (respectivement non conditionnelles).

Une tâche particulièrement délicate concerne la prise en compte du risque de contrepartie associé aux produits dérivés dans le calcul des distributions des pertes. En pratique, les banques recourent à des approximations de l'approche présentée dans la section 12.1. Par exemple, elles peuvent développer des tableaux de bord pour l'exposition attendue sur la durée de vie de l'instrument et supposer que l'exposition demeure constante. Lorsqu'une banque a plusieurs expositions sur la même contrepartie et que des compensations existent, des algorithmes de calcul de l'exposition attendue peuvent être développés. D'autres spécificités des contrats dérivés, tels que le nantissement et les seuils de dégradation, peuvent également être incorporées dans ces modèles.

Capital économique et risque opérationnel

Les banques utilisant l'approche avancée disposent d'un degré de latitude important pour l'évaluation du capital réglementaire pour le risque opérationnel. Il est fort probable que la plupart de ces banques évaluent le capital économique et le capital réglementaire associés au risque opérationnel de la même manière. Les méthodes de calcul du capital associé au risque opérationnel sont en développement constant (voir chapitre 14). Certaines approches reposent sur des statistiques tandis que d'autres sont plus subjectives.

Capital économique et risque d'exploitation

Le risque d'exploitation comprend le risque stratégique (entrée de la banque sur de nouveaux marchés, développement de nouveaux produits) et le risque de réputation. Le risque d'exploitation est encore plus délicat à quantifier que le risque opérationnel et les estimations sont fortement subjectives. Il est donc important que les directeurs des départements « risque » d'une institution financière aient une bonne connaissance de leur portefeuille. Cela devrait leur permettre l'évaluation du capital requis pour ce type de risque et, en particulier, celle de l'impact marginal des nouvelles stratégies sur le risque total.

16.3 Les formes des distributions des pertes

Les distributions de probabilité des pertes pour les risques de marché, de crédit et opérationnel sont différentes. Rosenberg et Schuermann ont utilisé des données provenant de différentes sources pour estimer les formes typiques de ces distributions (voir graphiques 16.3, 16.4 et 16.5)[1].

Graphique 16.3

Distribution de la densité des pertes pour le risque de marché.

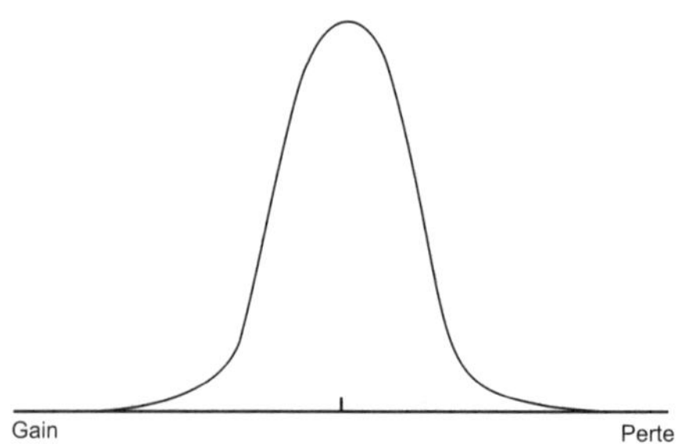

1. Voir ROSENBERG J. V. et SCHUERMANN T., « A General Approach to Integrated Risk Management with Skewed, Fat-Tailed Risks ». Federal Reserve Bank of New York, Staff Reports, n° 185, mai 2004.

La distribution des pertes liées au risque de marché (voire graphique 16.3) est symétrique mais n'est pas parfaitement normale. Une distribution de Student à 11 degrés de liberté en fournit un ajustement satisfaisant. La distribution des pertes pour le risque de crédit est assez asymétrique (voir graphique 16.4).

Graphique 16.4

Distribution de la densité des pertes pour le risque de crédit.

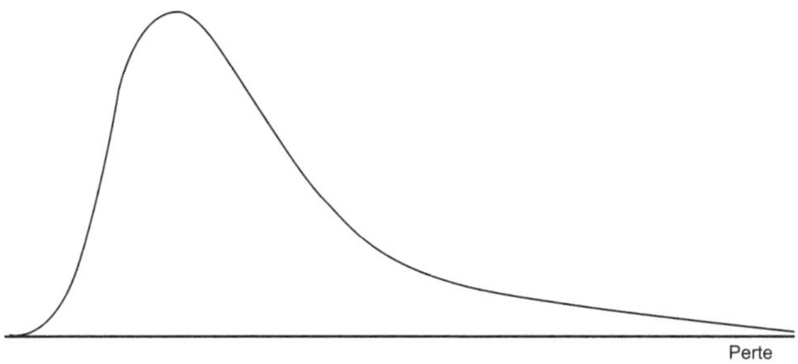

La distribution des pertes pour le risque opérationnel a une forme assez particulière. La plupart du temps les pertes sont modestes, mais peuvent être occasionnellement très importantes.

Graphique 16.5

Distribution de la densité des pertes pour le risque opérationnel.

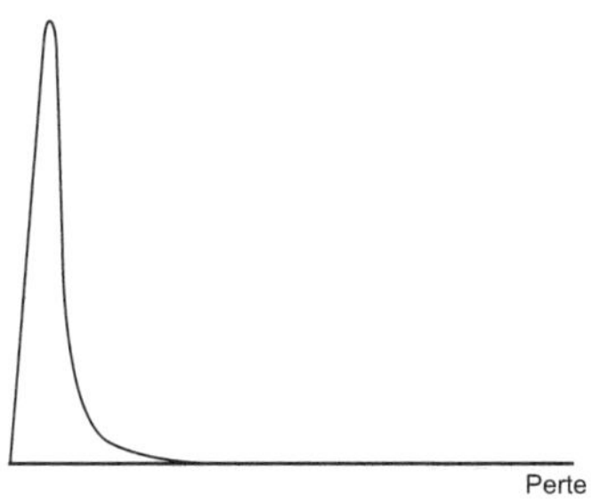

On peut caractériser une distribution par ses moments d'ordre deux, trois et quatre. Le moment d'ordre deux mesure l'écart-type (ou la variance), d'ordre trois le coefficient d'asymétrie et d'ordre quatre le coefficient d'aplatissement (*i.e.* l'épaisseur des queues). Le tableau 16.1 résume les propriétés des distributions typiques des pertes pour le risque de marché, de crédit et opérationnel.

Tableau 16.1 Caractéristiques des distributions des pertes pour différents types de risques

	Moment d'ordre deux (écart-type)	Moment d'ordre trois (asymétrie)	Moment d'ordre quatre (aplatissement)
Risque de marché	Élevé	Nul	Faible
Risque de crédit	Moyen	Moyen	Moyen
Risque opérationnel	Faible	Élevé	Élevé

16.4 Importance relative des risques

L'importance relative des différents types de risques dépend de l'ensemble des activités de la banque. Pour un établissement dont l'activité principale est la collecte de dépôts et l'octroi de prêts, le risque principal est le risque de crédit. Pour une banque d'investissement, les risques de crédit et de marché sont les plus importants. Pour un gérant de fonds, le risque principal est le risque opérationnel. En effet, si les règles d'investissement des fonds ne sont pas respectées, le risque de poursuites judiciaires coûteuses de la part des investisseurs est important (voir encadré 16.1). Un autre exemple est celui du fonds de pension d'Unilever. Mercury Asset Management, détenu par Merrill Lynch, s'est engagé à ne pas sous-performer un indice de référence de plus de 3 %. Sur la période allant de janvier 1997 à mars 1998, le fonds a sous-performé l'indice de 10,5 %. Unilever a poursuivi en justice Merrill Lynch pour un montant de 185 millions de dollars américains.

Encadré 16.1 : Le fonds EGT

En 1996 Peter Young était gérant de fonds à la Deutsche Bank Morgan Grenfell, une filiale de la Deutsche Bank. Il était responsable de la gestion du fonds European Growth Trust (EGT). Ce fond a connu une croissance importante et Young était responsable de la gestion de plus d'un milliard de livres.

EGT était soumis à un ensemble de règles, dont l'une stipulait l'interdiction d'investir plus de 10 % du fonds dans des titres non cotés. Peter Young a violé cette règle afin d'en tirer un profit personnel. Lorsque cette opération a été découverte, il a été licencié et la Deutsche Bank dut rembourser les investisseurs du fonds. Le coût total de la compensation s'est élevé à plus de 200 millions de livres.

Les interactions entre les risques

Il existe des interactions entre les différents types de risques. Par exemple, une transaction portant sur un produit dérivé tel que le swap implique des interactions entre les risques de crédit et de marché. Si la contrepartie fait défaut, le risque de crédit existe seulement si les variables de marché ont évolué de manière positive. Une autre interaction peut apparaître si la probabilité de défaut de la contrepartie dépend de la valeur d'un contrat financier avec cette contrepartie[1]. Cette interaction n'aura pas lieu si la contrepartie est engagée dans le contrat pour des raisons de couverture. Par contre, l'interaction sera présente si le contrat porte sur des objectifs de spéculation et qu'il est suffisamment important par rapport à la taille de la contrepartie.

Comme le montre le cas de Long-Term Management Capital, des interactions importantes existent entre les risques de liquidité et de marché (voir section 15.9). Il existe également des interactions entre les risques opérationnel et de marché. Nous ne saurions pas grand-chose au sujet de Nick Leeson de la Barings Bank si ses anticipations concernant l'indice Nikkei avaient été correctes (voir encadré 2.3). Dans le même esprit, nous n'aurions rien su à propos de la violation des règles d'un fonds (voir encadré 16.1), si celui-ci avait généré un gain et non une perte.

16.5 Agrégation du capital économique

Une institution financière estime les distributions des pertes pour les risques de marché, de crédit, opérationnel et d'exploitation pour plusieurs départements. Elle fait alors face au problème d'agrégation des distributions de pertes pour évaluer le capital économique total pour la banque.

L'approche la plus simple consiste à admettre que le capital économique total pour un ensemble de n risques différents correspond à la somme des montants de capital économique pour chacun de ces risques, tel que :

$$\textbf{(16.1)}\quad E_{total} = \sum_{i=1}^{n} E_i$$

E_{total} étant le capital économique total d'une institution financière exposée à n risques différents et E_i étant le capital économique pour le i^e risque. Il s'agit de l'approche préconisée par le Comité de Bâle en matière de capital réglementaire. Selon Bâle II, le montant de capital réglementaire total d'une banque correspond à la somme des montants du capital réglementaire pour les risques de crédit, de marché et opérationnel.

L'équation (16.1) repose sur une hypothèse forte de corrélation parfaite. Sous cette hypothèse, dans le cadre du scénario le plus pessimiste avec un seuil de confiance de 99,97 %, une banque a la même probabilité (99,97 %) de supporter une perte due aux risques de marché, de crédit et opérationnel. Cependant, d'après les résultats de Rosenberg et Schuermann, la corrélation entre les risques de marché et de crédit est de 50 % environ, et la corrélation entre ces risques et le risque opérationnel est de 20 % environ. Ces auteurs ont également montré que l'utilisation de l'équation (16.1) pour agréger les risques de marché, de crédit et opérationnel fournissait des estimations du capital total requis surévaluées de près de 40 %.

---

1. Nous avons supposé l'absence de dépendance dans le calcul du coût espéré du risque de défaut de la contrepartie dans la section 12.1.

L'hypothèse de distribution normale

Une hypothèse simple consiste à admettre que la distribution agrégée des pertes suit une loi normale. L'écart-type de la perte totale due à n sources de risque est alors :

$$\textbf{(16.2)} \quad \sigma_{total} = \sqrt{\sum_{i=1}^{n} \sum_{j=1}^{n} \sigma_i \sigma_j \rho_{ij}}$$

σ_i étant l'écart-type de la perte due à la i^e source de risque et ρ_{ij} étant le coefficient de corrélation entre les risques i et j. On peut alors calculer le capital requis à partir de cette équation. Par exemple, le dépassement de la perte, dans le scénario le plus pessimiste avec une probabilité de 99,97 %, correspond à 3,44 fois le nombre obtenu à partir de l'équation (16.2).

Cette approche sous-estime le capital requis car elle ne tient pas compte de l'aplatissement ni de l'asymétrie de la distribution des pertes. Rappelons que Rosenberg et Schuermann ont montré que l'application de cette approche aux risques de marché, de crédit et opérationnel fournit des niveaux de capital sous-évalués de près de 40 %.

L'utilisation des copules

Une approche plus sophistiquée consiste à recourir aux copules pour agréger les distributions des pertes (voir chapitre 6). Dans ce cadre, chaque distribution de pertes est calibrée centile par centile par rapport à une distribution standard. On définit ensuite une structure de corrélation entre les distributions standard, et celle-ci détermine à son tour la structure de corrélation avec la distribution d'origine.

De nombreuses copules peuvent être définies. Par exemple, en utilisant une copule gaussienne, la distribution standard est supposée être normale multivariée. Une alternative consiste à considérer une distribution t multivariée, qui permet d'évaluer la probabilité jointe des valeurs extrêmes de deux variables. Cette probabilité est supérieure à celle obtenue avec une copule gaussienne (voir section 6.4).

L'approche hybride

Une approche plus simple et plus opérationnelle est connue sous le nom d'« approche hybride ». Elle consiste à calculer le capital économique pour un portefeuille de risques à partir du capital économique pour les risques individuels en utilisant la formule :

$$\textbf{(16.3)} \quad E_{total} = \sqrt{\sum_{i=1}^{n} \sum_{j=1}^{n} E_i E_j \rho_{ij}}$$

Lorsque les distributions sont normales, cette approche fournit des résultats satisfaisants. Dans le cas contraire, les résultats deviennent approximatifs et sont sensibles à l'épaisseur des queues de la distribution des pertes individuelles. Notons que Rosenberg et Schuermann montrent que l'approche hybride donne des résultats proches de ceux des modèles de copules.

Exemple 16.3

Le tableau 16.2 fournit les estimations du capital économique pour les risques de marché, de crédit et opérationnel, pour deux départements d'une banque. Les corrélations entre les pertes figurent dans le tableau 16.3. Le coefficient de corrélation entre les risques de crédit et de marché au sein du même département vaut 0,5, tandis que la corrélation entre les risques opérationnel et de crédit ou de marché est de 0,2 (ces valeurs correspondent aux estimations de Rosenberg et Schuermann). Le coefficient de corrélation entre deux types de risques des deux départements est nul. La corrélation entre les risques de marchés, de crédit et opérationnel des deux départements vaut respectivement 0,4, 0,6 et 0.

Tableau 16.2 Estimations du capital économique (exemple 16.3)

	Département	
	1	2
Risque de marché	30	40
Risque de crédit	70	80
Risque opérationnel	30	90

Tableau 16.3 Coefficients de corrélation entre les pertes (exemple 16.3). RM, RC et RO correspondent respectivement aux risques de marché, de crédit et opérationnel ; 1 et 2 correspondent aux deux départements

	RM-1	RC-1	RO-1	RM-2	RC-2	RO-2
RM-1	1,0	0,5	0,2	0,4	0,0	0,0
RC-1	0,5	1,0	0,2	0,0	0,6	0,0
RO-1	0,2	0,2	1,0	0,0	0,0	0,0
RM-2	0,4	0,0	0,0	1,0	0,5	0,2
RC-2	0,0	0,6	0,0	0,5	1,0	0,2
RO-2	0,0	0,0	0,0	0,2	0,2	1,0

Le capital économique total pour le risque de marché vaut :

$$\sqrt{30^2 + 40^2 + 2 \times 0,4 \times 30 \times 40} = 58,8$$

Le capital économique total pour le risque de crédit est

$$\sqrt{70^2 + 80^2 + 2 \times 0,6 \times 70 \times 80} = 134,2$$

Le capital économique total pour le risque opérationnel vaut :

$$\sqrt{30^2+90^2}=94{,}9$$

Le capital économique total pour le département 1 est:

$$\sqrt{\begin{matrix}30^2+70^2+30^2+2\times 0{,}5\times 30\times 70\\+2\times 0{,}2\times 30\times 30+2\times 0{,}2\times 70\times 30\end{matrix}}=100$$

Le capital économique total pour le département 2 vaut:

$$\sqrt{\begin{matrix}40^2+80^2+90^2+2\times 0{,}5\times 40\times 80\\+2\times 0{,}2\times 40\times 90+2\times 0{,}2\times 80\times 90\end{matrix}}=153{,}7$$

Le capital économique total pour la banque correspond à la racine de :

$$\begin{gathered}30^2+40^2+70^2+80^2+30^2+90^2+2\times 0{,}4\times 30\times 40+2\times 0{,}5\times 30\times 70\\+2\times 0{,}2\times 30\times 30+2\times 0{,}5\times 40\times 80+2\times 0{,}2\times 40\times 90\\+2\times 0{,}6\times 70\times 80+2\times 0{,}2\times 70\times 30+2\times 0{,}2\times 80\times 90\end{gathered}$$

soit $203{,}224$.

On remarque que les gains de la diversification sont non négligeables. La somme du capital économique pour les risques de marché, de crédit et opérationnel vaut $58{,}8 + 134{,}2 + 94{,}9 = 287{,}9$ et la somme du capital économique pour les deux départements est $100+153{,}7=253{,}7$. Ces deux valeurs sont supérieures au capital économique total de $203{,}2$.

16.6 L'allocation des gains de la diversification

Supposons que la somme du capital économique pour chaque département, $\sum_{i=1}^{n} E_i$, soit de 2 milliards d'euros et le capital économique total pour la banque (avec des coefficients de corrélation inférieurs à 1), soit de 1,3 milliard d'euros (soit 65 % de la somme des E). La différence de 0,7 milliard correspond au gain de la diversification. Se pose alors la question de l'allocation de ce gain entre les départements de la banque. Une approche simple consiste à réduire de 35 % le capital économique pour chaque unité. Cependant, ce n'est pas la solution optimale. Supposons qu'il existe 50 départements et que deux d'entre eux ont un capital économique de 100 millions d'euros. Supposons également que lorsque le premier département est exclu du calcul du capital économique, celui-ci est réduit de 60 millions d'euros. Lorsque le second département est exclu, le capital économique diminue de 10 millions d'euros. Le premier département devrait avoir plus de capital économique que le second, car son impact marginal sur le capital économique de la banque est plus important.

Le schéma d'allocation optimale correspond à l'allocation de (voir section 8.5) :

$$x_i \frac{\partial E}{\partial x_i}$$

au $i^{ème}$ département, E étant le capital économique total et x_i l'investissement dans le $i^{ème}$ département. Le résultat d'Euler garantit que le capital total alloué correspond à E (voir section 8.5).

Nous définissons par ΔE_i l'augmentation du capital économique total après l'augmentation Δx_i de x_i. Une approximation discrète pour le montant de capital alloué au département i est :

$$\frac{\Delta E_i}{y_i} \quad \textbf{(16.4)}$$

avec $y_i = \Delta x_i / x_i$.

Exemple 16.4

Reprenons les résultats de l'exemple 16.3. Le capital économique total est de 203,2. Le capital économique du département 1 vaut 100 et celui du département 2 est 153,7.

Une procédure naïve consisterait à allouer 100/253,7 du capital économique total au département 1 et 153,7/253.7 au département 2, soit 80,1 et 123,1 pour les deux départements respectivement.

L'effet marginal du département 1 sur le capital économique total est 203,2 – 153,7 = 49,5. Celui du département 2 vaut 203,2 – 100 = 103,2. La somme des deux capitaux marginaux ne correspond pas au capital total. Par contre, on peut les utiliser comme base d'allocation du capital total. Ainsi, 49,5/(49,5 + 103,2) du capital total serait allouer au département 1 et 103,2/(49,5 + 103,2) au département 2, soit 69,5 et 137,3 pour les deux départements respectivement.

Afin d'appliquer l'équation (16.4), on peut soit calculer analytiquement la dérivée partielle, soit procéder à une approximation numérique. Lorsqu'on augmente la taille du département 1 d'un pourcent, son capital économique pour les risques de marché, de crédit et opérationnel passe respectivement à 30,3, 70,7 et 30,3 (voir tableau 16.2). Le capital économique total est alors de 203,906, tel que ΔE_1 = 203,906 - 203,224 = 0,682.

Lorsqu'on accroît la taille du département 2 d'un pourcent, son capital économique pour les trois risques s'établit respectivement à 40,4, 80,8 et 90,9 (voir tableau 16.2). Le capital économique total vaut alors 204,577, tel que ΔE_2 =204,577-203,224=1,353.

Dans ce cas, comme on considère des accroissements d'un pourcent pour les deux départements, on a $\Delta x_1 / x_1 = \Delta x_2 / x_2$ =0,01. À partir de l'équation (16.4), on obtient les allocations du capital économique aux deux départements qui valent respectivement 68,2 et 135,2 (leur somme ne correspond pas exactement au capital économique total de 203,2 puisque nous avons utilisé une approximation par la dérivée partielle).

16.7 Le capital économique de la Deutsche Bank

La Deutsche Bank publie les résultats du calcul de son capital économique dans ses rapports annuels. Le tableau 16.4 résume le capital économique et réglementaire pour l'année 2005. La Deutsche Bank a calculé le bénéfice de la diversification pour les risques de crédit et de marché, mais pas pour les autres combinaisons de risques. Le capital économique total est d'environ 12,3 milliards d'euros. C'est nettement moins que le capital réglementaire qui correspond à 8 % de 251,2, soit 20,1 milliards d'euros. Le montant de fonds propres détenus est d'environ 21,9 milliards d'euros en fonds propres de base (*Tier 1*) et d'environ 12 milliards d'euros en fonds propres complémentaires (*Tier 2*). On en déduit que la Deutsche Bank est très bien capitalisée par rapport à ses risques.

Tableau 16.4 Capital réglementaire et économique de la Deutsche Bank (en millions €)

Risque de crédit	7,125
Risque de marché	3,042
Gain de la diversification des risques de crédit et de marché	(563)
Risque opérationnel	2,243
Risque d'exploitation	381
Capital économique total	12,285
Total des actifs pondérés au risque	251,202
Fonds propres de base détenus (% des actifs pondérés au risque)	8,7 %
Fonds propres complémentaires détenus (% des actifs pondérés au risque)	4,8 %
Total des fonds propres détenus (% des actifs pondérés au risque)	13,5 %

16.8 Le RAROC

Les mesures de performance ajustée au risque représentent un critère important d'évaluation des différents départements de la banque. Il en existe de nombreuses approches, qui ont un point commun : elles comparent le rendement avec le capital utilisé en incorporant un ajustement au risque.

L'approche la plus courante consiste à comparer le rendement attendu avec le capital économique. Il s'agit du RAROC (rentabilité du capital ajustée au risque). Sa formule est la suivante :

$$\text{RAROC} = \frac{\text{Produits} - \text{Charges} - \text{Pertes attendues}}{\text{Capital économique}} \quad (16.5)$$

Le numérateur peut être calculé en net d'impôt ou en brut. On ajoute très fréquemment au numérateur le taux de rentabilité sans risque sur le capital économique.

Exemple 16.5

Une banque notée AA et octroyant des prêts dans une certaine région du monde estime ses pertes moyennes à 1 % des encours de prêts par an. La perte à 99,97 % dans le scénario le plus pessimiste (*i.e.* la perte excédentaire dans 0,03 % des cas) correspond à 5 % des encours de prêts. Le capital économique requis pour 1 000 € de prêts est de 4 € (voir exemple 16.1), ce qui correspond à la différence entre la perte réalisée dans 99,97 % des cas si le scénario le plus pessimiste se réalise et la perte attendue (ce résultat ne tiens pas compte des gains de la diversification qui seraient alloués à l'activité de prêts en pratique). Le spread entre le coût des ressources et le taux d'intérêt facturé vaut 2,5 %. En soustrayant la perte espérée sur les prêts de 1 %, on obtient le profit espéré pour 100 € de prêts, soit 1,5 €. En supposant que les charges d'exploitation du département de crédit correspondent à 0,7 % des prêts, le profit espéré s'établit à 0,8 € pour 100 € de prêts. Le RAROC vaut alors :

$$\frac{0{,}8}{4} = 20\%$$

Un calcul alternatif consisterait à rajouter le taux d'intérêt sur le capital économique au numérateur. Si on suppose que le taux sans risque vaut 2 %, alors on ajoute $0{,}02 \times 4 = 0{,}08$ au numérateur, tel que :

$$\frac{0{,}88}{4} = 22\%$$

Comme le souligne Matten, il est plus pertinent de qualifier l'approche utilisée dans l'équation (16.5) de RORAC (rentabilité sur le capital ajusté au risque) plutôt que de RAROC[1]. En théorie, le RAROC devrait intégrer la rentabilité (au numérateur) ajustée au risque. Dans l'équation (16.5), c'est le capital (au dénominateur) qui est ajusté au risque.

Le RAROC peut être utilisé de deux manières. La première consiste à le considérer comme un outil de comparaison des performances passées de différents départements, des décisions concernant les primes de fin d'année, etc. La deuxième consiste à s'en servir en temps qu'outil de décision concernant le développement ou la réduction de l'activité d'un département. Cela implique l'estimation du RAROC moyen pour le département et sa comparaison avec le niveau seuil du rendement sur capital de la banque.

Lorsque le RAROC est utilisé dans ce cadre, il peut s'avérer qu'il soit faible, car le département a dégager des performances médiocres sur la période de calcul. Il se peut que les pertes sur prêts soient supérieures à la moyenne ou que le département ait subi une perte importante due au risque opérationnel. Dans ce cas, il serait erroné de fermer le département. Lorsque le RAROC est employé comme mesure de projection (*forward looking*), le calcul devrait refléter les pertes moyennes. L'objectif est alors d'évaluer la viabilité à long terme du département, s'il y lieu de le développer ou au contraire de le fermer, et ainsi de suite.

---

1. Voir MATTEN C., *Managing Bank Capital : Capital Allocation and Performance Measurement*. Wiley, Chichester 2000, 2e éd.

Résumé

Le capital économique correspond au capital dont une banque ou une institution financière a besoin en contrepartie de sa prise de risque. L'institution est libre de choisir l'approche pour calculer son niveau de capital économique. Elle n'est pas tenue d'adopter les approches recommandées par le régulateur. Généralement, la banque estime le capital économique pour les risques de crédit, de marché et opérationnel, et éventuellement pour le risque d'exploitation, pour chacun de ses départements. Puis elle agrège ces estimations pour déterminer le capital économique total nécessaire pour l'institution. Les distributions des pertes à un an pour les risques de crédit, de marché et opérationnel sont assez différentes. La distribution est symétrique pour le risque de marché, asymétrique pour le risque de crédit et fortement asymétrique à queues épaisses pour le risque opérationnel.

Le capital économique total d'une institution financière est alloué aux différents départements afin de pouvoir calculer leurs rentabilités. Il existe plusieurs schémas d'allocation de ce capital. Les plus performants sont ceux qui reflètent l'impact marginal du département sur le capital économique total. Le montant du capital alloué au département est généralement inférieur au capital estimé pour le département en temps qu'unité indépendante, en raison des gains de la diversification.

Références complémentaires

DEV, A., *Economic Capital : A Practitioner's Guide*. Risk Books, Londres, 2004.

MATTEN, C., *Managing Bank Capital: Capital Allocation and Performance Measurement*. Wiley, Chichester, 2000, 2e édition.

ROSENBERG, J. V. et SCHUERMANN, T., « A General Approach to Integrated Risk Management with Skewed, Fat-Tailed Risks ». Federal Reserve Bank of New York, Staff Reports, n° 185, mai 2004.

Problèmes et exercices (corrigés en fin d'ouvrage)

16.1. Quelle est la différence entre le capital économique et le capital réglementaire ?

16.2. Pourquoi les banques notées AA utilisent-elles un seuil de confiance à 99,97 % pour le calcul de leur capital économique à un an ?

16.3. Qu'est-ce que le risque d'exploitation ?

16.4. Sous quels aspects les modèles utilisés pour le calcul du capital économique pour les risques de marché, de crédit et opérationnel diffèrent-ils de ceux utilisés pour le calcul du capital réglementaire ?

16.5. Supposons que la distribution des pertes de crédit à un an soit de type lognormale. Le logarithme de la perte suit une loi normale de moyenne 0,5 et d'écart-type 4.

Quel est le niveau du capital économique requis si on utilise un seuil de confiance à 99,97 % ?

16.6. Supposons que les estimations du capital économique pour deux départements soient :

	Département	
	1	2
Risque de marché	20	40
Risque de crédit	40	30
Risque opérationnel	70	10

Les coefficients de corrélation sont ceux du tableau 16.3. Calculez le capital économique total pour chaque département séparamment, puis conjointement.

16.7. Dans le problème 16.6, quel est l'effet marginal de chaque département sur le capital économique total ? Utilisez ce résultat pour allouer le capital économique aux deux départements. Quel est l'impact de l'augmentation de 0,5 % pour chaque département sur le capital économique ? Montrez que votre résultat est cohérent avec le théorème d'Euler.

16.8. Une banque considère un projet de développement de ses activités de gestion d'actifs. Le risque principal est le risque opérationnel. Elle estime que la perte attendue à un an due à ce risque est de 2 millions d'euros et que la perte à 99,97 % dans le scénario le plus pessimiste (résultant de poursuites judiciaires par un investisseur important) s'élève à 40 millions €. Les commissions attendues de l'activité de gestion des fonds sont de 12 millions d'euros par an et les coûts de gestion devraient s'établir à 5 millions d'euros par an. Estimez le RAROC avant impôt.

16.9. Le RAROC peut être utilisé de deux manières différentes. Quelles sont-elles ?

Questions complémentaires

16.10. Supposons que les gains et les pertes journaliers sont distribués selon une loi normale d'écart-type σ_{jour}. (a) Estimez le capital réglementaire minimal pour le risque de marché (le facteur multiplicatif vaut 3). (b) Estimez le capital économique pour le risque de marché en utilisant un horizon temporel d'un an et un seuil de confiance à 99,97 %. (c) Pourquoi le ratio [résultat de (a)] / [résultat de (b)] n'est-il pas un bon indicateur du rapport capital réglementaire / capital économique pour le risque de marché en pratique ?

16.11. Supposons que l'unique activité d'une banque consiste à octroyer des prêts dans deux régions du monde. Cette activité a les mêmes caractéristiques dans chaque région, qui correspondent à celles présentées dans l'exemple 16.5 de la section 16.8. L'octroi de prêts dans la région A est trois fois plus important que dans la région B. La corrélation entre les pertes sur prêts dans les deux régions vaut 0,4. Estimez le RAROC total.

16.12. Supposons que les estimations du capital économique pour deux départements soient les suivantes :

	Département	
	1	2
Risque de marché	30	50
Risque de crédit	30	30
Risque opérationnel	50	10

Le coefficient de corrélation entre les risques de marché et de crédit au sein du même département vaut 0,3. Les coefficients de corrélation entre les risques de crédit (respectivement les risques de marché) de chaque départements est de 0,7 (respectivement de 0,2). Tous les autres coefficients de corrélation sont nuls. Calculez le capital économique total. Quel montant de capital devrait être alloué à chaque département ?

Chapitre 17

Dérivés climatiques, d'énergie et d'assurance

Les produits financiers qui permettent de couvrir la variation du prix des actions, les variations des taux d'intérêt ou encore les variations des taux de change sont très connus et sont présentés dans le chapitre 2. Ce chapitre aborde des produits échangés sur des marchés moins connus mais qui peuvent être très utiles dans le cadre de la gestion des risques. On peut souligner que certains marchés décrits dans ce chapitre sont encore en phase précoce de développement. Au fur et à mesure de ce développement, nous pourrons voir quels changements significatifs apparaissent tant au niveau des produits offerts sur le marché qu'à celui de leur utilisation.

17.1 Les dérivés climatiques

Le résultat de nombreuses entreprises peut être négativement influencé par les conditions climatiques[1]. C'est pourquoi il semble judicieux pour ces sociétés de se couvrir contre le risque climatique de la même manière qu'elles se couvrent contre le risque de change ou de taux d'intérêt. Le premier marché de gré à gré de dérivés climatiques a vu le jour en 1997. Pour en comprendre le fonctionnement, deux variables doivent être décrites :

- HDD : degrés-jour de chauffage (*heating degree days*) ;
- CDD : degrés-jour de climatisation (*cooling degree days*).

Le HDD d'un jour donné est défini par :

$$HDD = \max \ (0; 65 - A)$$

et le CDD d'un jour correspondant s'écrit :

$$CDD = \max \ (A - 65; 0),$$

où A est la moyenne des températures minimale et maximale du jour mesurées en degrés Fahrenheit par une station météo donnée. Par exemple, si la température maxi-

1. Le département de l'Énergie américain a estimé à un septième la part de l'économie américaine exposée au risque climatique.

male du jour (de minuit à minuit) est de 68 °Fahrenheit et que la température minimale s'élève à 44 °Fahrenheit, alors A = 56. Le HDD du jour est alors égal à 9 et le CDD est nul.

Un produit de gré à gré classique est un contrat forward ou une option dont les paiements dépendent des HDD ou CDD cumulés sur une période d'un mois. Par exemple, un courtier pouvait vendre, en janvier 2007, une option d'achat sur le HDD cumulé de février 2008 à la station météo de l'aéroport de Chicago-Ohare, de prix d'exercice 700 et de paiement 10 000 $ par degré-jour. Si la valeur cumulée réelle est de 820, le paiement est de 1,2 million. Fréquemment, les contrats contiennent une clause de paiement maximal (cap payment). Si, dans notre exemple, ce dernier est de 1,5 million, la position du client est équivalente à une position longue dans un call sur HDD cumulés de prix d'exercice 700 et une position courte dans un call de prix d'exercice 850.

Le HDD journalier est une mesure du volume d'énergie nécessaire pour le chauffage pendant une journée. À l'opposé, le CDD journalier est une mesure du volume d'énergie nécessaire à la climatisation pendant une journée. La plupart des dérivés climatiques sont utilisés par les producteurs d'énergie et les consommateurs industriels. Cependant, la grande distribution, l'industrie agroalimentaire, les agriculteurs et les entreprises de l'industrie des loisirs sont aussi des utilisateurs potentiels de dérivés climatiques. La Weather Risk Management Association (www.wrma.org) a été créée pour servir les intérêts de l'industrie de la gestion des risques climatiques.

En septembre 1999, le Chicago Mercantile Exchange a proposé des futures et des options européennes sur contrats futures climatiques. Ces contrats portent sur des HDD et CDD cumulés sur un mois donné et mesurés dans une station météo donnée[1]. Le dénouement des contrats est effectué en cash juste après la fin du mois et après connaissance des HDD et CDD. Un contrat futures porte sur 100 USD fois le HDD ou CDD cumulé. Ces derniers sont calculés automatiquement par la Earth Satellite Corporation.

17.2 Les dérivés d'énergie

Les entreprises du secteur de l'énergie font partie des utilisateurs les plus actifs et les plus sophistiqués de contrats dérivés. De nombreux produits d'énergie sont échangés à la fois sur les marchés de gré à gré et sur les marchés organisés. Dans cette section, nous abordons les marchés du pétrole, du gaz naturel et de l'électricité.

Le pétrole

Le pétrole est une des matières premières les plus importantes au monde avec une demande journalière de l'ordre de 80 millions de barils. Des contrats d'approvision-

1. Le CME a introduit des contrats pour dix stations météo différentes (Atlanta, Chicago, Cincinnati, Dallas, Des Moines, Las Vegas, New York, Philadelphie, Portland et Tucson).

nement de 10 ans, à prix fixes, sont négociés depuis de nombreuses années sur les marchés de gré à gré. Des swaps existent également qui permettent l'échange de pétrole à prix fixe contre du pétrole à prix variable.

Dans les années 1970, le prix du pétrole a été très volatil. En 1973, la guerre au Moyen-Orient a multiplié par trois le prix de cette matière première. La chute du schah d'Iran en 1979 a entraîné une nouvelle hausse des prix. Ces événements ont fait prendre conscience aux producteurs et aux consommateurs de l'importance de disposer d'outils sophistiqués de gestion du risque de prix. Dans les années 1980, des marchés organisés et de gré à gré se sont donc développés pour répondre à ces besoins.

En pratique, tous les actifs dérivés, dont les sous-jacents sont des actions ou des indices, ont un équivalent sur le marché de gré à gré avec le pétrole comme sous-jacent. Les swaps, les contrats forward et les futures sont les plus utilisés. Dans certains cas, les contrats ont un dénouement en cash, alors que dans d'autres cas, la livraison du sous-jacent (c'est-à-dire le pétrole) est de mise.

Les marchés organisés rencontrent également un grand succès. Un grand nombre de contrats futures et d'options sur ces contrats sont proposés sur le New York Mercantile Exchange (NYMEX) et l'International Petroleum Exchange (IPE) . Comme sur les marchés de gré à gré, certains contrats donnent lieu à un règlement en cash et d'autres à la livraison du sous-jacent. Par exemple, le contrat futures sur le Brent, coté sur l'IPE, est débouclé en cash, sur la base du prix du Brent, alors que le contrat futures coté sur le NYMEX exige la livraison du pétrole. Dans les deux cas, la quantité de sous-jacent par contrat est de 1 000 barils. Sur le NYMEX sont aussi traités deux contrats très populaires sur deux produits raffinés : le fuel domestique et l'essence. Dans ces deux cas, la quantité à livrer est de 42 000 gallons.

Le gaz naturel

Au niveau mondial, l'industrie du gaz naturel a connu une période de déréglementation et de suppression des monopoles d'État. La conséquence est que le fournisseur de gaz naturel n'est plus forcément le producteur de ce gaz. Dans un tel contexte, les fournisseurs sont confrontés au problème de satisfaction de la demande quotidienne. Un contrat type (de gré à gré) consiste en la fourniture d'un volume donné de gaz naturel à un rythme stable pendant une période d'un mois. Les contrats forward, les options ou encore les swaps sont aussi traités. Le vendeur du gaz est généralement responsable de l'acheminement par pipe-line jusqu'au lieu de livraison. Le NYMEX propose un contrat portant sur la livraison de 10 millions de BTU (British Thermal Units) de gaz naturel. Ce contrat, s'il n'est pas dénoué avant l'échéance, impose la livraison du gaz à un rythme uniforme pendant le mois prévu de livraison à un terminal gazier en Louisiane. L'IPE propose un contrat analogue à Londres.

L'électricité

L'électricité est un produit particulier car elle ne peut être facilement stockée[1]. L'offre maximale d'électricité dans une région donnée à chaque instant est déterminée par la capacité maximale de production de l'ensemble des centrales de la région considérée. Aux États-Unis, il y a par exemple 140 régions appelées zones de contrôle. Une fois l'offre et la demande appariées dans chacune des zones, les excès d'offre sont vendus aux zones déficitaires. Ces excédents constituent alors le marché de l'électricité. La capacité d'une zone de contrôle à vendre de l'électricité à une autre zone est fortement conditionnée par la capacité des lignes électriques d'une zone à l'autre. Cet acheminement induit un coût, facturé par le propriétaire de la ligne, auquel s'ajoute une perte d'énergie lors du transfert.

Aux États-Unis, l'une des utilisations essentielles de l'électricité concerne la production d'air conditionné. De ce fait, la demande d'électricité, et donc son prix, est plus forte pendant les mois d'été que pendant les mois d'hiver. Dès lors, le stockage impossible de l'électricité provoque occasionnellement de très brutales variations de prix. Certaines vagues de fortes chaleurs ont provoqué, pendant de courtes périodes, des augmentations de prix de 1 000 %.

L'industrie de l'électricité, comme celle du gaz naturel, a connu une période de déréglementation et de suppression des monopoles d'État. Ce mouvement s'est accompagné d'un développement de marchés d'actifs dérivés. Le NYMEX propose un contrat futures sur le prix de l'électricité, et un marché de gré à gré actif existe également où sont échangés des contrats forward, des swaps et des options. Dans un contrat standard (sur les deux types de marchés), l'une des parties reçoit un nombre de mégawatts-heure pour un prix fixé à un endroit donné pendant un mois. Dans un contrat 5×8, l'électricité est livrée cinq jours par semaine (du lundi au vendredi) pendant les heures creuses (de 23 heures à 7 heures) d'un mois spécifié. Pour un contrat 5×16, l'électricité est livrée pendant les heures pleines (de 7 heures à 23 heures) d'un mois spécifié. Enfin, le contrat le 7×24 impose la livraison en continu pendant le mois.

Les contrats d'option peuvent prévoir un exercice quotidien ou un exercice mensuel. Lorsque l'exercice est quotidien, l'acheteur du contrat peut choisir, chaque jour du mois (l'information doit être communiquée un jour à l'avance), de recevoir la quantité prévue dans le contrat contre le paiement du prix d'exercice. Quand l'exercice est mensuel, une seule décision détermine la livraison ou non de l'électricité pour le mois entier au prix d'exercice fixé contractuellement.

Mentionnons que des contrats intéressants, nommés take or pay ou encore swing option, sont proposés sur les marché du gaz naturel et de l'électricité. Ces contrats spécifient les quantités minimale et maximale d'électricité ou de gaz devant être achetées chaque jour (ou chaque mois), à un prix fixé, par le détenteur du contrat. Dans ces contrats, la possibilité est donnée au détenteur, pendant le mois, de changer le rythme d'approvisionnement, dans des limites fixées (en nombre et en ampleur).

---

1. Les producteurs d'électricité utilisent parfois l'excès de production pour remonter l'eau des centrales hydroélectriques, de façon à produire de l'électricité un peu plus tard. Cela permet une forme de stockage.

Comment un producteur d'énergie peut-il couvrir ses risques ?

Un producteur d'énergie est confronté à deux types de risques, le risque de prix et le risque de volume. Même si les prix s'ajustent aux volumes produits, la relation entre ces deux variables n'est pas parfaite. De ce fait, les producteurs d'énergie doivent tenir compte de ces deux composantes lorsqu'ils veulent développer une stratégie de couverture. Le risque de prix peut être couvert par des actifs dérivés décrits dans cette section. Le risque de volume peut être couvert par l'utilisation des dérivés climatiques présentés dans la section précédente.

Notons :

- Y : profit mensuel ;
- P : prix moyen mensuel de l'énergie ;
- T : variable de température mensuelle pertinente (HDD ou CDD).

Un producteur d'énergie peut utiliser des données historiques pour obtenir la meilleure estimation des paramètres de la régression linéaire suivante :

$$Y = a + bP + cT + \varepsilon$$

où ε est le terme d'erreur. Le producteur peut alors couvrir ses risques pour le mois en prenant une position $-b$ sur des contrats forward ou futures d'énergie, et une position $-c$ sur des forward ou futures climatiques. Cette relation peut aussi être utilisée pour analyser l'efficacité de stratégies optionnelles alternatives.

17.3 Les dérivés d'assurance

Quand les actifs dérivés sont utilisés dans le but d'une couverture, ils ont de nombreuses caractéristiques communes avec des contrats d'assurance. Les deux types de couvertures fournissent une protection contre des événements défavorables. Il n'est alors pas surprenant que de nombreuses compagnies d'assurances aient des filiales actives sur les marchés des actifs dérivés et que certaines de leurs activités se soient rapprochées de celles des banques d'investissement.

Traditionnellement, les compagnies d'assurances couvrent leurs risques de catastrophes (CAT), comme ceux liés aux tornades, ouragans ou tremblements de terre, par une activité de réassurance. Ces contrats de réassurance peuvent avoir des formes différentes. Supposons qu'une compagnie d'assurances soit exposée aux tremblements de terre en Californie pour un montant de 100 millions de dollars et qu'elle souhaite réduire ce montant à 30 millions de dollars. Une solution consiste à signer un contrat annuel avec un réassureur sur une base proportionnelle correspondant à 70 % de l'exposition globale. Si, durant l'année, le montant des sinistres lié à l'activité sismique s'élève à 50 millions de dollars, le coût pour l'entreprise ne sera que de 15 millions de dollars, soit 30 % du total. Une autre possibilité de couverture, dont le coût est moins élevé du point de vue des primes payées, consiste à acheter une série de contrats de réassurance. Le premier indemnise les sinistres entre 30 et 40 millions de dollars, le suivant couvre les sinistres entre 40 et 50 millions de dollars, et ainsi de suite. Chacun des contrats est appelé contrat en excédent de sinistre. Ici, la compagnie d'assurances achète un call dont le prix d'exercice correspond à la borne inférieure de la tranche considérée, et vend un call dont le prix d'exercice est la borne supérieure de cette tranche.

Les acteurs principaux du marché de la réassurance de type CAT ont traditionnellement été les compagnies de réassurance et les groupements Lloyds (groupements d'individus fortunés aux responsabilités non limitées). Dans les années récentes, les compagnies d'assurances ont constaté que les besoins de réassurance dépassaient ce qui pouvait être proposé par les voies traditionnelles et les marchés financiers peuvent constituer une alternative possible. Une des causes à l'origine de cette réflexion fut l'ouragan Andrew en 1992. Le coût pour les assurances en Floride s'éleva à 15 milliards de dollars, ce qui excédait le montant cumulé des primes encaissées dans cette région pendant les sept années précédentes. Si cet ouragan avait atteint la ville de Miami, les dégâts assurés auraient dépassé les 40 milliards de dollars.

L'ouragan Andrew, ainsi que d'autres catastrophes, ont entraîné une hausse des primes d'assurance et de réassurance. Sur les marchés organisés, les contrats futures développés par le CBOT n'ont pas connu un grand succès. Les marchés de gré à gré ont aussi proposé de nombreux produits qui sont autant d'alternatives à la réassurance classique. Le plus connu d'entre eux est l'obligation « catastrophe » (CAT bond). Il s'agit d'une obligation, émise par la filiale d'une compagnie d'assurances, payant un taux d'intérêt supérieur au taux du marché. En échange de cet excès de taux d'intérêt, le détenteur de l'obligation s'engage à fournir une réassurance en excédent de sinistre. Selon les caractéristiques de l'obligation CAT, les intérêts et/ou le principal peuvent servir à indemniser les sinistres. Dans l'exemple considéré précédemment, dans lequel une compagnie souhaitait couvrir les sinistres en Californie pour un montant de 30 à 40 millions de dollars, la compagnie d'assurances peut émettre des obligations CAT pour un nominal de 10 millions de dollars. Dans le cas où les pertes liées aux sinistres dépassent 30 millions, les obligataires perdent tout ou partie du principal. Une autre solution consisterait, pour la compagnie, à émettre des obligations pour un nominal beaucoup plus élevé en exposant au risque uniquement les intérêts payés.

Les obligations CAT offrent généralement une rentabilité un peu plus élevée que la normale avec une forte probabilité et une perte très importante avec une probabilité très faible. En quoi un tel actif peut-il être un investissement attractif? La réponse vient de l'absence de corrélation significative entre ces obligations et la rentabilité du marché[1]. Dans ce contexte, ces actifs peuvent être intéressants à intégrer dans un portefeuille. Ces derniers ne portent aucun risque systématique; de ce fait, leur risque total peut être parfaitement diversifié dans le cadre d'un portefeuille important. Si le rendement espéré d'une obligation CAT est plus élevé que le taux sans risque (et il l'est!), ce titre offre l'opportunité d'améliorer le couple rendement-risque du portefeuille.

---

1. Voir LITZENBERGER R. H., BEAGLEHOLE D. R. et REYNOLDS E. C., « Assessing Catastrophe Reinsurance-Linked Securities as a New Asset Class », in *Journal of Portfolio Management*. Hiver 1996, 76-86.

Résumé

Pour la gestion des risques, les marchés financiers ont été source de développement de produits innovants qui répondent aux besoins des différents participants. Sur le marché des dérivés climatiques, deux mesures, HDD et CDD, ont été élaborées pour décrire l'évolution des températures pendant un mois donné. Elles sont utilisées pour définir les paiements terminaux d'actifs dérivés sur les marchés organisés et sur les marchés de gré à gré. Le développement des marchés de dérivés climatiques devrait s'accompagner de la création de nouveaux produits ayant pour sous-jacents les précipitations, la neige, ainsi que d'autres variables climatiques.

Sur les marchés de l'énergie, les actifs dérivés sur le pétrole sont négociés depuis un certain temps et jouent un rôle important tant du point du vue des producteurs que des consommateurs industriels dans la gestion du risque. Les dérivés sur le gaz naturel et l'électricité sont, quant à eux, relativement récents. Ils prennent de l'importance pour la gestion du risque dans un contexte de déréglementation et de disparition des monopoles d'État.

Les dérivés assuranciels apparaissent comme une alternative sérieuse aux produits classiques d'assurance et de réassurance pour gérer les risques de catastrophe naturelle comme les cyclones ou les tremblements de terre. Il ne fait aucun doute que d'autres types d'assurance (assurance vie ou automobile) bénéficieront de développement de nouveaux produits financiers permettant leur réassurance.

Références complémentaires

Sur les dérivés climatiques

ARDITTI, F., CAI, L. et CAO, M., « Whether to Hedge », in *RISK Supplement on Weather Risk*. 1999, p. 9-12.

CAO, M. et WEI, J., « Weather Derivatives Valuation and the Market Price of Weather Derivatives », in *Journal of Futures Markets*. 24, 11, novembre 2004, p. 1065-1089.

HUNTER, R., « Managing Mother Nature », in *Derivatives Strategy*. Février 1999.

Sur les dérivés d'énergie

CLEWLOW, L. et STRICKLAND, C., *Energy Derivatives : Pricing and Risk Management*. Lacima Group, 2000.

EYDELAND, A. et GEMAN, H., « Pricing Power Derivatives », in *RISK*. Octobre 1998, p. 71-73.

JOSKOW, P., « Electricity Sectors in Transition », in *The Energy Journal*. 19, 1998, p. 25-52.

KENDALL, R. , « Crude Oil : Price Schocking », in *RISK Supplement on Commodity Risk*. Mai 1999, p. 6.

Sur les dérivés d'assurance

CANTER, M. S. , COLE, J. B. et SANDOR, R. L., « Insurance Derivatives : A New Asset Class for the Capital Markets and a New Hedging Tool for the Insurance Industry », in *Journal of Applied Corporate Finance*. Automne 1997, p. 69-83.

FROOT, K. A., « The Market for Catastrophe Risk : A Clinical Examination », in *Journal of Financial Economics*. 60, 2001, p. 529-71.

FROOT, K. A., *The Financing of Catastrophe Risk*. University of Chicago Press, 1999.

GEMAN, H., « CAT Call », in *RISK*. Septembre 1994, p. 86-89.

HANLEY, M., « A Catastrophe Too Far », in *RISK Supplement on Insurance*. Juillet 1998.

LITZENBERGER, R. H., BEAGLEHOLE, D. R. et REYNOLDS, E. C., « Assessing Catastrophe Reinsurance-Linked Securities as a New Asset Class », in *Journal of Portfolio Management*. Hiver 1996, p. 76-86.

Problèmes et exercices (corrigés en fin d'ouvrage)

17.1. Que signifient HDD et CDD ?

17.2. Décrivez un contrat à terme type sur le gaz naturel.

17.3. Supposez que, pour chaque jour du mois de juillet, la température minimale soit de 68 °Fahrenheit et que le maximum soit de 82 °Fahrenheit. Que vaut le paiement terminal d'une option d'achat sur CDD cumulés avec un prix d'exercice de 250 et un paiement de 5 000 USD par degré-jour ?

17.4. Pourquoi le prix de l'électricité est-il plus volatil que celui d'autres énergies ?

17.5. « HDD et CDD peuvent être vus comme les paiements terminaux d'options sur température ». Expliquez.

17.6. Supposez que vous disposiez de 50 années de relevés de température. Expliquez avec précision les analyses que vous mettriez en œuvre pour évaluer un contrat forward sur CDD cumulés pour un mois donné.

17.7. Estimez-vous que la volatilité du prix forward d'un contrat à 1 an sur le pétrole est plus élevée ou plus faible que la volatilité du prix spot ? Justifiez votre réponse.

17.8. Comment un producteur de gaz peut-il utiliser les marchés d'actifs dérivés pour couvrir ses risques ?

17.9. Comment fonctionne une option 5×8 pour mai 2006 sur l'électricité avec un exercice journalier ? Comment fonctionne une option 5×8 pour mai 2006 sur l'électricité avec un exercice mensuel ? Lequel de ces deux contrats a la plus grande valeur ?

17.10. Expliquez comment fonctionne une obligation CAT.

17.11. Considérons deux obligations ayant le même coupon, la même durée de vie et le même prix. La première est une obligation de rating B, émise par une entreprise, et la seconde est une obligation CAT. Une analyse des données historiques montre que les pertes annuelles espérées sur les deux obligations sont identiques tout au long de leur durée de vie. Laquelle des deux conseilleriez-vous à un gérant de portfeuille ?

17.12. « Pétrole, gaz naturel et électricité sont sujets au phénomène de retour à la moyenne ». Que veut on dire par cette phrase ? Laquelle de ces énergies a le plus fort taux de retour à la moyenne ? Laquelle des ces énergies a le plus faible taux de retour à la moyenne ?

Question complémentaire

17.13. Les pertes indemnisées par une compagnie d'assurances pour une police donnée suivent approximativement une loi normale d'espérance 150 millions et d'écart-type 50 millions (supposez que ces données sont identiques dans les univers réel et risque neutre). Le taux sans risque annuel est de 5 %. Quel est le coût des contrats suivants : (a) Un contrat qui paie 60 % des pertes annuelles sur une base proportionnelle. (b) Un contrat qui paie 100 millions sur l'année si les pertes dépassent 200 millions ?

Chapitre 18

Quelles leçons tirer des pertes importantes ?

Depuis le milieu des années 1980, des pertes considérables ont été observées sur les marchés financiers. Ce chapitre tente de tirer les leçons de ces pertes en soulignant quelques points clés abordés dans les chapitres précédents. Les pertes qui seront abordées sont décrites dans l'encadré 18.1. Lorsque l'on observe cette liste, on constate avec surprise que ces pertes énormes sont souvent la conséquence des activités d'un seul individu. Ainsi, en 1995, Nick Leeson a mis à genoux la Barings, institution financière vieille de 200 ans ; en 1994, Robert Citron a fait perdre 2 milliards de dollars au comté d'Orange, une municipalité californienne. Les activités de trading de Joseph Jett pour le compte de Kidder Peabody ont engendré une perte de 350 millions de dollars. Enfin, les pertes dues à John Rusnack, révélées en 2002, se montent à 700 millions de dollars dans le cadre de ses activités pour l'Allied Irish Bank.

Certaines de ces pertes sont liées à l'utilisation de produits dérivés mais elles ne sont pas pour autant inhérentes à ce type d'activité. Ces marchés, pris dans leur globalité, représentent des milliers de milliards de dollars de transactions et ont connu un vif succès en répondant aux besoins de leurs utilisateurs. La part des transactions qui présente un niveau de risque inacceptable est très faible (en nombre aussi bien qu'en volume) au regard de l'activité de ces marchés. Citons ce que disait Alan Greenspan, président de la Réserve fédérale américaine (Banque centrale américaine), en 2003 : « L'utilisation croissante des produits dérivés ainsi que la mise en place de méthodes plus sophistiquées de mesure et de gestion des risques sont les facteurs clés de la pérennité de nos plus grands intermédiaires financiers. »

18.1 Les limites de risque

La première et la plus importante leçon à tirer des exemples cités précédemment concerne les limites de risque. Il est essentiel que les entreprises (financières et non financières) définissent clairement les limites des risques financiers qui peuvent être pris. Des procédures doivent également être élaborées qui assurent le respect de ces limites. Idéalement, les limites globales doivent être fixées au niveau de la direction et ensuite être répercutées en limites applicables par les responsables de la gestion de risques particuliers. Des rapports quotidiens doivent mesurer les gains et pertes qui peuvent survenir lors de la variation des variables de marché pertinentes. Ceux-ci doivent être comparés aux gains et pertes effectivement réalisés, de façon à juger de la pertinence des modèles d'évaluation utilisés.

Encadré 18.1 : Pertes importantes

Allied Irish Bank

Cette banque a perdu 700 millions de dollars du fait des activités spéculatives d'un trader, John Rusnack, pendant plusieurs années sur le marché des changes. Là, les pertes étaient masquées par des transactions fictives sur des contrats d'option.

Barings (encadré 2.4)

Cette banque britannique, vieille de 200 ans, a fait faillite en 1995 à cause des activités d'un seul trader, Nick Leeson, à Singapour. Son mandat l'autorisait à arbitrer des contrats à terme sur l'indice Nikkei 225 entre Singapour et Osaka. Au lieu de cela, Nick Leeson réalisait des opérations spéculatives en pariant sur le sens d'évolution du Nikkei 225 à partir de futures et d'options. Les pertes totales ont avoisiné le milliard de dollars.

Enron

Enron a caché de l'information à ses actionnaires à l'aide de contrats fictifs. Plusieurs institutions financières qui avaient aidé Enron dans cette entreprise ont été judiciairement contraintes de payer aux actionnaires une somme de plus d'un milliard de dollars.

Hammersmith et Fulham (encadré 14.1)

La British Local Autority a perdu environ 600 millions de dollars sur le marché des swaps et options de taux d'intérêts. Les deux traders mis en cause avaient, de façon surprenante, une connaissance très faible des produits échangés.

Kidder Peabody (encadré 15.1)

Les opérations d'un seul trader, Joseph Jett, ont fait perdre à cette entreprise new-yorkaise 350 millions de dollars sur les obligations du Trésor américain. La perte était due au calcul erroné des profits par le système informatique de l'entreprise.

Long Term Capital Management (encadré 12.1)

Ce hedge fund a perdu environ 4 milliards de dollars en 1998 par le biais d'une stratégie nommée « arbitrage de convergence ». Pendant l'été 1998, le fonds a été mis en sérieuse difficulté lors de la fuite vers la qualité des opérateurs, fuite consécutive à l'annonce par la Russie d'un défaut sur sa dette.

National Westminster Bank

Cette banque britannique a perdu environ 130 millions de dollars en 1997 en utilisant un modèle erroné d'évaluation des options de swap.

Orange County (encadré 4.1)

L'activité du trésorier, Robert Citron, a conduit cette municipalité californienne a perdre environ 2 milliards de dollars en 1994. Le trésorier avait utilisé des dérivés de taux et spéculait sur une hausse des taux d'intérêt.

Procter & Gamble (encadré 2.2)

L'activité du trésorier de cette grande entreprise américaine a entraînée une perte de l'ordre de 90 millions de dollars en 1994. Ce trésorier échangeait de nombreux produits exotiques sur taux d'intérêt avec Bankers Trust (qu'il poursuivit ensuite).

Les entreprises ont intérêt à gérer les risques de manière encore plus rigoureuse lorsque des actifs dérivés sont employés. En effet, ces dérivés peuvent être utilisés pour la couverture, la spéculation et l'arbitrage. Sans une surveillance étroite, il est impossible de juger si un trader chargé de la couverture s'est transformé en spéculateur, ou si un arbitragiste est devenu spéculateur. La Barings offre une excellente illustration des conséquences que cela peut avoir. Nick Leeson était employé pour arbitrer les contrats futures sur l'indice Nikkei 225 entre Singapour et le marché d'Osaka. Au nez et à la barbe de ses supérieurs londoniens, il s'est transformé en spéculateur, prenant d'énormes paris sur l'évolution du Nikkei 225. Chez Barings, le système de contrôle interne était si défaillant que personne ne savait réellement ce que Leeson faisait.

L'argument, ici, ne consiste pas à dire qu'aucun risque ne doit être pris. Un trésorier d'entreprise, un trader dans une institution financière, ou encore un gérant de fonds, doivent être autorisés à prendre des positions sur l'évolution future de certaines variables de marché. Les points sur lesquels nous insistons sont que le volume des positions autorisées doit être limité et qu'un contrôle interne traduisant de manière fiable les risques pris est indispensable.

Une situation délicate

Que doit-il se passer lorsqu'un employé dépasse les limites mais réalise un profit ? C'est une question délicate pour un supérieur hiérarchique. Il est tentant d'occulter ces violations de limites quand elles engendrent finalement un profit. Cependant, c'est un raisonnement à courte vue. Cela conduit au développement d'une culture dans laquelle les limites de risque ne sont pas prises au sérieux, et ouvre la voie à des désastres. La meilleure illustration en est celle du comté d'Orange. En 1991-1993, les activités de Robert Citron ont été très profitables et la municipalité s'était habituée à cette source de financement complémentaire. Les responsables ont préféré ignorer les risques pris puisque des profits étaient réalisés. Malheureusement, les pertes de 1994 dépassèrent largement les bénéfices des années précédentes.

Les pénalités pour dépassement de limites devraient être identiques quel que soit le résultat des transactions (profits ou pertes). Dans le cas contraire, les traders en position perdante sont incités à augmenter leur exposition au risque dans l'espoir de dégager des profits et d'éviter la pénalité.

Ne considérez pas que vous pouvez prévoir l'évolution du marché

Certains traders sont sans aucun doute meilleurs que d'autres mais aucun d'eux ne peut avoir raison constamment. Un trader qui prévoit correctement l'évolution des variables de marché dans 60 % des cas est déjà bon. Une série de résultats exceptionnels (comme ceux de Robert Citron au début des années 1990) est plus probablement due à un coup de chance qu'à des capacités supérieures de gestion.

Supposons qu'une institution financière emploie 16 traders et que l'un d'eux réalise des profits quatre trimestres de suite. Doit-il recevoir une prime ? Doit-on relâcher ses limites de risque? La réponse à la première question est évidemment affirmative et le trader devrait recevoir une prime importante. En revanche, la réponse à la seconde devrait être négative. En effet, la probabilité de réaliser des profits quatre trimestres de suite en opérant au hasard est de $0{,}5^4$, c'est-à-dire une chance sur 16. Par conséquent, un trader chanceux sur 16 peut réaliser des profits pendant chaque trimestre de l'année. Mais il n'y a aucune raison de penser que la chance va se poursuivre et donc que les limites doivent être allégées.

Ne sous-estimez pas les gains de diversification

Lorsqu'un trader semble être capable de prévoir l'évolution d'une variable de marché, il est tentant d'accroître ses limites. Comme nous l'avons dit, ce n'est pas une bonne idée puisqu'il est probable qu'il soit chanceux plutôt que brillant. Cependant, supposons que nous soyons totalement convaincu qu'un trader ait un talent exceptionnel. Quelle perte de diversification devrions-nous accepter pour exploiter ce talent? La réponse, comme nous l'avons souligné à la section 1.1, est que les bénéfices de la diversification peuvent être énormes; il est alors fort peu probable que ce sacrifice soit compensé par un investissement supplémentaire sur une seule variable de marché.

Un exemple peut illustrer ce point. Considérons 20 actions ayant toute une rentabilité espérée de 10 % et un écart-type de rentabilité de 30 %. La corrélation de tous couples d'actions est de 0,2. Pour un investissement à parts égales dans chacun des titres, la rentabilité espérée du portefeuille est de 10 % et l'écart-type de rentabilité de 14,7 %. La diversification permet la division de la volatilité par 2, si on la compare à celle d'un portefeuille composé d'un titre unique. Dans ce contexte, le talent du trader doit être exceptionnel en termes de sélection de titres pour compenser cet effet de diversification.

Effectuez des analyses de scénarios et des simulations de crise

Le calcul de mesures de risque comme la VaR devrait systématiquement être accompagné d'analyses de scénarios et de stress tests pour acquérir une meilleure compréhension de ce qui peut mal se passer. Ces techniques, présentées à la section 8.7, sont très importantes. L'être humain a une fâcheuse tendance à se fixer sur un ou deux scénarios avant de prendre une décision. En 1993 et 1994, par exemple, Procter & Gamble étaient tellement convaincus que les taux d'intérêt resteraient faibles qu'ils avaient complètement négligé la possibilité d'une hausse de 100 points de base.

Il est également important d'être créatif dans l'élaboration des scénarios. Une des possibilités consiste à retenir 10 ou 20 années de données historiques et à choisir comme scénarios les événements les plus extrêmes de cette période. Parfois, les données sur une variable particulière sont manquantes. Il est alors souhaitable d'utiliser une variable au comportement similaire (dont les données sont disponibles) et d'assimiler les variations en pourcentage de cette variable à celles de la variable étudiée. Par exemple, si l'on dispose de peu d'informations sur le prix d'obligations d'un pays donné, on peut utiliser les historiques de prix d'obligations émises par un pays comparable afin de développer des scénarios.

18.2 Gérer la salle des marchés

Dans les salles de marchés, les traders les plus performants sont parfois jugés comme « intouchables » et leur activité n'est pas soumise à un contrôle aussi strict que celle des autres. Apparemment, Joseph Jett, trader vedette sur instrument du Trésor de Kidder Peabody, était souvent « débordé » au moment de répondre aux questions et de discuter de ses positions avec les risk-managers de l'entreprise.

Il est essentiel que tous les traders – spécialement les plus performants – demeurent contrôlables. En effet, il est très important, pour une institution financière, de savoir dans quelle mesure les profits élevés sont réalisés en prenant des risques élevés. De même, il est important de vérifier que les systèmes informatiques et les modèles d'évaluation utilisés sont fiables en n'ont pas été manipulés.

Séparez le front, le middle et le back office

Le *front office* d'une institution financière est composé de traders qui réalisent des transactions, prennent des positions sur le marché, etc. Le *middle office* est composé de risk-managers chargés de contrôler les risques pris. Le *back office* est le service qui enregistre et comptabilise les opérations. Certains désastres spectaculaires sur le marché des dérives résultent de l'absence de séparation entre ces différentes fonctions. Nick Leeson contrôlait à la fois le front et le back office de la Barings à Singapour et était, par conséquent, capable de masquer la nature désastreuse de ses opérations, au moins temporairement, à ses supérieurs londoniens.

Évitez la confiance aveugle dans les modèles

Le risque dû au modèle est abordé dans le chapitre 15. Certaines pertes importantes essuyées par les institutions financières résultent des modèles et des systèmes informatiques utilisés. Kidder Peabody fût trompé par son propre modèle. Une autre illustration de ce danger est celui de la National Westminster Bank, dont l'utilisation de modèles erronés pour l'évaluation des swaptions a été dramatique.

Lorsque des profits importants sont réalisés sur la base de stratégies relativement élémentaires, la pertinence des modèles utilisés pour calculer lesdits profits doit être questionnée. De même, si une institution financière est particulièrement compétitive pour la cotation d'un certain produit, son modèle d'évaluation est alors certainement différent de celui employé par les autres intervenants. Un examen scrupuleux du modèle est alors nécessaire. Du point de vue de la direction de la salle de marchés, un volume d'affaires trop important sur certains types de transactions aussi bien qu'un volume trop faible sur d'autres doivent faire l'objet de surveillance.

Soyez conservateur dans la constatation des profits initiaux

Lorsqu'une institution vend un produit très exotique à une entreprise non financière, l'évaluation de ce produit peut être largement influencée par le modèle retenu. Par exemple, les produits de long terme incluant des options de taux peuvent être très dépendants du modèle d'évolution des taux retenu. Dans de telles circonstances, on parle parfois de *marking to model* pour décrire le *marking to market* quotidien. Cette appellation traduit l'absence de prix de marché pouvant servir de *benchmark* à l'évaluation du produit considéré.

Supposons qu'une institution s'apprête à vendre un produit à un client pour un montant supérieur de 10 millions à sa valeur, ou du moins de 10 millions supérieur à l'évaluation fournie par le modèle. Ces 10 millions sont qualifiés de « profit initial ».

Quand ce profit devrait-il être constaté ? Les pratiques en la matière diffèrent d'une banque à l'autre. Certaines le constatent immédiatement, d'autres préfèrent étaler la constatation dans le temps, sur toute la durée de vie du contrat, adoptant ainsi une attitude plus conservatrice.

Reconnaître ce type de profit immédiatement peut être très dangereux. En effet, cela encourage les traders à utiliser des modèles agressifs, à empocher leurs gratifications et à quitter la société avant que la valeur réelle de la transaction puisse être reconnue. Il est largement préférable de constater ce profit progressivement, de façon à inciter les traders à comparer divers modèles d'évaluation et à tester différents jeux d'hypothèses avant de finaliser la transaction.

Ne vendez pas à vos clients des produits inadaptés

Il peut être tentant de vendre à ses clients des produits inadaptés, surtout lorsque ces derniers semblent attirés par un certain type de risque. C'est là une vision de court terme. L'exemple le plus dramatique est probablement celui de la Bankers Trust dans la période précédant le printemps 1994.

BT a convaincu de nombreux clients d'acheter des produits très risqués et tout à fait inadaptés. Un de ces produits offrait au client la possibilité d'économiser quelques points de base sur les taux d'emprunt contre une faible probabilité de supporter des pertes importantes. Ces produits ont bien fonctionné pour les clients de la BT en 1992 et 1993, mais la situation s'est dégradée en 1994 à la suite d'une hausse importante des taux. La mauvaise publicité qui suivit eut un impact considérable sur la BT. Les années passées à gagner la confiance des clients et à construite une réputation solide sur le marché des produits dérivés innovants ont été détruites par une politique commerciale agressive mise en place par quelques vendeurs. La BT dut payer des montants considérables à ses clients pour régler ces litiges à l'amiable et fut rachetée par la Deutsche Bank en 1999. Enron offre une autre illustration des coûts engendrés pour les banques d'une politique commerciale excessivement agressive. Une leçon que l'on peut tirer du cas Enron est la suivante : « Le fait que de nombreuses banques se battent fortement pour obtenir un certain type d'affaires, n'est d'aucune indication sur la profitabilité de ces dernières. » Les activités qui semblent très profitables à peu de frais sont à surveiller de près du point de vue du risque opérationnel, du risque de crédit et du risque de marché. Quelques banques ont dû dépenser plus d'un milliard de dollars pour éviter les poursuites judiciaires des actionnaires d'Enron.

18.3. Le risque de liquidité

Le risque de liquidité est abordé au chapitre 15. Les spécialistes en ingénierie financière fondent souvent l'évaluation de produits exotiques ou de produits peu liquides sur les prix d'actifs activement échangés. Par exemple :

1. Un ingénieur financier calcule généralement une courbe zéro-coupon à partir d'obligations d'État très liquides (obligations dites *on-the-run*) et utilise la courbe obtenue pour évaluer des obligations bien moins liquides (dites *off-the-run*).
2. Un ingénieur financier déduit généralement une volatilité implicite à partir de contrats d'options liquides et applique le résultat obtenu à l'évaluation d'options moins liquides.
3. Un ingénieur financier extrait généralement de l'information sur le comportement des taux d'intérêt à partir de caps et de swaptions largement échangés, et se sert de cette information pour évaluer des produits fortement structurés.

Cette pratique n'est pas insensée. Cependant, il est dangereux de supposer que des titres ou contrats peu liquides seront toujours échangés à des prix voisins de leur valeur théorique. Quand les marchés subissent un choc, de quelque nature que ce soit, un assèchement de la liquidité peut apparaître. La liquidité devient essentielle pour les investisseurs, et les titres peu liquides sont vendus à une valeur bien inférieure à leur valeur théorique. De ce fait, les stratégies qui supposent que de grandes quantités de titres peu liquides seront vendues rapidement à un prix proche de leur valeur théorique sont dangereuses.

Une illustration de ce risque de liquidité est donnée par Long Term Capital Management (LTCM), dont le cas a été décrit dans l'encadré 12.1. Ce hedge fund suivait une stratégie dite d'« arbitrage de convergence ». Il tentait de repérer deux titres (ou deux portefeuilles de titres) qui devaient théoriquement s'échanger à des prix voisins. Si l'un des titres cotait à un prix inférieur à l'autre, Long Term Capital Management se portait acheteur du premier et vendait le second. Cette stratégie était fondée sur l'idée que, si les deux prix théoriques étaient identiques, les prix de marché devaient l'être également.

Pendant l'été 1998, LTCM a subi une perte énorme. Cette perte était essentiellement due à l'annonce, par la Russie, d'un défaut sur sa dette souveraine entraînant une fuite vers la qualité. LTCM était en position longue sur des obligations peu liquides et en position courte sur des obligations liquides (par exemple, acheteur de titres *off-the-run* et vendeur de titres *on-the-run*). Les spreads entre les deux catégories de titres se sont élargis brutalement après l'annonce russe. Au final, cela entraîna une perte colossale pour LTCM qui ne fut plus capable de répondre aux appels de marge liés à ses positions. L'histoire de LTCM renforce la nécessité de procéder à des analyses de scénarios et à des stress tests pour mesurer l'impact d'événements extrêmement défavorables. LTCM aurait dû analyser d'autres périodes de l'histoire financière ayant conduit à des fuites brutales vers la qualité, afin de quantifier son exposition au risque de liquidité.

Méfiez-vous lorsque tout le monde adopte la même stratégie

Il arrive parfois que de nombreux intervenants sur le marché suivent la même stratégie. Ce contexte est dangereux car de forts mouvements de marché, un « assèchement » de la liquidité entraînant des pertes importantes, sont susceptibles de survenir. Nous avons donné un exemple de cette situation dans l'encadré 15.4 ayant trait à l'assurance de portefeuille et au krach d'octobre 1987. Dans les mois qui ont précédé le krach, de nombreux gérants de portefeuille ont tenté d'assurer leur portefeuille en créant des options de vente synthétiques. Ces opérateurs achetaient des actions ou des futures sur indices après une hausse du marché et les revendaient après une baisse. Cela a engendré une instabilité sur le marché. En effet, une faible baisse des cours pouvait entraîner une vague de ventes par les assureurs de portefeuilles. Cette réaction conduisait à accentuer la baisse qui entraînait des ventes supplémentaires, et ainsi de suite. Il n'y a aucun doute que, sans assurance de portefeuilles, le krach de 1987 aurait été moins sévère.

Le cas de LTCM en 1998 fournit un second exemple de ce problème. La situation du fonds a encore été aggravée car de nombreux autres fonds suivaient la même stratégie d'arbitrage de convergence. Après le défaut russe et la fuite vers la qualité, LTCM voulut dénouer une partie de ses positions pour répondre aux appels de marge. Malheureusement, les autres fonds étaient confrontés aux mêmes difficultés et tentaient de réaliser les mêmes échanges. Cela a encore détérioré la situation et les spreads de liquidité s'élargirent encore, renforçant à leur tour la fuite vers la qualité.

Considérons par exemple la position de LTCM en obligations du Trésor américain. Ce fonds détenait une position longue sur les obligations *off-the-run* (peu liquides) et une position courtes sur les titres *on-the-run* (liquides). Lorsque la fuite vers la qualité eut pour conséquence une augmentation des spreads entre les deux types d'obligations, LTCM fut contraint de liquider ses positions en vendant des titres *off-the-run* et en rachetant des titres *on-the-run*. D'autres fonds importants firent de même. La conséquence fut une augmentation des prix relatifs des obligations liquides par rapport aux autres, élargissant encore les spreads entre les deux catégories de titres.

Un exemple complémentaire est le cas des compagnies d'assurances britanniques à la fin des années 1990, discuté dans l'encadré 15.5. Ces compagnies avaient décidé, au même moment, de se couvrir contre une éventuelle baisse des taux d'intérêt de long terme. La conséquence fut une baisse de ces taux d'intérêt !

Le point clé à retenir de ces exemples est la nécessité d'avoir une vision globale des marchés financiers et de comprendre les risques liés aux situations dans lesquelles les intervenants du marché optent tous pour la même stratégie.

18.4 Leçons pour les entreprises non financières

Nous concluons avec quelques leçons destinées aux entreprises non financières.

Assurez-vous que vous comprenez parfaitement l'échange que vous réalisez

Les entreprises ne devraient jamais s'engager dans des transactions ou des stratégies lorsqu'elles ne comprennent pas tous les tenants et les aboutissants. Cela semble évident, mais il est très surprenant de constater qu'après avoir subi une perte importante, de nombreux traders employés par des entreprises non financières avouent n'avoir pas bien compris ce qui se passait, ou prétendent avoir été trompés par les banques d'investissement. Tel est le cas de Robert Citron, le trésorier du comté d'Orange. Tel est également le cas des traders d'Hammersmith et Fulham qui, en dépit des positions énormes qu'ils détenaient, étaient, de manière surprenante, très mal informés sur le fonctionnement réel des swaps et autres dérivés de taux.

Lorsqu'un *senior manager* d'une entreprise ne comprend pas la transaction proposée par un de ses collaborateurs, celle-ci ne devrait pas être acceptée. Une règle simple est que, si une opération et sa justification sont trop complexes pour être comprises par le directeur, cette opération est sûrement inadaptée aux besoins de l'entreprise. Si ce critère avait été appliqué, les transactions de Procter & Gamble et Gibson Greetings n'auraient pas eu lieu.

Une façon d'être sûr d'avoir bien compris le fonctionnement d'un produit est de l'évaluer. Lorsqu'une entreprise ne dispose pas des ressources internes suffisantes pour cette évaluation, elle ne devrait pas utiliser ce produit. En pratique, les entreprises font confiance le plus souvent aux banques d'investissement pour l'évaluation des produits. Cela est dangereux, comme ont pu le constater Procter & Gamble et Gibson Greetings. Quand ces sociétés ont voulu déboucler leurs positions, elles n'ont pas pu vérifier les prix élaborés par les modèles internes de la Bankers Trust.

Soyez sûr qu'un opérateur en couverture ne devienne pas un spéculateur

Un constat gênant est que la couverture est une activité relativement ennuyeuse, alors que la spéculation est excitante. Quand une firme engage un trader pour gérer le risque de change ou le risque de taux, il peut se produire ce qui suit. Dans un premier temps, le trader fait rigoureusement son travail et gagne la confiance de ses supérieurs. Il ou elle évalue correctement les risques de l'entreprise et les couvre. Dans un second temps, le trader est persuadé qu'il peut prévoir l'évolution du marché et, avec le temps, il devient spéculateur. À la première perte, le trader tente de se refaire et double la mise. De nouvelles pertes sont enregistrées et cette dynamique peut conduire au désastre.

Comme nous l'avons mentionné précédemment, des limites claires doivent être mises en œuvre quant aux risques susceptibles d'être pris. Des procédures de contrôle doivent être instaurées pour s'assurer que les limites sont respectées. La stratégie d'une entreprise doit débuter par une analyse des risques de change, de taux et de matières premières auxquels la société est potentiellement exposée. Une décision doit ensuite être prise concernant les moyens de maintenir ces risques à un niveau acceptable. Lorsqu'une stratégie ne découle pas directement de l'exposition aux risques de la firme, cela souligne généralement un problème.

Attention ! Le service trésorerie n'est pas un centre de profits

Depuis une vingtaine d'année, le département trésorerie a été souvent assimilé à un centre de profits. Cela peut paraître tout à fait raisonnable. Le trésorier est motivé pour réduire les coûts de financement et gérer les risques de la manière la plus profitable. Cependant, pour un trésorier, les possibilités de réaliser des profits sont très limitées. Lorsqu'il collecte des fonds et réinvestit le surplus, il est face à un marché efficient. Il ne peut alors augmenter la rentabilité de ses investissements qu'en prenant des risques supplémentaires. Le programme de couverture des risques de l'entreprise laisse néanmoins de la marge au trésorier pour prendre des décisions « propres » augmentant les profits. Mais il faut garder à l'esprit que l'objectif d'une stratégie de couverture est, avant tout, de réduire les risques, et non d'augmenter les profits espérés. La décision de couvrir une position conduit, dans 50 % des cas, à un résultat inférieur à celui qui aurait été obtenu sans couvrir. Le danger de considérer le service trésorerie comme un centre de profits est l'incitation à la spéculation qu'elle induit pour le trésorier. Un résultat identique à celui du comté d'Orange ou de Procter & Gamble ou de Gibson Greetings est dès lors possible.

Résumé

La leçon essentielle à tirer de ces pertes importantes est le rôle fondamental du contrôle interne. Les risques pris par les traders, les modèles utilisés et les montants engagés dans les différents types d'activités doivent faire l'objet d'un contrôle rigoureux. Il est important de prendre de la hauteur afin d'analyser ce qui peut se produire de pire. LTCM, les banques associées à Enron et de nombreuses autres institutions financières n'ont pas su le faire et l'on en connaît les conséquences désastreuses.

Références complémentaires

DUNBAR, N., *Inventing Money : The Story of Long-Term capital management and the Legends Behind It.* Wiley, Chichester, 2000.

JORION, P., *Big Bets Gone Bad : Derivatives and Bankruptcy in Orange County*. Academic Press, New York, 1995.

JORION, P., « How Long-Term Lost Its Capital », in *RISK*. Septembre 1999.

JU, X. et PEARSON, N., « Using Value at Risk to Control Risk Taking : How Wrong Can You Be ? », in *Journal of Risk*, 1, n° 2, hiver 1998/1999, p. 5-36.

THOMSON, R., *Apocalypse Roulette : The Lethal World of Derivatives*. McMillan, Londres, 1998.

ZHANG, P. G., *Barings Bankruptcy and Financial Derivative*. World Scientific, Singapour, 1995.

Annexe A

Évaluation des contrats futures et forward

Le prix futures ou forward d'un investissement qui n'engendre aucun flux s'écrit :

$$S_0e^{rT}$$

où S_0 est le prix spot de l'actif, T la durée restant à courir jusqu'à la maturité du contrat futures ou forward, et r le taux sans risque exprimé en composition continue.

Lorsque l'actif verse des flux pendant la durée de vie du contrat dont la valeur actuelle est I, le prix futures ou forward s'écrit :

$$(S_0 - I)e^{rT}$$

Lorsque le taux de rentabilité de l'actif est q, ce prix s'écrit :

$$S_0e^{(r-q)T}$$

Une devise étrangère peut être vue comme un investissement dont la rentabilité est le taux sans risque étranger. La valeur d'un contrat forward pour lequel le détenteur a le droit d'acheter l'actif au prix K s'écrit dans tous les cas :

$$(F - K)e^{-rT}$$

où F est le prix forward de l'actif. La valeur d'un contrat forward pour lequel le détenteur a le droit de vendre l'actif au prix K s'écrit dans tous les cas :

$$(K - F)e^{-rT}$$

Exemple A.1

Considérons un contrat futures sur le S&P500. La valeur de l'indice est de 1 200, le taux sans risque à 6 mois est de 5 % (en base annuelle) et le taux de dividende anticipé sur le S&P500 pour les 6 prochains mois vaut en moyenne 2 % (en base annuelle). Le prix futures est alors :

$$1\,200e^{(0{,}05-0{,}02)0{,}5} = 1\,218{,}14$$

Exemple A.2

Le prix forward d'une once d'or pour un contrat de maturité de 9 mois est 550 $. Une entreprise est longue d'un contrat forward portant sur l'achat de 1 000 onces d'or au prix de 530 $ dans 9 mois. Le taux sans risque en composition continue vaut 4 %. La valeur du contrat s'écrit alors :

$$1\ 000 \times (550 - 530)e^{-0{,}04 \times 9/12} = 19\ 409\ \$$$

Annexe B

Évaluation des swaps

Un swap de taux d'intérêt peut être évalué en supposant que les taux d'intérêt futurs seront égaux aux taux d'intérêts forward prévalant sur le marché aujourd'hui. Par exemple, considérons un swap de taux d'intérêt d'une durée restant à courir de 14 mois et de principal 100 millions de dollars. Le taux fixe reçu est de 5 %, le taux variable payé est le LIBOR et les paiements ont lieu tous les 6 mois. Supposons que (a) 4 mois plus tôt le taux 6 mois s'élevait à 4 %, (b) que le taux forward 6 mois dans 2 mois vaut 4,6 % et (c) que le taux forward 6 mois dans 9 mois vaut 5,2 %. Tous les taux d'intérêt sont exprimés en composition semestrielle. Si l'on suppose que les taux forward se réalisent, les flux associés au swap sont décrits dans le tableau B.1. Par exemple, dans 8 mois, le flux fixe vaut $0,5 \times 0,05 \times 100$, soit 2,5 millions de dollars et le flux variable vaut $0,5 \times 0,046 \times 100$, soit 2,3 millions de dollars.

Tableau B.1 : Évaluation d'un swap sous l'hypothèse de réalisation des taux forward

Date	Flux fixes	Flux variables	Flux nets
2 mois	2,5	– 2,0	0,5
8 mois	2,5	– 2,3	0,2
14 mois	2,5	– 2,6	– 0,1

La valeur du swap est finalement la valeur actuelle des flux futurs de la dernière colonne du tableau[1]. Une approche alternative qui offre le même résultat, est de tenir compte du principal payé et reçu à la maturité du swap. Le swap est alors perçu comme un échange d'une obligation à taux fixe contre une obligation à taux variable. Les flux de l'obligation à taux fixe sont estimés de façon usuelle. La règle générale veut que l'obligation à taux variable ait une valeur proche du principal après le paiement du flux d'intérêt. Dans notre exemple, la valeur de l'obligation à taux variable sera proche de 100 millions de dollars après le paiement d'intérêt dans 2 mois. La valeur de cette obligation est alors de 102 millions de dollars avant le versement de ce flux. La valeur du swap est finalement le prix de l'obligation à taux fixe, déduction faite de la valeur présente d'un flux de 102 millions de dollars versés dans 2 mois.

1. Notons que ce calcul est imprécis puisqu'il ne tient pas compte des conventions calendaires de calcul et des jours fériés.

Les swaps de devises

Un swap de devises peut être évalué en supposant que les taux de change futurs seront égaux aux taux de change forward prévalant sur le marché aujourd'hui. Par exemple, considérons un swap de devises de durée restant à courir de 3 ans et dans lequel sont reçus 4 % en livres (GBP) et versés 6 % en dollars (USD). Le notionnel dans les deux devises est de 10 millions de dollars et de 5 millions de livres. Les flux de ce swap sont donnés dans les deuxième et troisième colonnes du tableau B.2. Les taux de change forward sont, par hypothèse, donnés dans la quatrième colonne et sont utilisés pour convertir les flux en GBP en dollars. La dernière colonne donne les flux nets et la valeur actuelle du swap est la valeur présente de l'ensemble de ces flux. Une approche alternative consiste à voir le swap comme une position longue sur une obligation en livres et une position courte sur une obligation en dollars. Chacune des obligations peut être évaluée dans sa propre devise et le taux de change actuel permet la conversion de la valeur de l'obligation en GBP en dollars.

Tableau B.2 : Évaluation d'un swap de devises sous l'hypothèse de réalisation des taux de change forward

Date	Flux (USD)	Flux (GBP)	Taux de change forward	Valeur (USD) des flux (GBP)	Flux nets
1	- 0,6	0,2	1,80	0,360	- 0,240
2	- 0,6	0,2	1,84	0,368	- 0,232
3	- 0,6	0,2	1,88	0,376	- 0,224
3	- 10,0	5,0	1,88	9,400	- 0,600

Annexe C

Évaluation des options européennes

Les formules de Black et Scholes, dans le cadre de l'évaluation des options d'achat et de vente européennes lorsque l'actif sous-jacent ne verse aucun flux, sont :

$$c = S_0 N(d_1) - Ke^{-rT} N(d_2)$$

et

$$p = Ke^{-rT} N(-d_2) - S_0 N(-d_1)$$

où

$$d_1 = \frac{\ln(S_0/K) + (r + \sigma^2/2)T}{\sigma\sqrt{T}}$$

$$d_2 = \frac{\ln(S_0/K) + (r - \sigma^2/2)T}{\sigma\sqrt{T}} = d_1 - \sigma\sqrt{T}$$

N(x) est la fonction de répartition de la loi normale centrée réduite (voir les tables à la fin de cette ouvrage). c et p sont les prix du call et du put, S_0 est le prix de l'actif sous-jacent en date 0, K est le prix d'exercice, σ est la volatilité de l'actif sous-jacent, r est le taux sans risque (en composition continue) et T est la maturité de l'option. Lorsque l'actif sous-jacent verse un revenu, la valeur présente de ce revenu doit être déduite de S_0. Dans le cas où l'actif sous-jacent a un taux de rendement q, la formule devient :

$$c = S_0 e^{-qT} N(d_1) - Ke^{-rT} N(d_2)$$

et

$$p = Ke^{-rT} N(-d_2) - S_0 e^{-qT} N(-d_1)$$

où

$$d_1 = \frac{\ln(S_0/K) + (r - q + \sigma^2/2)T}{\sigma\sqrt{T}}$$

$$d_2 = \frac{\ln(S_0/K) + (r - q - \sigma^2/2)T}{\sigma\sqrt{T}} = d_1 - \sigma\sqrt{T}$$

Les options de change peuvent être évaluées en considérant que q est le taux sans risque de la devise étrangère. Le tableau C.1 donne les formules des lettres grecques. $N'(x)$ est la fonction de densité de la loi normale centrée réduite et s'écrit :

$$N'(x) = \frac{1}{\sqrt{2\pi}} e^{-x^2/2}$$

Tableau C.1 : Lettres grecques pour un actif sous-jacent de taux de rendement *q*

Lettres grecques	Option d'achat (call)	Option de vente (pull)
Delta	$e^{-qT} N(d_1)$	$e^{-qT}\left[N(d_1) - 1\right]$
Gamma	$\frac{e^{-qT} N'(d_1)}{S_0 \sigma \sqrt{T}}$	$\frac{e^{-qT} N'(d_1)}{S_0 \sigma \sqrt{T}}$
Thêta (an)	$-S_0 N'(d_1) \sigma e^{-qT} / (2\sqrt{T})$ $+q S_0 N(d_1) e^{-qT}$ $-rKe^{-rT} N(d_2)$	$-S_0 N'(d_1) \sigma e^{-qT} / (2\sqrt{T})$ $-q S_0 N(-d_1) e^{-qT}$ $+rKe^{-rT} N(-d_2)$
Vega (%)	$\frac{S_0 \sqrt{T} N'(d_1) e^{-qT}}{100}$	$\frac{S_0 \sqrt{T} N'(d_1) e^{-qT}}{100}$
Rhô (%)	$\frac{KTe^{-rT} N(-d_2)}{100}$	$-\frac{KTe^{-rT} N(-d_2)}{100}$

Exemple C.1

Considérons une option européenne sur un indice de maturité 6 mois. La valeur actuelle de l'indice est de 1 200, le prix d'exercice est de 1 250, le taux sans risque est de 5 %, le rendement dividende de l'indice est de 2 % et sa volatilité est de 20 %. Dans ce cas, $S_0 = 1200$, $K = 1250$, $r = 0,05$, $q = 0,02$, $\sigma = 0,2$, et $T = 0,5$. La valeur de l'option est alors de 53,44, le delta est de 0,45, le gamma vaut 0,0023, le thêta est égal à – 0,22, le vega vaut 3,33 et le rhô s'élève à 2,44. Notons que la formule du tableau C.1 donne le thêta en base annuelle, alors qu il est exprimé ici en base journalière.

Les calculs peuvent être opérés grâce au logiciel DerivaGem téléchargeable sur le site de l'auteur. L'évaluation des options est décrite plus en détail dans l'ouvrage *Options, futures et autres actifs dérivés,* du même auteur, Pearson Education, 2007.

Annexe D

Évaluation des options américaines

Pour évaluer une option américaine, on divise la durée de vie de l'option en n périodes de durée Δt. Supposons que le prix de l'actif sous-jacent au début d'une sous période soit S. À la fin de cette période, cet actif vaut uS avec une probabilité p et dS avec une probabilité $1-p$. Pour un investissement ne versant aucun flux intermédiaire, les valeurs de u, d, et p sont données par :

$$u = e^{\sigma\sqrt{\Delta t}} \qquad d = \frac{1}{u}$$

$$p = \frac{a-d}{u-d} \qquad a = e^{r\Delta t}$$

Le graphique D.1 décrit l'arbre construit pour évaluer une option de vente américaine lorsque le prix initial de l'actif est 50, le prix d'exercice est 50, le taux sans risque vaut 10 % et la volatilité est égale à 40 %. Dans ce cas, il y a 5 périodes et $\Delta t = 0{,}08333$, $u = 1{,}1224$, $d = 0{,}8909$, $a = 1{,}0084$, et $p = 0{,}5073$. A chaque nœud, la cellule supérieure correspond à la valeur de l'actif sous-jacent et la cellule inférieure correspond à la valeur de l'option. Aux nœuds finaux, la valeur de l'option équivaut à sa valeur intrinsèque. Par exemple, au nœud G, le prix de l'option est de 50 – 35,36, soit 14,64. Aux nœuds précédents, on calcule, dans un premier temps, la valeur de l'option si cette dernière n'est pas exercée avant sa maturité. Dans un second temps, cette valeur est comparée à la valeur de l'exercice immédiat de l'option. Dans le cas du nœud E, si l'option est détenue encore une période, sa valeur sera proche de 0 si la valeur du sous-jacent augmente (avec une probabilité p) et vaudra 5,45 si le prix du sous-jacent diminue. La valeur espérée de l'option en Δt est alors $0{,}5073 \times 0 + 0{,}4927 \times 5{,}45$, soit 2,686. En actualisant cette valeur au taux sans risque, on obtient 2,66. Finalement, au nœud E, l'option ne doit pas être exercée, car cet exercice a une valeur nulle. Considérons maintenant le nœud A. Par un calcul similaire, la valeur de détention de l'option pour une période supplémentaire a une valeur de 9,90. Si le détenteur exerce l'option à ce nœud, la valeur de cet exercice est 50 – 39,69 = 10,31. Dans ce cas, l'option doit être exercée et sa valeur au nœud A est 10,31. Cette procédure est réitérée en remontant dans l'arbre période par période jusqu'au nœud initial. La valeur de l'option

Graphique D.1

Arbre binomial construit avec DerivaGem pour une option de vente américaine (sur action ne versant pas de dividende).

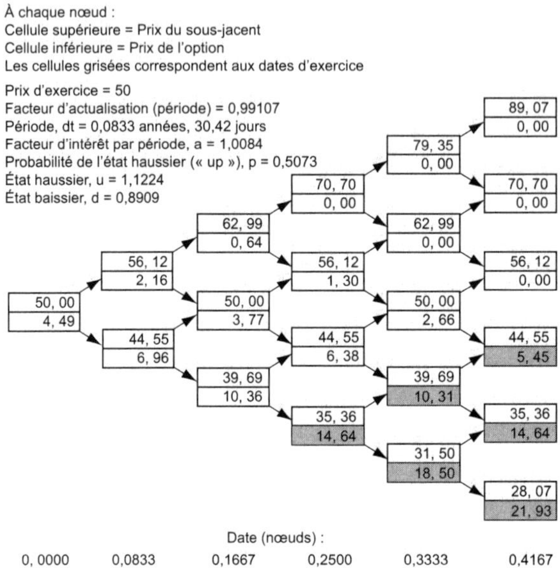

est alors 4,49 (nœud D). Lorsque le nombre de sous-périodes augmente, le prix de l'option augmente également. Pour un nombre de sous-périodes égal à 30, 50, et 100, la valeur de l'option est 4,263, 4,272 et 4,278. Pour calculer le delta de l'option, il faut prendre en compte deux nœuds à la première sous-période. Le prix de l'option passe de 6,96 à 2,16, lorsque la valeur du sous-jacent augmente de 44,55 à 56,12. On peut alors estimer le delta par : $\text{Delta} = \dfrac{2{,}16 - 6{,}96}{56{,}12 - 44{,}55} = -\ 0{,}41$

Pour calculer le gamma de l'option, on peut retenir les trois valeurs possibles de l'option à la fin de la seconde période. Le delta calculé à partir des deux nœuds C et D vaut – 0,241 et peut être vu comme le delta associé à un prix de l'option de (62,99 + 50)/2 = 56,49. En outre, le delta calculé à partir des deux nœuds C et B vaut – 6,339 et est associé à un prix de l'option de (50 + 39,69)/2 = 44,84. L'estimation du gamma correspond à la variation du delta divisé par la variation du prix de l'actif sous-jacent :

$$\text{Gamma} = \frac{-0{,}241 - (-\ 0{,}639)}{56{,}49 - 44{,}84} = 0{,}034$$

Le thêta est estimé à partir des nœuds D et C comme :

$$\text{Theta} = \frac{3,77 - 4,49}{2 \times 0,08333}$$

ou – 4.30 par an (– 0,0118 par jour). Le véga est estimé en mesurant l'impact d'une augmentation de la volatilité sur le prix de l'option (cela nécessite la construction d'un nouvel arbre). Rhô est évalué de la même façon. Lorsque l'actif sous-jacent a un taux de rendement q, la procédure est identique. Il suffit de substituer $a = e^{(r-q)\Delta t}$ à $e^{r\Delta t}$ dans l'équation de p. Les calculs peuvent être réalisés en utilisant le logiciel DerivaGem (en sélectionnant *Binomial American* pour le type d'options). Des procédures numériques plus complexes sont décrites en détail dans l'ouvrage *Options, futures et autres actifs dérivés*, du même auteur, Pearson Education, 2007.

Annexe E

Manipulation des matrices de transition de notations

Supposons **A** une matrice $N \times N$ de probabilités de transition de notations à l'horizon d'un an. Cette matrice est du même type que celle présentée dans le tableau 12.1. La matrice de changement de notations dans m années s'écrit $\mathbf{A}^m$. Elle peut être calculée par les règles usuelles de calculs matriciels. La matrice correspondant à des horizons plus courts, par exemple 1 mois ou 6 mois, est plus difficile à construire. Dans un premier temps, on calcul les vecteurs propres $x_1, x_2 .....x_N$ et les valeurs propres correspondant $\lambda_1, \lambda_2 .....\lambda_N$ avec :

$$\mathbf{A}\mathbf{x}_\mathrm{i} = \lambda \mathbf{x}_\mathrm{i}$$

Notons X la matrice dont la *ième* colonne est x_i et Λ la matrice diagonale dans laquelle le *ième* élément diagonal est λ_i. Un résultat classique d'algèbre linéaire permet d'écrire :

$$\mathbf{A} = \mathbf{X}\Lambda\mathbf{X}^{-1}$$

La racine *nième* de **A** est alors :

$$\mathbf{X}\Lambda^*\mathbf{X}^{-1}$$

où Λ^* est une matrice diagonale dans laquelle le *ième* élément diagonale est $\lambda_i^{1/n}$.

Certains auteurs comme Jarrow, Lando, et Turnbull préfèrent résoudre ce problème sur la base de ce qui est nommé *matrice génératrice*[1]. Cette matrice Γ est telle que la matrice de transition pour une période courte Δt est $1 + \Gamma \Delta t$ et pour une longue période, t , est :

$$\exp(t\Gamma) = \sum_{k=0}^{\infty} \frac{(t\Gamma)^k}{k!}$$

1. Voir JARROW R. A., LANDO D., et TURNBULL S. M., « A Markov Model for the Term Structure of Credit Spreads », in *Review of Financial Studies*. 10, 1997, 481-523.

Réponses aux questions et aux problèmes

Chapitre 1

1.1. L'espérance de rentabilité vaut 12,5 % et l'écart-type est de 17,07 %.

1.2. D'après les équations (1.1) et (1.2), l'espérance de rentabilité est de 12,5 % et l'écart-type vaut :

$$\sqrt{0,5^2 \times 0,1707^2 + 0,5^2 \times 0,1707^2 + 2 \times 0,15 \times 0,5^2 \times 0,1707^2} = 0,1294$$

soit 12,94 %

1.3.

w_1	w_2	μ_P	$\sigma_P(\rho = 0,3)$	$\sigma_P(\rho = 1)$	$\sigma_P(\rho = -1)$
0,0	1,0	15 %	24,00 %	24,00 %	24,00 %
0,2	0,8	14 %	20,39 %	22,40 %	16,00 %
0,4	0,6	13 %	17,42 %	20,80 %	8,00 %
0,6	0,4	12 %	15,48 %	19,20 %	0,00 %
0,8	0,2	11 %	14,96 %	17,60 %	8,00 %
1,0	0,00	10 %	16,00 %	16,00 %	16,00 %

1.4. Le risque spécifique peut être diversifié, le risque systématique non. Le risque systématique est plus important pour un investisseur en actions. Les deux risques peuvent conduire à la faillite d'une entreprise.

1.5. Nous supposons que les investisseurs choisissent un couple rentabilité/risque. Pour un niveau de rentabilité espérée, ils cherchent à minimiser l'écart-type de rentabilité. L'ensemble des investisseurs a la même estimation des espérances de rentabilités, des écarts-types et des corrélations entre les titres. Ils peuvent, en outre, placer ou emprunter à un taux sans risque. Par conséquent, ils veulent tous se situer sur la frontière efficiente du graphique 1.4. Ils choisissent tous le même portefeuille d'actifs risqués qu'ils combinent à l'actif sans risque.

1.6. (a) 7,2 %, (b) 9 % et (c) 14,4 %.

1.7. Dans le MEDAF, il n'existe qu'un facteur influençant l'espérance de rentabilité des titres. Dans l'APT, il en existe plusieurs.

1.8. Généralement, les intérêts de la dette sont déductibles alors que les dividendes ne le sont pas. Il est alors fiscalement intéressant pour une entreprise d'avoir recours à l'endettement. Cependant, une dette importante conduit à un risque de faillite plus important.

1.9. Lorsque le risque de pertes est important, on ne peut l'agréger et considérer qu'il peut être éliminé par la diversification. Il est nécessaire d'appréhender ces risques un à un et de les gérer, par exemple, par des contrats d'assurance ou des procédures de contrôle.

1.10. C'est la probabilité que les profits ne soient pas plus faibles que – 4 % de la valeur des actifs. Le niveau de profit est à 4,6/1,5 = 3,067 écart-type de la moyenne. La probabilité que la banque ait des capitaux propres positifs vaut $N(3{,}067)$, où N est la fonction de répartition de la loi normale, soit 99,89 %.

1.11. Les banques ont le privilège de gérer l'argent des déposants, les autres entreprises non.

1.12. Environ 5,5 milliards de prêts de maturité à plus d'an an sont financés par des dépôts à moins d'un an *(mismatching)*. Si les taux d'intérêt augmentent de 1 %, les dépôts seront rémunérés à un taux plus élevé, alors que les prêts ne seront pas affectés. Le coût pour Continantal Illinois sera de l'ordre de 55 millions de dollars.

1.13. Les caisses d'épargne finançaient des prêts à long terme avec des dépôts à court terme. La hausse des taux a entraîné des coûts très importants.

1.14. Dans ce cas, le *mismatching* de taux d'intérêt porte sur 10 milliards d'euros. La marge nette d'intérêt baisse de 100 millions d'euros tous les ans pendant les 3 prochaines années.

1.15. Frais administratifs (5 millions de dollars par mois), perte de contrats de ventes et départ de managers clés.

Chapitre 2

2.1. Lorsqu'un trader entre dans une position longue (courte) sur un contrat forward, il s'engage à acheter (vendre) le sous-jacent à une date future et à un prix fixé.

2.2. Un trader est en position de couverture s'il prend une position sur un actif dérivé afin d'annuler un risque de variation d'une variable de marché. S'il spécule, il prend un pari sur l'évolution d'une variable de marché. L'arbitrage consiste à prendre des positions sur plusieurs marchés pour bénéficier d'« erreurs » de prix temporaires.

2.3. Dans le premier cas, il est obligé d'acheter l'actif à 50 euros. Dans le second, il détient l'option d'acheter l'actif à 50 euros (il peut ne pas exercer l'option).

2.4. Vendre une option d'achat consiste à offrir à une contrepartie le droit d'acheter le support à un certain prix. Acheter une option de vente donne le droit de vendre le support à un certain prix.

2.5. (a) L'investisseur vend (obligation) les livres à 1,50 alors que la cotation est de 1,49. Le gain est de :

$$(1,50-1,49)\times 100\ 000 = 1\ 000\ \$$$

(b) L'investisseur vend (obligation) les livres à 1,50 alors que la cotation est de 1,52. La perte est de :

$$(1,5200-1,5000)\times 100\ 000 = 2\ 000\ \$$$

2.6. (a) Le trader vend (obligation) le coton à 50 cents la livre alors que la cotation est de 48,20. Le gain est de :

$$(0,5000-0,4820)\times 50\ 000 = 900\ \$$$

(b) Le trader vend (obligation) le coton à 50 cents la livre alors que la cotation est de 51,30. La perte est de :

$$(0,5130-0,5000)\times 50\ 000 = 650\ \$$$

2.7. Vous avez vendu une option de vente. Vous êtes d'accord pour acheter 100 actions à un prix de 40 € si la contrepartie décide d'exercer son option. L'option ne sera exercée que si le prix de l'action se situe en dessous de 40 €. Si, par exemple, le prix s'établit à 30 €, vous perdez 10 € par action. La situation la plus délicate est atteinte si le prix de l'action chute à une valeur proche de zéro (perte de 40 € par action). La compensation du risque pris est le prix de vente de l'option.

2.8. Le marché de gré à gré (OTC) est un réseau informatique ou téléphonique entre des institutions financières, des gérants de fonds et des trésoriers d'entreprise (accords mutuels). Un marché organisé est centralisé et les contrats échangés y sont standardisés ; (a) OTC, (b) organisé, (c) les deux, (d) OTC et (e) OTC.

2.9. La première stratégie consiste à acheter 200 actions et la seconde consiste à acheter 2 000 options. Si le prix des actions augmente à 40 €, la première stratégie rapporte (en euros) :

$$[2\ 000\times(40-30)]-5\ 800 = 14\ 200$$

et la seconde seulement (en euros) :

$$200\times(40-29) = 2\ 200$$

Par contre, si le prix de l'action diminue la seconde stratégie présentera une perte moins importante. Par exemple, si le prix passe à 25 €, la première stratégie conduit à une perte (en euros) de :

$$[2000 \times (0)] - 5800 = -5800$$

et la seconde seulement (en euros) :

$$200 \times (29 - 25) = 800$$

Cet exemple illustre l'effet de levier induit par les options.

2.10. Vous pouvez acheter 5 000 options de vente avec un prix d'exercice de 25 € et une maturité de 4 mois. Cela est une forme d'assurance. Si, à la fin des 4 mois, le prix de l'option est en dessous de 25 €, vous pouvez alors exercer vos options et vendre vos actions à 25 €. Le coût de cette assurance est le prix des options.

2.11. Une option ne procure aucun financement à l'entreprise. C'est un titre vendu par un trader à une contrepartie. L'entreprise n'est pas concernée. À l'opposé, une émission d'actions procure des fonds à l'entreprise émettrice.

2.12. Si nous ignorons le facteur d'actualisation, le détenteur de l'option fera un profit si le

prix de l'action, en mars, est supérieur à 52,50 €. Dans ce cas, le gain sur l'option sera supérieur au prix d'achat. L'option sera exercée si le prix en mars est supérieur à 50,00 €. Dans l'intervalle [50,00 €; 52,50 €] l'option sera exercée, même si aucun gain n'est globalement réalisé par le détenteur.

2.13. Si nous ignorons le facteur d'actualisation, le vendeur de l'option fera un profit si le prix de l'action est en juin supérieur à 56,00 €. Dans ce cas, le coût sur l'option sera inférieur au montant reçu lors de la vente. L'option ne sera pas exercée si le prix à l'échéance est inférieur à 60,00 €. Dans l'intervalle [56,00 €; 60,00 €], même si l'option est exercée, le vendeur réalise un gain.

2.14. Une position courte dans une option de vente de maturité 4 mois assure l'entreprise contre une baisse du taux de change (les devises seront vendues au moins au prix d'exercice).

2.15. L'entreprise peut prendre une position longue sur un contrat forward de maturité 6 mois. Ce contrat lui assure un prix d'achat des devises au taux de change forward actuel. L'entreprise peut également acheter une option d'achat de maturité 6 mois lui donnant le droit d'acheter les devises à un taux de change fixé. Cette option permet également à l'entreprise de bénéficier de la baisse du dollar canadien dans les 6 mois à venir.

2.16. Le paiement de l'ICON est le paiement (a) d'une obligation classique, (b) d'une position courte sur une option d'achat de 169 000 yens à un prix d'exercice de 1/169,

(c) une position longue sur une option d'achat de 169 000 yens à un prix d'exercice de 1/84,5. Ce qui est démontré par le tableau suivant :

	Valeur terminale de l'obligation	Valeur terminale de la position courte	Valeur terminale de la position longue	Valeur terminale de la position globale
$S_T > 169$	1 000	0	0	1 000
$84,5 \leq S_T \leq 169$	1 000	$-169\ 000 \times (1/S_T - 1/169)$	0	$2\ 000 - 169\ 000/S_T$
$S_T < 84,5$	1 000	$-169\ 000 \times (1/S_T - 1/169)$	$-169\ 000 \times (1/S_T - 1/84,5)$	0

2.17. (a) Le trader achète une option d'achat 180 jours et prend une position courte sur la contrat forward à 180 jours. (b) Le trader achète une option de vente à 90 jours et prend une position longue sur le contrat forward à 90 jours.

2.18. Il négocie un swap 5 ans, dans lequel il paie 6,51 % et reçoit le LIBOR. Le résultat est un investissement à LIBOR moins 1,51 %.

2.19. Il négocie un swap 5 ans, dans lequel il reçoit 6,47 % et paie le LIBOR. Le résultat est un emprunt à LIBOR plus 0,53 %.

2.20. Il négocie un swap 3 ans, dans lequel il paie 6,24 % et reçoit le LIBOR. Le résultat est un emprunt à 7,24 %.

2.21. Supposons que le temps ait été mauvais et que la production de l'exploitant soit plus faible que prévue. Les autres exploitants devraient être affectés de la même manière. Dans ce cas, la production étant faible, le prix du maïs devrait augmenter sur le marché. L'exploitant risque alors d'être surcouvert par rapport à sa production actuelle. Le problème lié à la mauvaise moisson risque d'être accentué par sa position sur le marché futures. Cela souligne l'importance d'avoir une vision globale de la situation lorsque l'on décide de se couvrir.

2.22. Il peut paraître exact de considérer que les chances de gains ou de pertes pour l'entreprise sont équiprobables. Cela signifie que l'utilisation de contrats futures en vue de spéculation revient à un pari. Cependant, il peut être sensé pour une entreprise de se couvrir (et non de spéculer) par des contrats futures car l'effet est de réduire le risque. Dans ce cas, l'entreprise n'expose pas ses actionnaires au risque d'évolution du prix du kérosène lorsqu'elle détient ce type de contrat.

2.23. Le ratio optimal de couverture est :

$$0{,}7\times\frac{1{,}2}{1{,}4}=0{,}6$$

Le producteur prend une position longue sur $\frac{200\ 000\times 0{,}6}{40\ 000}=3$ contrats.

2.24. Microsoft a choisi une option sur un portefeuille d'actifs plutôt qu'un portefeuille d'options. Cela est généralement moins cher car les évolutions des actifs peuvent se compenser entre elles. Comparons (a) une option de prix d'exercice 20 € sur deux actifs cotant 10 €, (b) un portefeuille de deux options de prix d'exercice 10 € sur chacun des actifs. Si les deux prix augmentent ou baissent, le paiement de (a) et de (b) est identique. Si le prix d'un des deux actifs augmente et si l'autre baisse, le paiement de (a) et plus faible que celui de (b).

Chapitre 3

3.1. La valeur du portefeuille baisse de 10 500 $.

3.2. La valeur du portefeuille augmente de 400 $.

3.3. Dans les deux cas, il augmente de $0{,}5\times 30\times 2^2$, soit 60 €.

3.4. Un delta de 0,7 signifie que si le prix de l'actif sous-jacent augmente d'un faible montant, alors le prix de l'option augmente de 70 % de ce montant. De façon symétrique, si le prix de l'actif sous- jacent baisse d'un faible montant, alors, le prix de l'option baisse de 70 % de ce montant. Une position courte sur 1 000 options de delta de – 700 peut être rendue delta neutre en achetant 700 actions.

3.5. Un thêta de – 100 par jour signifie qu'après une journée, si la volatilité et le prix du titre n'ont pas changé, l'option perd 100 €. Dans un tel contexte (prix et volatilités constants), le trader cherchera à vendre des options à fort thêta. Les options à la monnaie de faibles maturités ont les thêta les plus élevés.

3.6. Le gamma d'une position en options est le taux de change du delta de la position lorsque le prix du sous-jacent varie. Par exemple, un gamma de 0,1 indique que, si le prix augmente d'un certain montant, le delta augmente de 10 % de ce montant. Lorsque le gamma d'une position courte en options delta-neutre est important et négatif, la position perdra un montant conséquent lors de fortes variations du prix de l'actif.

3.7. Pour couvrir une position en options, il faut créer synthétiquement la position opposée en options. Par exemple, pour couvrir une position longue en options de vente, il faut créer de façon synthétique une position courte en options de vente. La procédure pour créer de façon synthétique une position en options est l'inverse de celle conduisant à la couverture d'une position en options.

3.8. Des positions longues dans un put et dans un call ont un gamma positif. D'après le graphique 3.9, lorsque le gamma est positif, un gain est enregistré lors de forts mouvements de prix du support et une perte est engendrée lors de faibles mouvements. La réponse est donc (b). Lorsque le portefeuille contient des positions courtes en options, pour la même raison la réponse est (a).

3.9. Le delta indique que lorsque la valeur du taux de change augmente de 0,01 \$, la valeur de la position de la banque augmente de $0{,}01 \times 30\ 000 = 300\ \$$. Le gamma indique que, lorsque la valeur du taux de change augmente de 0,01 \$, le delta de la position décroît de $0{,}01 \times 80000 = 800$. Pour obtenir une position delta-neutre, 30 000 € doivent être vendus. Lorsque le taux de change passe à 0,93, le delta du portefeuille devrait baisser de $(0{,}93 - 0{,}90) \times 80\ 000 = 2\ 400$ et s'établir à 27 600. Pour maintenir la neutralité (en delta), la banque doit réduire sa position courte en euros de 2 400 €. Lorsqu'un portefeuille est delta-neutre et a un gamma négatif, une perte est enregistrée lors de forts mouvements de l'actif sous-jacent. On peut conclure qu'il est probable que la banque ait perdu de l'argent.

3.10. Si l'on se contente de ce qui est décrit dans le texte, une volatilité constante est supposée. En théorie, la réplication statique des options doit tenir compte de trois dimensions : le temps, le prix du support et la volatilité. L'ajustement des prix se fait donc dans un espace à trois dimensions.

3.11. Dix options classiques sont nécessaires car dix équations doivent être résolues.

3.12. Le paiement final d'une option asiatique devient moins incertain avec le passage du temps. De ce fait, le « volume » d'incertitude qui doit être couvert décroît avec le temps.

3.13. Considérons un portefeuille d'options ne dépendant que d'une seule variable. Un seul échange est nécessaire pour rendre le portefeuille delta-neutre, quelle que soit la taille de la position.

3.14. Le prix, le delta, le gamma, le vega, le thêta et le rhô valent 0,0217, – 0,396, 5,414, 0,00203, – 0,0000625 et – 0,00119. Le delta indique que le prix de l'option devrait décroître de 0,000396 lorsque le taux de change augmente de 0,001. C'est ce que l'on obtient. Lorsque le taux de change augmente à 0,751, le prix de l'option baisse à 0,0213.

Chapitre 4

4.1. (a) 13,76 % par an, (b) 14,75 % par an.

4.2. (a) 10 % par an, (b) 9,76 % par an, (c) 9,57 % par an, (d) 9,53 % par an.

4.3. Le taux d'intérêt à composition trimestrielle équivalent est 12,18 %. Le montant d'intérêt payé tous les trimestres est de :

$$10\ 000 \times \frac{0{,}1218}{4} = 304{,}55\,,$$

soit 304,55 €.

4.4. Le taux d'intérêt est de 14,91 % par an.

4.5. Les taux forward à composition continue pour les années 2, 3, 4 et 5 sont 4,0 %, 5,1 %, 5,7 % et 5,7 %.

4.6. Les taux forward à composition continue pour les années 2, 3, 4, 5 et 6 sont 8,4 %, 8,8 %, 8,8 % et 9,0 % et 9,2 %.

4.7. Lorsque la structure par termes est croissante : $c > a > b$. Lorsqu'elle est décroissante : $b > a > c$.

4.8. Supposons que la valeur nominale de l'obligation soit de 100 $. Son prix est obtenu en actualisant les flux au taux annuel de 10,4 %. Il s'écrit :

$$\frac{4}{1,052}+\frac{4}{1,052^2}+\frac{104}{1,052^3}=96,74$$

Si l'on note R le taux zéro-coupon 18 mois, on doit avoir :

$$\frac{4}{1,05}+\frac{4}{1,05^2}+\frac{104}{(1+R/2)^3}=96,74$$

et donc R = 10,42 %.

4.9. L'obligation paie 2 dans 6, 12, 18 et 24 mois et 102 dans 30 mois. Son prix est donc :

$$2e^{0,04\times 0,5}+2e^{0,042\times 1,0}+2e^{0,044\times 1,5}+2e^{0,046\times 2}+102e^{0,048\times 2,5}=98,04\,.$$

4.10. L'obligation paie 4 dans 6, 12, 18, 24 et 30 mois et 104 dans 36 mois. Son taux actuariel y vérifie :

$$4e^{-0,5y}+4e^{-1,0y}+4e^{-1,5y}+4e^{-2,0y}+4e^{-2,5y}+104e^{-3,0y}=104$$

et l'on obtient $y = 6,407$ %.

4.11. Il y trois raisons : (a) les bons et les obligations du Trésor doivent être achetés par les institutions financières pour respecter une variété de contraintes règlementaires. Cela accroît la demande pour ces titres et baisse leur taux actuariel; (b) le capital règlementaire exigé pour ce type d'investissement est beaucoup plus faible que pour d'autres investissements, même très peu risqués; (c) aux Etats-Unis, les obligations d'Etat bénéficient d'une fiscalité très favorable par rapport aux autres obligations.

4.12. La duration offre de l'information sur l'impact de faibles variations parallèles de la gamme des taux d'intérêt sur la valeur d'un portefeuille obligataire. La baisse en pourcentage de la valeur du portefeuille est égale à sa sensibilité ($D\,/\,1+r$) multipliée par la variation des taux d'intérêt. Cette mesure est pertinente pour de faibles variations parallèles des taux, ce qui constitue sa limite.

4.13. (a) Le prix de l'obligation est 86,80; (b) la duration vaut 4,256 années; (c) lorsque le taux actuariel diminue de 0,2 %, le prix de l'obligation augmente de 0,74; (d) le prix obtenu sur la base d'un taux actuariel de 10,8 % vaut 87,54, ce qui est cohérent avec (a) et (b).

4.14. (a) Le prix de l'obligation est de 88,01; (b) la sensibilité vaut 3,833; (c) par la sensibilité, une hausse de 0,2 % du taux actuariel entraîne une baisse du prix de l'obligation de 0,68; (d) le prix obtenu sur la base d'un taux actuariel de 10,8 % vaut 89,60, ce qui est cohérent avec (a) et (c).

4.15. Le prix de l'obligation est de 104,80. La duration s'élève à 5,35 et la convexité à 30,60. L'impact d'une variation de 1 % est estimé de la façon suivante :

$$104,80(-0,01\times 5,35+0,5\times 30,60\times 0,0001)=-5,44\ .$$

Le prix devrait baisser « réellement » à 99,36, ce qui est cohérent avec l'estimation.

4.16. On peut (a) changer quelques point de la courbe de taux (voir graphique 4.4), (b) modifier des segments de la structure par termes (voir graphique 4.6), (c) changer les cotations des titres qui ont servi à construire la gamme des taux.

4.17. Les deltas valent 10,7 et – 190,1.

Chapitre 5

5.1. 4,16 %.

5.2. L'écart-type journalier de la variation en pourcentage du prix est 1,57 %. L'intervalle de confiance à 95 % est [– 3,09 %; + 3,09 %].

5.3. La volatilité est plus forte lorsque les marchés sont ouverts que lorsque les marchés sont fermés. Les traders mesurent de ce fait la volatilité en jours ouvrés.

5.4. La volatilité implicite est déduite de la cotation des options en inversant la formule de Black et Scholes. Comme des options différentes ont des volatilités différentes, les traders n'utilisent pas les mêmes hypothèses que celle de Black et Scholes (voir chapitre 15 pour une discussion).

5.5. L'approche de la section 5.3 donne 0,547 % par jour. L'approche simplifiée (équation 5.4) donne 0,530 % par jour.

5.6. (a) 0,25 %; (b) 0,0625 %.

5.7. Le taux de variance estimé à la fin du jour n est égale à λ fois le taux de variance estimé à la fin de la journée $n-1$ plus $1-\lambda$ fois le carré de la rentabilité du jour n.

5.8. GARCH (1,1) est une adaptation du modèle EWMA donnant du poids au taux de variance de long terme. Contrairement au modèle EMWA, GARCH (1,1) est compatible avec un modèle de retour à la moyenne du taux de variance.

5.9. Dans ce cas, $\sigma_{n-1} = 0,015$ et $u_n = 0,5/30 = 0,01667$, l'équation (5.9) donne :

$$\sigma_n^2 = 0,94 \times 0,015^2 + 0,06 \times 0,01667^2 = 0,0002281.$$

La volatilité estimée pour le jour n est alors : $\sqrt{0,0002281} = 0,015103$ ou 1,5103 %.

5.10. Réduire λ de 0,95 à 0,85 signifie qu'un poids plus important est donné aux observations récentes et qu'un poids plus faible est attribué aux observations plus anciennes. Les volatilités calculées avec $\lambda = 0,85$ vont réagir plus rapidement aux nouvelles informations et « rebondiront » davantage que celles calculées avec $\lambda = 0,95$.

5.11. Avec les notations usuelles, $u_{n-1} = 20/1040 = 0,01923$ et :

$$\sigma_n^2 = 0,000002 + 0,06 \times 0,01923^2 + 0,92 \times 0,01^2 = 0,0001162.$$

Cela donne $\sigma_n = 0,01078$ et la nouvelle estimation de la volatilité vaut 1,078 %.

5.12. La variation quotidienne proportionnelle est $-0,005/1,5000 = -0,003333$. L'estimation actuelle de la variance journalière est $0,006^2 = 0,000036$ et la nouvelle estimation s'établit à :

$$0,9 \times 0,000036 + 0,1 \times 0,003333^2 = 0,000033511.$$

La volatilité vaut donc 0,0579 %.

5.13. Le poids accordé au taux de variance moyen de long terme est $1 - \alpha - \beta$ et le taux de variance moyen de long terme vaut $\omega/(1 - \alpha - \beta)$. L'augmentation de ω renforce le taux de variance moyen de long terme. Celle de α augmente le poids des observations récentes, diminue le poids accordé au taux de variance moyen de long terme et accentue le niveau du taux de variance moyen de long terme. L'augmentation de β augmente le poids accordé aux observations les plus récentes, diminue le poids accordé au taux de variance moyen de long terme et augmente le niveau du taux de variance moyen de long terme.

5.14. Le taux moyen de variance de long terme est $\omega/(1 - \alpha - \beta)$ ou $0,000004/0,03 = 0,0001333$. La volatilité moyenne de long terme est $\sqrt{0,0001333}$, soit 1,155 %. L'équation décrivant comment le taux de variance revient à sa moyenne de long terme s'écrit :

$$E[\sigma_{n+k}^2] = V_L + (\alpha + \beta)^k (\sigma_n^2 - V_L)$$

Là :

$$E[\sigma_{n+k}^2] = 0,0001333 + 0,97^k (\sigma_n^2 - 0,0001333).$$

Si la volatilité est de 20 % par an, $\sigma_n = 0,2/\sqrt{252} = 0,0126$. Le taux de variance espéré à 20 jours est finalement de $\sqrt{0,0001471} = 0,0121$, soit 1,21 % par jour.

5.15. Le FTSE 100 en dollars est donné par XY avec X = le FTSE 100 en livres et Y = le taux de change (une livre sterling en dollars). Si l'on note x_i la variation proportionnelle de X le jour i, et y_i celle de Y le jour i, l'écart-type de x_i est 0,018 et celui de y_i vaut 0,009. La corrélation entre ces deux valeurs est de 0,4. La variance de $x_i + y_i$ s'écrit alors :

$$0,018^2 + 0,009^2 + 2 \times 0,018 \times 0,009 \times 0,4 = 0,0005346 .$$

La volatilité du FTSE 100 exprimée en dollars vaut donc 2,31 %. Cette dernière est supérieure à la volatilité du FTSE 100 exprimé en livres, du fait de la corrélation. Lorsque le FTSE 100 augmente, la valeur de la livre exprimée en dollars a également tendance à augmenter. Cela conduit à une augmentation plus importante encore de FTSE 100 mesuré en dollars. Un raisonnement identique peut être tenu pour la baisse du FTSE 100.

5.16. Dans ce cas, $V_L = 0,00015$ et le taux de variance espéré à 30 jours vaut 0,000123. La volatilité est de 1,11 % par jour.

5.17. Dans l'équation (5.15), $V_L = 0,0001$ et $a = 0,0202$, $T = 20$ et $V(0) = 0,000169$, la volatilité est de 19,88 %.

Chapitre 6

6.1. Vous devez mesurer l'écart-type des deux variables.

6.2. Dit brièvement, la corrélation mesure la dépendance linéaire entre deux variables et non d'autres formes de dépendance. Lorsque $y = x^2$, il existe une dépendance parfaite entre x et y. Cependant, $E(xy) = E(x^3)$. Cette valeur est nulle pour une distribution symétrique comme la distribution normale, ce qui conduit à une valeur nulle du coefficient de corrélation.

6.3. Dans un modèle factoriel, la corrélation entre deux variables résulte de leur corrélation avec une ou plusieurs autres variables. Ces dernières sont nommées « facteurs ». Un modèle factoriel réduit le nombre de calculs nécessaires lorsque les corrélations entre de nombreuses variables doivent être estimées.

6.4. Une matrice semi-définie positive vérifie l'équation (6.4) pour tout vecteur w. Lorsque une matrice de corrélation n'est pas semi-définie positive, alors, les corrélations sont incohérentes.

6.5. (a) Les volatilités et les corrélations impliquent un niveau de covariance de : $0,25 \times 0,016 \times 0,025 = 0,0001$. (b) Si les prix de clôture des deux actifs sont 20,5 et 40 €, les changements proportionnels valent $0,5/20 = 0,025$ et $0,5/40 = 0,0125$. La nouvelle estimation de la covariance est :

$$0,95 \times 0,0001 + 0,05 \times 0,025 \times 0,0125 = 0,0001106.$$

La nouvelle estimation de la variance de A est :

$$0,95 \times 0,016^2 + 0,05 \times 0,025^2 = 0,00027445.$$

La volatilité vaut donc 0,0166. La nouvelle estimation de la variance de B est :

$$0,95 \times 0,025^2 + 0,05 \times 0,0125^2 = 0,000601562.$$

La volatilité vaut alors 0,0245. La nouvelle estimation de la corrélation est :

$$\frac{0,0001106}{0,0166 \times 0,0245} = 0,272.$$

6.6. En utilisant les notations de l'ouvrage, $\sigma_{u,n-1} = 0,01$ et $\sigma_{v,n-1} = 0,012$ et l'estimation la plus récente de la covariance entre les rentabilités des actifs est :

$$\text{cov}_{n-1} = 0,01 \times 0,012 \times 0,50 = 0,00006.$$

La variable $u_{n-1} = 1/30 = 0,03333$ et la variable $v_{n-1} = 1/50 = 0,02$. La nouvelle estimation de la covariance s'écrit :

$$0,000001 + 0,04 \times 0,03333 \times 0,02 + 0,94 \times 0,00006 = 0,0000841.$$

La nouvelle estimation de la variance du premier actif $\sigma_{u,n}^2$ s'écrit :

$$0,000003 + 0,04 \times 0,03333^2 + 0,94 \times 0,01^2 = 0,0001414.$$

Et donc $\sigma_{u,n} = \sqrt{0,0001414} = 0,01189$. La nouvelle estimation de la variance du second actif, $\sigma_{v,n}^2$, est :

$$0,000003 + 0,04 \times 0,02^2 + 0,94 \times 0,012^2 = 0,0001544.$$

Et donc $\sigma_{v,n} = \sqrt{0,0001544} = 0,01242$. La nouvelle estimation de la corrélation entre les actifs vaut donc : $0,0000841/(0,01189 \times 0,01242) = 0,569$.

6.7. Avec les mêmes notations que dans le problème (5.15), notons z_i le changement proportionnel de valeur du S&P 500 le jour i. La covariance entre x_i et z_i est : $0,7 \times 0,018 \times 0,016 = 0,0002016$. La covariance entre y_i et z_i est : $0,3 \times 0,009 \times 0,016 = 0,0000432$. La covariance entre $x_i + y_i$ et z_i est égale à la covariance entre x_i et z_i plus la covariance entre y_i et z_i ; elle s'écrit :

$$0,0002016 + 0,0000432 = 0,0002448.$$

La corrélation entre $x_i + y_i$ et z_i vaut $\dfrac{0,0002448}{0,016 \times 0,0231} = 0,662$.

6.8.

V1	V2		
	0,25	0,5	0,75
0,25	0,095	0,163	0,216
0,5	0,163	0,298	0,413
0,75	0,216	0,413	0,595

6.9. Supposons que x_1, x_2, et x_3 soient des échantillons aléatoires de 3 distributions normales indépendantes. Les échantillons aléatoires avec les correlations requises sont ε_1, ε_2, ε_3, où :

$$\varepsilon_1 = z_1$$

$$\varepsilon_2 = \rho_{12} z_1 + z_2 \sqrt{1-\rho_{12}^2}$$

et

$$\varepsilon_3 = \alpha_1 z_1 + \alpha_2 z_2 + \alpha_3 z_3$$

où

$$\alpha_1 = \rho_{13}$$

$$\alpha_1 \rho_{12} + \alpha_2 \sqrt{1-\rho_{12}^2} = \rho_{23}$$

et

$$\alpha_1^2 + \alpha_2^2 + \alpha_3^2 = 1$$

Cela implique que :

$$\alpha_1 = \rho_{13}$$

$$\alpha_2 = \frac{\rho_{23} - \rho_{13}\rho_{12}}{\sqrt{1-\rho_{12}^2}}$$

$$\alpha_3 = \sqrt{1-\alpha_1^2-\alpha_2^2}$$

6.10. La dépendance de queue est la tendance de deux ou de plusieurs variables, pour des valeurs extrêmes, d'évoluer dans le même sens. Le choix de copule affecte cette dépendance. Par exemple, la copule *t-student* conduit à une dépendance de queue plus forte que la copule gaussienne.

6.11. Construire un échantillon sur la base d'une distribution de Student bivariée (graphique 6.6, par exemple). Convertir cet échantillon en échantillon gaussien centile par centile.

6.12. La probabilité que $V_1 < 0{,}1$ est 0,05. La probabilité conditionnelle que $V_2 < 0{,}1$ est $0{,}006/0{,}05 = 0{,}12$. La probabilité conditionnelle que $V_2 < 0{,}2$ est $0{,}017/0{,}05 = 0{,}34$, etc.

6.13. Lorsque $V_1 = 0{,}2$, on a $U_1 = -0{,}84$. D'après la propriété de la loi normale bivariée, la médiane de U_2 est $0{,}5 \times 0{,}84 = -0{,}42$. Cela implique une valeur médiane de V_2 de 0,458.

6.14. Dans ce cas :

$$V(T,X) = N\left(\frac{N^{-1}(0{,}015) + \sqrt{0{,}2}N^{-1}(0{,}995)}{\sqrt{1-0{,}2}}\right) = 0{,}127.$$

Les « 99,5 % de mauvais cas » sont ceux pour lesquels il y une perte de $500 \times 0{,}7 \times 0{,}127 = 44{,}62$, soit 44,62 millions d'euros.

Chapitre 7

7.1. La sortie d'un concurrent peut être bénéfique. Cependant, les banques sont liées entre elles par de nombreux contrats. Les banques peuvent perdre de l'argent sur les contrats qu'elles ont souscrits avec une banque qui fait faillite. Par ailleurs, les institutions financières risquent d'être négativement affectées par la faillite d'un établissement, dans la mesure où cet événement diminue la confiance dans le système bancaire.

7.2. L'assurance des dépôts garantit contre les risques pris par leur banque. Cela peut conduire les institutions financières à prendre plus de risques par rapport à une situation sans assurance, puisque les banques ne courent pas le danger de perdre leurs dépôts. Cela peut entraîner davantage de faillites bancaires et un coût plus important pour l'assurance des dépôts. Ainsi, une régulation qui exige des banques que les fonds propres détenus soient contingents à leurs risques est nécessaire, car elle empêche des situations comme celles décrites ci-dessus.

7.3. Le risque de crédit d'un swap correspond au risque de défaut de la contrepartie, lorsque le swap a une valeur positive pour la banque.

7.4. La valeur d'un swap de devise dévie davantage de zéro par rapport à un swap de taux, en raison de l'échange du principal. Par conséquent, la perte potentielle en cas de défaut de la contrepartie est plus importante sur un swap de devise.

7.5. Il existe une exposition au risque. Si la contrepartie fait défaut immédiatement, il n'y aura pas de perte. Toutefois, si les taux d'intérêt évoluent de manière telle que le swap ait une valeur positive pour la banque à une date future, si la contrepartie fait défaut, il y aura une perte pour l'institution financière.

7.6. Les actifs pondérés au risque pour les trois transactions sont (a) 1,875 millions d'euros, (b) 2 millions d'euros et (c) 3 millions d'euros, pour un total de 6,875 millions d'euros. Les fonds propres valent $0{,}08 \times 6{,}875$, soit 0,55 millions d'euros.

7.7. Le RRN est égal à $2{,}5/4{,}5 = 0{,}556$. L'équivalent risque de crédit vaut $2{,}5 + (0{,}4 + 0{,}6 \times 0{,}556) \times 9{,}25$, soit 9,28 millions d'euros. Les actifs pondérés au risque et le capital requis valent respectivement 4,64 millions d'euros et 0,371 millions d'euros.

7.8. Dans ce cas, les provisions de compensation sont nulles.

7.9. Cela convertit le capital requis estimé en actifs pondérés au risque. Le capital requis correspond à 8 % des actifs pondérés au risque.

7.10. Le portefeuille de marché est composé d'instruments activement échangés et évalués à leur valeur de marché quotidiennement. Le portefeuille bancaire est composé principalement de prêts et n'est pas évalué en valeur de marché tous les jours. Avant le changement, la banque calcule le capital requis selon Bâle I ou Bâle II. Le changement transfère la position du client du portefeuille bancaire vers le portefeuille de marché. La banque devra alors détenir des fonds propres pour le risque spécifique (exposition de crédit) et des fonds propres pour le risque de marché (exposition de marché). Les fonds propres pour le risque de crédit ne sont plus exigés.

7.11. Sous Bâle I, les fonds propres pour les prêts aux entreprises sont les mêmes, quelle que soit la notation de l'emprunteur. Cela entraîne des rentabilités des fonds propres relativement faibles pour les prêts aux entreprises de bonne qualité de crédit. Sous Bâle II, le capital requis est lié à la qualité de crédit de l'emprunteur et l'octroi de prêts aux entreprises de bonne qualité est plus attractive.

7.12. L'arbitrage réglementaire implique une ou plusieurs transactions visant à réduire le capital réglementaire de la banque.

7.13. EAD correspond à l'exposition estimée en cas de défaut. LGD est la perte en cas de défaut, *i.e.* la part de l'exposition qui est perdue si le défaut se réalise. WCDR correspond au taux de défaut à un an qui se réalise une fois sur 1 000. PD est la probabilité de défaut à un an. La maturité ajustée est notée MA. Celle-ci permet de tenir compte de la possibilité de pertes dues au défaut et à la dégradation de la qualité de crédit de la contrepartie pendant l'année (pour les instruments de maturité supérieure à 1 an).

7.14. Selon l'approche simple, la pondération au risque de la contrepartie est remplacée par celle de la sûreté pour la partie de l'exposition qui est garantie. Selon l'approche avancée, l'exposition est ajustée à la hausse potentielle et la sûreté est ajustée à la baisse potentielle de sa valeur. La pondération au risque de la contrepartie est appliquée à la différence entre l'exposition ajustée et la sûreté ajustée.

7.15. L'approche standard utilise les notations externes pour déterminer le capital requis (selon une manière plus sophistiquée que dans Bâle I). L'approche IRB utilise le modèle de corrélation de Bâle II avec les PD déterminées par la banque. L'approche IRBA utilise également le modèle de corrélation de Bâle II mais autorise la banque à déterminer PD, LGD, EAD et MA.

7.16. Selon l'approche indicateur de base, les fonds propres totaux correspondent à 15 % du revenu annuel brut. Selon l'approche standard, le revenu brut est calculé pour différentes lignes de métier et les fonds propres correspondent à un pourcentage de ce revenu (qui est donc différent selon la ligne de métier). Selon l'approche de mesure avancée, la banque utilise un modèle interne pour déterminer la VaR au seuil de 99,9 % à 1 an.

7.17. $\rho = 0{,}1216$, WCDR = 0,0914, et le capital requis est égal à $200 \times 0{,}7 \times 0{,}0814$, soit 11,39 millions d'euros, dont la moitié doit être composée de fonds propres de base.

Chapitre 8

8.1. La VaR correspond à la perte qui ne sera pas dépassée pour un seuil de confiance donné. L'*expected shortfall* est la perte espérée conditionnelle à un dépassement de la VaR. Cette mesure du risque a l'avantage de satisfaire la condition de sous-additivité.

8.2. Une mesure spectrale du risque assigne des poids aux quantiles de la distribution des pertes. Le poids assigné au quantile q doit être une fonction non décroissante de q, pour que cette mesure satisfasse la condition de sous-additivité.

8.3. Vous pouvez perdre au moins 60 000 € sur un mois avec une probabilité de 5 %.

8.4. Votre perte espérée sur un « mauvais » mois est de 6 000 €. Les « mauvais » mois correspondent aux 5 % des mois les plus mauvais.

8.5. (a) 1 million d'euros; (b) 9,1 millions d'euros; (c) 11 millions d'euros; (d) 11,07 millions d'euros; (e) 1 + 1 < 11, mais 9,2 + 9,2 > 11,07.

8.6. (a) 3,92 millions d'euros; (b) 8,77 millions d'euros; (c) 10,40 millions d'euros.

8.7. (b) devient 9,96 millions d'euros et (c) devient 11,82 millions d'euros.

8.8. La VaR marginale est égale au taux de variation de la VaR par rapport au montant investi dans l'actif *i*. La VaR incrémentale correspond à l'effet incrémental de l'actif *i* sur la VaR (*i.e.* différence de VaR avec et sans cet actif). La VaR partielle est la portion de la VaR qui peut être attribuée à l'actif *i* (la somme des VaR marginales donne la VaR totale).

8.9. La probabilité d'observer au moins 17 exceptions est égale à :

$$1 - LOI.BINOMIALE(16;1\,000;0{,}01;VRAI),$$

soit 2,64 %. Le modèle doit être rejeté au seuil de 5 %.

8.10. La concentration (*bunching*) correspond au phénomène de concentration des exceptions sur une période donnée.

8.11. Les données historiques ou les résultats des réunions de réflexion de la direction peuvent être utilisés dans le développement de scénarios extrêmes.

8.12. Nous voulons calculer l'écart-type de $R_1 + R_2 + \ldots + R_n$, où R_i est la rentabilité au jour i. Cet écart-type vaut $\sum_{i=1}^{n} \sigma_i^2 + 2\sum_{i>j} \rho_{ij}\sigma_i\sigma_j$, où σ_i correspond à l'écart-type de R_i et ρ_{ij} au coefficient de corrélation entre R_i et R_j. Dans ce cas, on a $\sigma_i = \sigma$ pour tout i et $\rho_{ij} = \rho^{i-j}$ lorsque $i > j$. Après simplifications et en réarrangeant les termes, on obtient l'équation (8.3).

8.13. La probabilité d'au moins 5 exceptions est égale à :

$$1 - LOI.BINOMIALE(4;250;0,01;VRAI),$$

soit 10,8 %.

Chapitre 9

9.1. L'hypothèse est que les processus statistiques des variations des variables de marché demain seront identiques à ceux des 500 derniers jours.

9.2. $\dfrac{\lambda^{i-1}(1-\lambda)}{(1-\lambda^n)} = \dfrac{\lambda^{i-1}}{1+\lambda+\lambda^2+\ldots+\lambda^{n-1}}$ et lorsque λ est proche de 1, les pondérations sont proches de $1/n$.

9.3. La dixième moins bonne rentabilité est égale à – 3,78 %. La VaR au seuil de 99 % à 1 jour vaut donc 3,78 millions de dollars.

9.4. La VaR au seuil de 99 % à 1 jour vaut 1,36 millions de dollars, soit beaucoup moins que dans 9.3. La plupart des mauvaises rentabilités ont eu lieu il y a plus de 500 jours et sont faiblement pondérées.

9.5. La volatilité journalière initiale est de 1,14 %. Elle varie de 0,428 % à 2,97 % par jour. Après ajustement, la dixième moins bonne rentabilité vaut 1,77 % et la VaR de 1,77 million de dollars.

9.6. Les VaR calculées avec des valeurs de *u* à 0,005, 0,01 et 0,015 sont estimées à 3,34, 3,34 et 3,30 respectivement.

9.7. L'écart-type de la VaR est égal à :

$$\frac{1}{0,01}\sqrt{\frac{0,05\times 0,95}{1\ 000}} = 0,69,$$

soit 0,69 millions d'euros.

Chapitre 10

10.1. L'écart-type de la variation journalière de l'investissement dans chaque actif est de 1 000 €. La variance de la variation journalière du portefeuille est égale à :

$$1\ 000^2 + 1\ 000^2 + 2 \times 0,3 \times 1\ 000 \times 1\ 000 = 2\ 600\ 000 .$$

La racine de 2 600 000 correspond à l'écart-type de la variation journalière du portefeuille et vaut ici 1 612,45 €. La VaR au seuil de 99 % à 5 jours est égale à :

$$2,33 \times \sqrt{5} \times 1\ 612,45 = 8\ 401 .$$

10.2. Les trois méthodes pour modéliser le comportement des instruments dépendant des taux d'intérêt dans le cadre de l'approche variance-covariance pour le calcul de la VaR sont : (a) le modèle de duration, (b) l'ajustement des flux (*cash-flow mapping*) et (c) l'analyse en composantes principales.

10.3. Si l'on inclut un échange de principal à l'échéance, la partie variable est équivalente à un ZC de maturité égale à la date du prochain flux. La partie fixe correspond à une obligation standard, équivalente à un portefeuille de ZC. Le swap peut donc être ajusté à un portefeuille de ZC de maturités équivalentes aux dates des flux. Chaque ZC peut être ajusté à des positions en ZC de maturité adjacente.

10.4. $\Delta P = 56 \times 1,5 \Delta x$. L'écart-type de ΔP est égal à : $56 \times 1,5 \times 0,007 = 0,588$. La VaR du portefeuille au seuil de 99 % à 10 jours vaut :

$$0,588 \times 2,33 \times \sqrt{10} = 4,33 .$$

10.5. La relation s'écrit $\Delta P = 56 \times 1,5 \Delta x + 0,5 \times 1,5^2 \times 16,2 \times \Delta x^2$, soit : $\Delta P = 84 \Delta x + 18,225 \Delta x^2$.

10.6. Le flux dans 6,5 ans est équivalent à une position de 48,56 € en ZC 5 ans et à une position de 605,49 € en ZC 7 ans. Les flux équivalents dans 5 ans et 7 ans sont égaux à : $48,56 \times 1,06^5 = 64,98$ et $605,49 \times 1,07^7 = 972,28$.

10.7. Un calcul similaire à celui opéré dans le corps du texte permet de montrer que 37 397 € sont placés dans une obligation 3 mois et 11 793 € sont placés dans une obligation 6 mois.

10.8. La variance journalière du portefeuille est égale à :

$$6^2 \times 20^2 + 4^2 \times 8^2 = 15\ 424$$

et l'écart-type à : $\sqrt{15\ 424} = 124,19$ €. Sachant que $N(-1,282) = 0,9$, la VaR au seuil de 90 % à 5 jours vaut :

$$124,19 \times \sqrt{5} \times 1,282 = 356,01 .$$

10.9. (a) 3,26 et (b) 63,87.

10.10. Le delta d'une option correspond au taux de variation de la valeur de l'option par rapport au prix de l'actif. Lorsque celui-ci augmente d'un faible montant, la valeur de l'option diminue de 30 fois ce montant. Le gamma d'une option est le taux de variation du delta par rapport au prix de l'actif. Lorsque ce dernier augmente d'un faible montant, la valeur de l'option diminue de 5 fois ce montant.

Dans ce cas, $E(\Delta P) = -0{,}10$, $E(\Delta P^2) = 36{,}03$ et $E(\Delta P^3) = -32{,}415$. La variation moyenne de la valeur du portefeuille dans 1 jour vaut – 0,1 et l'écart-type de la variation dans 1 jour est égal à : $\sqrt{36{,}03 - 0{,}1^2} = 6{,}002$. Le coefficient d'asymétrie (*skewness*) vaut :

$$\frac{-32{,}415 - 3 \times 36{,}03 \times (-0{,}1) + 2 \times (-0{,}1)^3}{6{,}002^3} = -21{,}608 = -0{,}10$$

En utilisant uniquement les deux premiers moments, on obtient une VaR au seuil de 99 % à 1 jour de 14,08 €. En prenant en considération les trois premiers moments dans un développement de Corner-Fisher, on obtient 14,5 €.

10.11. On note σ la volatilité annuelle, $\Delta\sigma$ la variation journalière de σ et Δw la variation journalière proportionnelle de σ. On mesure σ comme un multiple de1 %, de telle sorte que sa valeur actuelle soit égale à $1 \times \sqrt{252} = 15{,}87$. Le modèle delta-gamma-vega s'écrit :

$$\Delta P = -30\Delta S - 0{,}5 \times 5 \times (\Delta S)^2 - 2\Delta\sigma$$

ou :

$$\Delta P = -30 \times 20\Delta x - 0{,}5 \times 5 \times 20^2 (\Delta x)^2 - 2 \times 15{,}87\Delta w\,,$$

avec $\Delta x = \Delta S/S$, soit après simplification :

$$\Delta P = -600\Delta x - 1\,000(\Delta x)^2 - 31{,}74\Delta w$$

La variation de la valeur du portefeuille dépend désormais de deux variables. Après estimation de σ et du coefficient de corrélation entre σ et S, on peut estimer les moments de ΔP et appliquer le développement de Corner-Fisher.

10.12. La variation de la valeur d'une option est une fonction non linéaire de la variation des valeurs des variables sous-jacentes. Lorsque cette dernière est normale, alors, la variation de la valeur d'une option ne l'est pas. Ainsi, le modèle linéaire n'est qu'une approximation car il suppose une variation normale de la valeur d'une option.

10.13. Le contrat est une position longue sur l'obligation britannique et une position courte sur l'obligation américaine. Les valeurs de ces deux obligations sont respectivement : $1,53e^{-0,05\times 0,5}$, soit 1 492 millions de dollars et $1,5e^{-0,05\times 0,5}$, soit 1 463 millions d'euros. La variance de la variation de la valeur du contrat dans 1 jour est égale à :

$$1,492^2 \times 0,0006^2 + 1,463^2 \times 0,0005^2 - 2 \times 0,8 \times 1,492 \times 0,0006 \times 1,463 \times 0,0005 = 0,0000002888$$

et l'écart-type vaut 0,000537 millions de dollars. La VaR au seuil de 99 % à 10 jours est égale à $0,000537 \times \sqrt{10} \times 2,33 = 0,00396$ millions de dollars.

Chapitre 11

11.1. Moody's a 19 notes (exclusion faite du défaut), Aaa, Aa1, Aa2, Aa3, A1, A2, A3, Baa1, Baa2, Baa3, Ba1, Ba2, Ba3, B1, B2, B3, Caa1, Caa2, and Caa3.

11.2. S&P a 19 notes (exclusion faite du défaut), AAA, AA+, AA, AA–, A+, A, A–, BBB+, BBB, BBB–, BB+, BB, B–, B+, B, B–, CCC+, CCC, CCC–.

11.3. L'intensité de défaut moyenne est $\overline{\lambda}$, où $e^{-\overline{\lambda}\times 1} = 0,9379$, soit 6, 41 % par an.

11.4. Conditionnellement au non-défaut à la fin de l'année 2, la probabilité de défaut en année 3 est : 0,0252/0,9652=0,02611. L'intensité de défaut moyenne pour la troisième année est $\overline{\lambda}$, avec $1 - e^{-\overline{\lambda}\times 1} = 0,02611$, soit 2,65 % par an.

11.5. D'après l'équation (11.3), l'intensité de défaut moyenne pour les 3 années est : 0,0050/(1 - 0,03) = 0,0071, soit 0,71 % par an.

11.6. D'après l'équation (11.3), l'intensité de défaut moyenne pour les 5 années est $0,0080/(1-0,4)$, soit 1,333 % par an. De la même façon, l'intensité de défaut moyenne pour les trois premières années est de 1,1667 % par an. Ce qui signifie que l'intensité de défaut moyenne entre les années 4 et 5 est de 1,58 %.

11.7. Les probabilités réelles de défaut doivent être utilisées pour calculer des VaR de crédit. Les probabilités risque neutre de défaut doivent être utilisées pour ajuster les prix des actifs dérivés.

11.8. Le taux de recouvrement d'une obligation est sa valeur (en % de nominal) juste après le défaut de l'émetteur.

11.9. La première valeur de la seconde colonne du tableau 11.4 est calculée comme :

$$-\frac{1}{7}\ln(1-0,0029) = 0,0004$$

ou 0,04 % par an. Les autres valeurs sont calculées de manière identique. Les valeurs de la quatrième colonne du tableau 11.5 sont les valeurs de la deuxième colonne du tableau 11.4 multipliées par le taux de recouvrement espéré. Ici, le taux de recouvrement espéré est de 0,4.

11.10. Le prix de marché de l'obligation est de 96,19. Sa valeur sans risque est de 103,66. Si *Q* est la probabilité de défaut annuelle, la perte due aux défauts est 272,69 *Q*. La probabilité de défaut est alors 2,74 % par an.

11.11. Le prix de marché de la première obligation est 98,35 et sa valeur sans risque est de 101,23. Si Q_1 est la probabilité de défaut aux temps 0,5, 1,5 et 2,5 ans, la perte due aux défauts pour cette obligation s'écrit : $178{,}31Q_1$ et $Q_1 = 0{,}0161$. Si Q_2 est la probabilité de défaut aux temps 3,5 et 4,5 ans, la perte due aux défauts pour cette obligation s'écrit : $180{,}56Q_1 + 108{,}53Q_2$. Le prix de marché de la seconde obligation est 96,24 et sa valeur sans risque est de 101,97; cela implique que : $180{,}56Q_1 + 108{,}53Q_2 = 5{,}73$ et $Q_2 = 0{,}0260$.

11.12. On peut supposer que le principal est versé et reçu à la maturité du swap sans changer la valeur du swap. Si le spread est nul, alors, la valeur présente des paiements variables (par euro de principal) est 1. Le paiement du LIBOR plus le spread a une valeur présente de 1 + *V*. Le paiement des flux de l'obligation a une valeur présente de B^*. Le paiement initial exigé par le payeur des flux de l'obligation (par euro de principal) est *1-B*. Comme le swap d'actifs a initialement une valeur proche de zéro, on a :

$$1 + V = B^* + 1 - B$$

ou :

$$V = B^* - B.$$

11.13. La valeur de la dette dans le modèle de Merton est $V_0 - E_0$ ou encore :

$$V_0 - V_0N(d_1) + De^{-rT}N(d_2) = De^{-rT}N(d_2) + V_0N(-d_1).$$

Si le spread de crédit est *s*, il vérifie :

$$De^{-(r+s)T} = De^{-rT}N(d_2) + V_0N(-d_1).$$

Comme $De^{-rT} = LV_0$, on obtient :

$$Le^{-sT} = LN(d_2) + N(-d_1).$$

Et donc :

$$s = -\ln[N(d_2) + N(-d_1)/L]/T.$$

11.14. Dans ce cas, $E_0 = 2$, $\sigma_E = 0{,}50$, $D = 5$, $r = 0{,}04$, et $T = 1$. En résolvant simultanément les deux équations, on obtient : $V_0 = 6{,}80$ et $\sigma_V = 14{,}82$. La probabilité de défaut est alors : $N(-d_2)$, ou 1,15 %.

11.15. Supposons que le principal soit de 100 \$. Le swap d'actifs est tel que 10 \$ sont payés initialement. Après cela, 2,50 \$ sont payés tous les 6 mois. En contrepartie, le LIBOR plus un spread sont reçus sur un principal de 100 \$. La valeur présente des flux fixes est :

$$10+2,5e^{-0,06\times 0,5}+2.5e^{-0,06\times 1}+\ldots+2.5e^{-0,06\times 5}+100e^{-0,06\times 5}=105,3579.$$

Le spread doit donc avoir une valeur de 5,3579. La valeur présente de 1 \$ reçu tous les 6 mois pendant 5 ans est 8,5105. Le spread reçu tous les 6 mois doit donc valoir :

$$5,3579/8,5105=0,6296\,\$.$$

Le spread annuel de le swap d'actifs vaut donc : $2\times 0,6296=1,2592$ %.

Chapitre 12

12.1. La nouvelle transaction aura tendance à augmenter l'exposition de la banque à cette contrepartie, si cette transaction a tendance à avoir une valeur positive lorsque les contrats existants ont également une valeur positive. Dans le cas contraire, cette nouvelle transaction peut réduire l'exposition de la banque.

12.2. Les équations (12.3) donnent la relation entre $\beta_{AB}(T)$ et ρ_{AB}, ce qui implique $Q_A(T)$ et $Q_B(T)$. Cela est modifié si l'on passe du monde réel au monde risque neutre. La relation entre $\beta_{AB}(T)$ et ρ_{AB} est différente dans le monde risque neutre. Si $\beta_{AB}(T)$ est identique dans les deux mondes, ρ_{AB} ne l'est pas et vice-versa.

12.3. Lorsque des actifs sont utilisés comme garantie, le haircut est la réduction appliquée à leur valeur de marché pour le calcul des marges. Les capitaux propres d'une entreprise ne sont pas de bonnes garanties. En effet, lorsque l'entreprise fait défaut sur ses contrats, la valeur des capitaux propres sera également affectée.

12.4. Dans les modèles de Vasicek et Credit Risk Plus, une perte est enregistrée lorsqu'un défaut survient. Dans CreditMetrics, la dégradation de notations ainsi que le défaut conduisent à une perte. Dans le modèle de Vasicek, une copule gaussienne du temps au défaut est retenue. Dans Credit Risk Plus, une distribution de probabilité du taux de défaut annuel est supposée. Enfin, dans CreditMetrics, une copule gaussienne est utilisée dans la modélisation des transitions de notations.

12.5. La corrélation binomiale vaut 0,156.

12.6. (a) et (b) sont vrais. (c) est faux. Supposons que v_X et v_Y soient les expositions à *X* et *Y*. La valeur espérée de v_X+v_Y est la valeur espérée de v_X plus la valeur espérée de v_Y. Cela n'est plus vrai pour un seuil de confiance de 95 %.

12.7. Le coût du défaut est uv, où u est la perte en pourcentages due aux défauts pendant la durée de vie du contrat et v est la valeur d'une option dont le paiement est

$\max(150S_T - 100, 0)$ où S_T est le taux de change euro/USD dans 1 an (USD par euro). La valeur de u est :

$$u = 1 - e^{-(0,06-0,05)\times 1} = 0,009950\,.$$

La valeur de v est 150 fois celle d'une option d'achat de 1 euro à 0,6667 et vaut 4,545. Le coût du défaut est alors : $4,545 \times 0,009950$, soit 0,04522.

12.8. Dans ce cas, le coût du défaut est :

$$u_1 = 1 - e^{-(0,055-0,05)\times 0,5} = 0,002497$$

$$u_2 = e^{-(0,055-0,05)\times 0.5} - e^{-(0,06-0,05)\times 1} = 0,007453$$

v_1 est la valeur d'une option d'achat 6 mois sur 150 euros au prix de 100 \$ et v_2 est la valeur d'une option similaire de maturité 1 an. $v_1 = 3,300$ et $v_2 = 4,545$, et le coût du défaut vaut 0,04211.

12.9. Supposons que le défaut ait lieu uniquement à la maturité du contrat forward. Dans un monde sans risque de défaut, le contrat forward est une combinaison d'un achat de call et d'une vente de put; les prix d'exercice du call et du put sont le prix de livraison et les maturités des deux options correspondent à la maturité du contrat forward. Si la valeur sans défaut à la maturité du contrat est positive, le call a une valeur positive et le put vaut zéro. L'impact des défauts sur le contrat forward est le même que sur le call. Si la valeur sans défaut à la maturité du contrat est négative, le call a une valeur nulle et le put a une valeur positive. Dans ce cas, les défauts n'ont pas d'impact. À nouveau, l'impact des défauts sur le contrat forward est le même que sur le call. De ce fait, le contrat a une valeur identique à une position longue sur un call sujet au risque de défaut et à une position courte sur un put sans risque de défaut.

12.10. Supposons que le contrat forward engendre un paiement en date T. Avec des notations usuelles, la valeur d'une position longue sur ce contrat s'écrit : $S_T - Ke^{-rT}$ (voir annexe A). L'exposition au risque de crédit pour une position longue est donc : $\max(S_T - Ke^{-rT}, 0)$. Cette expression est celle du paiement d'un call de prix d'exercice Ke^{-rT}. De même, l'exposition au risque de crédit d'une position courte est : $\max(Ke^{-rT} - S_T, 0)$; il s'agit du paiement d'un put de prix d'exercice Ke^{-rT}. L'exposition globale est donc un straddle de prix d'exercice Ke^{-rT}.

12.11. Lorsque le temps passe, la devise de taux d'intérêt faible a tendance à se renforcer. Cela signifie qu'un swap dans lequel on reçoit la devise tend à évoluer vers une valeur positive. À l'opposé, un swap dans lequel on paie la devise tend à évoluer vers une valeur négative. De ce fait, l'exposition au risque est plus importante si l'on reçoit la devise à faible taux d'intérêt. On doit, dans ce cas, prendre garde à la qualité de crédit de la contrepartie, ce qui est moins le cas pour une devise à fort taux d'intérêt.

Chapitre 13

13.1. Les deux offrent une assurance contre le défaut d'une entreprise particulière. Dans un CDS, le paiement est le montant notionnel (ou principal) multiplié par un moins le taux de recouvrement. Dans un swap digital, le paiement est le principal.

13.2. Le vendeur reçoit $300\ 000\ 000 \times 0{,}0060 \times 0{,}5 = 900\ 000$ en années 0,5, 1,0, 1,5, 2,0, 2,5, 3,0, 3,5, 4,0. Le vendeur reçoit également un paiement final de l'ordre de 300 000 ($= 300\ 000\ 000 \times 0{,}060 \times 2/12$) au moment du défaut. Le vendeur paie $300\ 000\ 000 \times 0{,}6 = 180\ 000\ 000$ au moment du défaut.

13.3. Le CDS peut-être dénoué en cash ou par livraison physique. Dans le cas d'un défaut, lorsque le dénouement est physique, l'acheteur de la protection vend les obligations émises par l'entité de référence à leur valeur faciale. Dans le cas d'un dénouement en cash, un tiers estime la valeur de l'obligation la moins chère à livrer émise par l'entité de référence quelques jours après la date du défaut. Le paiement est alors fondé sur la différence entre la valeur estimée et la valeur nominale des obligations.

13.4. Un CDO cash est créé à partir d'un portefeuille d'obligations. Les rendements du portefeuille sont distribués sur un certain nombre de tranches qui diffèrent selon l'importance du risque de crédit qu'elles portent. La première tranche peut être un investissement de 5 % de la valeur du portefeuille et être responsable des premier 5 % de pertes. La seconde peut représenter 10 % en termes d'investissement et être responsable des 10 % de pertes suivants, et ainsi de suite. Dans un CDO digital, il n'existe pas de portefeuille d'obligations. Un portefeuille de CDS est ici vendu et le risque de crédit est réparti dans différentes tranches, comme dans le cas précédent.

13.5. Dans le cas d'un CDS contingent au premier défaut, il existe un certain nombre d'entités de référence. Lorsque survient le premier défaut, le CDS donne lieu à un paiement et le CDS est dénoué. La valeur de la protection associée à un CDS contingent au premier défaut décroît avec la corrélation des défauts entre les entités de référence. En effet, la probabilité d'un défaut décroît lorsque la corrélation augmente. À la limite, lorsque la corrélation vaut 1, il n'existe en fait qu'une entité et la probabilité de défaut est assez faible.

13.6. Les probabilités risque-neutre sont déduites de la valeur des CDS ou des obligations. Les probabilités de défaut réelles sont déduites des données historiques.

13.7. Supposons qu'une entreprise veuille acheter des actifs. Si un swap de rentabilité totale est utilisé, une institution financière achète les actifs et conclut un swap avec l'entreprise. Avec ce swap, l'entreprise reçoit la rentabilité des actifs et paie à l'institution financière LIBOR plus un spread. L'institution financière porte un risque plus faible que si elle avait prêté le montant nécessaire et utilisé les actifs comme garantie. En effet, si un défaut survient, elle détient les actifs.

13.8. Une analyse identique à celle donnée dans les tableaux 13.1 et 13.2 conduit à une valeur présente des paiements espérés de 3,7364s, une valeur présente des flux espérés de 0,0838 et une valeur actuelle espérée du paiement résiduel de 0,0598s. Le spread de CDS vaut 221 points de base.

13.9. Si le spread du CDS vaut 150 bp, la valeur du swap pour l'acheteur de protection est (par dollar de principal) :

$$0,0838-(3,7364+0,0598)\times 0,0150=0,0269.$$

13.10. Si le CDS est digital, la valeur présente des paiements espérés vaut 0,1197 et le spread du CDS vaut 315 bp.

13.11. Un CDS 5 ans contingent au *n-ième* défaut fonctionne comme un CDS classique mais s'applique à un portefeuille d'entités de référence. Le paiement est conditionné au *n-ième* défaut sur le portefeuille. Lorsque le *n-ième* défaut se réalise, le CDS cesse d'exister. Lorsque $n = 1$, la valeur de la protection associée au CDS décroît avec la corrélation des défauts entre les entités de référence. Lorsque $n = 25$, la valeur de la protection associée au CDS augmente avec la corrélation des défauts entre les entités de référence.

13.12. Le taux de recouvrement d'une obligation est généralement défini comme la valeur (en % de nominal) de l'obligation quelques jours après le défaut.

13.13. Les paiements ont lieu au même moment sur les deux instruments. Le paiement d'un CDS (*plain vanilla*) est $(1-R)$ fois le paiement d'un CDS digital de même notionnel. Si tel n'est pas le cas, il existe une opportunité d'arbitrage.

13.14. Dans le cas d'un swap de rentabilité totale, une entreprise reçoit (paie) l'augmentation (la diminution) de la valeur de l'obligation. Dans un CDS classique, ce n'est pas le cas.

13.15. Lorsqu'une entreprise prend une position longue (courte) dans un contrat forward, elle se trouve dans l'obligation d'acheter (de vendre) à une date fixée la protection constituée par un CDS de spread fixé. Dans le cas d'une option, l'entreprise détient une option d'achat ou de vente de ce CDS. Les deux types de produits sont structurés de manière identique et cessent d'exister lorsqu'un défaut se réalise.

13.16. Un CDS assure une émission obligataire du défaut potentiel de l'entité émettrice. Cela transforme approximativement l'émission en émission sans risque. L'acheteur du CDS a choisi de convertir les obligations en obligations sans risque. Cela signifie que l'acheteur est long sur une obligation sans risque et court sur une obligation corporate similaire.

13.17. Les paiements d'un CDS sont conditionnés au défaut potentiel de l'entité de référence. Certains participants au marché ont sur ce sujet plus d'informations que d'autres.

13.18. Les probabilités de défaut réelles sont plus faibles que les probabilités de défaut risque-neutre. Cela conduit en moyenne à une sous-estimation de la protection lorsque les probabilités de défaut réelles sont utilisées.

13.19. Dans un swap d'actif, les flux théoriques sont échangés contre le LIBOR plus un spread. Dans un swap de rentabilité totale, les flux effectifs sont échangés contre LIBOR plus un spread.

13.20. D'après l'équation (13.2), nous obtenons la probabilité de défaut conditionnelle à la valeur M du facteur :

$$N\left(\frac{N^{-1}(0,03)-\sqrt{0,2}M}{\sqrt{1-0,2}}\right)$$

Pour M égal à – 2, – 1, 0, 1, 2, les probabilités de défaut valent 0,135, 0,054, 0,018, 0,005, 0,001. Les probabilités de défaut associées à l'événement « plus de 10 défauts » pour les valeurs de M peuvent être calculées sous Excel et valent, respectivement, 0,959284, 0,79851, 0,000016, 0, 0.

Chapitre 14

14.1. La définition inclut tous les risques internes et externes, à l'exception des risques de réputation et stratégique.

14.2. Sur la base des résultats obtenus à la section 14.4, la perte serait égale à $100\times3^{0,23}$, soit 128,7 millions d'euros.

14.3. $\text{Prob}(v>x)=Kx^{-0,8}$. Lorsque $x=20$, la probabilité est égale à 0,1, ce qui implique $K=1,0986$. La probabilité de dépassement des pertes vaut (a) 5,74 %, (b) 3,30 % et (c) 1,58 %.

14.4. Le problème d'aléa moral est géré par les franchises et par les primes conditionnées aux remboursements passés. Le problème d'anti-sélection est géré en analysant un maximum d'informations sur le type de l'assuré puis en modifiant les primes lorsque de nouvelles informations sont disponibles.

14.5. Les PDG doivent fournir un certificat attestant de la fiabilité des états financiers de la société et reverser les primes perçues, si les documents comptables sont jugés non conformes.

14.6. Si un trader respecte les limites et enregistre une perte, alors celle-ci est classée en risque de marché. Par contre, si les limites ne sont pas respectées, la perte est classée en risque opérationnel.

14.7. (a) Il est peu probable qu'un individu ne prenne pas soin de sa santé à cause de son assurance vie. En revanche, des meurtres ont été commis pour bénéficier du versement d'une assurance vie! (b) Les individus ayant une espérance de vie faible sont plus enclins à acheter une assurance vie.

14.8. Les données externes renseignent sur les pertes des banques et sont obtenues grâce aux accords d'échange d'informations avec les autres banques ou grâce à des sociétés spécialisées. Ces données sont utilisées pour déterminer la sévérité relative des pertes. Ces informations peuvent s'avérer des indicateurs utiles des ratios pertes moyennes du département A / pertes moyennes du département B ou écart-type des pertes du département A / écart-type des pertes du département B.

14.9. La distribution de Poisson est couramment utilisée pour le calcul de la fréquence des pertes, alors que la distribution lognormale est fréquemment utilisée pour déterminer la sévérité des pertes.

14.10. Deux exemples d'indicateurs de risque clé sont : le turnover des salariés et le nombre de transactions défaillantes.

14.11. Lorsque la fréquence des pertes vaut 3, la perte totale moyenne est égale à 3,3 et son écart-type vaut 2,0. Lorsque la fréquence augmente à 4, la perte moyenne et son écart-type valent respectivement 4,4 et 2,4.

Chapitre 15

15.1. Effet de levier et phobie du krach.

15.2. Volatilité incertaine et sauts de volatilité.

15.3. Les traders utilisent le modèle Black-Scholes dans l'évaluation des calls et des puts plain vanilla. Ils calculent les volatilité implicites d'options activement échangées. En interpolant les prix d'exercice et les maturités, ils peuvent estimer les volatilités implicites d'autres options. Ces volatilités sont alors substituées dans Black-Scholes pour calculer les prix de ces options. Par contre, ce modèle est bien plus qu'un outil d'interpolation lorsqu'il est utilisé pour la couverture.

15.4. 13,45 %. On retrouve la même réponse en (a) interpolant les prix d'exercice 1,00 et 1,05 et les maturités 6 et 12 mois, et en (b) interpolant les maturités 6 et 12 mois et les prix d'exercice 1,00 et 1,05.

15.5. Les modèles physiques décrivent des processus physiques, alors que les modèles financiers décrivent des comportements humains.

15.6. L'institution peut remarquer qu'elle enregistre des pertes importantes sur une certaine activité en raison d'une tarification différente de ses concurrents. Les différences de cotation peuvent également apparaître lorsque l'institution décide de dénouer des positions et d'approcher ses concurrents pour obtenir des cotations. Enfin, l'institution peut également souscrire à un service spécialisé qui lui fournit les prix de cotation moyens des courtiers.

15.7. Une perte équivalente à la moitié de la fourchette de prix est reconnue au moment de la liquidation d'une position. La VaR de liquidité tient compte de cette perte.

15.8. Des trous noirs de liquidité apparaissent lorsque la plupart des intervenants souhaitent être du même côté du marché au même moment. La régulation peut entraîner des trous noirs de liquidité. En effet, toutes les institutions financières régulées de manière identique risquent également de réagir de la même façon à des chocs externes.

15.9. La couverture intra-modèle consiste à se couvrir contre les variations des variables supposées stochastiques. La couverture extra-modèle consiste à couvrir les variations des paramètres supposés constants.

15.10. Le modèle Black-Scholes suppose que la distribution de probabilité du prix d'une action dans 1 mois est lognormale. En fait, tel n'est pas du tout le cas dans le problème abordé. La distribution la plus adaptée dans ce cas est éventuellement composée de deux distributions lognormales superposées. Black-Scholes est clairement inadapté à ce problème.

15.11. Dans ce cas, la distribution de probabilité du taux de change a des queues moins épaisses que la distribution lognormale. Les options très en dehors de la monnaie auront des prix relativement faibles.

15.12. L'expression *marking to market* (« collé au marché ») correspond à une pratique consistant à réévaluer les instruments (généralement chaque jour), de manière à ce que leurs prix soient cohérents avec le marché. Les prix des actifs activement échangés reflètent les prix du marché. Le modèle est essentiellement utilisé comme un outil d'interpolation. L'expression *marking to market* est donc appropriée pour ces produits. Par contre, les prix des produits structurés sont fortement dépendants des modèles utilisés, d'où l'expression *marking to model* (« collé au modèle »).

15.13. Les hedge funds ne sont pas régulés de la même manière que les autres institutions financières et peuvent donc contraindre les investisseurs à acheter et à vendre lorsque les autres intervenants vendent et achètent respectivement. Cependant, les trous noirs peuvent apparaître lorsque de nombreux hedge funds suivent des stratégies similaires.

Chapitre 16

16.1. Le capital économique correspond à l'estimation faite par la banque des fonds propres requis. Le capital réglementaire est le montant de fonds propres requis par le régulateur.

16.2. Une entreprise notée AA a une probabilité de défaut à 1 an égale à 0,03 %.

16.3. Le risque d'exploitation recouvre les risques stratégique et de réputation.

16.4. Les modèles utilisés pour le calcul du capital économique et du capital réglementaire sont relativement proches dans l'évaluation des risques de marché et opérationnels. Dans le calcul du capital économique pour le risque de crédit, une banque peut considérer d'autres structures et paramètres de corrélation que ceux utilisés dans le calcul du capital réglementaire pour ce risque.

16.5. La valeur du logarithme de la perte dans le scénario le plus pessimiste et qui peut se réaliser avec 99,97 % de chances est égale à $0,5+4\times3,43=14,23$ et la perte est égale à 1,510 million d'euros. À partir des propriétés de la distribution lognormale, on peut déduire la perte espérée $\exp(0,5+4^2/2)$, soit 4 915 €. Le capital requis est égal à 1,505 million d'euros.

16.6. Les capitaux économiques pour les départements 1 et 2 valent respectivement 96,85 et 63,87. Le capital économique pour les deux départements est égal à 124,66.

16.7. Les effets marginaux des départements 1 et 2 sur le capital économique total valent respectivement 60,78 et 27,81. $60,78/(60,78+27,81)$, soit 68,61 % du capital économique, devrait être alloué au département 1 alors que $27,81/(60,78+27,81)$, soit 31,39 % du capital économique, devrait être alloué au département 2. Les effets marginaux d'une augmentation de 0,5 % des tailles de chaque département sont respectivement 0,4182 et 0,2056. Le théorème d'Euler est satisfait puisque le capital économique total est approximativement égal à la somme de 0,4182 / 0,005 et de 0,2056 / 0,005.

16.8. Les fonds propres valent 40 – 2 = 38 millions et le résultat avant impôt vaut 12 – 5 – 2 = 5 millions. Le RAROC avant impôt s'établit à 13,2 %. En pratique, l'allocation des bénéfices de la diversification à ce projet devrait réduire les fonds propres et augmenter le RAROC.

16.9. Le RAROC peut être utilisé pour comparer les performances passées de différents départements ou pour projeter leurs performances futures.

Chapitre 17

17.1. Le paiement d'un HDD est max (0,65– A) et d'un CDD est max (0,A – 65), où A est la température moyenne du jour considéré dans une station météorologique donnée, mesuré en degrés Fahrenheit.

17.2. Cet accord porte sur la livraison d'un volume de gaz de façon uniforme pendant un mois à un endroit spécifié et à un prix fixé.

17.3. La température moyenne est de 75 degrés. Le CDD vaut alors 10 par jour, soit 310 en cumulé sur le mois. Le paiement de l'option est de :

$$(310-250)\times5\ 000=300\ 000\ \$.$$

17.4. Contrairement à d'autres biens, l'électricité ne peut être stockée facilement. Si la demande d'électricité excède l'offre, ce qui peut être le cas dans les périodes chaudes à forte climatisation, le prix de l'électricité dans un environnement dérégulé augmenterait violemment. Lorsque l'équilibre offre et demande est à nouveau atteint, les prix retrouvent un niveau normal.

17.5. Pour HDD, on a max $(65-A, 0)$, où A est une moyenne de température. Ce paiement est le paiement d'un put sur A avec un prix d'exercice de 65. Pour CDD (max (A – 65,0)), ce paiement correspond à celui d'un call sur A de prix d'exercice 65.

17.6. Pour les températures du mois (chaque jour et pendant 50 ans), on peut établir une relation du type :

$$\text{CDD} = a + bt + e$$

où a et b sont des constantes, t le temps en années (mesurée depuis 50 ans), et e une erreur. Cette relation implique une tendance linéaire de la température. Le CDD espéré pour l'année suivante est alors : $a + 51\,b$. Cela peut être utilisé comme une estimation forward du CDD.

17.7. La volatilité du forward 1 an est inférieure à la volatilité du prix spot. En effet, lorsque le prix spot varie d'un montant donné, le phénomène de retour à la moyenne conduit le forward à augmenter d'un montant plus faible.

17.8. Le producteur d'énergie fait face à des risques de quantité et de prix. Il peut utiliser les dérivés climatiques pour couvrir les risques de quantité et les dérivés d'énergie pour couvrir le risque de prix.

17.9. Une option 5×8, d'échéance mai 2006, est un contrat sur la fourniture d'électricité 5 jours par semaine aux heures creuses. Quand l'exercice est quotidien (mensuel), le détenteur choisit, chaque jour (mois), s'il achète ou non l'électricité au prix convenu par le contrat.

17.10. Les obligations catastrophiques (CAT) sont une alternative au contrat de réassurance pour une compagnie couvrant des risques catastrophiques (tremblement de terre, par exemple) et souhaitant transférer ou atténuer ce risque. La compagnie d'assurances émet alors des CAT qui offrent un taux de coupon plus élevé que les obligations d'état de mêmes caractéristiques. En contrepartie, les acheteurs s'engagent à abandonner les coupons, voire le remboursement du principal, si la compagnie doit faire face à un sinistre dont le montant est supérieur à un montant préalablement fixé.

17.11. Les obligations CAT portent un risque systématique très faible. La survenance d'une catastrophe naturelle est indépendante de l'évolution du marché. Les risques liés à ces obligations peuvent être diversifiés dans un portefeuille d'investissement. Une obligation notée B présente un risque systématique et qui ne peut être parfaitement diversifié. L'obligation CAT semble alors un choix plus judicieux.

17.12. Cela signifie que le prix des énergies a tendance à revenir vers sa moyenne de long terme. L'électricité a le taux de retour à la moyenne le plus élevé et le pétrole le taux le plus faible.

Le logiciel DerivaGem

Vous pouvez télécharger le calculateur DerivaGem sur le site de l'auteur :

http://www.rotman.utoronto.ca/hull

Il requiert au moins Microsoft Windows 98 et Microsoft Excel 2000. Le logiciel comporte deux fichiers, DG151.dll, DG151.xls. Pour l'installer, vous devez créer un répertoire nommé DerivaGem (vous pouvez choisir un autre nom) et copier les fichiers dans ce répertoire. Le fichier DG151.dll doit être copié dans le répertoire Windows\System ou dans le répertoire Windows\System32[1].

Les utilisateurs doivent s'assurer que le niveau de sécurité pour les macros Excel est moyen ou faible. Choisissez Outils puis Macros et enfin Sécurité pour changer cela.

Le calculateur d'options

DG151.xls est un programme convivial d'évaluation d'options. Il contient trois feuilles de calcul. La première concerne les options sur actions, indices, devises et contrats futures. La deuxième traite les options européennes et américaines sur obligations et la troisième permet d'évaluer les caps, floors et swaptions.

Le logiciel peut calculer des prix, des grecques ou des volatilités implicites pour une large gamme d'options. Il fournit aussi des représentations graphiques illustrant comment les prix et les grecques varient en fonction des inputs. Il permet de construire et de représenter des arbres binomiaux et trinomiaux illustrant le détail des calculs.

Fonctionnement général

Pour utiliser ce calculateur, choisissez une feuille de calcul et cliquez sur les boutons appropriés pour choisir le type d'option (*Option Type*), le sous-jacent (*Underlying Type*), etc. Vous entrez ensuite les valeurs souhaitées pour les paramètres. Cliquez sur la touche *Calculate* pour réaliser les calculs (prix, grecques, volatilités implicites, etc.). Si le prix a été calculé à partir d'un arbre de calcul, vous pouvez aussi le faire apparaître en utilisant

1. Pour voir apparaître les fichiers dll dans Windows 2000, XP et NT, cliquez consécutivement sur « Outils », « Option des dossiers », « Affichage » et « Afficher les fichiers et dossiers cachés ». (Pour Windows 98, « Affichage », « Fichiers options », « Affichage » et « Afficher tous les fichiers ».)

le bouton *Display Tree*. Un exemple de type d'arbre obtenu apparaît dans l'annexe D. De nombreux graphiques peuvent être construits sur chacune des trois feuilles. Pour produire un graphique, il est nécessaire de choisir les variables qui figureront sur les axes et l'intervalle de variation souhaité pour la variable correspondant à l'axe des abscisses. Lorsque ces choix sont faits, cliquez sur Entrée sur votre clavier, puis sur le bouton *Draw Graph*. Lorsque vous modifiez la valeur d'un paramètre dans une cellule, il est nécessaire de valider cette modification en cliquant à nouveau sur la touche Entrée.

Il vous sera certainement demandé si vous souhaitez mettre à jour le programme lorsque vous sauvegarderez le fichier pour la première fois. Cliquez sur *Yes*.

Options sur actions, indices, devises et contrats futures

La première feuille de calcul (Equity_FX_Index_Futures) sert à évaluer les options sur actions, indices, devises et contrats futures. Pour l'utiliser, il faut sélectionner le sous-jacent (*Underlying Type*) qui peut être *Equity* (action), *Index* (indice), *Currency* (devise) ou contrat future (*Futures*). Les autres possibilités pour le type d'option et le mode de calcul sont *Analytic European*, *Binomial European*, *Binomial American*, *Asian*, *Barrier Up and In*, *Barrier Up and Out*, *Binary Cash or Nothing* (digitale à paiement fixe), *Binary Asset or Nothing* (digitale avec paiement de la valeur du sous-jacent), *Chooser* (option de choix), *Compound Option on Call* (option composée sur call), *Compound Option on Put* (option composée sur put), *Lookback*. Il suffit ensuite d'entrer les paramètres concernant le sous-jacent et l'option pour procéder à l'évaluation. Notons que tous les taux considérés sont des taux continus.

Dans le cas des options européennes et américaines sur actions, une fenêtre permet d'entrer les dividendes éventuels. Il faut alors introduire, dans la première colonne, les dates (en fractions d'années à partir de la date d'évaluation) auxquelles les dividendes seront payés et les montants de dividendes (dans la seconde colonne). Les dividendes doivent être saisis dans l'ordre chronologique.

En cliquant sur le bouton approprié, vous devez choisir le type d'option (call ou put) et aussi si vous souhaitez calculer une volatilité implicite. Dans ce cas, le prix coté de l'option doit être introduit dans la cellule *Price*.

Quand toutes ces données sont introduites, appuyez sur la touche Entrée puis sur le bouton *Calculate*. Si la volatilité implicite est demandée, le résultat (en % par année) apparaît dans la cellule *Volatility*. Sinon, le prix de l'option est calculé avec la volatilité que vous avez introduite. Lorsque vous choisissez l'évaluation par un arbre, vous pouvez le visualiser et les graphiques peuvent être produits. Le nombre maximal de pas est 500.

Quand *Analytic European* est retenu, ce sont les équations de l'annexe C qui sont utilisées dans le calcul du prix et des grecques.

Les inputs sont assez simples à comprendre. Pour les options asiatiques, *Current Average* est le prix moyen depuis la création du contrat. Si l'option vient d'être créée, la cellule doit être laissée vide. Pour les options lookback, la cellule *Minimum to date* est utilisée dans le cas d'un call et *Maximum to date* sert dans le cadre de l'évaluation d'un put. Pour une nouvelle option, ces cases doivent contenir le prix du sous-jacent aujourd'hui.

Les options sur obligations

La seconde feuille *Bond_Options* sert à évaluer des options européennes et américaines sur obligations. Vous pouvez sélectionner *Black European, Normal-Analytic European, Normal-Tree European, Normal American, Lognormal European, Lognormal American.* Vous devez saisir ensuite les données concernant l'obligation et l'option. La cellule *Coupon* correspond au taux de coupon annuel et *Frequency* définit la fréquence des paiements, trimestrielle (*Quaterly*), semestrielle (*Semi-Annual*) ou annuelle (*Annual*). La courbe des taux ZC doit être entrée dans la zone *Term Structure*. Entrez dans la première colonne les maturités en années et les taux continus correspondants dans la seconde. Les maturités doivent apparaître dans l'ordre chronologique. DerivaGem suppose une interpolation linéaire de la courbe, comme celle décrite dans le graphique 4.1. Pour l'évaluation d'actifs dérivés, le logiciel arrondit toujours les durées au nombre entier de jours le plus proche. Quand toutes les données sont saisies, appuyez sur Entrée. Le prix de l'obligation est donné pour 100 $ de nominal, calculé à partir de la courbe des taux ZC. Il est nécessaire de choisir le type d'option (call ou put) et de préciser si le prix d'exercice est pied de coupon ou coupon couru. Le prix d'exercice doit être entré pour 100 $ de nominal et vous devez indiquer si vous souhaitez obtenir une volatilité implicite. Dans ce cas, si le modèle normal ou log-normal est utilisé, DerivaGem déduit la volatilité implicite du taux court en maintenant le taux de retour à la moyenne constant. Quand toutes les données sont saisies, appuyez sur Entrée puis sur *Calculate*.

Si une méthode d'arbre est employée, il est présenté jusqu'à l'échéance de l'option. Cependant, DerivaGem utilise un arbre plus développé pour évaluer l'obligation sous-jacente.

Enfin, quand le modèle de Black est retenu, la duration (chapitre 4) est utilisée pour convertir la volatilité de taux qui est saisie au clavier en volatilité de prix. C'est une pratique courante sur le marché.

Caps et options de swap

La troisième feuille de calcul *Caps_and_Swap_Options* évalue les caps et les swaptions. Le premier choix porte sur l'instrument considéré (cap/floor ou swaption) et le modèle d'évaluation (*Black, Normal European, Normal American*). Ensuite, vous devez saisir des données concernant l'option. La fréquence des paiements est choisie dans la zone *Settlement Frequency* (*Annual, Semi-Annual, Quaterly, Monthly*). Le programme calcule ensuite les dates de paiement en partant de la fin. La durée de la première période de capitalisation des intérêts peut varier entre 0,5 fois et 1,5 fois la durée des autres périodes. Pour le calcul de volatilité implicite, si le modèle normal ou log-normal est retenu, le logiciel déduit la volatilité du taux court en supposant un taux de retour à la moyenne constant. La courbe des taux ZC est entrée dans la zone *Term Structure*. Dans la première colonne figurent les maturités en années (dans l'ordre chronologique) et, dans la seconde, les taux continus correspondants. Le logiciel suppose une interpolation linéaire de la courbe, comme celle qui est décrite dans le graphique 4.1.

Quand toutes ces données sont saisies, cliquez sur *Calculate*. Vous pouvez ensuite visualiser divers graphiques. Lorsque le modèle de Black est retenu, DerivaGem suppose (a) des taux d'intérêts futures lognormaux pour l'évaluation des caps et (b) des taux de swap futures lognormaux pour l'évaluation des options sur swap.

Les grecques

Dans la feuille *Equity_FX_Index_Futures*, les grecques sont calculées ainsi :

- *Delta* : changement du prix de l'option quand le prix du sous-jacent augmente d'une unité;
- *Gamma* : changement du delta de l'option quand le prix du sous-jacent augmente d'une unité;
- *Véga* : changement du prix de l'option quand la volatilité du sous-jacent augmente de 1 %;
- *Rhô* : changement du prix de l'option quand le taux sans risque augmente de 1 %;
- *Thêta* : changement du prix de l'option quand un jour s'écoule.

Dans les feuilles *Bond_Options* et *Caps_and_Swap_Options*, les grecques sont calculées ainsi :

- *DV01* : changement du prix de l'option quand la courbe des taux est translatée à la hausse d'un point de base;
- *Gamma01* : changement de *DV01* (multiplié par 100) quand la courbe des taux est translatée à la hausse d'un point de base;
- *Véga* : changement du prix de l'option quand la volatilité du sous-jacent augmente de 1 % (c'est-à-dire passe par exemple de 20 % à 21 %).

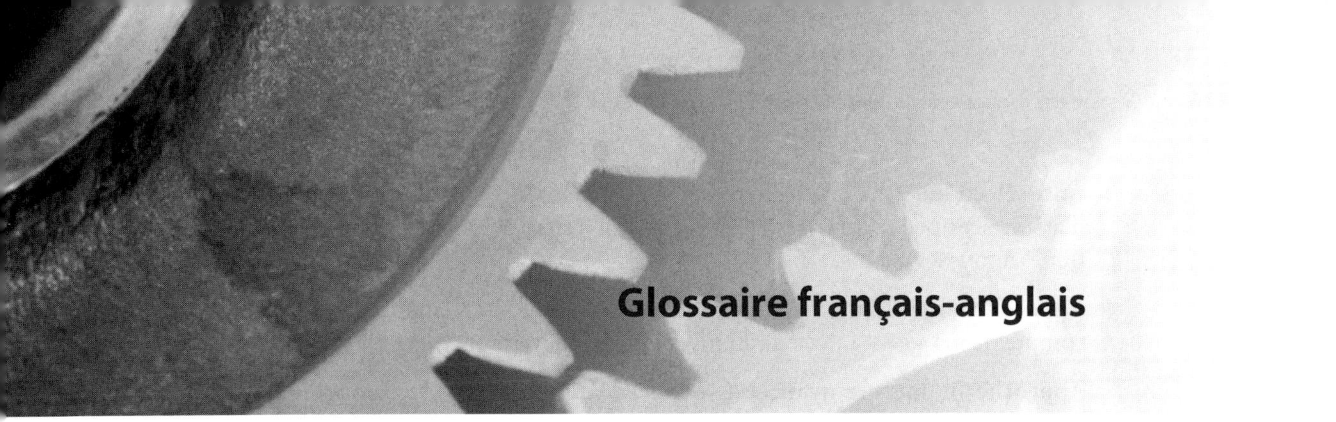

Glossaire français-anglais

Actif d'investissement (***Investment Asset***) : actif détenu dans un objectif d'investissement.

Actif de consommation ***(Consumption Asset)*** : actif détenu en vue de consommation et non d'investissement.

Actif dérivé ***(Derivative)*** : actif dont le prix dépend (ou est dérivé) du prix d'un autre actif.

Actifs pondérés au risque (***Risk-Weighted Assets***) : quantité calculée dans Bâle I et Bâle II. Le total des fonds propres doit être égal à au moins 8 % des actifs pondérés au risque.

Ajustement (***Rebalancing***) : processus d'ajustement périodique d'une position de marché, généralement en vue de maintenir un delta neutre.

Ajustement de convexité ***(Convexity Adjustment)*** : sert dans de nombreuses situations. Par exemple, dans la conversion de taux d'intérêt futures en taux d'intérêt forward, ou encore dans l'ajustement des taux forward pour l'évaluation de certains actifs.

Ajustement de duration ***(Duration Matching)*** : procédure d'ajustement des durations de l'actif et du passif.

Ajustement des flux ***(Cash Flow Mapping)*** **:** procédure qui représente un actif financier comme un portefeuille d'obligations zéro-coupon afin de mesurer une VaR.

Aléa moral (***Moral Hazard***) : possible modification du comportement d'un assuré due à l'existence d'un contrat d'assurance.

Analyse de scénario (***Scenario Analysis***) : analyse des effets des variations futures possibles des variables de marché sur la valeur du portefeuille. Également utilisée pour générer des scénarios de pertes opérationnelles.

Analyse en composantes principales (***Principal Components Analysis***) : analyse dont l'objectif consiste à trouver un nombre restreint de facteurs qui décrivent la majorité des variations d'un grand nombre de variables corrélées (similaire à l'analyse factorielle).

Analyse factorielle ***(Factor Analysis)*** : analyse permettant de trouver un nombre réduit de facteurs qui décrivent au mieux la variation d'un grand nombre de variables corrélées.

Anti-sélection (***Adverse Selection***) : phénomène par lequel une compagnie d'assurances peut attirer les risques les plus importants si elle offre des primes identiques à tous les clients.

Appel de marge (***Margin Call***) : demande de marge supplémentaire lorsque le solde du compte de marge est inférieur au niveau réglementaire.

Approche de mesure avancée (***Advanced Measurement Approach***) : façon dont les banques les plus sophistiquées seront autorisées à calculer le capital réglementaire pour le risque opérationnel dans Bâle II.

Approche hybride (***Hybrid Approach***) : approche permettant d'agréger différents types de capital économique.

Approche indicateur de base ***(Basic Indicator Approach)*** : façon la plus simple de calculer le capital réglementaire associé au risque opérationnel dans Bâle II.

Approche par les notations internes (***IRB Approach***) : approche par les notations internes pour évaluer le risque de crédit dans Bâle II.

Approche par les tableaux de bord (***Scorecard Approach***) : procédure d'auto-évaluation utilisée pour le risque opérationnel.

Approche variance-covariance (***Model-Building Approach***) : utilisation d'un modèle pour estimer la VaR.

APT ***(Arbitrage Pricing Theory)*** : théorie selon laquelle la rentabilité d'un investissement dépend de certains facteurs.

Arbitrage ***(Arbitrage)*** : stratégie « sans risque » qui consiste à tirer partie d'écarts de prix injustifiés entre les actifs cotés.

Arbitrage réglementaire (***Regulatory Arbitrage***) : transactions effectuées pour réduire le capital réglementaire total d'une institution financière.

Arbitragiste ***(Arbitrageur)*** : individu engagé dans une opération d'arbitrage.

Arbre (***Tree***) : représentation de l'évolution de la valeur d'une variable de marché pour évaluer une option ou un autre produit dérivé.

Arbre binomial ***(Binomial Tree)*** : arbre décrivant l'évolution possible du prix d'un actif dans un modèle binomial.

Assurance de portefeuille (***Portfolio Insurance***) : conclure des transactions pour s'assurer que la valeur du portefeuille ne tombera pas en dessous d'un certain niveau.

Autocorrélation ***(Autocorrelation)*** : corrélation entre la valeur d'une variable et la valeur de la même variable quelques jours plus tard.

Bâle I ***(Basel I)*** : premier accord sur la réglementation bancaire en 1988.

Bâle II ***(Basel II)*** : nouvel accord international sur les fonds propres bancaires (devrait être opérationnel fin 2007).

Base ***(Basis)*** : différence entre le prix spot et le prix futures d'une matière première ou d'un actif financier.

Bêta ***(Beta)*** : mesure du risque systématique d'un actif.

Billet de trésorerie (***Treasury Bill***) : instrument de court terme payant des coupons émis par le gouvernement pour financer sa dette.

Bon du Trésor (***Treasury Note***) : obligation du Trésor de maturité inférieure à 10 ans.

Calendrier des vacances (***Holiday Calendar***) : calendrier des jours de vacances servant à déterminer les dates de paiement des transactions financières.

Calibrage ***(Calibration)*** : méthode permettant de déduire les paramètres d'un modèle à partir d'actifs très liquides.

Call couvert ***(Covered Call)*** : position courte dans un call sur un actif combinée à une position longue dans l'actif.

Cap (***Interest Rate Cap***) : option qui procure un paiement lorsqu'un taux d'intérêt prédéfini dépasse un certain seuil plafond. Le taux utilisé est variable et est recalculé périodiquement.

Capital économique ***(Economic Capital)*** : fonds propres devant être détenus par une banque sur la base de son propre calcul.

Capital réglementaire (***Regulatory Capital***) : fonds propres requis par le régulateur que doit détenir une institution financière.

Caplet ***(Caplet)*** : composant d'un cap de taux d'intérêt.

CDD ***(Cooling Degree Days)*** : maximum entre 0 et la différence entre la température moyenne d'une journée et 65 °Fahrenheit.

CDO ***(Collateralized Debt Obligation)*** : façon de gérer le risque de crédit. Plusieurs classes de titres (appelées « tranches ») sont créées à partir d'un portefeuille obligataire et chacune à une exposition différente au risque de crédit du portefeuille.

CDO synthétique (***Synthetic CDO***) : CDO créée par la vente de swaps de défaut.

CDX ***(CDX)*** : indice de qualité de crédit de 125 entreprises américaines de la catégorie investissement.

Chambre de compensation ***(Clearinghouse)*** : entreprise garantissant la bonne fin des opérations dans un échange d'actifs dérivés entre deux parties.

Charge pour le risque spécifique (***Specific Risk Charge***) : capital requis pour les risques idiosyncratiques dans le portefeuille de marché.

Collar (***Interest Rate Collar***) : combinaison de taux d'intérêt plafond et plancher. Couloir de taux d'intérêt.

Compensation (***Netting***) : possibilité de compenser des contrats de valeurs positives et négatives en cas de défaut de la contrepartie.

Composition continue *(Continuous Compounding)* : limite lorsque l'intervalle de composition des taux d'intérêt est de plus en plus petit.

Concentration *(Bunching)* : tendance à ce que les pertes dépassant la VaR soient concentrées sur des jours successifs.

Contrat forward *(Forward Contract)* : contrat qui oblige son détenteur à acheter ou à vendre le sous-jacent à un prix prédéterminé et à une date prédéterminée.

Contrat futures *(Futures Contract)* : contrat qui oblige son détenteur à acheter ou à vendre le sous-jacent à un prix prédéterminé et à une date prédéterminée. Contrat coté sur un marché organisé.

Contrat futures eurodollar *(Eurodollar Futures Contract)* : contrat futures portant sur des eurodollars.

Contrepartie *(Counterparty)* : partie opposée dans une transaction.

Convexité *(Convexity)* : mesure de la courbure de la fonction liant le prix d'une obligation et son taux actuariel.

Copule *(Copula)* : méthode pour définir une corrélation entre des variables dont les distributions sont connues.

Copule t de Student (*Student t-Copula*) : copule fondée sur la distribution de Student multivariée.

Corrélation de défaut *(Default Correlation)* : mesure de la tendance commune à deux entreprises de faire défaut à un certain horizon.

Corrélation de queue (*Tail Correlation*) : corrélation entre les queues de deux distributions. Mesure l'ampleur de la réalisation simultanée de valeurs extrêmes.

Coupon *(Coupon)* : intérêts payés par une obligation.

Coupon couru (*Accrued Interest*) : intérêt dû sur une obligation depuis le paiement du coupon précédent.

Courbe des taux (*Yield Curve*) : voir Structure par termes.

Courbe des taux zéro-coupon (*Zero-coupon Yield Curve*) : courbe représentant les taux d'intérêt zéro-coupon en fonction de leur maturité.

Courbe LIBOR (*LIBOR Zero Curve*) : voir courbe LIBOR / swap.

Courbe LIBOR / swap (*LIBOR / Swap Zero Curve*) : courbe zéro-coupon construite à partir des taux LIBOR, des futures eurodollar et des swaps de taux.

Courbe swap zéro-coupon (*Swap Zero Curve*) : voir Courbe LIBOR / swap.

Coût de portage *(Cost of Carry)* : coût de stockage plus le coût de financement de l'actif moins les revenus dégagés par l'actif.

Coûts de faillite ***(Bankruptcy Costs)*** : coûts correspondant, en particulier, à la perte de marché, à la perte de managers clés et aux coûts administratifs lors de la déclaration de faillite. Ces coûts ne sont pas à l'origine de la défaillance.

Coûts de stockage (***Storage Costs***) : coûts de stockage d'un bien.

Coûts de transaction (***Transaction Costs***) : coûts de passage d'un ordre (commissions plus la différence entre le prix obtenu et le prix milieu de fourchette).

Couverture ***(Hedge)*** : transaction dans le but de réduire un risque.

Couverture dynamique ***(Dynamic Hedging)*** : procédure de couverture d'une position en options sur la base d'ajustements périodiques de la position en actifs sous-jacents. L'objectif est généralement de maintenir une position delta-neutre.

Couverture en delta ***(Delta Hedging)*** : couverture qui conduit à l'invariance de la valeur d'un portefeuille d'actifs dérivés pour des faibles variations de la valeur des sous-jacents.

Couverture statique (***Static Hedge***) : couverture non modifiée après sa mise en place.

Covariance ***(Covariance)*** : mesure de la relation linéaire entre deux variables.

Credit Risk Plus ***(Credit Risk Plus)*** : méthode permettant de calculer une VaR de crédit.

CreditMetrics ***(CreditMetrics)*** : méthode permettant de calculer une VaR de crédit.

Date de maturité (***Maturity Date***) : fin de vie d'un contrat.

Date de réinitialisation (***Reset Date***) : dans le cadre d'un swap, cap ou floor, date à laquelle le taux variable pour la période suivante est déterminé.

Décomposition de Cholesky ***(Cholesky Decomposition)*** : méthode utilisée dans l'échantillonnage de distribution normale multivariée.

Décote ***(Haircut)*** : décote appliquée à la valeur d'un actif lorsqu'il sert de garantie.

Delta (***Delta***) : variation du prix d'un actif dérivé en fonction de la variation du prix du sous-jacent.

Dénouement en cash ou dénouement en numéraire ***(Cash Settlement)*** : procédure consistant à dénouer un contrat en cash plutôt qu'en livrant le sous-jacent.

Déplacement parallèle (***Parallel Shift***) : déplacement de la courbe des taux tel que chaque point de la courbe varie d'une même valeur.

Dépôt de garantie (***Initial Margin***) : dépôt requis lors d'une prise de position sur un marché futures.

Derivagem ***(Derivagem)*** : logiciel d'évaluation d'options téléchargeable sur le site de l'auteur.

Dérivé climatique (***Weather Derivative***) : produit dérivé dont les paiements dépendent du climat.

Dérivé de crédit ***(Credit Derivative)*** : produit dérivé dont le paiement dépend du défaut (ou de la qualité) de crédit d'une entreprise ou d'un Etat.

Dérivé de taux (***Interest Rate Derivative***) : produit dérivé dont les paiements dépendent des taux d'intérêt futurs.

Développement de Cornish-Fisher ***(Cornish-Fisher Expansion)*** : approximation de la relation entre les quantiles d'une distribution de probabilités et ses moments.

Développement en série de Taylor (***Taylor Series Development***) : dans le cadre d'une fonction à plusieurs variables, relation entre les variations (infinitésimales) de la valeur d'une fonction et les variations (infinitésimales) des valeurs des variables.

Distance au défaut ***(Distance to Default)*** : nombre d'écarts-types de variation de la valeur d'une entreprise conduisant au défaut.

Distribution de Poisson (***Poisson Distribution***) : distribution des événements sur une certaine période de temps pour un processus de Poisson.

Distribution de Student (***Student t-Distribution***) : distribution ayant des queues plus épaisses qu'une distribution normale.

Distribution lognormale (***Lognormal Distribution***) : une variable a une distribution lognormale lorsque le logarithme de cette variable a une distribution normale.

Distribution normale (***Normal Distribution***) : distribution statistique standard en forme de cloche.

Distribution normale bivariée ***(Bivariate Normal Distribution)*** : distribution de deux variables normales corrélées entre elles.

Distribution normale multivariée (***Multivariate Normal Distribution***) : distribution jointe de plusieurs variables, chacune ayant une distribution normale.

Dividendes ***(Dividends)*** : paiement monétaire au détenteur d'actions.

Duration ***(Duration)*** : mesure de la durée de vie moyenne d'une obligation. Approximation du ratio de la variation proportionnelle du prix de l'obligation et de la variation absolue du taux actuariel.

Duration partielle (***Partial Duration***) : variation en pourcentage de la valeur d'un portefeuille pour une faible variation d'un point de la courbe des taux zéro-coupon.

Équivalent risque de crédit ***(Credit Equivalent Amount)*** : taille d'un prêt considéré comme équivalent à une transaction hors bilan dans Bâle I.

Étude empirique ***(Empirical Research)*** : recherche qui se fonde sur des données historiques.

Études d'impact quantitatif (***Quantitative Impact Studies***) : études de l'effet de la nouvelle réglementation du capital des banques effectuées par le Comité de Bâle.

Eurodevise ***(Eurocurrency)*** : devise en dehors du contrôle des autorités monétaires du pays émetteur.

Eurodollar ***(Eurodollar)*** : dollar détenu par une banque en dehors des Etats-Unis.

Évaluation au prix du marché (***Marking to Market***) : évaluation d'un actif permettant de refléter la valeur actuelle des variables de marché pertinentes.

Évaluation risque-neutre (***Risk-Neutral Valuation***) : évaluation d'une option ou d'un autre produit dérivé dans un univers risque-neutre.

EWMA ***(Exponentially Weighted Moving Average Model)*** : modèle dans lequel une pondération exponentielle est utilisée pour estimer les valeurs futures d'une variable à partir d'historiques de données. Il est parfois appliqué aux variances et covariances pour le calcul de la VaR.

Exercice prématuré ***(Early Exercise)*** : exercice d'une option avant sa maturité.

Expected shortfall ***(Expected Shortfall)*** : perte espérée pendant N jours conditionnellement au fait de se situer dans la queue $(100 - X)$ % de la distribution des gains ou des pertes. N est l'horizon temporel et X % est le niveau de confiance.

Exposition au défaut ***(Exposure at Default)*** : montant maximal pouvant être perdu (taux de recouvrement nul) lorsqu'un défaut survient.

Facteur ***(Factor)*** : source d'incertitude.

Facteur d'ajustement (***Add-on Factor***) : lorsque l'équivalent risque de crédit est calculé pour une transaction de dérivés, c'est le pourcentage de principal ajouté à l'exposition courante afin de tenir compte des changements futurs de la valeur du dérivé.

Facteur de conversion ***(Conversion Factor)*** : sert à convertir un actif hors bilan en équivalent risque de crédit.

Floor (***Interest Rate Floor***) : option qui procure un paiement lorsqu'un taux d'intérêt prédéfini dépasse un seuil plancher. Le taux utilisé est variable et est recalculé périodiquement.

Floorlet ***(Floorlet)*** : composant d'un floor de taux d'intérêt

Fonction de répartition ***(Cumulative Distribution Function)*** : probabilité qu'une variable ait une valeur inférieure à x exprimée comme une fonction de x.

Fonds d'arbitrage ***(Hedge Funds)*** : fonds soumis à des contraintes réglementaires moins fortes que les fonds mutuels. Ils peuvent prendre des positions courtes et utiliser des actifs dérivés mais ne peuvent pas offrir leurs titres au public.

Fonds propres complémentaires (***Tier 2 Capital***) : réserves de réévaluation, de subventions non remboursables, de titres subordonnés à durée indéterminée et de dettes subordonnées de maturité initiale supérieure à cinq ans.

Fonds propres de base (***Tier 1 Capital***) : capitaux propres au sens comptable et des fonds pour risques bancaires généraux.

Fonds propres surcomplémentaires (***Tier 3 Capital***) : dettes subordonnées à court terme de maturité initiale d'au moins deux ans et non garanties.

Fourchette de prix ***(Bid – Ask Spread)*** : différence entre le prix offert et le prix demandé.

FRA ***(Forward Rate Agreement)*** : accord sur un certain taux d'intérêt appliqué à un principal pour une période future.

Fréquence de composition ***(Compounding Frequency)*** : définit comment un taux d'intérêt est mesuré.

Frontière efficiente ***(Efficient Frontier)*** : couple optimal rentabilité / risque pour un investisseur.

Futures sur bon du Trésor (***Treasury Note Futures***) : contrat futures sur les bons du Trésor.

Futures sur indice action (***Stock Index Futures***) : futures sur un indice action.

Gamma ***(Gamma)*** : taux de variation du delta par rapport à la variation du prix du support.

Grecques ***(Greek)*** : paramètres de couverture comme le delta, le gamma et le thêta.

HDD ***(Heating Degree Days)*** : maximum entre 0 et la différence entre 65 °Fahrenheit et la température moyenne d'une journée.

Hypothèse d'efficience des marchés ***(Efficient Market Hypothesis)*** : hypothèse selon laquelle les prix reflètent l'ensemble de l'information disponible.

Immunisation de portefeuille (***Portfolio Immunization***) : rendre le portefeuille relativement peu sensible aux variations des taux d'intérêt.

Indicateurs de risques clés (***Key Risk Indicators***) : indicateurs de suivi du niveau du risque opérationnel.

Indice action (***Stock Index***) : indice de la valeur d'un portefeuille d'actions.

Induction arrière ***(Backward Induction)*** : procédure consistant à remonter un arbre de la fin au début afin de déterminer le prix d'une option.

Instrument zéro-coupon ***(Discount Instrument)*** : instrument qui ne verse aucun flux intermédiaire.

Intensité de défaut ***(Default Intensity)*** : mesure de la probabilité de défaut pendant une courte période conditionnellement à la non-défaillance préalable.

Intermédiaire financier ***(Financial Intermediary)*** : banque ou institution financière facilitant les transferts de fonds entre les différents agents économiques.

iTraxx : indice de la qualité de crédit de 125 sociétés européennes notées « investissement ».

Jours calendaires ***(Calendar Days)*** : incluent tous les jours.

Jours de Bourse (***Trading Days***) : jours pendant lesquels les marchés sont ouverts à la cotation.

Kurtosis ***(Kurtosis)*** : mesure de l'épaisseur des queues d'une distribution.

LGD ***(Loss Given Default)*** : voir Perte en cas de défaut.

LIBID ***(London interbank bid rate)*** : taux d'emprunt interbancaire auquel les banques empruntent entre elles des fonds libellés en euros.

LIBOR ***(London interbank offered rate)*** : taux de prêt interbancaire auquel les banques prêtent des fonds libellés en euros.

Loadings ***(Factor Loadings)*** : valeurs des variables dans un modèle factoriel pour une unité d'un seul facteur.

Loi Glass-Steagall ***(Glass-Steagall Act)*** : loi séparant, aux Etats-Unis, les banques commerciales des banques d'investissement.

Loi puissance (***Power Law***) : loi statistique décrivant les queues de nombreuses distributions de probabilité.

Loi Sarbanes-Oxley (***Sarbanes-Oxley***) : loi votée aux Etats-Unis en 2002 qui accroît les responsabilités des dirigeants des sociétés cotées.

Marché à la criée (***Open Outcry***) : système d'échange où les opérateurs se retrouvent sur le parquet.

Marché de gré à gré (***Over-the-Counter Market***) : marché où les opérateurs (généralement des entreprises financières et non financières et des gérants de fonds) effectuent les transactions par téléphone.

Marché organisé ***(Exchange-Traded Market)*** : marché organisé en vue d'échange d'actifs financiers comme *Euronext* ou le *New York Stock Exchange*.

Marge nette d'intérêt (***Net Interest Income***) : différence entre les taux d'intérêts perçus et payés par une banque.

Matrice de transition des notations ***(Credit Rating Transition Matrix)*** : tableau montrant la probabilité de modification de la notation d'une entreprise durant une période.

Matrice variance-covariance (***Variance-covariance Matrix***) : matrice des variances et des covariances entre différentes variables de marché.

Mesure de risque cohérente ***(Coherent Risk Measure)*** : mesure de risque satisfaisant un certain nombre de conditions.

Mesure spectrale du risque (***Spectral Risk Measure***) : mesure du risque qui assigne des poids aux quantiles d'une distribution de perte.

Méthode de proche en proche *(Bootstap Method)* : procédure permettant de construire la gamme des taux zéro-coupon. Également une méthode statistique pour déterminer les niveaux de confiance lorsque les distributions sont estimées de manière empirique.

Méthode du maximum de vraisemblance (***Maximum-Likelihood Method***) : méthode permettant de choisir les valeurs des paramètres en maximisant la probabilité d'occurrence d'un ensemble d'observations.

Migration de crédit *(Credit Risk Migration)* : changement d'une notation à une autre.

Modèle binomial *(Binomial Model)* : modèle dans lequel l'évolution du prix de l'actif sous-jacent est décrite par intervalles successifs de courte période. Dans chaque sous période, deux mouvements sont possibles pour le sous-jacent.

Modèle d'équilibre des actifs financiers, MEDAF *(Capital Asset Pricing Model, CAPM)* : modèle reliant l'espérance de rentabilité des titres et leur bêta.

Modèle de Black *(Black's Model)*: extension du modèle de Black et Scholes à l'évaluation des options européennes sur contrats futures. Très utilisé en pratique pour l'évaluation d'options européennes sous l'hypothèse de distribution lognormale du prix des actifs à maturité de l'option.

Modèle de Black et Scholes *(Black-Scholes Model)* : modèle d'évaluation des options européennes sur actions, développé par Fischer Black, Myron Scholes et Robert Merton.

Modèle de copule gaussienne *(Gaussian Copula Model)* : modèle de copule fondé sur une distribution normale multivariée.

Modèle de marché (***Market Model***) : modèle largement utilisé par les traders.

Modèle de Merton (***Merton's Model***) : modèle utilisant les prix des actions pour estimer des probabilités de défaut (d'autres modèles développés par Merton sont parfois également appelés modèle de Merton).

Modèle factoriel *(Factor Model)* : modèle dans lequel un ensemble de variables est supposé dépendre linéairement d'un nombre de facteurs non corrélés.

Modèle GARCH *(GARCH model)* : modèle de prévision de volatilité dans lequel le taux de variance suit un processus de retour à la moyenne.

Modèle quadratique (***Quadratic Model***) : relation quadratique entre la variation de la valeur du portefeuille et les variations en pourcentage des variables de marché.

Montant pondéré au risque (***Risk-Weighted Amount***) : voir Actifs pondérés au risque.

Notation de crédit *(Credit Rating)*: mesure de la qualité de crédit d'un émetteur obligataire.

Notionnel (***Notional Principal***) : montant utilisé pour calculer les flux d'un swap de taux et qualifié de « notionnel » car il n'est pas échangé.

Obligation « callable » ou à option de rachat ***(Callable Bond)*** : obligation à laquelle est attaché un droit de rachat au gré de l'émetteur à un prix déterminé pendant une période donnée.

Obligation « puttable » ou à option de vente (***Puttable Bond***) : obligation à laquelle est attaché un droit de vente à un prix déterminé pendant une période donnée.

Obligation CAT ***(CAT Bond)*** : obligation dont les coupons, voire le principal, sont réduits dans le cas de catastrophes naturelles dont la valeur de sinistre dépasse un certain montant.

Obligation convertible ***(Convertible Bond)*** : obligation pouvant être convertie en action pendant une certaine période.

Obligation du Trésor (***Treasury Bond***) : instrument de long terme payant des coupons émis par le gouvernement pour financer sa dette.

Obligation zéro-coupon (***Zero-coupon Bond***) : obligation qui ne paie pas de coupons.

Opérateur en couverture ***(Hedger)*** : individu opérant des transactions de couverture.

Option (***Option***) : droit d'acheter ou de vendre un actif.

Option *lookback* (***Lookback Option***) : option dont le paiement dépend du prix maximal ou minimal de l'actif sous-jacent sur une période donnée.

Option à la monnaie ***(At the Money Option)*** : option dont le prix d'exercice égalise le prix de l'actif sous-jacent.

Option américaine ***(American Option)*** : option qui peut être exercée à n'importe quelle date pendant sa durée de vie.

Option asiatique ***(Asian Option)*** : option dont le paiement dépend du prix moyen du sous-jacent pendant une période déterminée.

Option barrière ***(Barrier Option)*** : option dont le paiement est conditionné par le passage d'un certain niveau (appelé « barrière ») du sous-jacent.

Option composée ***(Compound Option)*** : option sur une option.

Option d'achat ***(Call Option)*** : option d'acheter un sous-jacent à un prix fixé pendant une période donnée ou à une seule date.

Option d'achat sur prix moyen ***(Average Price Call Option)*** : option qui offre un paiement égal au maximum entre 0 et un montant égal à la différence entre le prix moyen du sous-jacent et le prix d'exercice.

Option dans la monnaie (***In-the-Money Option***) : (a) call pour lequel le prix de l'actif sous-jacent est supérieur au prix d'exercice ou (b) put pour lequel le prix de l'actif sous-jacent est inférieur au prix d'exercice.

Option de vente (***Put Option***) : option de vente d'un actif à un certain prix pendant une période donnée ou à une seule date.

Option de vente sur prix moyen ***(Average PricePut Option)*** : option qui offre un paiement égal au maximum entre 0 et un montant égal à la différence entre le prix d'exercice et le prix moyen du sous-jacent.

Option digitale ***(Binary Option)*** : option dont le paiement est discontinu (*cash or nothing*, par exemple)

Option down-and-in ***(Down-and-In Option)*** : option dont l'existence est conditionnée par le passage du sous-jacent sous une certaine barrière.

Option down-and-out ***(Down-and-Out Otion)*** : option qui cesse d'exister lorsque le sous-jacent passe sous une certaine barrière.

Option en dehors de la monnaie (***Out-of-the-Money Option***) : soit (a) un call dont le prix d'exercice est supérieur au prix du sous-jacent, soit (b) un put dont le prix d'exercice est inférieur au prix du sous-jacent.

Option européenne ***(European Option)*** : option qui ne peut être exercée qu'à sa maturité.

Option exotique ***(Exotic Option)*** : option dont les caractéristiques ne sont pas standards.

Option implicite ***(Embedded Option)*** : option faisant partie intégrante d'un instrument financier.

Option sur panier ***(Basket Option)*** : option sur un portefeuille d'actifs.

Option sur action (***Stock Option***) : option sur action.

Option sur devise étrangère ***(Foreign Currency Option)*** : option sur taux de change.

Option sur futures ***(Futures Option)*** : option sur un contrat futures.

Option sur indice action (***Stock Index Option***) : option sur un indice action.

Option sur obligation ***(Bond Option)*** : option dont le support est une obligation.

Option sur taux (***Interest Rate Option***) : option dont les paiements dépendent du niveau des taux d'intérêt.

Option synthétique (***Synthetic Option***) : option créée par l'échange de l'actif sous-jacent.

Option up-and-in (***Up-and-In Option***) : option dont l'existence est conditionnée par le passage du prix de l'actif sous-jacent au dessus d'un certain seuil.

Option up-and-out (***Up-and-Out Option***) : option annulée lorsque le prix de l'actif sous-jacent atteint un certain seuil.

Paiement (*Payoff*) : gain réalisé par le détenteur d'une option ou d'un autre produit dérivé à l'échéance.

Parité call-put (*Put-Call Parity*) : relation entre les prix d'un call et d'un put européens lorsqu'ils ont le même prix d'exercice et la même maturité.

PD *(Default Probability)* : probabilité de défaut.

Perte de queue (*Tail Loss*) : voir Expected Shortfall.

Perte en cas de défaut (*Loss Given Default*) : pourcentage de l'exposition à une contrepartie qui est perdue en cas de défaut.

Plain vanilla *(Plain Vanilla)* : terme utilisé pour décrire un contrat standard.

Point de base *(Basis Point)* : utilisé pour décrire les taux d'intérêt; 1 point de base correspond à 0,01 % de taux d'intérêt.

Pondération exponentielle *(Exponentiel Weighting)* : schéma de pondération dans lequel le poids des observations dépend de leur ancienneté. Le poids attribué à une observation ancienne de t période est λ fois celui attribué à une observation ancienne de $t-1$ période avec $\lambda < 1$.

Portefeuille de marché (*Market Portfolio*) : portefeuille composé de tous les actifs possibles.

Portefeuille delta-neutre *(Delta-Neutral Portfolio)* : portefeuille dont le delta est nul et insensible aux faibles variations du sous-jacent.

Portefeuille gamma-neutre *(Gamma-Neutral Portfolio)* : portefeuille de gamma nul.

Position courte (*Short Position*) : position de traders qui vendent des actions sans les détenir.

Position longue (*Long Position*) : position impliquant l'achat d'un actif.

Position ouverte (*Open Interest*) : nombre total de positions longues dans un contrat futures.

Position nue (*Naked Position*) : position courte sur un call non combinée avec une position longue sur l'actif sous-jacent.

Premium *(Premium)* : prix d'une option.

Prime de liquidité (*Liquidity Premium*) : différence entre les taux d'intérêts forward et les anticipations des taux d'intérêt spots futurs.

Principal (*Principal*) : valeur faciale ou au pair d'un instrument de dette.

Prix coupon couru *(Dirty Price)* : prix d'achat d'une obligation.

Prix d'exercice (*Strike Price, Exercise Price*) : prix auquel l'actif sous-jacent peut être acheté ou vendu par le détenteur d'une option.

Prix d'offre (*Offer Price*) : prix auquel un opérateur est prêt à vendre un actif.

Prix de livraison ***(Delivery Price)*** : prix qui sera reçu ou payé dans un contrat forward.

Prix demandé ou prix de la meilleure limite supérieure ***(Ask Price)*** : prix auquel un opérateur est prêt à vendre l'actif (appelé aussi « prix d'offre »).

Prix forward ***(Forward Price)*** : prix de livraison qui rend la valeur du contrat forward proche de zéro.

Prix futures ***(Futures Price)*** : prix de livraison applicable aujourd'hui à un contrat futures.

Prix offert ou prix de la meilleure limite inférieure ***(Bid Price)*** : prix auquel un opérateur est prêt à acheter un actif.

Prix pied de coupon ***(Clean Price)*** : prix coté d'une obligation. Le prix payé (prix coupon couru, *dirty price*) est la somme du prix pied de coupon et du coupon couru.

Prix spot (***Spot Price***) : prix pour une livraison immédiate.

Procédure numérique (***Numerical Procedure***) : méthode de calcul lorsque aucune formule n'est disponible.

Produit linéaire (***Linear Product***) : produit dérivé dont le prix est une fonction linéaire d'une ou plusieurs variables sous-jacentes.

Produit non linéaire (***Nonlinear Product***) : produit dérivé qui ne dépend pas linéairement des variables sous-jacentes.

Produit structuré (***Structured Product***) : produit dérivé sur mesure proposé par une institution financière à un client.

RAROC (***Risk Adjusted Return on Capital, RAROC***) : rentabilité ajustée au risque du capital.

Ratio Cooke ***(Cooke Ratio)*** : ratio de fonds propres pondérés par le risque dans Bâle I.

Ratio de couverture ***(Hedge Ratio)*** : ratio de la taille de la position de couverture et de la taille de la position à couvrir.

Ratio de remplacement net (***Net Replacement Ratio***) : ratio de l'exposition actuelle avec et sans compensation.

Rendement au pair (***Par Yield***) : coupon d'une obligation qui égalise son prix et son principal.

Réplication statique des options (***Static Options Replication***) : procédure de couverture qui consiste à construire un portefeuille de valeur approximativement égale à celle du portefeuille à couvrir.

Repo (***Repo***) : accord de rachat. Procédure consistant à emprunter des fonds contre la vente de titres à une contrepartie avec promesse de rachat à un prix légèrement plus élevé.

Résultat analytique ***(Analytic Result)*** : résultat dont la réponse est sous forme d'équation.

Retour à la moyenne (***Mean Reversion***) : tendance au retour à un niveau moyen de long terme d'une variable de marché (par exemple une volatilité ou un taux d'intérêt).

Rhô ***(Rho)*** : taux de variation du prix d'un produit dérivé par rapport à un taux d'intérêt.

Risque d'exploitation ***(Business Risk)*** : utilisé dans le cadre bancaire, il correspond aux risques stratégique et de réputation.

Risque de base ***(Basis Risk)*** : risque pris par un opérateur en couverture, dû à l'incertitude sur la valeur future de la base.

Risque de crédit ***(Credit Risk)*** : risque de perte dû à la défaillance d'une contrepartie lors d'une transaction.

Risque de liquidité (***Liquidity Risk***) : risque d'impossibilité de vendre un actif à son prix théorique.

Risque de marché (***Market Risk***) : risque lié aux variations des variables de marché.

Risque de modèle (***Model Risk***) : risque lié à l'utilisation de modèles pour évaluer les prix des produits dérivés.

Risque non systématique (***Nonsystematic Risk***) : risque qui peut être diversifié.

Risque opérationnel (***Operational Risk***) : risque de pertes résultant de carences ou de défauts attribuables à des procédures, personnels et systèmes internes ou à des événements extérieurs.

Risque systématique (***Systematic Risk***) : risque non diversifiable.

Risque systémique (***Systemic Risk***) : risque que le défaut d'une institution financière entraîne des défauts d'autres institutions financières.

Score Z (**Z-Score**) : indicateur de la probabilité de défaut d'une entreprise.

SEC ***(Securites and Exchange Commission)*** : équivalent américain de l'Autorité des marchés financiers (AMF).

Semi-définie positive (***Positive SemiDefinite***) : condition que doit satisfaire une matrice variance-covariance pour qu'elle soit valide.

Sensibilité (***Modified Duration***) : modification de la mesure de duration standard afin de rendre plus précise la relation entre les variations proportionnelles du prix d'une obligation et les variations observées de son taux actuariel. La modification tient compte de la fréquence composée selon laquelle le rendement est côté.

Seuil de dégradation de la notation ***(Downgrade Trigger)*** : clause dans un contrat, spécifiant que le contrat peut être annulé par l'une des parties si la notation de l'entreprise passe sous un certain seuil.

Simulation de crise (***Stress Testing***) : simulation de l'impact des variations extrêmes du marché sur la valeur d'un portefeuille.

Simulation de Monte-Carlo (***Monte-Carlo Simulation***) : procédure de tirage aléatoire des variations de variables de marché.

Simulation historique ***(Historical Simulation)*** : simulation fondée sur des données historiques.

Simulation (***Simulation***) : voir Simulation de Monte-Carlo.

Skew de volatilité (***Volatility Skew***) : terme utilisé pour décrire le smile de volatilité lorsqu'il est non symétrique.

Smile de volatilité (***Volatility Smile***) : variation de la volatilité implicite avec le prix d'exercice.

Solvabilité II (***Solvency II***) : nouveau cadre réglementaire pour les compagnies d'assurances dans l'Union européenne.

Spéculateur (***Speculator***) : individu qui prend une position de marché en pariant sur l'évolution du prix d'un actif.

Structure par termes de volatilité (***Volatility Term Structure***) : variation de la volatilité implicite avec le temps restant à courir jusqu'à maturité.

Structure par termes des taux d'intérêt (***Term Structure of Interest Rates***) : relation entre les taux d'intérêt et leurs maturités.

Surface de volatilité (***Volatility Surface***) : tableau montrant la variation des volatilités implicites avec le prix d'exercice et le temps restant à courir.

Swap (***Swap***) : accord d'échange de flux dans le futur selon une formule prédéterminée.

Swap « puttable » ou à option de vente (***Puttable Swap***) : swap dans lequel une des parties a le droit de dénouer le contrat avant l'échéance.

Swap annulable ***(Cancelable Swap)*** : swap qui peut être annulé par une des deux parties à des dates prédéterminées.

Swap composé ***(Compounding Swap)*** : swap dans lequel les intérêts sont capitalisés au lieu d'être payés.

Swap d'actif ***(Asset Swap)*** : échange des flux contractuels d'une obligation contre le LIBOR plus un spread.

Swap de capitaux propres ***(Equity Swap)*** : swap dans lequel la rentabilité d'un portefeuille d'actions est échangé contre un taux d'intérêt variable ou fixe.

Swap de défaut ***(Credit Default Swap, CDS)*** : instrument permettant de vendre une obligation à sa valeur nominale en cas de défaut de l'émetteur.

Swap de défaut digital *(Binary CDS)* : instrument dont le paiement est fixe en cas de défaillance de l'entité de référence.

Swap de défaut sur panier *(Basket CDS)* : CDS dans lequel il existe plusieurs entités de référence.

Swap de devises *(Currency Swap)* : swap dans lequel les intérêts et le principal dans une devise sont échangés contre les intérêts et le principal dans une autre devise.

Swap de rentabilité totale (*Total Return Swap*) : swap dans lequel la rentabilité d'un actif, telle qu'une obligation, est échangée contre LIBOR plus spread. La rentabilité inclut les revenus tels que des coupons et la variation de la valeur de l'actif.

Swap de taux (*Interest Rate Swap*) : échange de taux d'intérêt fixe contre variable pour un même montant notionnel.

Swaption (*Swaption*) : option donnant le droit de conclure un swap de taux avec échange d'un taux fixe contre un taux variable prédéterminé.

Taux actuariel d'une obligation *(Bond Yield)* : taux d'actualisation qui, appliqué aux flux futurs de l'obligation, permet de retrouver le prix coté du titre.

Taux d'actualisation *(Discount Rate)* : taux de rentabilité annuel d'une obligation zéro-coupon.

Taux d'intérêt zéro-coupon (*Zero-coupon Interest Rate*) : taux d'intérêt perçu sur une obligation qui ne paie pas de coupons.

Taux de dividende *(Dividend Yield)* : dividende exprimé en pourcentage de la valeur de l'action.

Taux de hasard *(Hazard Rate)* : voir Intensité de défaut.

Taux de recouvrement (*Recovery Rate*) : montant recouvré en cas de défaut exprimé en pourcentage de la valeur faciale.

Taux de repo (*Repo Rate*) : taux d'intérêt d'une transaction repo.

Taux de swap (*Swap Rate*) : taux fixe d'un swap de taux qui implique une valeur nulle du swap.

Taux du cap ou taux plafond *(Cap Rate)* : taux déterminant les paiements du cap de taux d'intérêt.

Taux du floor ou taux plancher *(Floor Rate)* : taux déterminant les paiements du cap de taux d'intérêt.

Taux eurodollar *(Eurodollar Interest Rate)* : taux des dépôts en eurodollars.

Taux forward *(Forward Interest Rate)* : taux d'intérêt pour une période future déduit des taux cotés aujourd'hui sur le marché.

Taux forward instantané (*Instantaneous Forward Rate*) : taux forward pour une très courte période de temps.

Taux sans risque (***Risk-Free Rate***) : taux d'intérêt associé à une position sans risque.

Taux spot (***Spot Interest Rate***) : voir Taux zéro-coupon.

Teneur de marché (***Market Maker***) : trader qui offre une fourchette de prix pour un actif.

Test ex-post ***(Back Testing)*** : tester un modèle de VaR ou un autre modèle sur la base de données historiques.

Théorie de la préférence pour la liquidité (***Liquidity Preference Theory***) : théorie selon laquelle les taux d'intérêt forward sont supérieurs aux anticipations des taux d'intérêt spots futurs.

Théorie des anticipations parfaites ***(Expectations Theory)*** : théorie dans laquelle les taux espérés futurs sont égaux au taux forward.

Théorie des valeurs extrêmes ***(Extreme Value Theory)*** : théorie permettant l'estimation de la forme des queues de distribution à partir de données.

Thêta (***Theta***) : taux de variation du prix d'une option ou d'un autre produit dérivé avec le temps.

Trading électronique ***(Electronic Trading)*** : système d'échange fondé sur un système informatique.

Tranche ***(Tranche)*** : un des titres qui a des caractéristiques différentes en termes de risque. Exemple : tranches d'un CDO.

Trous noirs de liquidité (***Liquidity Black Holes***) : risque lié à l'assèchement de la liquidité lorsque tous les intervenants sont du même côté du marché au même moment.

Univers risque-neutre (***Risk-Neutral World***) : univers dans lequel les investisseurs sont supposés ne pas exiger, en moyenne, de rentabilité supplémentaire en contrepartie de la prise de risque.

Valeur au pair (***Par Value***) : montant du principal (ou nominal) d'une obligation.

Valeur espérée d'une variable ***(Expected Value of a Variable)*** : valeur moyenne d'une variable en pondérant ses valeurs possibles par leurs probabilités de réalisation.

Valeur intrinsèque (***Intrinsic Value***) : pour un call, la plus grande valeur entre le prix de l'actif sous-jacent moins le prix d'exercice et zéro. Pour un put, la plus grande valeur entre le prix d'exercice moins le prix de l'actif sous-jacent et zéro.

Valeur temps (***Time Value***) : valeur d'une option due au temps restant à courir (égale au prix de l'option moins sa valeur intrinsèque).

Valeur terminale (***Terminal Value***) : valeur à la maturité.

Valeur-à-risque ou valeur-en-risque (***Value at Risk***) : perte qui ne sera pas dépassée à un seuil de confiance prédéfini.

VaR ajustée à la liquidité (***Liquidity-adjusted VaR***) : calcul de VaR qui tient compte de l'influence de la fourchette de prix au moment du dénouement des positions.

VaR conditionnelle (***Conditional VaR***) : voir Expected Shortfall.

VaR de crédit ***(Credit Value at Risk)*** : perte de crédit ne pouvant être dépassée avec une certaine probabilité.

VaR incrémentale (***Incremental Value at Risk***) : différence entre les VaR avec et sans un actif en portefeuille.

VaR marginale (***Marginal Value at Risk***) : taux de variation de la VaR par rapport à la taille d'une composante du portefeuille.

VaR partielle ***(Component VaR)*** **:** VaR correspondant à une composante d'un portefeuille de telle sorte que la somme des VaR composées soit la VaR du portefeuille globale.

Variable sous-jacente (***Underlying Variable***) : variable dont dépend le prix d'une option ou d'un autre produit dérivé.

Variable stochastique (***Stochastic Variable***) : variable dont la valeur future est incertaine.

Variance (***Variance Rate***) : volatilité au carré.

Véga (***Vega***) : taux de variation du prix d'une option ou d'un autre produit dérivé avec la volatilité.

Vente à découvert (***Short Selling***) : vente d'actions empruntées à un autre investisseur.

Volatilité historique ***(Historical Volatility)*** : volatilité estimée à partir de données historiques.

Volatilité implicite (***Implied Volatility***) : volatilité calculée à partir du prix d'une option en utilisant Black-Scholes ou un autre modèle similaire.

Volatilités spot (***Spot Volatilities***) : volatilités utilisées pour évaluer un cap lorsqu'une volatilité différente est utilisée pour chaque caplet.

Table pour $N(x)$ lorsque $x \leq 0$

Cette table peut être utilisée sur la base d'interpolation. Par exemple :

$$\begin{aligned}&N(-0{,}1234) = N(-0{,}12) - 0{,}34\left[N(-0{,}12) - N(-0{,}13)\right]\\&= 0{,}4522 - 0{,}34 \times (0{,}4522 - 0{,}4483)\\&= 0{,}4509\end{aligned}$$

x	0,00	0,01	0,02	0,03	0,04	0,05	0,06	0,07	0,08	0,09
-0,0	0,5000	0,4960	0,4920	0,4880	0,4840	0,4801	0,4761	0,4721	0,4681	0,4641
-0,1	0,4602	0,4562	0,4522	0,4483	0,4443	0,4404	0,4364	0,4325	0,4286	0,4247
-0,2	0,4207	0,4168	0,4129	0,4090	0,4052	0,4013	0,3974	0,3936	0,3897	0,3859
-0,3	0,3821	0,3783	0,3745	0,3707	0,3669	0,3632	0,3594	0,3557	0,3520	0,3483
-0,4	0,3446	0,3409	0,3372	0,3336	0,3300	0,3264	0,3228	0,3192	0,3156	0,3121
-0,5	0,3085	0,3050	0,3015	0,2981	0,2946	0,2912	0,2877	0,2843	0,2810	0,2776
-0,6	0,2743	0,2709	0,2676	0,2643	0,2611	0,2578	0,2546	0,2514	0,2483	0,2451
-0,7	0,2420	0,2389	0,2358	0,2327	0,2296	0,2266	0,2236	0,2206	0,2177	0,2148
-0,8	0,2119	0,2090	0,2061	0,2033	0,2005	0,1977	0,1949	0,1922	0,1894	0,1867
-0,9	0,1841	0,1814	0,1788	0,1762	0,1736	0,1711	0,1685	0,1660	0,1635	0,1611
-1,0	0,1587	0,1562	0,1539	0,1515	0,1492	0,1469	0,1446	0,1423	0,1401	0,1379
-1,1	0,1357	0,1335	0,1314	0,1292	0,1271	0,1251	0,1230	0,1210	0,1190	0,1170
-1,2	0,1151	0,1131	0,1112	0,1093	0,1075	0,1056	0,1038	0,1020	0,1003	0,0985
-1,3	0,0968	0,0951	0,0934	0,0918	0,0901	0,0885	0,0869	0,0853	0,0838	0,0823
-1,4	0,0808	0,0793	0,0778	0,0764	0,0749	0,0735	0,0721	0,0708	0,0694	0,0681
-1,5	0,0668	0,0655	0,0643	0,0630	0,0618	0,0606	0,0594	0,0582	0,0571	0,0559
-1,6	0,0548	0,0537	0,0526	0,0516	0,0505	0,0495	0,0485	0,0475	0,0465	0,0455
-1,7	0,0446	0,0436	0,0427	0,0418	0,0409	0,0401	0,0392	0,0384	0,0375	0,0367
-1,8	0,0359	0,0351	0,0344	0,0336	0,0329	0,0322	0,0314	0,0307	0,0301	0,0294
-1,9	0,0287	0,0281	0,0274	0,0268	0,0262	0,0256	0,0250	0,0244	0,0239	0,0233
-2,0	0,0228	0,0222	0,0217	0,0212	0,0207	0,0202	0,0197	0,0192	0,0188	0,0183
-2,1	0,0179	0,0174	0,0170	0,0166	0,0162	0,0158	0,0154	0,0150	0,0146	0,0143
-2,2	0,0139	0,0136	0,0132	0,0129	0,0125	0,0122	0,0119	0,0116	0,0113	0,0110
2,3	0,0107	0,0104	0,0102	0,0099	0,0096	0,0094	0,0091	0,0089	0,0087	0,0084
-2,4	0,0082	0,0080	0,0078	0,0075	0,0073	0,0071	0,0069	0,0068	0,0066	0,0064

-2,5	0,0062	0,0060	0,0059	0,0057	0,0055	0,0054	0,0052	0,0051	0,0049	0,0048
-2,6	0,0047	0,0045	0,0044	0,0043	0,0041	0,0040	0,0039	0,0038	0,0037	0,0036
-2,7	0,0035	0,0034	0,0033	0,0032	0,0031	0,0030	0,0029	0,0028	0,0027	0,0026
-2,8	0,0026	0,0025	0,0024	0,0023	0,0023	0,0022	0,0021	0,0021	0,0020	0,0019
-2,9	0,0019	0,0018	0,0018	0,0017	0,0016	0,0016	0,0015	0,0015	0,0014	0,0014
-3,0	0,0014	0,0013	0,0013	0,0012	0,0012	0,0011	0,0011	0,0011	0,0010	0,0010
-3,1	0,0010	0,0009	0,0009	0,0009	0,0008	0,0008	0,0008	0,0008	0,0007	0,0007
-3,2	0,0007	0,0007	0,0006	0,0006	0,0006	0,0006	0,0006	0,0005	0,0005	0,0005
-3,3	0,0005	0,0005	0,0005	0,0004	0,0004	0,0004	0,0004	0,0004	0,0004	0,0003
-3,4	0,0003	0,0003	0,0003	0,0003	0,0003	0,0003	0,0003	0,0003	0,0003	0,0002
-3,5	0,0002	0,0002	0,0002	0,0002	0,0002	0,0002	0,0002	0,0002	0,0002	0,0002
-3,6	0,0002	0,0002	0,0001	0,0001	0,0001	0,0001	0,0001	0,0001	0,0001	0,0001
-3,7	0,0001	0,0001	0,0001	0,0001	0,0001	0,0001	0,0001	0,0001	0,0001	0,0001
-3,8	0,0001	0,0001	0,0001	0,0001	0,0001	0,0001	0,0001	0,0001	0,0001	0,0001
-3,9	0,0000	0,0000	0,0000	0,0000	0,0000	0,0000	0,0000	0,0000	0,0000	0,0000
-4,0	0,0000	0,0000	0,0000	0,0000	0,0000	0,0000	0,0000	0,0000	0,0000	0,0000

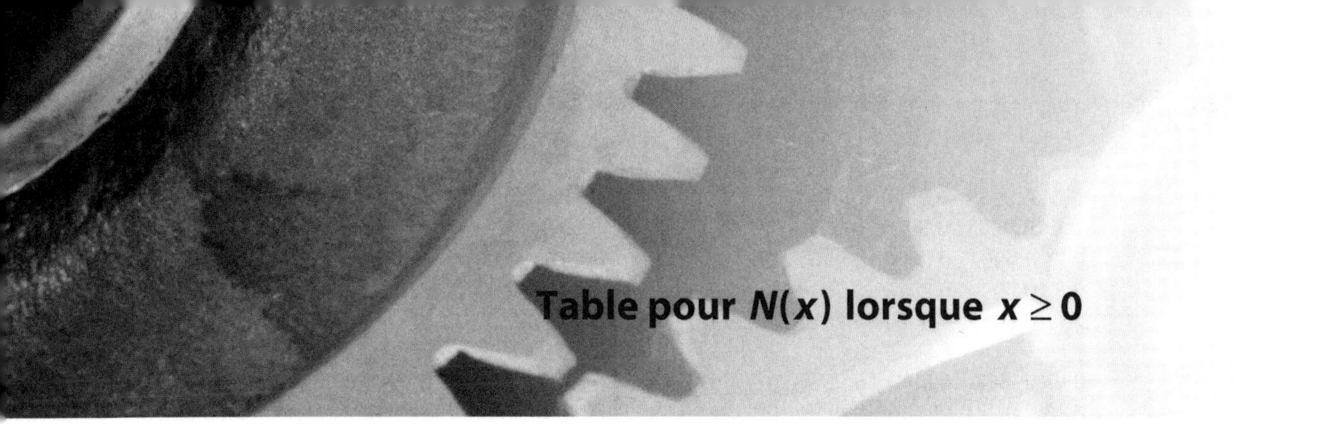

Table pour $N(x)$ lorsque $x \geq 0$

Cette table peut être utilisée sur la base d'interpolation. Par exemple :

$$\begin{aligned} N(0{,}6278) &= N(0{,}62) + 0{,}78\left[N(0{,}63) - N(0{,}62)\right] \\ &= 0{,}7324 + 0{,}78 \times (0{,}7357 - 0{,}7324) \\ &= 0{,}7350 \end{aligned}$$

x	0,00	0,01	0,02	0,03	0,04	0,05	0,06	0,07	0,08	0,09
0,0	0,5000	0,5040	0,5080	0,5120	0,5160	0,5199	0,5239	0,5279	0,5319	0,5359
0,1	0,5398	0,5438	0,5478	0,5517	0,5557	0,5596	0,5636	0,5675	0,5714	0,5753
0,2	0,5793	0,5832	0,5871	0,5910	0,5948	0,5987	0,6026	0,6064	0,6103	0,6141
0,3	0,6179	0,6217	0,6255	0,6293	0,6331	0,6368	0,6406	0,6443	0,6480	0,6517
0,4	0,6554	0,6591	0,6628	0,6664	0,6700	0,6736	0,6772	0,6808	0,6844	0,6879
0,5	0,6915	0,6950	0,6985	0,7019	0,7054	0,7088	0,7123	0,7157	0,7190	0,7224
0,6	0,7257	0,7291	0,7324	0,7357	0,7389	0,7422	0,7454	0,7486	0,7517	0,7549
0,7	0,7580	0,7611	0,7642	0,7673	0,7704	0,7734	0,7764	0,7794	0,7823	0,7852
0,8	0,7881	0,7910	0,7939	0,7967	0,7995	0,8023	0,8051	0,8078	0,8106	0,8133
0,9	0,8159	0,8186	0,8212	0,8238	0,8264	0,8289	0,8315	0,8340	0,8365	0,8389
1,0	0,8413	0,8438	0,8461	0,8485	0,8508	0,8531	0,8554	0,8577	0,8599	0,8621
1,1	0,8643	0,8665	0,8686	0,8708	0,8729	0,8749	0,8770	0,8790	0,8810	0,8830
1,2	0,8849	0,8869	0,8888	0,8907	0,8925	0,8944	0,8962	0,8980	0,8997	0,9015
1,3	0,9032	0,9049	0,9066	0,9082	0,9099	0,9115	0,9131	0,9147	0,9162	0,9177
1,4	0,9192	0,9207	0,9222	0,9236	0,9251	0,9265	0,9279	0,9292	0,9306	0,9319
1,5	0,9332	0,9345	0,9357	0,9370	0,9382	0,9394	0,9406	0,9418	0,9429	0,9441
1,6	0,9452	0,9463	0,9474	0,9484	0,9495	0,9505	0,9515	0,9525	0,9535	0,9545
1,7	0,9554	0,9564	0,9573	0,9582	0,9591	0,9599	0,9608	0,9616	0,9625	0,9633
1,8	0,9641	0,9649	0,9656	0,9664	0,9671	0,9678	0,9686	0,9693	0,9699	0,9706
1,9	0,9713	0,9719	0,9726	0,9732	0,9738	0,9744	0,9750	0,9756	0,9761	0,9767
2,0	0,9772	0,9778	0,9783	0,9788	0,9793	0,9798	0,9803	0,9808	0,9812	0,9817
2,1	0,9821	0,9826	0,9830	0,9834	0,9838	0,9842	0,9846	0,9850	0,9854	0,9857
2,2	0,9861	0,9864	0,9868	0,9871	0,9875	0,9878	0,9881	0,9884	0,9887	0,9890
2,3	0,9893	0,9896	0,9898	0,9901	0,9904	0,9906	0,9909	0,9911	0,9913	0,9916
2,4	0,9918	0,9920	0,9922	0,9925	0,9927	0,9929	0,9931	0,9932	0,9934	0,9936

2,5	0,9938	0,9940	0,9941	0,9943	0,9945	0,9946	0,9948	0,9949	0,9951	0,9952
2,6	0,9953	0,9955	0,9956	0,9957	0,9959	0,9960	0,9961	0,9962	0,9963	0,9964
2,7	0,9965	0,9966	0,9967	0,9968	0,9969	0,9970	0,9971	0,9972	0,9973	0,9974
2,8	0,9974	0,9975	0,9976	0,9977	0,9977	0,9978	0,9979	0,9979	0,9980	0,9981
2,9	0,9981	0,9982	0,9982	0,9983	0,9984	0,9984	0,9985	0,9985	0,9986	0,9986
3,0	0,9986	0,9987	0,9987	0,9988	0,9988	0,9989	0,9989	0,9989	0,9990	0,9990
3,1	0,9990	0,9991	0,9991	0,9991	0,9992	0,9992	0,9992	0,9992	0,9993	0,9993
3,2	0,9993	0,9993	0,9994	0,9994	0,9994	0,9994	0,9994	0,9995	0,9995	0,9995
3,3	0,9995	0,9995	0,9995	0,9996	0,9996	0,9996	0,9996	0,9996	0,9996	0,9997
3,4	0,9997	0,9997	0,9997	0,9997	0,9997	0,9997	0,9997	0,9997	0,9997	0,9998
3,5	0,9998	0,9998	0,9998	0,9998	0,9998	0,9998	0,9998	0,9998	0,9998	0,9998
3,6	0,9998	0,9998	0,9999	0,9999	0,9999	0,9999	0,9999	0,9999	0,9999	0,9999
3,7	0,9999	0,9999	0,9999	0,9999	0,9999	0,9999	0,9999	0,9999	0,9999	0,9999
3,8	0,9999	0,9999	0,9999	0,9999	0,9999	0,9999	0,9999	0,9999	0,9999	0,9999
3,9	1,0000	1,0000	1,0000	1,0000	1,0000	1,0000	1,0000	1,0000	1,0000	1,0000
4,0	1,0000	1,0000	1,0000	1,0000	1,0000	1,0000	1,0000	1,0000	1,0000	1,0000

Index

C

E

F

G

H

N

O

P

Q-R

S

T

U-V

W-Z

Dépôt légal : septembre 2007
IMPRIMÉ EN FRANCE

Achevé d'imprimer le 7 septembre 2007
sur les presses de l'imprimerie « La Source d'Or »
63200 Marsat
Imprimeur n° 10172